U0457697

本书获得

教育部人文社会科学研究规划基金项目（19YJA820050）
北京教育科学研究院委托任务（招标编号：GXTC-1763008）
中国工程院重点咨询研究项目（2019-XZ-31）的资助

特此感谢！

Copyright © 2015 Elsevier Inc. All rights reserved.

This edition of *Forensic Biology* **[9780128006474]** by **Max M. Houck** is published by arrangement with **ELSEVIER INC.** of Suite 800, 230 Park Avenue, New York, NY 10169, USA.
本书英文原版由 ELSEVIER INC.出版，此中文版经其授权翻译出版。

Chinese edition © Elsevier Inc. and China University of Political Science and Law Press Co., Ltd.

The translation has been undertaken by China University of Political Science & Law Press Co., Ltd. at its sole responsibility. Practitioners and researchers must always rely on their own experience and knowledge in evaluating and using any information, methods, compounds or experiments described herein. Because of rapid advances in the medical sciences, in particular, independent verification of diagnoses and drug dosages should be made. To the fullest extent of the law, no responsibility is assumed by Elsevier, authors, editors or contributors in relation to the translation or for any injury and/or damage to persons or property as a matter of products liability, negligence or otherwise, or from any use or operation of any methods, products, instructions, or ideas contained in the material herein.

版权登记号：图字 01-2022-3722 号

法医生物学

[美]麦克斯·M.霍克 等／著
Max M. Houck

袁 丽 赵 东／主译

Forensic Biology

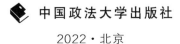 中国政法大学出版社

2022・北京

声　明　1. 版权所有，侵权必究。

　　　　2. 如有缺页、倒装问题，由出版社负责退换。

图书在版编目（ＣＩＰ）数据

法医生物学/(美)麦克斯·M.霍克等著；袁丽，赵东主译. —北京：中国政法大学出版社，
2022.8

书名原文：Forensic Biology

ISBN 978-7-5764-0647-4

Ⅰ.①法… 　Ⅱ.①麦… 　②袁… 　③赵… 　Ⅲ.①法医学－生物学 　Ⅳ.①D919.1②Q

中国版本图书馆CIP数据核字(2022)第161010号

出　版　者　中国政法大学出版社

地　　　址　北京市海淀区西土城路25号

邮寄地址　北京 100088 信箱 8034 分箱　邮编 100088

网　　　址　http://www.cuplpress.com (网络实名：中国政法大学出版社)

电　　　话　010-58908441(编辑室)　58908334(邮购部)

承　　　印　固安华明印业有限公司

开　　　本　720mm×960mm　1/16

印　　　张　27.5

字　　　数　450 千字

版　　　次　2022 年 8 月第 1 版

印　　　次　2022 年 8 月第 1 次印刷

定　　　价　99.00 元

司法文明协同创新中心

法大鉴定编译组

丛书名：法庭科学译丛

主　编：李　玲

副主编：赵　东　王元凤

编　委：官大威　李　玲　罗亚平　马荣梁　孟品佳

　　　　王元凤　贠克明　张翠玲　赵　东　赵　虎

本书翻译人员

主　译：袁　丽　赵　东

译　者：(按拼音字母排序)

　　　　安志远　白　雪　李运丽　刘　京　刘　杨

　　　　路志勇　申洪伍　宋诚诚　徐　妍　袁　丽

　　　　张　达　张金佩　张庆霞　赵　东

前　言

　　"伤心时最好的事，"梅林回答，开始喘气，"是学点东西。这是唯一永远不会失败的事情。你的身体器官在慢慢变老，行动变得颤颤巍巍，你有可能在夜里睡不着觉，躺在床上听到自己血管紊乱地跳动，你有可能会错过自己唯一的真爱，你有可能会看到你的世界被邪恶的疯子摧残，或者知道你的荣誉被卑鄙的思想践踏。那么就只剩下一件事可做——学习。了解世界为何摇摆以及如何摇摆。这是让头脑永不疲倦、永不麻木、永不被折磨、永不恐惧或永不怀疑的唯一事物，也永远不会让人感到后悔。学习是唯一的选择。看，有太多的事情需要我们去学习。"

——T. H. 怀特（T. H. White），《永恒之王》

　　法庭科学有很多东西需要学习，仅学科的广度就会让学习法庭科学之人茫然不知所措：法庭科学涉及昆虫、爆炸物、DNA、火器、纺织品、黏合剂、骨骼等，并且这个清单永远在变长，因为任何物品（从单根纤维到整个远洋邮轮）都可能成为证据。法庭科学不缺乏专业知识（有些可能过于专业化），但它更需要全面性、综合性和基础性的知识。法庭科学的介绍比比皆是，也有许多高度专业化的教科书，但两者之间存在差距：从新手到专业人员的桥梁。正如 2009 年美国科学研究委员会报道：

　　法庭科学鉴定人需要了解科学方法的原理、实践操作和背景，以及其专业的独特特征。理想情况下，培训应该超越学徒式的实践传递，应该是基于科学原理的教育。

　　高等法庭科学系列丛书旨在填补这一空白，它是一个独特的优质资源，结合了世界领先专家的作品，这些专家为屡获殊荣的《法庭科学百科全书》的第二版做出了贡献。本丛书按照主题将专家作品组织成一系列的具有哲学基础但专业性很强的卷。该套丛书共有 12 卷，涵盖了法庭科学以下内容：

1. 专业问题
2. 生物学
3. 化学
4. 指纹
5. 枪械
6. 材料分析
7. 病理学
8. 人类学
9. 工程学
10. 行为学
11. 数据与文件
12. 毒理学与毒品

　　每一卷都包含法庭科学共同的部分，例如专业精神、伦理、健康和安全、法庭证词以及该特定分支学科中的相关主题。每一卷都包括教学法，提供复习题、讨论题、延伸阅读中的最新参考文献和关键词。因此，每一卷都适合当作技术参考资料、高等教科书或者培训辅助教材。

　　高等法庭科学系列丛书提供了专家信息、有用的教学工具，是现成的指导、研究和实践资源。我希望它像学习一样，对你来说是唯一的。

麦克斯·M. 霍克博士，加拿大皇家学会会员

丛书编辑

参考文献

National Research Council, 2009. *Strengthening Forensic Science in the U. S. : A Path Forward*. National Academies of Science. Washington, DC.

译者序

    法医 DNA 分析技术于 1985 年由英国遗传学家亚历克·杰弗里斯（Alec Jeffreys）首次开发应用，解决了一起涉及移民的亲子鉴定案件，很快又成功破获两起强奸杀人案，这使法医物证检验从以往只能检测基因编码的酶或蛋白质水平飞跃到直接检测基因的分子水平，法医亲子鉴定及个人识别从只能排除到可以认定，是法医物证检验史上的一场重大的革新。30 年多来，对 DNA 遗传标记的分析方法越来越灵敏、快速、简便、经济和精确，为打击犯罪、法庭诉讼、公共安全事故处置提供了重要科技支撑。

    为了推动法庭科学的学科建设和发展，中国政法大学证据科学研究院法大鉴定编译组在推荐国外相关规范的基础上，组织专门队伍开展"法庭科学译丛"的系列翻译工作。法医生物学是法庭科学的重要组成部分，关于法医生物学的规范、书籍和介绍有很多，但有些过于专业化，不利于新手的培养。为此，我们筛选了近年来在国际上出版的著作、书籍，以期挑选到内容覆盖全面、有一定深度的、能反映本领域的最新进展的优秀著作，《法医生物学》在此过程中脱颖而出。该书邀请世界上杰出的专家按照六大主题进行撰写，组成具有哲学基础的专业性书籍，它涵盖了法医生物学的核心内容、重要进展，介绍了成功应用的案例，并提供复习题、讨论题、延伸阅读中的最新参考文献和关键词，是一个不可多得的优质资源，可用作高等教育的教科书和培训材料，也可以作为本领域从业人员的技术参考。我们希望，通过我们的翻译将本书推介给国内的读者，无论高等学校的教师和学生、科研机构的研究人员还是司法鉴定机构的从业人员，都能从本书中获益。

同时，本书系教育部人文社会科学研究规划基金项目"司法鉴定标准化统一问题及解决路径研究"（19YJA820050）、北京教育科学研究院委托任务"基于'科学证据与理性思维'的化学与生命科学领域翱翔学员培养体系构建"（招标编号：GXTC-1763008）、中国工程院重点咨询研究项目子课题"法医科学与社会治理法治化的关系研究"（2019 XZ-31）的阶段性成果。

本书翻译难度较大，我们投入了较多的人力，各部分翻译人员有：

第一部分：袁丽、张金佩、刘京、徐妍；

第二部分：张庆霞、张金佩；

第三部分：张金佩、路志勇、袁丽；

第四部分：袁丽、李运丽、宋诚诚、徐妍、刘杨、赵东、张金佩；

第五部分：赵东、申洪伍、安志远、张达；

第六部分：白雪、张金佩。

全书由袁丽、赵东修改统稿。

本书翻译和出版，受到了中国政法大学出版社大力支持和帮助，再次感谢！由于水平有限，错误或疏漏之处在所难免，恳请各位识者提出宝贵的批评意见。

袁 丽 赵 东

2021 年 8 月 6 日

目 录

第六部分 | **其他主题** ……387

绪　论

　　31 年前，DNA（脱氧核糖核酸）分型由亚历克·杰弗里斯（Alec Jeffreys）爵士创建，并应用于法庭科学。科林·皮奇福克（Collin Pitchfork）是第一个应用这种新方法被鉴定出来的人，从那以后，法庭科学专业就与之前不一样了。在这一新方法出现之前，指纹是过去 100 年中用于个人识别的主要生物特征。

　　根据上次对公共资助法庭科学实验室的普查，只有 60%的法庭科学实验室进行法医生物学分析。虽然法医生物学占年度服务需求的 1/3，但 2009 年有大约 3/4 的积压待办案件属于法医生物学领域。2004 年，美国司法部曾投资 10 亿美元用于减少未经处理的定罪罪犯的样本数量，这大幅度减少了未经处理的样本数量。对 DNA 的重视表明它有能力识别犯罪案件相关人员，无论是受害者还是嫌疑人。然而，这种重视可能以牺牲法庭科学实验室的其他部分为代价，最终导致2009 年美国国家科学院的国家研究委员会发布的报告《美国法庭科学的加强之路》对传统学科的批评达到顶峰。一个资金充足的学科被认为是"黄金标准"，这一点也不奇怪，但DNA 和任何其他学科一样，也有它的弱点，包括认知问题。更平衡地看待所有法庭科学领域在案件中所起的作用，不仅有利于该案件，还有利于整个法庭科学行业。

DNA 在不久的将来将面临巨大的挑战。检测水平不断下降，需求不断上升，能力不断提升，面对这些问题，该学科正着眼于平台变革。所谓的快速 DNA 检验系统和下一代测序技术正隐现在法庭科学实验室，这将引起大量的资金消耗、人员再培训以及方法和程序的巨大转变。预计回报是更快的运行速度（分析将在两小时内完成）和检测通量的增加。时间会证明一切，变化是唯一不变的，DNA 依然是创新和颠覆的焦点。

"高等法庭科学丛书"中的本卷涵盖了法医生物学的核心内容，可用于教育和培训。它也可以作为本领域从业人员的技术参考。本部分概括了法医生物学的重要进展，并代表了我们今天在刑事侦查和法庭诉讼中成功使用的那些技术的辉煌。

参考文献

Durose, M., Walsh, K., Burch, A., 2012. Census of Publicly Funded Forensic Crime Laboratories, 2009. US Department of Justice, Bureau of Justice Statistics, Washington, DC.

Dror, 1., Hampikian, G., 2011. Subjectivity and bias in forensic DNA mixture interpretation. *Science and Justice* 51 (4), 204-208.

第一部分

引 言

　　DNA 分析或者分型对法庭科学的影响是不可估量的。过去的 30 年是一个发明、应用、争论、接受和再创造的模糊时期。现在在公众和法院很容易接受 DNA，但情况并非总是如此。"DNA 之战"将法庭科学推到聚光灯下，只是在一定程度上为由此引发的争议做了准备。如果谨慎的话，它会使法庭科学变得更好，并为许多即将到来的斗争奠定基础，例如对指纹的可采性提出质疑、无罪开释以及如今笼罩这一行业的全面质量控制文化。在许多方面，DNA 并非特意地重塑了法庭科学，而是为科学和行业开辟了一条前所未有的道路。

法庭科学的基本原则

F. 克里斯皮诺，加拿大，魁北克省，三河市，魁北克大学三河校区
麦克斯·M. 霍克，美国，华盛顿特区，联合法医实验室
版权© 2013 爱思唯尔公司保留所有权利

术语表

　　溯因　一个前提是确定的，而另一个是前提是可能的，通常作为对前者的最佳解释。因此，溯因是我们了解规律和结果，并试图推断出原因的推理类型。

演绎 从一般到具体的推理过程，在此过程中结论必然遵循所述前提。因此，演绎是我们通过分析原因和规律来推断结果的推理类型。

法庭科学情报 了解如何在整体情报主导的警务策略中，从现场收集、处理和解释线索。

启发式 通过仅宽松定义的规则进行推理的过程，通常由反复试验来确定。

整体性 强调整体的重要性和各部分的相互依存关系。

归纳 从具体的事实或实例中得出一般原则的过程（即从具体到一般的推理过程）。因此，归纳是我们知道因果关系（或一系列因果关系）而试图推断因果关系所遵循规律的推理类型。

关联缺失 组织或调查未能认识到不同案件的共同模式。

科学 智力和实践活动，包括通过观察和实验对物理世界和自然世界的结构和行为进行系统研究。它也被定义为系统地组织起来的特定学科的知识体系。

鉴于法庭科学是在犯罪现场识别和收集物品，然后视其为证据，法庭科学乍一看似乎只是一门实用且涉及广泛的学科，而从业人员则可以通过调整和开发工具和技术，帮助事实审判者（陪审团或法官）解释从涉及犯罪的人员、地点和事物中获取的信息。有一种观点得到支持，即法庭科学没有哲学上或根本上的统一性，而仅仅是对其他学科产生的知识的应用。确实，许多从事法庭科学工作的科学家更倾向于将自己视为化学家、生物学家、科学家或技术人员，很少把自己看作具有共同基本原理的同一知识体系的实践者。

即使是 2009 年美国国家科学院的国家研究委员会报告也未能准确界定法庭科学的概念，当然这一概念的模糊与不同领域从业人员所用术语之间的差异有关，他们混淆了法庭科学、刑事侦查学、犯罪学、技术警察、科学警察等词语，并且普遍限制关于分析技术和方法的科学辩论。对法庭科学的独立定义，除了它的法律方面，将支持它的科学地位，并使专家回到有关领域，作为科学家解释他的分析和结果，以协助非专业人员。

什么是法庭科学？

从最广泛的意义上说，法庭科学（Forensic Science）被描述为涉及法律问题的科学应用，包含许多学科，如化学、生物学、病理学、人类学、毒理学和工程学。（Forensic 来自拉丁词根 *forum*，即城市的中心，人们在那里解决争端和辩论，从而定义了城市的法律。Forensic 一般指法律或适用于法律。）犯罪学（Criminalistics）一词被用来描述"在与法律相关的事务中，应用自然科学对物证进行识别、鉴定、个体化和评估"的学科。（Kriminalistik 一词在 19 世纪末由格罗斯创造，他是刑法和刑事诉讼法研究员，确定了对调查、战术和证据信息进行分类的方法，供法学院的地方法官学习，以解决犯罪问题和帮助对罪犯进行定罪。）在目前的体系中，犯罪学是法庭科学的一部分，这个词具有地区性，并没有普遍适用。在区分这些概念方面的困难，无疑使犯罪学被定义为个体化科学，将这一特定认识论问题的核心与其他科学学科隔离开来。个体化，即确定物品唯一来源的概念，建立了一个线性过程——对个体识别的鉴定或分类，而忽略各种证据的整体性和可变的作用。评估犯罪周围环境时，所面临的挑战是需要整合和组织数据以重建案件或为所审查事件提出备选建议，为此需要多种类型的证据，而某些证据可能存在解释上的细微差别。在使用所谓的法庭科学情报时也是如此，它满足了调查、警察或者安全方面的需求，其中一个主要的失败原因是关联缺失。然而，似乎这两个术语当前的定义几乎没有抓住法庭科学日常实践的本质。

从最广泛的意义上讲，法庭科学通过分析犯罪活动的残留物（证据）来重建过去发生的犯罪事件。这些分析的结果及其专家解释建立了与犯罪事件相关的人员、地点和事物之间的关系。它通过逻辑推理、归纳、溯因和演绎产生这些结果和解释，所有这些构成假设演绎法的框架，当然调查启发式也发挥了作用。将科学信息转化为法律信息是法庭科学的一个特定领域；其他学科必须（或至少应该）将调查结果传达给公众，但是法律经常要求法庭科学将其调查结果传达给法庭。事实上，正如多伯特听证会所说，"由于法律最终必须迅速地解决争端，科学结论可能会被不断修订"。这一向公众和法庭传达的双重困难要求法庭科学家更好地传达他们的工作和结果。科学推论不一定是法律证据，法庭科学家必须认识到，部分基于其科学工作的法律决定可能与他们的专家知识不符。此外，科学家必须用概率论思维来解释所给证据出现的可能原因，而法官必须依据排除合理怀疑的内心确信来处理案件。正如 N. 英曼（N. Inman）和 K. 鲁丁（K. Rudin）所说："我们（科学家）向诉讼各方提供科学结果和信息，但他们缺乏专业知识而无法独立理解这些结果和信息的语义和内涵，因此我们应当就这些内容提供准确、完整的解释。如果我们不这样做，我们的结论往好了说是不完整的，往坏了说是潜在的误导。"

法庭科学的基本单位——痕迹

法庭科学的基本单位是痕迹，即过去犯罪活动的物理遗迹。痕迹，从其本质上说，属于符号：它们代表的不仅仅是自己，还有其来源物品或事件的信号物或符号。一根纤维不等同于它的来源毛衣，一枚指印也不是指尖，气管里的烟灰不代表被火呛到的受害者，血滴也不等同于对受害者施加的暴力，但它们在不同程度上都指向它们的来源（来源物和活动），且具有或多或少的特异关联程度。因此，痕迹是指标数据的一种类型，即指示相关现象，而不是现象本身。痕迹来自于日常生活中围绕着我们的天然和人造物品。实质上，痕迹是在犯罪现场找到且可以提供法庭科学情报或知识的原材料。日常物品及其痕迹，由于与犯罪活动相关而成为证据。例如，一根壁炉拨火棍，当被用于杀人时，就成了凶器。其他含义还应考虑案件的背景、犯罪活动发生的情况以及对事实的审查。

当痕迹被识别，被视为与所调查案件有关（如果模糊不清）时，就会被采集用于解决法庭问题，此时痕迹就变成了证据。错综复杂的痕迹、符号和证据可能阻碍痕迹的发现，而这正是其解释的根源。最初，研究人员和科学家凭借其已有知识，通过观察发现证据，未被识别的痕迹由于不能被发现而不会成为证据。通过灵敏仪器，研究人员和科学家的感官得以增强，使得无论是在现场还是在实验室，潜在证据的数量都大大增加。显微镜、多波段光源等仪器的高灵敏度和低检测限，使得可被识别和收集的痕迹数量大大增加。毋庸置疑，越来越多的证据与证据类型的出现，会使痕迹搜索和解释变得更为复杂。通过系统反馈可以使新的（微观）痕迹被关注，继而改进现场和实验室的搜索方法，以便发现更多的潜在证据。

痕迹是其起源过程的附属物，它们是其来源活动的副产品，是犯罪过程意外遗留的痕迹。为了帮助确定关联性，必须将来源未知的痕迹与已知来源的样本进行比较。比较是法庭科学研究最核心的部分，该方法本质上属于一种诊断方法，最先由乔治·居维叶（Georges Cuvier）开始使用，之后被包括医疗专业人员在内的许多科学从业者使用。[有趣的是，医生兼作家阿瑟·柯南·道尔（Arthur Conan Doyle）在他的小说《神探夏洛克·福尔摩斯》中的"五个桔核"部分也引用了居维叶的方法。]可疑的痕迹或物品可能有出处（发现时已知的位置），但这不是它们最初的来源。以下几个例子可能有助于理解。

痕迹（可疑的）	来源（已知）
受害者身上的纤维	毛衣
弹药残留	弹药射击物
血滴	身体
门框上的工具痕迹	用于打开门的撬杆
土壤上的鞋印	嫌疑人的鞋子
玻璃上的指印	嫌疑人的手指

　　为了进行准确的法庭科学分析和比较，收集具有适当代表性的已知样本至关重要。已知样本可以通过各种合法方案进行选择，包括随机抽样、部分抽样和判断抽样，而且必须谨慎选择。因此，痕迹是偶然的，而已知样本是有目的地选择出来的。

　　迄今为止已讨论的某些结果导致了基于痕迹分析的法庭科学调查的能力和限制。现在人们可以观察到微观到纳米水平的变化，在这种技术条件下，法庭科学家可以利用物理和化学特征来鉴定类似的证据。这使得法庭科学在方法上可以根据其研究对象的需要而灵活多变。时间不能倒流，而且每一个犯罪行为都是独特的，因此在某种程度上，任何一个案件的法庭科学调查和分析都是相结合的，此种情况下没有就一个特定事件（"在所有类似于约翰·戴维斯被棒球棍殴打的情况下……"）发布一般法律的必要。推论必须以明确的不确定性陈述得出；当新的数据影响到痕迹的相关性时，应该修改推论。因此，寻找痕迹是一个递归启发式过程，要对当前案件环境进行充分考虑，激发研究人员或科学家的想象力、专业知识和能力，从而提出想象性假设。

两条本土原则

　　有了这个框架，两个原则可以被认为是哲学上支持和构建法庭科学的主要本土原则。在这方面，原则被理解为通用的理论陈述，在推导开始时就已经确定，而不能从所考虑系统的任何其他陈述中被推断出来，并使研究领域具有连贯性。它们提供了推导其他真理的基础，并定义了一种范式（即一个普遍认识论观点，一种观察自然世界的新概念），这种范式是经验主义者从一个经证实的传统中提出的，并为该领域的从业者所接受。最终，这种范式甚

7

至可以引导感知本身。

尽管在其他学科也有相似但不等同的版本，但是洛卡德的物质交换原理依然是法庭科学的核心原则。洛卡德从来没有这样说过这个以他的名字命名的原则，但"每次接触都会留下痕迹"是一个被大家普遍接受的金句。洛卡德的物质交换原理涵盖了所有形式的接触，从生物到化学，再到物理，甚至数据痕迹，它扩展了法庭科学的通常观念，而不仅仅是处理物理痕迹。

其推论之一是，痕迹沉积是连续且不可逆的。接触次数的增加、涉及的证据类型以及交叉转移（A–B 和 B–A）的增加，都增加了在短期内和暂时性密切行为中确定痕迹相关性的复杂性。

即使"没有证据不等于不存在证据"这一潜在的谬论也导致了对证据的本质或可证明性的广泛讨论，其目的是确定的，尽管对概念的实际方面（缺乏敏感性、相关痕迹模糊、人类弱点、实际缺失等）已经作出了解释。物质交换原理需要解决三个层面的问题：首先是物理层面，涉及材料的转移、保持、持久性和亲和力，这些可以更好地说明痕迹交换是从一个来源到另一个来源的过程。其次是情景或语境层面，即对犯罪事件发生的环境和状况的了解，并为任何证据的发现、识别和确定近似显著性设置模型。最后是情报层面，包括对单个事件或系列犯罪行为的了解，与当前犯罪趋势有关的具体问题，以及相关实体部门（警察、科学家和律师等）之间的沟通；这些组成部分有助于相关领域的研究人员专注于更有意义的痕迹，否则这些痕迹可能不会被发现。

第二个，同时也是争议较大的原则是柯克的个体化原则。同样，柯克除了提到犯罪学是个体化科学，并没有提及其他。该原则以最强的形式假定，宇宙中的每一个物体都可以被演示性地放置到一个只有一个元素的集合中。因此，他断言"宇宙中每一个物体都是独一无二的"。路德维希·约瑟夫·约翰·维特根斯坦（Ludwig Josef Johann Wittgenstein）等哲学家认为，如果没有明确的规则或限制，类似"相同"或"不同"的词语基本上是没有意义的。毫无疑问，所有事物都是独一无二的，两个相同的事物仍然可以用数字来区分，但核心问题是，它们能在检测分辨率上被区分吗？简单地说"所有的东西都是独一无二的"在法律上是没有用的。例如，同一根手指留下的每枚指印都是唯一的，但为了使其有用，每一枚指印还必须能够追溯到其手指来源。唯一性对于个体化而言是必要条件，但还不够充分。因此，关联程度才是最重要的，即被比较的两个事物相似程度和差异程度有多大。如 S. A. 科尔

（S. A. Cole）所言，"区别事物靠的不是唯一性，而是它们的鉴别能力：我们在掌握一定的检测参数和操作规则的情况下，有能力以一定的特异性，判断出这些物品痕迹的正确来源"；或如 J. W. 奥斯特伯格（J. W. Osterberg）所述，"在科学现状允许的范围内尽可能地接近个体化"。通常需要统计数据来准确地表示可重现的比较等级。实际上，P. L. 柯克（P. L. Kirk）指出，个体化不是绝对的。［"站在证人立场上，犯罪学家必须愿意承认，绝对身份是不可能建立的……不称职的或有偏见的证人可以很容易地证明一种身份，或证明一种实际上并不存在的身份。之所以会出现这种情况，是因为他对身份的本质感到困惑，他无法评估他的观察结果，或者是因为他的一般技术缺陷而无法获得有意义的结果。"（柯克，1953 年；强调补充。）］

非本土原则

其他学科的许多指导原则都适用于法庭科学，其中一些来自地质学——一门与法庭科学同源的历史性学科。这些原则并非来自法庭学科，而是源于其他学科，但这并不意味着，它们在某种程度上不如洛卡德或柯克的原则重要。首先，在许多方面最重要的外部原则是均变论（Uniformitarianism），其最早由詹姆斯·赫顿（James Hutton）提出，由查尔斯·莱尔（Charles Lyell）推广，最终由威廉·休厄尔（William Whewell）创立。这一原则表明自然现象不会随着时间而改变范围、强度或效果。换言之，"现在是过去的关键"，这个原则意味着，现在的火山与 200 年或 2 亿年前的火山活动方式相同，因此地质学家可以通过当前的结果来解释过去事件的数据。同样，在法庭科学中，今天在实验室发射的子弹，与 2 天、2 周或 2 年前实施犯罪时所发射的子弹相比，其范围、强度或效果并没有什么变化。法庭科学对犯罪过程进行复制或重构的分析也是如此。均变论为历史性学科提供了一定程度的客观性，它通常提出假设或关联，然后对特定的情况进行检验。

适用于法庭科学的另外三个地质学原则如下：

● 叠加原则：在物理分布中，较老的材料位于较新的材料的下面，除非之后有行为改变了这种分布。

● 横向连续性原则：分离但相似的层，可以被认为来自同一沉积时期。

● 年代学原则：它指的是数量模式下的绝对日期（例如"上午 10：12"

或者 "1670—1702 年") 以及关系模式下的相对日期 (即较旧或较新)。

这三个原则归功于尼古拉斯·斯丹诺 (Nicolaus Steno), 而威廉·史密斯 (William Smith) 使其正式化并付诸应用。法庭科学应用叠加原则的其中一个例子是, 轮胎表面有不同土壤的堆积, 最外层距离现在时间最近。横向连续性原则的一个很好的例子是发生在攻击过程中的纤维交叉转移, 因为在事件发生之前独立转移和扩散是不可能的。绝对年代学原则的一个简单例子就是零售商店的采购收据上的时间/日期戳。相对年代学原则的例子比比皆是, 从产品停产, 到温度高于或低于应有水平。

参见

基础: 法庭科学情报学; 法庭科学的历史; 鉴定/个体识别的概述和意义; 法庭科学家使用的符号学、启发式和推理; 证据的统计学解释; 贝叶斯分析; 法庭科学证据解释的频率论方法

基础/基本原理: 测量不确定度

形态证据/指纹 (指纹鉴定): 摩擦脊线检查——解释和比较方法

扩展阅读

Cole, S. A., 2009. Forensics without uniqueness, conclusions without individualization: the new epistemology of forensic identification. *Law, Probability and Risk* 8, 233–255.

Crispino, F., 2006. *Le principe de Locard est-il scientifique? Ou analyse de lascientificité des principes fondamentaux de la criminalistique.* Editions Universitaires Européennes No. 523, Sarrebrücken, Germany, ISBN 978-613-1-50482-2 (2010).

Crispino, F., 2008. Nature and place of crime scene management within forensic sciences. *Science and Justice* 48 (1), 24–28.

Dulong, R., 2004. La rationalité spécifique de la police technique. *Revue Internationalede Criminologie et de Police Technique* 3 (4), 259–270.

Egger, S. A., 1984. A working definition of serial murder and the reduction of linkage blindness. *Journal of Police Science and Administration* 12, 348–355.

Giamalas, D. M., 2000. Criminalistics. In: Siegel, J. A., Saukko, P. J., Knupfer, G. C. (Eds.), *Encyclopedia of Forensic Sciences.* Academic Press, London, pp. 471–477.

Good, G. (Ed.), 1998. *Sciences of the Earth*, vol. 1. Garland Publishing, New York.

Houck, M. M., 2010. An Investigation into the Foundational Principles of Forensic Science

(Ph. D. thesis). Curtin University of Technology, Perth.

Inman, N. , Rudin, K. , 2001. *Principles and Practice of Criminalistics: The Profession of Forensic Science.* CRC Press, Boca Raton, FL, pp. 269-270.

Kirk, P. L. , 1953. *Crime Investigation: Physical Evidence and the Police Laboratory.* Interscience, New York, p. 10.

Kirk, P. L. , 1963. The ontogeny of criminalistics. *Journal of Criminal Law, Criminology and Police Science* 54, 235-238.

Kuhn, T. , 1970. *La structure des révolutions scientifiques.* Flammarion, Paris.

Kwan, Q. Y. , 1976. Inference of Identity of Source (Ph. D. thesis). Berkeley University, Berkeley.

Mann, M. , 2002. The value of multiple proxies. *Science* 297, 1481-1482.

Masterman, M. , 1970. The nature of a paradigm. In: Lakatos, I. , Musgrave, A. (Eds.), *Criticism and the Growth of Experimental Knowledge.* Cambridge University Press, Cambridge, pp. 59-86.

Moriarty, J. C. , Saks, M. J. , 2006. Forensic Science: Grand Goals, Tragic Flaws, and Judicial Gatekeeping. Research Paper No. 06-19. University of Akron Legal Studies.

National Research Council Committee, 2009. Identifying the Needs of the Forensic Science Community, Strengthening Forensic Science in the United States: A Path Forward. National Academy of Sciences Report. National Academy Press, Washington, DC.

Osterburg, J. W. , 1968. What problems must criminalistics solve. *Journal of Criminal Law, Criminology Police Science* 59 (3), 431.

Schuliar, Y. , 2009. La coordination scientifique dans les investigations criminelles. Proposition d'organisation, aspects éthiques ou de la nécessité d'un nouveaumétier (Ph. D. thesis) . Université Paris Descartes, Paris; Université de Lausanne, Lausanne.

Sober, E. , 2009. Absence of evidence and evidence of absence: evidential transitivityin connection with fossils, fishing, fine-tuning, and firing squads. *Philosophical Studies* 143, 63-90.

Stephens, C. , 2011. A Bayesian approach to absent evidence reasoning. *InformalLogic* 31 (1), 56-65.

US Supreme Court No. 92-102, 1993. William Daubert, et al. , Petitioners v. Merrell Dow Pharmaceuticals, Inc. Certiorari to the US Court of Appeals for the NinthCircuit. Argued 30 March 1993. Decided 28 June 1993.

Wittgenstein, L. , 1922. *Tractacus Logico-Philosophicus.* Gallimard, Paris. Tel 311.

相关网站

http://www. all-about-forensic-science. com: All-About-Forensic-Science. com Definition of Forensic Science.

http：//www. forensic-evidence. com：Forensic-Evidence. com.

http：//library. thinkquest. org：Oracle ThinkQuest d What is Forensics？

证据的法庭科学分类

麦克斯·M. 霍克，美国，华盛顿特区，联合法医实验室
版权© 2013 爱思唯尔公司保留所有权利

术语表

集合 任何一组真实的或想象的物体。

分类学 识别和命名物种的科学，目的是将它们分类。

分类单位 根据一组定性和定量特征进行分组和排序的一组或多个有机体；一种类型的集合。

引　言

证据是偶然的：无论物品的来源或生产方式如何，物品都会因参与犯罪而转化为证据。通过成为证据，它们的正常含义得到了增强和扩展。证据按照真实世界被归类。也就是说，基于制造商创建的分类法。为了进一步增强或澄清与本学科的目标和程序相关的证据的含义，法庭科学增加了新的分类法。

分类法

集合理论

任何真实或想象的物体聚集在一起都是一个集合，集合理论是研究这些集合的数学分支。基本集合理论涉及对象的分类和排列方式，有时使用图表，并涉及并集和交集等基本操作。包括基数在内的高级主题是本科数学课程中的标准课程。所有分类方案都或多或少地基于集合理论。

集合的概念是不明确的，构成集合的对象定义了集合的概念。集合中的对象被称为该集合的成员或元素。这些对象属于一个集合，集合由其元素组成。一个集合的成员可能是真实的，也可能是想象的；它们不需要在场就可

以成为该集合的成员。集合的成员资格标准应该是明确和可说明的。"这个房间里的所有人都超过 5 英尺 5 英寸",这个集合是明确界定的,如果当前未知,则必须测量房间内人员的身高,以准确填充该集合。如果定义模糊不清,则该集合可能不被视为集合。例如,"q"和"Q"相同吗?如果集合是 26 个英文字母,则它们是同一个元素;如果集合是"英文字母的 52 个大写和小写字母",那么它们是两个独立的元素。

集合可以是有限的或无限的,只有一个元素的集合被称为单元素集合。当且仅当两个集合具有完全相同的元素时,它们才是相同的。集合的基数是其中的成员数,集合 A 写作 $|A|$。当且仅当集合 X 的每个元素也是 Y 的元素时,集合 X 才是集合 Y 的子集,例如,所有十字槽螺丝刀的集合是所有螺丝刀集合的子集。法庭科学家将其称为"子类",但这是术语而非概念上的差异。我们讨论的其他内容还需要两个概念。X 和 Y 的并集是一个集合,其元素是 X 的元素、Y 的元素或两者共同的元素。因此,假如 X 是 (1, 2, 3),并且 Y 是 (2, 3, 4),那么 X、Y 的并集,写作 $X \cup Y$,是 (1, 2, 3, 4)。最后,两组的交集只包含 X 和 Y 共同的的元素。在前面的例子中,X 和 Y 的交集是 (2, 3),写成 $X \cap Y$。

分类法

诸如动物、植物或者矿物质之类的天然物品经常作为证据出现。这些物品根据其他学科(如生物学、植物学或地质学)使用的方法进行分类。法庭科学家有责任了解自然存在的物的分类。

在生物学中,分类学,也就是分类的实践和科学,指的是一种形式化的系统,用于对事物进行排序和分组,典型方法是林奈法。分类群(分类系统的单位)是足够固定的,以便为生物分类提供一个结构。分类群通常按层次结构排列,以显示它们之间的关系(系统发育)。在这种层次关系中,根据定义,子类型具有与父类型相同的限制条件并加上一个或多个附加限制条件。例如,猕猴是猴子的子类型,因此任何猕猴都是猴子,但不是每一只猴子都是猕猴,并且动物需要满足更多的限制条件才能成为猕猴而不是猴子。在林奈法中,每个物种的学名都是由两个词的组合形成的,第一个词是属的名称("属"名),总是大写,第二个词识别该属内的物种。物种名称(属物种)要么斜体,要么下划线(例如,*智人*[人]、*野猪*[猪]、*家犬*[驯养狗] 和 *黑鼠*[鼠])。

术语系统学有时与分类学同义使用，并且可能与科学分类混淆。然而，分类学是对生物的恰当描述、识别、分类和命名，而分类则侧重于将生物置于能够显示其与其他生物关系的组内。只有系统学专门处理时间上的关系，在处理生物系统问题时需要识别化石标记。系统学将分类学用作理解生物的主要工具，因为如果不首先对生物进行适当的研究和描述，以便正确地识别和分类，就无法理解该生物与其他生物之间的关系。

在地质学中，岩石一般是根据其化学和矿物成分、形成过程以及颗粒的质地进行分类的。岩石可分为岩浆岩（由冷却熔融岩浆形成）、沉积岩（由物质沉积和压实形成）和变质岩（通过压力和温度的剧烈变化形成）。这三类岩石又细分为许多岩石组。通常，类别的定义不是很严格，并且岩石的性质可能会使其从一个类别被划分为另一个类别。岩石和矿物的术语不是描述状态，而是描述沿梯度的可识别点。

制造

制造证据最初按一个或多个制造商创建的内部或市场特定系统进行分类。经济商品的制造商通过产品特征或分析方法进行分类。生产方法确保产品质量适合销售；这种分类基于所涉及的市场、公司生产方法的定位和供应链。对于制造商和消费者认可的型号或品牌的类别，存在明确的规则。物料流向下游，从原材料来源到制造层面。原材料转化为中间产品，也被称为零部件。然后这些零部件在下一级组装，形成产品。产品运往配送中心，然后从那里运到零售商和顾客手中。

法庭科学分类法

原材料的供应链、中间步骤、生产方法、预期最终用途和实际最终用途，都构成了可用于法庭科学分类的特征。尽管法庭科学分类是法庭科学独有的，但它们是以制造业中使用的生产分类法为基础的。这些特征构成了重要陈述的基础（例如，在刑事案件中某一特定物品的相对丰度或稀缺性）。有些物体是常见的，它们在开始时基本上是相同的，但进入人们视野时间很短（例如iPod）；有些物体是常见的，早就存在（蓝色牛仔裤），但它们的变化很大（比如常规、砂洗、酸洗等）。理解成为证据的物品的基本制造过程，对法庭科学家最有利。这种理解可以成为法庭上统计学意义陈述的基础，并可以为采用更加量化的证词提供基础。

法庭科学分析方法创建了扩充的分类法，因为该学科使用几套不同的方法进行分类，而且法庭科学家也有不同的目标。它们的分类基于制造特性、售后质量和预期最终用途，但也基于"作为使用"特征。"作为使用"特征是指人们购买后通过正常或非法使用而赋予物品的特征。法庭科学已经发展了一套用丁解释分类的规则。例如，法庭科学家对消光剂的尺寸、形状和分布很感兴趣，将金红石二氧化钛的微观颗粒融入纤维中以降低其光泽。制造商以一定的速度和百分比在纤维中加入消光剂，而不考虑形状或分布（但尺寸可能是相关的）。法庭科学分类是以制造业分类为基础的，但扩展了一些特征，帮助我们区分其他相似的对象。

自然分类、制造业分类和法庭科学分类之所以具有证据意义，是因为它们把世界划分为与犯罪行为相关的可理解的对象类别。法庭科学对相似物体之间的辨别力已经增强，但是它还需要对这些层次结构进行解释。

类级别信息

鉴别就是对一个物体的化学和物理性质进行检验，并用这些性质将其归类到某个集合。物体是由什么构成的，它的颜色、质量和大小，以及许多其他特征，被用来识别一个物体并帮助确认该物体的身份。分析一种白色粉末并得出它是可卡因的结论是鉴别的一个例子。确定一个半透明的小碎片是玻璃或黄色纤维材料是狗毛也是鉴别的例子。大多数鉴别本质上具有层次性，比如分类系统本身。在最后一个例子中，物体的纤维性质限制了以下可能的类别：

- 毛发
- 动物毛
- 外层粗毛
- 狗毛
- 德国牧羊犬毛

随着证据鉴别的过程变得越来越具体，它允许分析人员将证据依次分类为更小的对象类别。如果要寻找人的头发，则可能没有必要对狗毛以外的证据进行分类。根据提出的问题，可以对多个项目进行不同的分类。例如，图1中的对象可以被分为"水果"和"非水果"，"与运动有关"和"与运动无关", 或 "有机" 和 "无机"。

图 1   根据所提出的问题, 一系列物体可以以多种方式进行分类。例如, 基于图中的物体, 如果问题是 "什么是可食用的?" 而不是 "什么是体育设备?", 则集合会有所不同

共享一个类标识可能指示同一来源的两个对象, 因为法庭科学揭示并描述了犯罪活动中涉及的人、地点和事物之间的关系, 这种关系的共性可能对成功调查至关重要。共性可以显示出相互作用、起源点的局限性以及关系的重要性。共同来源的含义取决于所讨论的材料、生产方式以及用于对物体进行分类的检查的特殊性。例如, 汽车漆片的共同来源可能如下:

- 制造商 (区别于其他类似油漆)
- 工厂 (确定它是在哪里制造的)
- 生产批次 (区别于同一工厂的其他批次)
- 所有涂有该颜色油漆的车辆, 或
- 涂有某种颜色油漆的车辆, 该颜色与涉嫌犯罪车辆有关

所有这些选项 (并不是详尽无遗的), 都可能是确定两个物体是否具有共同来源的调查目标。

唯一性和个体化

如果一个对象可以被划分为只有一个成员 (本身) 的集合, 则可以说它是唯一的。一个个体化对象仅与一个来源有关: 它就是唯一的。唯一性基于以下假设: 所有事物在空间中都是唯一的, 因此, 它们的属性是不重叠的。由于多种原因, 空间唯一性的假设被认为是公理, 因此是一个本质上不可证

明的命题。"所有可能是证据的事物"的规模实在太大，无法解释。此外，在典型的法庭科学调查中并不容易获得决定性的证据。因此，正如 D. A. 舒姆（D. A. Schum）所指出的，需要统计数据。

这种证据，如果存在的话，将使一个特定的假设或可能的结论被采纳。为了弥补证据的缺陷，我们常常利用大量具有附加性质的非结论性证据进行完善：在与我们的结论相关的事项上，证据是不完整的，并且由于各种原因，它的来源（包括我们自己的观察）不完全可信。因此，从这些证据得出的推论在本质上只能是概率性的（Schum，1994，p. 2）。

因此，当存在数据计算或者准确性的不确定性时，就需要进行统计分析。如果可以绝对肯定地解决问题，则不需要统计分析。大多数证据都存在于不同层级，尽管犯罪中涉及的每个物品都被认为是独特的，但它仍属于较大的类别。实际上，大多数法庭科学工作也仅在类别上进行分辨。即使作为法庭科学的"黄金标准"的 DNA，也和类别与统计有关。

有人认为，唯一性的概念是必要的，但不足以支持个性化的主张。如果承认唯一性是公理性的，那么

重要的是，我们是否拥有必要的分析工具，来辨别使一个物体和所有其他物体区别开的特征，或者，在法庭科学背景下，将每个物体所产生的痕迹与其他物体留下的痕迹区分开来——每个物体在制造规模上都是唯一的。问题是，在检测范围内，我们是否能够将物体区分开。根据维特根斯坦的说法，由于宇宙中的所有物体在某些方面都是"相同的"，而在其他方面是"不同的"，真正重要的不是唯一性，而是我们用什么规则来确定"相同"和"不同"（Cole，2009，pp. 242-243）。

尽管事物产生时在数值上可能是唯一的，但这无助于在检测或解释时区分其他类似的物体。这就是法庭科学为调查和法律程序增添价值的地方。

关系和背景

犯罪所涉人员、地点和事物之间的关系对于决定要检查哪些项目以及如何解释结果至关重要。例如，如果发生性侵犯并且犯罪者和受害者互不相识，

与他们同居或是性伴侣相比，可能会留有更多证据。陌生人以前从未见过对方，因此，他们在案发前不会转移证据。住在一起的人会有机会转移某些类型的证据（例如，客厅的头发和地毯纤维），而不是其他证据（精液或阴道分泌物）。配偶或性伴侣，作为三个例子中最亲密的关系，将共享大量的信息（图2）。

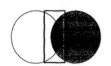

受害者和犯罪者仅在彼此都不熟悉的犯罪场景下发生接触，例如小巷里的性侵犯

受害者和犯罪者在彼此都熟悉的犯罪场景下发生接触，例如配偶杀害同居伴侣

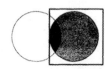

受害者和犯罪者在仅犯罪者非常熟悉的犯罪场景下发生接触，例如发生在犯罪者家中的绑架和故意伤害

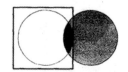

受害者和犯罪者在仅受害者非常熟悉的犯罪场景下发生接触，例如强闯民宅

图2　犯罪者、受害者和现场三者之间的关系直接影响到证据的收集和意义

陌生人犯罪中陌生人辩称系巧合关联的问题，也就是说，以前从未相互接触过的两种东西，在某个分类层面上无法区分。交叉询问时律师可能会问："是的，但是［在此插入证据类型］真的不是来自其他任何地方吗？［类似于通用证据］是否很普遍？"各种各样的证据已经证明，由于偶然因素造成的匹配非常罕见。大量生产的商品、消费者的选择、经济因素、生物和自然多样性以及其他特性千差万别，在任何一种情况下，都创造出了几乎无限的可比较特征的组合。

参见

基础：证据/分类；证据的统计学解释：贝叶斯分析；法庭科学证据解释的频率论方法

扩展阅读

Cole, S., 2009. Forensics without uniqueness, conclusion without individualization: the new epistemology of forensic identification. *Law, Probability, and Risk* 8（3），233-255.

Devlin, K., 1993. *The Joy of Sets*. Springer, Berlin.

Haq, T., Roche, G., Parker, B., 1978. Theoretical field concepts in forensic science. 1. Application to recognition and retrieval of physical evidence. *Journal of Forensic Sciences* 23 (1), 212-217.

Houck, M. M., 2006. *Production Taxonomies as the Foundation of Forensic Significance*. European Academy of Forensic Sciences, Helsinki, Finland.

Johnson, P., 1972. *A History of Set Theory*. Weber & Schmidt, New York.

Kwan Q. Y., 1977. Inference of Identity of Source (Ph. D. thesis). University of California.

Schum, D. A., 1994. *Evidential Foundations of Probabilistic Reasoning*. John Wiley & Sons, New York.

Thornton, J., 1986. Ensembles of class characteristics in physical evidence examination. *Journal of Forensic Sciences* 31 (2), 501-503.

Underhill, P., 2000. *Why We Buy: The Science of Shopping*. Simon & Schuster, New York.

解释/比较方法

麦克斯·M. 霍克，美国，华盛顿特区，联合法医实验室

版权© 2013 爱思唯尔公司保留所有权利

> **术语表**
>
> **可对齐差异** 与两个或两个以上事物的等级系统相关的差异。
>
> **类似性状** 两个事物之间相似的特征，但不存在于被比较群体最后的共同祖先或先例中。
>
> **类比** 将信息或意义从一个主体（模拟物或信息源）转移到另一个主体（目标）的认知过程。
>
> **可诊断性** 特征对物体进行分类的程度。
>
> **同源性状** 共同祖先或先例共有的特征。
>
> **不可对齐差异** 源头和目标之间完全没有对应关系的差异。

引 言

类比及更具体的相对比较是人类认知的核心组成部分。类比是一个识别场所、物体和人的过程，在人类的许多心理活动中起着重要作用，如解决问

题、决策、感知、记忆和交流。包括 D. 霍夫施塔特（D. Hofstadter）在内的一些研究人员甚至主张认知是一种类比。同样地，类比的认知过程和比较的方法也是法庭科学的核心。比较的能力基于某种分类（更恰当地说，是一种分类法），从而产生类别、组或集合。

亚里士多德被认为是第一个将比较法作为对世界进行分类的方法的人。然而，他试图将这一过程编纂成法典，并提出了一个棘手的问题——生物的分类，该问题只有在以后才能解决。就其本身而言，比较法充其量是一种最简单的技术。一个分类系统（一个分类法）是更完整的比较法的先决条件。比较解剖学是该方法最早的正式应用之一，它超越了单纯的表象（即简单的比较）来解释每种动物的性质和特征。

法国自然科学家皮埃尔·贝隆（Pierre Belon）在他的著作《鸟类自然史》中将鸟类骨骼结构和人类的进行了比较。与弗兰德自然主义者一样，贝隆是最早将比较法明确地应用于生物学的自然科学家之一。居维叶是第一个在研究动物和化石时将比较解剖学和分类学作为研究工具而不是目的的人。令居维叶感到沮丧的是，无法将生物现象重新配置为可以进行测试的实验条件，这是许多学科都面临的一个难题。生物体的生理学与解剖学特征的紧密结合，在梳理功能与结构之间的关系时造成了障碍：一旦一个生物体死亡，准备被解剖，它的功能就停止了，从而无法研究清楚功能与结构的关系。居维叶认为，仔细检查和标本之间结构的相互关系也可能有助于揭示观察和比较的原则。居维叶也许是最早的科学家兼侦探，他用分散的、零碎的信息来重建地球及动物的历史。在 1798 年的一篇论文中，居维叶写到了他对骨骼形态和功能的认识与动物的整体可识别的解剖结构有关，这让可以人们认识骨骼的来源。

如果人们能够意识到以下内容，则这一论断并不令人惊讶：在活着的状态下，所有骨骼都被组装在一种框架中，每个骨骼所处的位置都很容易辨认；而且，通过关节面的数量和位置可以判断附着其上的骨骼的数量和方向。这是因为构成动物身体每个部分骨骼的数量、方向和形状总是同其他部分有着必然的联系，以至于在某种程度上，人们可以从其中任何一个部分推断出整体，反之亦然（Rudwick，1998，p. 36）。

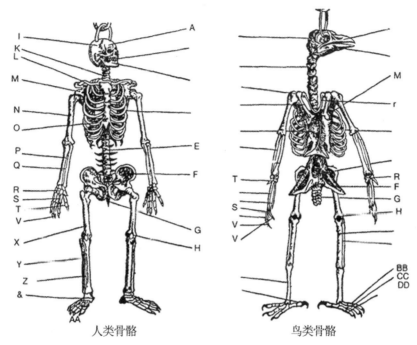

图 1 皮埃尔・贝隆 1555 年出版的《鸟类自然史》中的草图，将鸟类骨骼与人类的进行比较。这是最早运用比较解剖学的科学著作之一

　　这被称为居维叶的相关性原理，是生物学和古生物学的中心原则。值得注意的是，居维叶声称能够从单个骨骼中辨认出动物类别，但是不能完全重建这个动物，正如上面的引语所暗示的那样。想要对所讨论的动物进行重建，必须有该动物的足够数量的骨骼。从那时起，比较法一直是科学成功的基石，新兴的学科，如生态学，从单纯的观察或描述方法发展到通过实验或分析方法进行比较。

　　对生物学术语的简短讨论将有助于阐明生物学比较中使用的概念。同源性，即在不同动物中发现各种形式的相同结构，是比较解剖学的组织基础。动物有同源性状，因为它们也具有相同或相关性状的共同祖先。相比之下，类似性状是指在生物中发现了相似性，而这种相似性在被比较群体的最后一个共同祖先中不存在，也就是说，这些性状是分开进化的。鸟类和蝙蝠的翅膀是同源和类似性状之间区别的典型例子：它们的前臂同源但翅膀相似——后者的结构分别进化出了它们的功能。同源性状被称为同源物。在生物学中，

法医生物学

进化和自然选择形成了一个系统，在这一系统中，这些关系得以发展和维持、同质化或分化。

在制造业中，其他外部和内部的制约因素通过设计、功能、形式和成本形成了同源和类似性状的基础。设计是根据产品的预期最终用途、美学考虑和成本限制进行的。产品的功能和形式往往是相互关联的，并且设计中的差异围绕必要和充分的标准而聚集。例如，在图2中，虽然锤头、对边、手柄、材料、重量、形状和部件都有所不同，但它们仍然可以被识别为锤子。如果图2是雀鸟，就像达尔文乘坐小猎犬号在加拉帕戈斯群岛的历史性航行中研究的那样，分类学的基本过程将是相同的，但标准和基础（历史和原因）显然会因为锤子的生产和雀鸟的进化的巨大差异而有所不同。

从广义上讲，产品的供应链和分销网络就像是基于进化的系统进化树。无论这些物品是生物制品还是人工制品，都不应假设其特性是独立的。不控制历史关系，通过系统发育或供应链的比较研究可能意味着虚假关系（碰巧一致）。法庭科学的独特性在于，它使用比较法来重建过去的犯罪事件和证据来源，无论是生物证据还是人工制造的证据（本质上是逆向工程，推导出来源）。

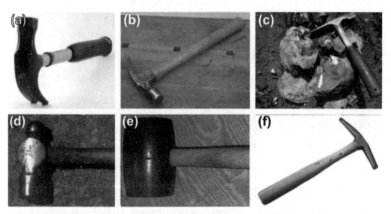

图2 锤子。所有物体都是可识别的锤子，尽管它们的部件不同：（a）羊角锤；（b）框架锤；（c）地质锤；（d）圆头锤；（e）橡皮锤；（f）室内装潢锤

司法鉴定过程中的类比和比较

类比是一种思维过程，它将信息或含义从一个主体（类比物或来源）转

移到另一主体（目标）。因此，这一过程至少意味着两件事：情境或事件。来源被认为是两者中较为完整和复杂的，因此，目标在某种程度上信息量较少且不完整。不完整性可能是由几个因素中的一个或几个造成的，例如损坏、断裂、变质或尺寸。在比较中，来源和目标之间的元素或特征（包括它们之间的关系，如进化或供应链）被映射或对齐。映射是通常更熟悉的经验领域和更完整的信息库（源）到通常更有问题的目标。

突出的要素或特征至关重要。在任何一个元素或关系中都有无数的差异可以考虑，但对眼前的问题，这些差异是无用的（"这两个物品都比帝国大厦小吗？""它们比消防车更红吗？"）。归根结底，类比是用于表达两个比较对象（来源和目标）共同关系的一个过程，尽管它们存在许多差异。为了进行比较，必须存在某种可能的或假设的联系。举一个法庭科学的例子，即从嫌疑人的衣服和受害者的尸体上除去的痕迹碎片；虽然可能没有共同的实物证据（毛发、纤维、玻璃、土壤等），但嫌疑人的衣服和受害者的身体至少表面上有共同的关系（受害者是受害者，嫌疑人是与犯罪有关的人），除非另有证据证明。因此，对于类比和比较来说，必不可少的是共同关系，而非共同对象。

比较作为一种方法做了几个假设。首先，我们假设比较对象映射的空间是欧几里得空间。其次，该方法基于观察到的所有显著相似性，将比较对象嵌入"最小维度空间"中。每个对象 a 都由一组元素或特征 A 详细描述。对象 a 和对象 b 之间可观察到的任何相似点记作 $s(a, b)$，表示它们具有共同显著特征的函数。比较和观察到的相似性可以表示为三个参数的函数(图 3)。

- $A \cap B$，a 和 b 共有的特征；
- $A-B$，a 具有而 b 不具有的特征；
- $B-A$，b 具有而 a 不具有的特征。

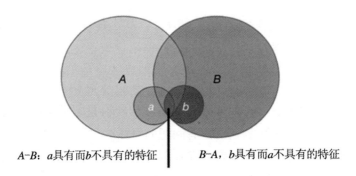

A-B：a具有而b不具有的特征　　B-A，b具有而a不具有的特征

A∩B：a和b共有的特征

图3　观察到的相似之处的比较可以表示为三个函数

心理学研究表明，人们往往更关注目标（信息较少的比较对象），而不是信息来源。在法庭科学中，这意味着分析人员会更多地关注犯罪现场或行为人的样本，而不是收集到的已知样本。即使已知样本具有更突出的特征，人们也会更关注犯罪现场和行为人的行为，因为已知样本比可疑样本有更多的信息和记录的来源。例如，玩具船与一艘真实船非常相似，因为真实船的大部分主要特征都在玩具船中展现出来了（否则它可能无法被看作其原物的模型）。然而，真实船和玩具船并没有那么相似，因为真实船的许多特性都没有在玩具船中体现（由于功能、规模或安全等因素）。对目标给予更多关注的原因，主要是要确定目标中是否有足够的重要信息，以便进行比较。

从比较的角度来看，特征显著性的主要决定因素是它们对一个物体的分类程度（即它们的可诊断性）。某一特征较之其他特征更为显著，基于该特征将对象从一个类别重新分配给另一个成员较少的类别。显著性是分层次的，其大小取决于一个类别里具有该特征的成员的数量；由此，目标是通过对对象的特征进行连续的比较，将对象放入成员越来越少的类别中。因此，特征显著性应该与对象所属类别的成员数目成反比；A∩B这一集合的特征显著性增加，可以认为是一种可诊断性的表达。如果比较过程不能最大限度地提高诊断能力或使可诊断性最大化，那么它的法庭科学实用性较低。

法庭科学中的比较法

比较法涉及一个或多个目标（未知来源，缩写为 Qs）和一个或多个来源（已知来源，缩写为 Ks）之间的关系结构的对齐。作为一种方法，这种对齐有三个约束或要求：

● 对齐必须在结构上保持一致，也就是说，必须在一个论证结构中观察到比较对象之间的一一对应关系（并行连接）。一个比较点最多可以与目标或来源中的另一个比较点对齐。同样，匹配关系必须有匹配的参数来支持它们（所提议的关系的原因不能基于不相关的参数）。

● 比较必须涉及共同的关系，但不必涉及共同的对象描述。例如，来自犯罪现场的所有证据，不必只来自一个来源。

● 最后，比较不限于在正在处理的对象之间进行，还包含它们可能共同具有的所有史高层次的"约束关系"（系统性）。在生物学中，这与进化和遗传有关；对于制造材料而言，这将是设计因素、原材料的供应链和中间工艺，二者共同构造了提供给消费者的成品。关系历史越久远，两个对象共享的类级别就越高，它们的关系就越近，它们具有共同来源的可能性就越大。这就排除了其他相似但不相关的对象之间的巧合匹配：无论它们存在多少一系列的巧合，都没有显著联系。Ⅰ 型和 Ⅱ 型错误源于这些巧合。

比较的结果是类似特征或现象的一种交叉映射，这些特征或现象在两种情况下（例如，受害者的衣服和犯罪现场）具有不同关系角色。来源与目标之间的系统映射是区分潜在模糊关系的自然方法。这涉及目标和来源的分类，每个特征或特征的识别都将它们放置于一个或多个物品的集合（类别）中。交叉映射是类别中的这些特征。一旦来源与目标对齐，基于来源的候选推断就可以投射到目标上，例如共同的来源或历史记录。例如，带有血迹的手枪可以与从受害者身上取下的子弹（通过类似弹药的测试射击）进行比较，并确定其是子弹的来源（在某种程度上是确定的），而血液可以通过用受害者的已知样本进行 DNA 分型来证明受害者是其来源（同样，在某种程度上是确定的）；受害者的血在手枪上这一事实表明有共同的发生历史（横向同时性）。

比较是有选择性的。系统性的要求基于这样的观点：类别或集合既是灵活的，又是有层次的。高阶连接预测低阶关系，不属于对齐关系系统的一部分共同特征是无关紧要的：蓝色的鞋和蓝色的车除了属于相同的颜色类别之外，几乎没有共同点；同样地，来源鞋和目标鞋可能具有相同的鞋底花纹，假如鞋底没有一个独特的特征出现在鞋印中，具有相同鞋底花纹的显著性就降低了。层次结构系统相关的差异被称为可对齐差异，来源和目标之间完全没有对应关系的那些差异被称为不可对齐差异。可对齐差异比不可对齐差异更有意义和显著性，因为它们存在于同一关系系统中，从而使彼此更相关。该观察得出的奇怪结论是，非常相似的比较对象（玩具火车-真实火车）应该比不太相似的比较对象（玩具火车-玩具船）存在更有意义的差异，因为更相似的比较对象可以在更常见的关系系统中得出，并且会有更多可对齐差异。例如，汽车-卡车和鸭子-棒球之间所有可能的差异可以作为一个很好的例子。第一组比第二组有更多的可比较差异：就一些差异而言（"你不跟鸭子一起运动。你不打棒球。"），这一比较似乎毫无意义，因为两者没有可比性。然而，通过比较汽车和卡车，引出的细节可能会在一段时间内继续增加，增加到什么程度具体取决于所需的细致程度。世界上大多数比较对象的集合都是不同的（这就是法庭科学中"排除"比"认定"更容易的原因），考虑人类的认知负荷，这种"无偏倚"的启发是有意义的：凭直觉来讲，当一对物品相似的时候，它们之间的差异才更重要。心理学实验支持这种说法，它似乎是人类认知的组成部分。与此说法相关的是维特根斯坦在他的著作《逻辑哲学论》中提出的建议 5.5303："粗略地说，两件事是相同的，这种说法是无稽之谈，说一件与自身完全相同的事跟没说一样。"这表明无论是包容性的还是排他性的比较，都需要对其强度进行统计评估。

参见

基础：法庭科学情报；鉴定/个体识别的概述和意义；法庭科学家使用的符号学、启发式和推理

扩展阅读

Diamond, J., Robinson, J. A. (Eds), 2010. *Natural Experiments of History*. Cambridge University Press, Cambridge, MA.

Gentner, D., Markman, A. B., 1997. Structure mapping in analogy and similarity. *American Psychologist*. 52 (1), 45–56.

Hofstadter, D., 2001. Analogy as the core of cognition. In: Gentner, D., Holyoak, K., Kokinov, B. (Eds), *The Analogical Mind: Perspectives from Cognitive Science*. MIT Press/Bradford Book,

Cambridge, MA, pp. 499-538.

Markman, A. B. , Gentner, D. , 2000. Structure mapping in the comparison process. *American Journal of Psychology*. 113 (4), 501-538.

Pellegrin, P. , 1986. *Aristotle's Classification of Living Things*. University of California Press, Berkeley, CA.

Rudwick, M. , 1997. *Georges Cuvier, Fossil Bones, and Geological Catastrophes*. University of Chicago Press, Chicago.

Tversky, A. , 1977. Features of similarity. *Psychological Review*. 84, 327-352.

Vanderkolk, J. , 2009. *Forensic Comparative Science*. Academic Press, New York.

Wittgenstein, L. , 1922. *Tractatus Logico-Philosophicus*. Routledge, London. Translated by C. K. Ogden (1922), prepared with assistance from G. E. Moore, F. P. Ramsey, and Wittgenstein.

法医遗传学：历史

A. 卡拉切多，西班牙，圣地亚哥，圣地亚哥德孔康波斯特拉大学

版权© 2013 爱思唯尔公司保留所有权利

术语表

电泳 分离大分子（即在一个空间均匀电场下分离 DNA 片段）。

遗传标记 可观察到的特征，可用来追踪决定其可变形式的（或与之有关）基因的存在。

多态性 在同一位置同时出现两种或两种以上不连续的形式，其比例使其中最稀有的形式不能仅仅通过反复的突变或迁移来维持。

早期阶段

法医遗传学可以定义为遗传学（从一门学科的意义上讲，其目的是研究遗传特征，以分析人口的种间和种内变异）在解决法律冲突方面的应用。

一个多世纪以前，卡尔·兰德施泰纳（Karl Landsteiner）发现了人类 ABO 血型变异（称为多态性），并意识到这种变异可用于解决亲子鉴定案件和犯罪，由此推动了法医遗传学的发展。

在 20 世纪上半叶，人们发现了不同的人类红细胞抗原多态性，尽管法医

遗传学在刑事案件中的应用相当有限，因为很难分析微量血迹和血液以外的体液。除了 ABO 血型系统外，还有 15 个成熟的血型系统有可能用于法医血清学，包括 MNS、凯尔（Kell）、达菲（Duffy）、基德（Kidd）等，卢瑟兰氏（Lutheran）是其中应用最广泛的血型系统之一。

人类免疫球蛋白变异的特性，特别是血清和红细胞中多态性蛋白和酶的发现，代表了这一领域的重大进步，尤其是在亲子鉴定方面。

自 1956 年首次发现血清蛋白多态性以来，电泳方法可分析的多态性蛋白的数量不断增加，一直到 20 世纪 70 年代末。结合珠蛋白、组特异性成分、转铁蛋白、α-1-抗胰蛋白酶、α-酸性糖蛋白（一些补体因子 C3、C4、C6、C8 和 Bf）、凝血因子（FXIII 和 ATIII）、纤溶酶原、淀粉酶（AMY1 和 AMY2）和免疫球蛋白标记最常用。

红细胞和白细胞多态性酶也发生了同样的情况，其中大多数在 20 世纪 60 年代和 70 年代被发现。应用最广泛的是葡萄糖磷酸变位酶-1、红细胞酸性磷酸酶、酯酶-D、腺苷酸激酶、乙二醛酶、腺苷脱氨酶、谷丙转氨酶、尿苷单磷酸激酶、肽酶 A 和 6-磷酸葡糖酸脱氢酶。

在让·多塞（Jean Dausset）最早描述淋巴细胞上的第一种抗原 4 年后，于 1962 年，范鲁德（Jon J. van Rood）定义了现在被人们熟知的人类白细胞抗原（HLA）B 位点上前两个等位基因，引入了主要组织相容性复合物 I 位点。

尽管所使用的方法（基于 1964 年首次介绍的微淋巴细胞毒性方法）有一些解释上的困难，部分原因是主要 HLA 基因座连锁不平衡导致的某些抗原和统计解释的复杂性，但是 HLA 比当时使用的其他遗传标记多态性更高，是亲子鉴定领域的一次重要进步。

人们研究 HLA-A 和 HLA-B 基因座抗原时，发现一些例外情况与双基因模型不一致，并利用一种被称为"帽化"（Capping，抗体介导的抗原在细胞表面聚集）的特殊技术，证实了第三个基因座 HLA-C 的存在。HLA-A、HLA-B、HLA-C 在亲子鉴定实验室得到广泛应用；20 世纪 80 年代初，一些使用单克隆抗体、酶联免疫吸附实验和等电聚焦的研究小组开始报道在新鲜血迹 HLA 分析中取得成功。

然而，当需要分析法医案件中常见的微量或降解检材时，这些经典遗传标记的使用是有限的。此外，很难分析血液以外的其他生物检材。因此，从强奸案件的头发、唾液甚至精液中获得的信息相当有限。

电泳技术优于免疫学方法，因为对结果的解释更为客观，并且多态性蛋白和酶变异率较低使得有必要获取尽可能多的信息。因此，诸如等电聚焦、固相 pH 梯度或者混合等电聚焦等复杂的电泳方法被发展和应用。聚丙烯酰胺凝胶电泳、银染色方法提高了检测的灵敏度，从而增加了在微量血迹中分析多态性蛋白的可能性。

尽管如此，法医遗传学家在许多情况下能够报告的信息仍然远远不够。因此，杰弗里斯等人在小卫星中发现了高度多态性基因座，这是该领域的一个里程碑，也是法医遗传学历史上最重要的发现之一。

DNA 分型：小卫星和短串联重复序列

与传统蛋白质分析相比，DNA 分型具有明显的优势，主要是因为它信息量更大，并且 DNA 在物理上比蛋白质更耐降解，适合在微量或降解检材中进行分析。另外，可以从任何组织（例如，血液、唾液、精液、毛发、皮肤和骨骼）中获取相同的 DNA 基因型，而蛋白质遗传标记的分析仅限于表达这些蛋白质的细胞。

小卫星最初是通过将探针杂交到限制性内切酶消化的基因组 DNA 的萨瑟恩（Southern）印迹来检测的，不同的小卫星位点之间共享的"核心序列"使探针能够同时检测许多独立的小卫星，产生高变多带模式，即 DNA 指纹。

多位点探针最初被用于法医遗传学分析。然而，这类探针在法医遗传学领域并不是很成功，因为在条带匹配和标准化的情况下，虽然信息丰富，但在证据评估方面出现了统计问题。由于这些原因，在法庭科学领域，多位点探针被特定的克隆小卫星"单位点探针"（SLP）取代。每一个 SLP 都只显示单一的、高度多态的限制性片段长度多态性，从而简化了结果解释。通常，连续使用 4 个 SLP 进行萨瑟恩印迹杂交，每个个体产生 8 个高变片段。正是借助 SLP，基于 DNA 的首次刑事检验才得以实施。1986 年，科林·皮奇福克在莱斯特郡被判犯有强奸和杀人双重罪。很快，DNA 分析成为法医遗传学的标准方法，因为它被大多数法医实验室广泛应用，特别是在刑事案件工作（痕迹分析和毛发分析）和鉴定中。

在聚合酶链式反应（PCR）扩增的短串联重复序列（STR）分析技术出现之前，SLP 技术在法医实验室的应用非常广泛。SLP 技术的优势在于人们对一些小卫星基因座的多态性和部分基因座的突变率有充分的了解，其主要缺点是分析时间长，成功获得 SLP 分型需要相对大量的未降解 DNA。从现场检材中提取出的 DNA 由于环境原因常常出现降解，因此 SLP 技术时常得不到可靠的结果。PCR 技术克服了这些困难，有力地提高了 DNA 分析在法庭科学中的有效性。

PCR 是由凯利·B. 穆利斯（Kary B. Mullis）和他在赛特斯公司的同事于 1987 年设计和命名的，尽管这一原理在十多年前已经被哈尔·葛宾·科拉纳（Har Gobind Khorana）等人详细介绍过。然而，PCR 技术的应用一直受到限制，直到从嗜热菌中提取到合适的热稳定 DNA 聚合酶。

大多数基于 PCR 技术的 DNA 分型系统选择的基因座之间为非连锁关系，避免了像 SLP 技术因谱带连锁而出现影响匹配概率计算的统计学问题，从而使得标准化更容易。此外，除了 PCR 技术固有的更高灵敏度，它更有可能成功地分析陈旧或严重降解的检材，这主要是因为许多 DNA 多态性（SNP 和 STR，SNP 即单核苷酸多态性）片段较小，使它们更易于通过 PCR 技术进行分析。

使用 PCR 技术扩增的第一个遗传标记是 HLA-Ⅱ类基因，尤其是使用序列特异性寡核苷酸探针分析的 HLA DQA1 系统。PCR 技术分析 DNA 标记可行之后，几个基因位点的试剂盒很快就被商业化了。AmpliType PolyMarker PCR 扩增试剂盒 [珀金埃尔默（Perkin-Elmer），加利福尼亚州福斯特城] 在当时的法医实验室非常受欢迎。这个试剂盒可以复合扩增 HLA DQA1、LDLR、GYPA、HBGG、D7S8 和 GC 等基因座。在含有 ASO 探针的反向斑点杂交条带中同时对 5 个基因座进行分型，而 HLA DQA1 单独进行检测。

之后，法庭科学家的工作重点放在了扩增片段长度多态性上。D1S80（pMCT118）是首个应用于法医分析的小卫星基因座，但是这些早期小卫星扩增检测系统被 STR（也叫"微卫星"）取代。通过 PCR 技术对 STR 进行分析是目前基于 DNA 的法医鉴定的首选方法。

STR 于 1989 年被发现，并在 20 世纪 90 年代初应用于法医案件中。与二核苷酸和三核苷酸（二碱基和三碱基重复序列）相比，使用四核苷酸和五核苷酸重复序列（四碱基和五碱基重复序列）的优势很快显现出来，人们开始系统地寻找适合法医应用的 STR。随后，美国 DNA 分析方法科学工作组和欧洲 DNA 分析小组等机构，以及在国际法医遗传学协会 DNA 委员会的积极推动下，完成了技术和命名标准化进程。

另一个重点是在单一 PCR 反应中复合扩增多个 STR 基因座的可能性。当这种 PCR 方法与聚丙烯酰胺凝胶中扩增产物的直接检测相结合时，STR 的 DNA 分型易实现自动化。自 1993 年以来，人工电泳系统的商用 STR 复合扩增已经问世。变性聚丙烯酰胺凝胶被用于 DNA 片段的分离，直到毛细管电泳和荧光染料标记引物技术的引进以及 DNA 测序仪的使用彻底改变整个领域，允许多重 STR 复合检测。自那以后，几个商业化荧光标记复合扩增系统上市，并且都包括一系列的 STR 和反映性别的牙釉质蛋白基因。目前所用的复合扩增系统检测 15 个或者更多的 STR。STR 的组合个体识别能力很强，且对于大多数 STR 组合，两个无关个体随机匹配概率在 10^{-15} 以下。

自 20 世纪 90 年代中期以来，计算机数据库含有来自于犯罪现场检材、被定罪的罪犯以及在某些情况下被捕但后来无罪释放的人的 STR 分型，这使得执法机构能够将罪犯与犯罪现场的 STR 分型联系起来。这项科技的应用使全球成千上万的案件得以破获。PCR 引物的重新设计使得引物更接近 STR 重复区域，在 2001 年创建了微小片段短串联重复序列（miniSTR），这有助于改进对降解检材的分析。

性染色体多态性和线粒体 DNA

Y 染色体多态性在法医学分析中已被证明是特别有用的，自 1995 年以来一直被使用。Y 染色体多态性的应用包括男性后代（例如，母亲缺席，不能参与鉴定）的亲子鉴定，以及在刑事案件中的不同应用。男女混合斑（性犯罪中最常见的检材）检验中应用 Y 染色体多态性可获得男性 DNA 分型结果。

就像常染色体 STR 的数量增加一样，Y 染色体 STR 遗传标记也得到了扩展，现在商业化的复合扩增检测试剂盒提供了对 Y 染色体 STR 的分析，以创建有用的单倍型。由于它们是在父系中从男性遗传给男性的连锁基因座，Y 染色体 STR 匹配情况下的统计解释较为复杂，必须考虑对群体亚结构和抽样误差进行适当的校正。因此，群体遗传学调查非常重要，通过开发一个全球数据库，即 Y 染色体单倍型参考数据库，来编制质量控制的群体数据库。在引入 Y 染色体 STR 的同时，还引入了 X 染色体上的 STR，这些标记对于某些亲子鉴定案例很有用。

在 20 世纪 90 年代初期至中期，STR 分型开始应用荧光标记，线粒体

DNA 被引入法医学应用。线粒体 DNA 控制区域是线粒体基因组的一部分，是研究和比较骨骼、陈旧和降解的 DNA 的有效方法，特别是可应用于对终末期毛发的分析。在这些情况下，对线粒体 DNA 变异的样本可以使用多种策略进行分析。PCR 扩增和 DNA 直接测序相结合通常是鉴定的最佳方法，自 20 世纪 90 年代中期以来被法医实验室使用，它已被证明是法医工作中一种可靠和可重复性的方法（图 1）。

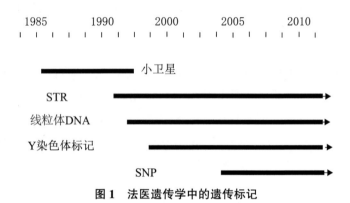

图 1　法医遗传学中的遗传标记

单核苷酸多态性和技术革命

法医遗传学领域在近几年里非常令人振奋，一种新的标记——SNP——被引入。SNP 有多种特性使得它们能适应法医研究：其一，它们比 STR 有更低的突变率，这对亲子鉴定是非常重要的。其二，它们可以在更短的扩增片段中进行分析，一般来说，扩增片段长度较短对于降解检材的成功扩增至关重要。其三，它们非常适合使用高通量测序技术来分析，并且最近已成功使用高密度 SNP 微阵列来鉴定不完整家系中的远亲关系。不同法医应用的 SNP 组合已被验证。同样，事实证明插入/缺失多态性也具有特别的价值，因为它们是简单的、稳定的，且易于分析和解释。

具有等位基因频率差异的祖先信息标记 SNP 被发现特别有助于从生物样本中预测个体的地理起源，并已成功应用于重要的法医案件，例如在"3·11"马德里恐怖袭击调查中未匹配上的 STR 图谱分析。另外，已经发现了用于预测身体特征的 SNP，并且可能被证明对预测常见表型变异等方面特别有用，如眼睛的颜色。

法医遗传学上的非人源物种是一个具有广阔前景的新兴领域。在犯罪现场发现的动物物证（通常是宠物毛发）和濒危物种的非法交易调查中，都使用了动物 DNA 的法医分析。与动物物证一样，植物物证也可以与犯罪现场联系起来，并提供重要证据。通过新的宏基因组学方法分析土壤中的细菌菌株也是如此。

目前法医生物学家面临的最困难的问题之一是体液的识别。已经有运用特异信使 RNA（特别稳定）来进行血液、精液和唾液的识别的分子生物学方法，并且此方法的适用性和重要性很可能不断增加。

新一代测序技术也将对这些新应用产生影响。尽管有这些技术上的进步，但是法医遗传学思维上最重要的一个进步是认识到科学家应该考虑证据的可能性。统计学在法医遗传学领域仍然面临更多挑战。法医遗传学现在是一门完善的学科，拥有明确的知识体系、大学中的相关学院、科学协会和专门期刊。

参见

生物学/DNA：基本原理；国际法医遗传学会（ISFG）的历史；miniSTR；线粒体 DNA；短串联重复序列；单核苷酸多态性；X 染色体遗传标记

拓展阅读

Bogusz, M. J., 2008. *Handbook of Analytical Separations*. Forensic Science, vol. 2. Elsevier, Academic Press, Amsterdam.

Bulter, J. M., 2010. *Fundamentals of Forensic DNA Typing*（chapter 3）. Elsevier Academic Press, New York.

Bulter, J. M., 2012. *Advanced Topics in Forensic DNA Typing*：*Methodology*. Elsevier Academic Press, New York.

Editorial, 2007. Launching forensic science international daughter journal in 2007 forensic science international：genetics. *Forensic Science International Genetics* 1, 1-2.

Jeffreys, A. J., Wilson, V., Thein, S. L., 1985. Hypervariable minisatellite regions in human DNA. *Nature* 314, 67-73.

Jobling, M. A., Gill, P., 2004. Encoded evidence：DNA in forensic analysis. *Nature Reviews Genetics* 5（10）, 739-751.

Kayser, M., de Knijff, P., 2011. Improving human forensics through advances in genetics, genomics and molecular biology. *Nature Reviews Genetics* 12 (3), 179–192.

Weber, J. L., May, P. E. 1989. Abundant class of human DNA polymorphisms which can be typed using the polymerase chain reaction. *American Journal of Human Genetics* 44, 388–396.

相关网站

http://www.cstl.nist.gov/strbase/.

http://www.isfg.org/.

基本原理

A. 阿莫林，葡萄牙，波尔图，波尔图大学

版权© 2013 爱思唯尔公司保留所有权利

术语表

 等位基因 一个基因座上表现遗传信息的每一种替代形式。

 共显性 等位基因（用 A1 和 A2 表示）之间的关系，即表型上允许区分所有基因型，包括它们任意成对组合。

 显性 如果纯合子（AA）的表型与杂合子（Aa）的表型没有区别，则等位基因（用 A 表示）相对于另一个（隐性，用 a 表示）是显性的。

 基因 基因座或等位基因的同义词，取决于上下文。

 遗传标记 可观察到的特征，可用于追踪决定其可变形式的（或与之有关）基因的存在。

 基因型 一个群体的个体可以根据所研究基因座的等位基因形式被分成的每一个类别。例如，在纯合子中，该基因座上是一对相同的等位基因，而在杂合子中，该基因座上是两个不同的等位基因。

 哈迪–温伯格定律 将孟德尔遗产理论推广到群体层面。假设随机交配（随机配对，无限群体规模），并且没有突变、选择和迁徙，则等位基因频率和基因型频率之间的关系如下：

$$(\sum_{\text{等位基因频率}})^2 = \sum_{\text{基因型频率}}$$

 例如，用 p 和 q 分别代表一个基因座的等位基因频率（A 和 a），那么，

		A	a
		p	q
A	p	AA p^2	Aa pq
a	q	Aa qp	aa q^2

杂合子 见基因型部分。

纯合子 见基因型部分。

基因座 与孟德尔特征相对应的遗传信息水平。

孟德尔特征 在被研究的种群中呈现不连续分布（个体被分为不同的类）的观察单位，可以建立一种简单的传递方式。

孟德尔棋盘 已知亲代的基因型后，可以用来预测后代遗传结构的概率算法。例如，根据 Aa×Aa 交配类型预测后代的遗传结构。

配子类型

	A $\frac{1}{2}$	a $\frac{1}{2}$
A $\frac{1}{2}$	AA $\frac{1}{4}$	Aa $\frac{1}{4}$
a $\frac{1}{2}$	aA $\frac{1}{4}$	aa $\frac{1}{4}$

配子类型

预期基因型比例 $\frac{1}{4}$ AA、$\frac{1}{2}$ Aa、$\frac{1}{4}$ aa（或1:2:1）。

预期表型比例 $\frac{3}{4}$ A、$\frac{1}{4}$ a（或者3:1）。

孟德尔遗传理论（用于研究一个特征传递特性） 对于每个孟德尔特征，每个个体的每个基因座都存在两个等位基因（一个来自母亲，另一个来自父亲）；而在每个配子中，只有一个随机选择的等位基因（即对于杂合子个体，每个等位基因传递到配子的概率是1/2）。

表型 根据孟德尔特征将一个种群中的个体分成的每一个类别。

隐性 见显性。

定　义

根据致力于这一领域的一个国际领先科学学会的官方杂志（《国际法庭科学：遗传学》，*Forensic Science International：Genetics*），法医遗传学可以定义为："将遗传学应用于人类和非人类检材（从科学意义上讲，目的是研究遗传特征，以分析种群的种间和种内变异），以解决法律冲突。"许多科学方法已应用于法医学，但是法医遗传学在其他姐妹学科中获得了极为不同的认知论地位。确实，传统法庭科学依赖于一个中心假设，即可辨别的唯一性原则。在这个原则指导下，假如两个标记无法辨别，则它们一定是由同一制造商生产的。相反，不同制造商生产的标记应明显不同。因此，当一对标记没有明显不同时，得出的结论是它们由同一制造商制造。遗传学则以相反的方式进行，它不依赖于唯一性假设，它处理的观察类型不是单独唯一的。事实上，观察到相同基因型的所有成员之间是无法区分的。

要充分理解这些差异，就需要对遗传理论进行简要概述，这是下一部分的主题，但也可以对这两种方法做一个简要的比较。在经典的指纹（或者子弹、照片等）鉴定中，专家运用多种比较技术，并获得一组测量值。将这些测量值与外观检验、定性评估一起综合分析，专家组在以往经验的基础上，对被质疑的标记提出意见（很少量化），并根据唯一性原则对相应的作者或生产者发表意见。对同一证据发表相反的专家意见并不少见，错误率也很高，这与在未训练的目击证人的证词中观察到的情况没有显著差异。法医遗传学并不寻求在遗传图谱中的个体特征。值得注意的是，遗传专家对要比较的生物样本进行分型。换句话说，每个分析都将样本（及其供体）分配到一个组中（在形式上与经典 ABO 血型没有区别）。

遗传理论和概率

孟德尔奠定了遗传理论的基础。该理论的应用领域仅限于特征或观察单位（从颜色或形状等经典特征，到电泳或质谱等先进技术方法的结果），对于这些特征或观察单位，被研究的种群表现出不连续的变异（即这些个体被分成离散的类，称为表型）。该理论假设，对于每一个特征，每个个体（基因型）中都存在一对遗传信息单位，但只有一个遗传信息单位以相等的概率（1/2）传递给每个后代。因此，对于非雌雄同体的有性生殖群体，每个成员在父系和母系中分别继承其中一个遗传因子（等位基因）；当两个等位基因相同时，该个体被称为纯合子，当等位基因不同时，该个体被称为杂合子。该理论进一步假设，每个可观察到的单位（或孟德尔特征）都存在决定遗传信息的基因座（遗传位点），等位基因存在于基因座上，并且不同基因座的信息遗传是独立的，因此，不同的特征是独立的。现在人们已经知道，对于某些特征，传递方式更为简单，并非每对基因座都是独立遗传的，但上面概述的遗传规则适用于绝大多数情况。

这些规则使我们能利用父母的基因型预测后代可能的基因型及其概率，或者根据给定的后代分型来推断其父母的基因型。这些预测或推论并不局限于可以获得亲属信息的情况。事实上，孟德尔理论被"重新发现"后不久，就从家庭层面推广到了群体层面，并体现在目前众所周知的哈迪-温伯格定律上。该定律是指在种群足够大的理想状态下，种群个体间随机交配，并且没有突变、选择和迁徙，各等位基因频率平方和等于基因型频率。也就是说，如果在某个基因座上，等位基因 A1 和 A2 的频率分别是 f1 和 f2，那么，杂合子 A1A2 的期望频率将是 f1×f2+f2×f1 = 2f1f2（注意 A1A2 和 A2A1 是不能区分的，并且按照惯例简单表示为 A1A2）；相反，假如纯合子 A1 的频率是 f1，那么等位基因频率将是这个频率的平方根（因为这个基因型的期望频率是 f1×f1）。

要将这一理论框架应用于司法实务，必须清楚的是，"法庭科学"意味着冲突，即意见分歧，这在形式上意味着对同一事实存在（至少）两种不同的解释。在最简单的情况下，证据被解释为：由嫌疑人引起（检察官假设），或者由其他人的行为引起（根据辩方假设）。

因此，要了解遗传专业知识如何能够提供不同的方法来评估这些假设下的证据，需要对所涉及的数学和统计学知识进行简短概括。首先需要定义的基本概念就是概率本身。特定事件的概率是该事件的发生频率，或更正式地说，一个事件的概率是该事件发生的数量与所有可能的情况的数量之比。这是一个简便的方法，可以定量地总结我们以前对某一具体案例的经验，并使我们能够预测其未来发生的可能性。当我们转到事件发生的法医场景（双方当事人都同意）时，这并不是关键问题，但在其背后的原因存在分歧，这意味着同一事件根据其因果关系可能具有不同的概率。

让我们假设在凶杀案现场发现了一个不属于受害者的生物检材（毛发、

体液等）。在一个特定基因座上，它的基因型为19，和嫌疑人（"比对样本"的提供者）相同。假如等位基因19在人群中的频率是1/100，那么偶然发现这个基因型的概率是1/10 000。因此，根据检察官假设（犯罪现场检材是嫌疑人所留），观察到这种现象的概率（P | H$_1$）是1/10 000。根据辩方假设（犯罪现场检材是其他人留下的），产生同一观察结果（P | H$_2$）的概率将是1/10 000×1/10 000。总之，似然比取值10 000（与1相比），意味着两个检材来自同一人的可能性是来自两个不同的人的可能性的10 000倍（同样前提是嫌疑人没有同卵双胞胎）。注意，这个似然比通常被称为"同一性的概率"，尽管它不是严格意义上的概率。

遗传信息和 DNA

法医遗传学在遗传物质的化学基础和结构建立之前就已经发展起来，而直接用于法庭科学的 DNA 分析仍需等待更多技术的进步。在这场革命之前，基因座是抽象的，可观察到差异的分子基础还没有确立。一个明确的遗传标记，例如第一个用于法医学的 ABO 血型系统，其基因型是根据受控实验条件下的表型推断出来的（在人类中，被动实验的传递规则是在真实家庭中评估的）。这些间接遗传分析方法虽然稳健可靠，但也有许多局限性和缺点。一方面，可用于法医学分析的遗传多态性数量非常有限。另一方面，它们的信息能力非常有限；此外，它们可能涉及伦理的信息，例如一些与个人健康有关的数据。直接分析基因组中非编码区的 DNA 个体差异（即没有可见特征或临床相关特征没有表达）消除了此类困难和局限。

DNA 分析证实了遗传信息是数字化的，直接源于其基因库的化学成分，由 A、T、G、C 所代表的可变碱基序列组成。这意味着，在基因序列的特定位置，个体是由一组非常有限的可能选择中的一对基因状态来定义的。在最简单的情况下，它可能是 A/A、A/T、A/G 等，每一对都决定了其基因型。为了获取令人满意的区分个体的概率，我们必须分析遗传物质中的许多位置（以生成一个图谱），其中群体多样性之前已被发现是相当高的。目前正在使用的经过验证的日常法医遗传学分析是一种制备技术（PCR），可以特异性检测（并扩增）人类基因组 DNA 中的一段短区域。当前使用的区域是根据两个标准选择的：（1）非编码区（即根据我们所知，这段区域不包含任何信息，因此无法从其分析中推断个体的生理或心理特征）；（2）具有高度多态性（即

DNA 序列具有高度多态性)。

总之,尽管在概念和方法上与法庭科学常见的唯一性原则相反,但在现代法医遗传学中,对一个个体进行 DNA 检测并获得的基因型实际上几乎是独一无二的(前提是不涉及同卵双胞胎);也就是说,发现两个具有相同基因型的随机个体的概率要小于 1 万亿分之一。

参见

生物学/DNA:贝叶斯网络;DNA——统计概率;数据库;法医遗传学:历史;国际法医遗传学会(ISFG)的历史;亲子鉴定与亲缘关系分析;显著性

拓展阅读

Anonymous, 2007. Launching forensic science international daughter journal in 2007: forensic science international: genetics. *Forensic Science International: Genetics* 1, 1–2.

Bulter, J. M., *Forensic DNA Typing: Biology, Technology, and Genetics of STR Markers*. Elsevier, New York.

Jobling, M. A., Gill, P., 2004. Encoded evidence: DNA in forensic analysis. *Nature Reviews Genetics* 5 (10), 739–751.

Saks, M. J., Koehler, J. J., 2005. The coming paradigm shift in forensic identification science. *Science* 309 (5736), 892–895.

相关网站

http://www.aafs.org-American Academy of Forensic Science.

http://www.cstl.nist.gov-Short Tandem Repeat DNA Internet DataBase.

http://dna-view.com-Forensic Mathematics.

http://www.isfg.org-International Society for Forensic Genetics.

http://www.mendelweb.org-MendelWeb.

关键术语

类比,分类,条件概率,比较,犯罪,辩护,DNA,DNA 多态性,认识论,证据,期望频率,法庭科学,法医遗传学,遗传标记,基因型,历史,似然比,科克,洛卡德,方法,范式,表型,多态性,群体遗传学,起诉,科学,集合,分类群,分类学

复习题

1. 假设"法庭科学的基本单位是痕迹",那么 DNA 如何符合这个概念框架?它将是

什么的"物理遗迹"？

2. 洛卡德的物质交换原理需要解决的三个层次的问题是什么？

3. 除了洛卡德的物质交换原理，克里斯皮诺和霍克认为法庭科学的本土原则有什么？

4. 法庭科学所用的非本土原则有哪些？就每一个原则举一个例子。

5. 唯一性和个体化的区别是什么？

6. 第一次 DNA 分型是什么时候由谁描述的？

7. 举出早期应用于法医生物学的 4 种血型系统。

8. 为什么人类白细胞抗原的发现是一个重要的进步？使用它的问题是什么？

9. 是什么阻止了聚合酶链式反应在法医生物学中的早期应用？

10. 短串联重复序列是什么时候被发现的？它们何时应用于法医生物学？

11. miniSTR 的优点是什么？

12. 为什么单核苷酸多态性对于法医生物学有用？

13. 一般概率与法医遗传学中使用的概率有什么区别？

14. 阿莫林把 DNA 描述为"数字化的"，是什么意思？

15. 在法医遗传学中选择人类基因组区域的标准是什么？

16. 基因型和表型之间的差异是什么？哪一个在法医生物学中更重要？法医遗传学呢？

17. 你同意阿莫林关于"法医遗传学并不寻求在遗传图谱中的个体特征"的说法吗？为什么同意或者为什么不同意？

18. 与哈迪–温伯格定律相关的假设有哪些？

19. 写出法医生物学从诞生到最近发展中具有里程碑意义的事件时间表。

20. Y 染色体 STR 与 X 染色体 STR 在亲子鉴定中扮演什么角色？

讨论问题

1. 分类和个体化证据的概念是法庭科学的核心。如果正如阿莫林所言，"法医遗传学处理观察类型（表型），所以被归类为同一组的所有个体都被认为是相同的；个体化确实从未在正式的术语中实现过，而只是以一种概率的方式"，那么法医 DNA 分析为何不是类级证据？

2. 在《心理科学》（Koehler，2004）的一项研究中，模拟陪审员报告说，他们对概率 0.1/100 的印象比 1/1000 更为深刻，尽管它们在数学上是相同的。这只是众多表明非科学家们不懂统计学的研究之一。有鉴于此，法医生物学家如何解释他们的结果，特别是那些超出大多数人感知范围的结果（例如 1 万亿分之一）？如何改进？报告和出庭作证有什么危险？

3. 2014 年，对整个人类基因组进行测序的成本降到 1000 美元以下；同年，一份常规法医 DNA 分析样本的成本是 481 美元。随着科技的发展、成本的降低，提供的信息比以往任何时候都要多，这对法医生物学来说意味着什么？

4. 克里斯皮诺和霍克指出："研究人员和科学家凭借其已有知识，通过观察发现证据，未被识别的痕迹由于不能被发现而不会成为证据。"由于 DNA 证据不能被肉眼发现，生物证据和未被发现的痕迹意味着什么？法医科学家如何确保发现所有相关的生物痕迹？

5. 引用科克的话："站在证人立场上，犯罪学家必须愿意承认，绝对身份是不可能确定的……不称职的或有偏见的证人可以很容易地证明一种身份，或证明一种实际上并不存在的身份。"如果绝对身份无法确定，对法医的证据解释有何影响？如果法庭科学家不能说出绝对身份，那么他们可以使用什么呢？

拓展阅读

Koehler, J., 2004. Thinking about low‑probability events: an exemplar‑cuing theory. *Psychological Science* 15 (8), 540–546.

Le Roux, D., Root, B. E., Reedy, C. R., Hickey, J. A., Scott, O. N., Bienvenue, J. M., de Mazancourt, P., 2014. DNA analysis an integrated microchip for multiplex PCR amplification and electrophoresis for reference samples. *Analycal Chemistry* 86 (16), 8192–8199.

Wells, J. D., Stevens, J. R., 2008. Application of DNA‑based methods in forensic entomology. *Annual Review of Entomology* 53, 103–120.

第二部分

方　法

DNA 分析属于生物学还是化学？"这是一种亵渎"，生物学家可能会辩驳，但现代 DNA 分析本质上是对一种特定生物分子的色谱分析。在分析之后又变成了应用生物学范畴，使用分子生物学技术、群体遗传学和统计学得出最终的结论。那么生物学原理又表现在哪里呢？法医 DNA 科学家坚持认为 DNA 分析属于生物学这个基本学科的范畴，他们逐渐从证据的具体形式中脱离，因为无论血液、精液还是组织，均属于生物检材。

毛细管电泳：基本原理

A. 沙兰、R. 吉特、M. 布雷德莫尔，澳大利亚，塔斯马尼亚州，霍巴特，塔斯马尼亚大学

版权© 2013 爱思唯尔公司保留所有权利

术语

　　毛细管电泳　发生在内径小于 100 微米的圆形管中的电泳。

　　电渗流　在外加电场中因存在于带电表面附近的离子的移动而产生的溶剂流动。

电泳　离子在电场中的运动。

电泳迁移率　用于定义离子运动速度和方向的常数。

焦耳热　电泳过程中离子在电场内运动产生的热量。

芯片电泳　在平面基质中密封的微米通道内的电泳。

缩略词

BGE　背景电解质

C　样本溶液中组分的浓度

CE　毛细管电泳

CSE　毛细管筛分电泳

D_m　分析物的扩散系数

DNA　脱氧核糖核酸

E　外加电场

ε　介质的介电常数

ECD　电化学检测

EKC　电动色谱法

EOF　电渗流

GC　气相色谱

HPLC　高效液相色谱

H_{th}　理论塔板高度

IEF　等电聚焦

ITP　等速电泳

L_d　毛细管到检测器的长度

L_{tot}　毛细管总长度

μ_{app}　表观迁移率

μ_{EOF}　电渗迁移率

μ_{ep}　电泳迁移率

MS　质谱法

m/z　质荷比

N　理论塔板数

Δp　压力差

pI 等电点

Q 进样量

q 电荷

r_i 离子半径

r_d 毛细管内径

η 溶液黏度

SDS 十二烷基磺酸钠

SiO⁻ 硅酸盐基团

SiOH 硅烷醇基

t 移动时间

t_{inj} 进样时间

UV 紫外光

V 外加电压

v_i 离子速率

v_{inj} 进样体积

$W_{1/2}$ 半峰宽

ζ 电动电势

ZE 区带电泳

引 言

毛细管电泳是最强大的液相分离技术之一，它起源于 30 年前，由传统电泳技术（如平板凝胶电泳技术）发展而来，之后快速替代了高效液相色谱法和气相色谱法。原因是多方面的：它快速、高效，具有不同的选择性以及检测微量样本的能力。尽管在早期它并没有取代高效液相色谱法和气相色谱法，但是在法医学几个关键的领域中，它仍是一种重要的方法，在接下来的章节中我们会讨论到。

究其本质，电泳是指在外加电场作用下，离子在导电介质中的运动。对电泳的最初认知主要来源于 20 世纪初 F. W. G 科尔劳施（F. W. GKohlraulsch）的开创性工作，但电泳作为一种分离技术的首次演示可追溯到 20 世纪 30 年代，当时阿尔内·威廉·考林·蒂塞利乌斯（Arne Wilhelm Kauri Tiselius）通过移动界面电泳对人血清进行了分离，该实验具有划时代的重要意义。这个

分离实验是在一个玻璃制的 U 型管中进行的，内部矩形截面大小为 3 mm×
25 mm。然而大型管道产生了过多热量，进而导致分辨率较低。为了解决这个
问题，人们使用了诸如纸张、淀粉凝胶、琼脂糖、醋酸纤维素以及聚丙烯酰
胺凝胶等固相载体，并催生了十二烷基磺酸钠-聚丙烯酰胺凝胶电泳。当其与
等电聚焦相结合时，将会产生一个二维系统，这是过去 30 年蛋白质研究（蛋
白质在样本中的分离与差异表达）的基础。在 20 世纪 70 年代末，S. 哈加藤
（S. Hjerten）在欧洲提出了一个解决高温问题的方法，其中使用了直径窄小的
管子。无独有偶，在北美洲，J. W. 乔根森（J. W. Jorgenson）和 K. D. 卢卡奇
（K. D. Lukacs）也做了相同的实验，其使用了融熔二氧化硅制成的微米级的毛
细管，这种毛细管孔径更小，在当今世界得到了广泛应用，最知名的是应用
于 DNA 测序平台。近年来在电泳领域最为重要的进展是它应用于 20 世纪 90
年代发展起来的平板微芯片技术。分离时间由最初在凝胶中的数小时缩短到
了在毛细管中的数十分钟，然后到微芯片的数十秒。这里所讲的许多关于毛
细管的概念同样适用于微芯片技术（见表 1）。

表 1　毛细管电泳发展历程

年份	成就
1937	移动界面电泳，蒂塞利乌斯
1952	纸电泳，R. 康斯顿（R. Consden）
1955	淀粉凝胶电泳，奥利弗·史密斯（Oliver Smithies）
1961	等电聚焦，H. 斯文森（H. Svensson）
1970	毛细管等速电泳，F. M. 埃弗拉尔茨（F. M. Everaerts）
1979	定义毛细管电泳实验，F. E. P. 米克尔斯（F. E. P. Mikkers）
1981	毛细管电泳，乔根森和卢卡奇
1984	胶束电动色谱法，S. 特拉贝（S. Terabe）
1985	毛细管等电聚焦，哈加藤
1992	微芯片电泳，A. 曼兹（A. Manz）

　　想了解更多的关于电泳技术的信息，读者可参阅"拓展阅读"部分所列
资料。

毛细管电泳的基础

如上所述，电泳分离的基本前提是不同的带电物质以不同的速度运动，从而可以被分离。尽管在概念层面是正确的，但事实上，它要复杂得多，因为电解质中离子、毛细管表面以及电解液的添加剂之间存在着复杂的相互作用。

电泳迁移率

当电场力等于摩擦力时，可以用物理参数来描述离子的电泳迁移率（μ_{ep}）：

$$\mu_{ep} = \frac{q}{6\pi\eta\, r_i} \qquad [1]$$

其中 q 是电荷，η 是溶液黏度，r_i 是离子半径，从这个公式可以看出离子移动的速度与其带电量和离子半径的比率成正比。实际上，将其视为电荷与形状之比更合适，因为溶剂化离子的形状决定了摩擦力并影响迁移率。从这个公式中可以明显地看出，电荷的电性（即离子是阴离子还是阳离子）会影响到离子的移动方向。因此，阴离子和阳离子会朝不同的方向移动。如果不是电渗透这一重要现象，离子的同时分离将是不容易的。

电渗透以及电渗流

毛细管内壁带有固定电荷，当电场作用于毛细管中的导电溶液时，我们可以观察到电渗透现象。在毛细管电泳技术中最常使用的是以熔融二氧化硅为材料的毛细管，其内壁包含可电离的硅烷醇基团，其 pk_a（酸度系数）的值从 4 到 6。在 pH 值大于 4 时，硅烷醇基团电离，形成阴离子型硅烷酸盐，因此毛细管表面带有负电荷。这就会吸引溶液中的大量阳离子，进而形成一个带有正电荷密度的双层，随着距管壁距离的增加呈指数递减。这会产生一个非常靠近壁面的电位差，叫作 ζ 电位。如图 1 所示，靠近毛细管表面的最内层是基本稳定的，称为亥姆霍兹（Helmholtz）内层或斯特恩（stern）层，第二层比较弥散，称为亥姆霍兹外层。在电场的作用下，第二弥散层中阳离子向阴极方向迁移，这样一来，它们会拖动相关的溶剂分子运动，从而产生电渗流。源于带电表面的压力推动液体，使电渗流以类似"塞子"的方式移动，与使用压力泵推送液体时观察到的抛物线形状形成对比（如图 2 所示）。这种流量剖面上的差异是电泳高效的主要原因之一。

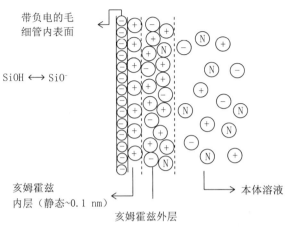

图1 熔融二氧化硅毛细管中的电双层

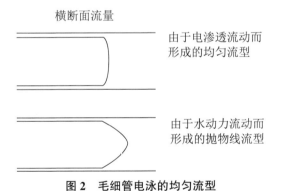

图2 毛细管电泳的均匀流型

电渗流最重要的作用之一是它能够物理驱动毛细管中的液体，电泳分离可以叠加至流体顶部之上。电渗流或者大量涌流充当泵装置，将所有的离子（阴离子、中性离子、阳离子）推向检测装置，并根据分析物的电泳迁移速度的差异进行分离。

$$\mu_{app} = \mu_{ep} + \mu_{EOF} \qquad [2]$$

正如图3所示，在熔融石英毛细管中，电渗流指向阴极，阳离子以电泳迁移率递减的顺序最快到达检测器，因为它们的迁移方向和电渗流作用的方向相同。接下来是中性离子，随着电渗流迁移出现一个无法辨别的峰。之后阴离子将会以电泳迁移率递增的顺序出现，因为它们将朝着电渗流的反方向移动。可以注意到如果阴离子的电泳迁移率比电渗迁移率（μ_{EOF}）大，阴离子将不会到达检测器，并且将会移出毛细管。

$$v_i = \mu_{app}E = (\mu_{ep} + \mu_{EOF}) \, E \qquad [3]$$

离子速率＝表观迁移率×外加电场

$$E = \frac{V}{L_{tot}} \qquad [4]$$

外加电场＝外加电压/毛细管总长度

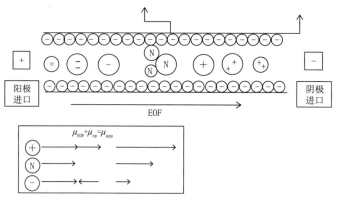

图3 溶质在毛细管电泳中的迁移

表观迁移率也可以直接通过电泳图得到。

$$\mu_{app} = \frac{L_d L_t}{tV} \qquad [5]$$

其中，L_d 是毛细管到检测器的长度（米），t 是分析物的移动时间（秒）。类比μ_{ep}的公式，可以得到μ_{EOF}的公式。

$$\mu_{EOF} = \frac{\varepsilon \zeta}{\eta} \qquad [6]$$

ε 是介质的介电常数，ζ 是电动电势，η 是溶液黏度。从这个公式来看，电渗流的大小及方向与电动电势成正比。电动电势很大程度上依赖于其表面静电特性，这是在微芯片中进行电泳分离时需要考虑的一个重要因素。目前微芯片最为常见的是采用大规模复制技术的塑料制品。在公式 4 中不太明显的是，电渗流可能受到诸如酸碱度、离子强度、温度、电场和添加剂等因素的影响。例如，随着离子强度的增加，会有更多的双层施压，电动电势会因此降低，从而电渗流会降低。使用公式 3，利用中性标记物如丙酮、硫脲和纯水的迁移时间，可以计算电渗迁移率。然后用公式 2 很容易计算出每个离子的电泳迁移率。电泳迁移率的值经常被制成表格，通过模拟软件 Peakmaster 和 Simul 的电子数据库可以很容易得到数值。

电渗流的控制

虽然电渗流有利于进行一些分离，但要达到最佳效果，需要对电渗流进行良好的控制。co-EOF 模式可以实现最快和最有效的分离，该模式中电渗流和目标离子移动方向相同；在 counter-EOF 模式中可以获得最佳分辨率，该模式中电渗流和目标离子移动方向相反。此外，电泳分离模式，比如等电聚焦和毛细管筛分电泳，经常需要降低电渗流。

通过改变 pH 值可以控制熔融石英毛细管中电渗流的大小。在低 pH 值的条件下，硅烷醇基因会被质子化，电渗流就小。当 pH 值大于 8 时，这些相同的硅烷醇基团完全电离，将会产生强烈的指向阴极的电渗流。通过永久或动态的毛细管壁改变可得到更加稳定与可重复的电渗流。共价键连接的永久的毛细管壁改变是通过硅烷化，然后合适的官能团聚丙烯酰胺、聚乙二醇或者多聚糖失活实现的，其中一些可以在市场上购买。一种更简单的方法是在背景电解液中加入适当的变性剂，对表面进行动态修饰。变性剂与毛细管壁相互作用，从而影响电渗流。添加阴离子（或阳离子）表面活性剂可能增加（或减少）电渗流。另外，通过疏水作用吸附于毛细管壁的中性亲水聚合物，将通过屏蔽表面电荷和增加黏度来降低电渗流。使用动态涂层的缺点是其与分析物有潜在的相互作用，在某些情况下我们是不希望这发生的。为了解决这个问题，有大量的研究通过使用双端表面活性剂或者多层交替带电聚合电解质形成半永久性毛细管涂层。这些研究具有吸引力，因为毛细管在两次分离之间或者仅仅一天一次电泳时，可能需要重新涂层，这样可以确保不管使用什么材料都能获得相同的暴露表面，从而使塑料和玻璃微芯片中的表面化学反应相同，提高毛细管间和微芯片间的重复性。

背景电解质

毛细管内部的电解质的构成决定了分离模式和峰通过检测器的顺序。下面详细讨论不同分离模式的溶液化学要求。在每种分离模式下，组分的变化将会改变分离性。例如，采用区域电泳时，电解质的精确组成将影响灵敏度、分辨率和分离时间，如图4所示。改变电解质的 pH 值会改变弱酸或弱碱所带的净电荷，进而会影响到电泳迁移率，导致分辨率与分离时间的改变。改变电解质的 pH 值可能会改变毛细管的表面电荷和电动电势，从而改变电渗流，进而影响分离。改变电解质的 pH 也会改变离子强度，同时影响电泳迁移率与电渗流，因此也会影响分离。同样地，加入有机溶剂，如甲醇，将会改变离子的溶解度以及电解质的黏性，这也会影响迁移率与电渗流。

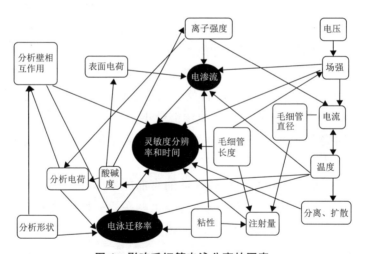

图 4　影响毛细管电泳分离的因素

电泳的复杂性往往让电泳新手望而却步，但是有许多通用原则和条件可以用来快速确定具体分离的可行性，然后根据需要进一步细化。浓度在 10 mM—50 mM 之间，pH 值为 2 至 7 的磷酸盐缓冲液，以及 pH 值为 9 的硼酸盐溶液，是合适的起始电解质缓冲液，因为它们提供了适宜的离子强度并且具有良好的透射率，从而可被紫外光-可见光检测。对于质谱检测，1M 甲酸和乙酸提供低 pH 值，而 10 mM—100 mM 的醋酸铵/甲酸盐则是提供高 pH 值的常见选择。电导率检测通常使用 20 mM—50 mM 组氨酸-（2-［N-吗啉基］乙烷磺酸）。当使用 co-EOF 模式或在抑制电渗流环境中进行分离时，它也可以更简单。没有修饰的熔融二氧化硅毛细管在低 pH 值环境下能较好地分离阳离子和阴离子，其中电渗流处于抑制状态。如果对阴离子分离需要高 pH 值，那么通过把阳离子表面活性剂（例如十六烷基三甲基溴化铵）加入电解液中或者如上所述对毛细管进行修饰，就能轻易改变电渗流。如果分析物是中性的，那么必须加入一个恰当的添加剂，比如十二烷基磺酸钠，以进行电动色谱分离。

　　一旦有了分离的基本条件，就有无数的电解质添加剂用来以这种或那种方式增强分离，比如简单地改变电解液中使用的盐（例如通过离子缔合作用的差异），改变溶剂（有机溶剂和混合溶剂可以提供独特的不同选择性），加入添加剂通过二次化学平衡改变电荷或尺寸，以及这些方法的各种组合。这种在分离过程中改变峰值位置，并且调整操作系统的条件以达到预期结果的能力，是电泳成为强大的分离技术的原因之一，另一个原因是高效率。

效率最大化

　　在电泳中讨论理论塔板是一种误导，然而，在描述分析物峰形和用于与其他分离技术相比较时是一个方便的概念。效率用理论塔板数（N）来描述，其与理论塔板高度（H_{th}）相关。

$$N = \frac{L_d}{H_{th}} \qquad [7]$$

其中 L_d 是毛细管的有效长度。理论塔板数可以直接从电泳图上确定。

$$N = 5.54 \left(\frac{t}{W_{1/2}}\right)^2 = \mu_{app} \times \frac{V}{2 D_m} \qquad [8]$$

其中 t 为移动时间，$W_{1/2}$ 为半峰宽，D_m 为分析物的扩散系数。

　　毛细管电泳的效率远远高于高效液相色谱法所能达到的效果，标准的塔板数量为每米 10 万到 50 万平板。这主要是由于高效液相色谱法低效率的来源很多，而毛细管电泳则没有，也因为电渗流是平塞状流型。在理想情况下，毛细管电泳的区域分散只有纵向扩散。事实上，所有的电泳分离都是电迁移扩散。当分析物和电解质离子的电泳迁移率存在差异时就会出现这种情况（图5）。如果分析物离子比电解质离子的电泳迁移率更高，那么峰就会提前；如果二者电泳迁移率是相等的，那么峰是对称的；如果分析物的电泳迁移率较低，那么峰会拖尾。通过将缓冲液组分的电泳迁移率与样本电泳迁移率匹配或通过将缓冲液浓度维持在比样本高约两个数量级的方式可以减少电迁移扩散。

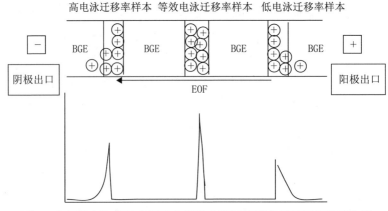

图5　由于样本和背景电解质之间的电泳迁移率差异导致的峰值失真

　　在电泳分离过程中都会产生热量。温度升高取决于功率，由毛细管尺寸、缓冲液的电导率和施加的电压决定。如果不能有效散热，那么温度梯度会在毛细管中产生，毛细管中心的离子比毛细管壁上的离子拥有较高的电泳迁移率，并且可以观察到谱带变宽。在塑料微芯片中进行分离时，由于塑料比玻璃热导率低，而且不能有效散热，这可能是一个重要的问题。有几种方法可以表明产生的过多热量和可能存在的温度梯度。如果效率随着电压的增加而降低，则可以指示这些现象。此外，根据欧姆定律，电流随电压不成比例地增加，预示着温度梯度的产生。控制焦耳热的措施可能包括减小毛细管内径、灵活控制温度，或使用低电泳迁移率缓冲液，这些缓冲液含有大量的低电荷离子，如三羟甲基氨基甲烷、硼酸盐和组氨酸。
　　毛细管电泳谱带变宽的另一个主要原因是管壁的相互作用。根据相互作用的程度，会出现峰尾甚至溶液的全部吸收。吸附到熔融石英毛细管壁的主要原因是带电分析物与带电壁之间的静电相互作用和疏水相互作用。已经观察到显著的吸附效果，特别是对于大的肽分子和蛋白质，必须将其最小化以获得高效分离。使用两性离子的缓冲系统、酸碱度以及离子强度极限对于消除这些问题大有裨益，但是最重要的方法是通过改变毛细管壁来限制溶液的吸附。

电泳分离模式

电泳最引人注目的特征是通过毛细管以及电解质的简单改变来实现大量不同类型的分离。这样就有许多不同的分离模式，各个模式都拥有其独特的分离机制。这些可以在毛细管和微芯片中轻松实现。

区带电泳

区带电泳是目前应用最广泛的一种模式。它基本上是毛细管电泳的最简单的形式，主要是因为毛细管内装的仅仅是缓冲液。溶质在离散区以不同的速度迁移，仅仅基于电泳迁移率的不同而分离。因为电渗流的存在，在区带电泳中阳离子与阴离子可以同时分离（图3）。然而一些分析物由于是中性的或者在电泳迁移率上可能没有显著差异，而不能使用这种经典模式分离。

电动色谱法

为了分离中性化合物，在电解质中加入添加剂，形成与分析物相互作用的以不同速度移动的分散相。为了实现分离，需要对分析物或第二相进行充电。电动色谱法吸引人的地方主要是系统的简单性，可以进行更改。添加剂的性质决定了相互作用的类型，而浓度则控制了容量，从而为优化提供了相当大的空间。这与色谱法相比具有几个优点，包括中性化合物在电渗流和添加剂之间迁移，因此迁移时间相对确定，每次分离后可以除去全部毛细管内容物，而不用像高效液相色谱法所要求的，等待最后的峰从柱子中出现。虽然最初的开发目的是使中性化合物通过电泳分离，但电动色谱法也可用于提高带电分析物的分辨率。

胶束电动色谱法首先被用于证明由毛细管电泳来区分中性化合物，其中第二相是分散在背景电解质中的胶束。使用离子型表面活性剂的一个潜在问题是电流的增加，尤其是在高浓度条件下。即使使用狭窄的毛细管（25 μm—50 μm），也要避免使用极强的电场，而且有效的毛细管恒温是必要的。在微乳液电动色谱法中，使用微乳液滴作为分散相。微乳液滴，无论是水包油还是油包水，都是由表面活性剂和辅助表面活性剂组成的热力学稳定的透明纳米液滴。微乳液滴具有比胶束更强的柔韧性和膨胀性，且具有更宽的分离窗和更高的分辨率。然而，微乳液的制备复杂而且耗时，并不是所有的微乳液都具有合适的稳定性。

手性电动色谱法允许通过使用手性选择剂作为添加剂来分离对映异构体。带电和中性环糊精、大环抗生素、冠醚、手性金属配合物和手性表面活性剂都已被用于合成可分离的动态非对映体复合物。这是毛细管电泳一个特别强大的应用，因为容易改变手性选择剂的类型和浓度，以优化特定对映异构体对的分离，比高效液相色谱法和气相色谱法成本低。分离对映异构体的能力在一些法庭应用中特别重要，其中一种对映异构体是合法的，而另一种则不合法。例如3-甲基-N-甲基吗啡、丙氧芬、去甲伪麻黄碱、可卡因以及化合物，其中一种异构体对另一种异构体（如与安非他命）的反应更为显著。这些类型的应用将在百科全书中更为具体地介绍。

毛细管筛分电泳

毛细管筛分电泳在背景电解中加入筛分介质，这种分离是基于带电分析物的大小和形状的差异，对于分离生物大分子（诸如蛋白质和DNA）尤其有用。目前最常用的是水溶性聚合物（比如线性聚丙烯酰胺），分析物在其架构的网络中迁移。这些聚合物的黏度低，可以在每次分离之间更换，从而具有更好的重复性和性能。它们还避免了毛细管胶电泳中填充有交互相连的胶（比如丙烯酰胺胶）的问题。毛细管筛分电泳是一代DNA测序仪的基础，可以在具有96根独立的毛细管的商业仪器上进行高通量测序；它是法医学界最常用的基于聚合酶链式反应-扩增短串联重复序列的毛细管分离的DNA分析方法。

毛细管电色谱法

毛细管电色谱法，顾名思义，是毛细管电泳和高效液相色谱法的结合，其中毛细管内存在非均相。这通过在毛细管的固定相中充液、填充或镀膜来实现，迁移则是由电泳迁移与色谱保留相结合来决定的。毛细管电色谱法在实际应用中存在许多困难，但由于许多电动色谱法与该方法不兼容，在质谱检测中具有很大的吸引力。

等电聚焦

等电聚焦是利用毛细管中形成的pH梯度电场，根据两性电解质的等电点来分离分析物的电泳模式。与大多数的电泳模式不同，等电聚焦模式下的整个毛细管中填充有样本以及两性电解质的混合物，并且各个分析物都聚焦在其等电点上。它是一种高分辨率的技术，并且可以被用来分离 0.005 等电点甚至更小单位的蛋白质。蛋白质区域比较狭窄，因为进入不同 pH 值区域的蛋白质会带电并迁移回来。

等速电泳

等速电泳是在前导电解质和尾随电解质之间注入样本。当施加电压时，在前导电解质和尾随电解质之间，分析物以电泳迁移率降低的顺序排列，区域的长度与分析物的浓度成比例。等速电泳在痕量分析方面尤其有用，因为低丰度组分的浓度可以调整到由确定的前导电解质成分决定的稳态等速电泳平台浓度。

仪器与样本的处理

上述所有电泳模式都可以在毛细管和微芯片上以基本相同的仪器进行，但两种平台在硬件上存在一些差异。图 6 显示了毛细管电泳的示意图。闭合电路由高压电源（5 kV—30 kV）、两个电极、两个缓冲液池以及分离毛细管（通常内径为 25 μm—75 μm）组成。在压力、真空、电压的推动作用下，样本从毛细管的一端进入。检测器通过毛细管壁上的窗口监测分离的分析物。

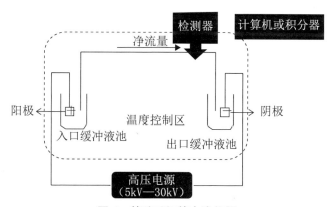

图 6 基础毛细管电泳仪器

毛细管柱是毛细管电泳分离的关键元件。尽管也可以使用聚四氟乙烯和其他塑料材料制成的柱子，但熔融二氧化硅是目前最常用的材料。熔融二氧化硅的广泛应用是由于其固有的性质，包括良好的光学透明性，使得在广泛的紫外–可见光波长范围内易于检测吸光度。熔融二氧化硅也很容易加工成直径为几微米的毛细管。

在毛细管中加入样本有两种常用的方法。在流体动力注入时，利用进、出口之间的压差将试样送入毛细管。注入体积（v_{inj}）可由以下公式计算。

$$v_{inj} = \frac{\Delta P \pi\, r_d^4 t_{inj}}{8\eta\, L_{tot}} \qquad [9]$$

其中 ΔP 为压力差，r_d 为毛细管内径，t_{inj} 为进样时间，η 为缓冲液的黏度。在流体动力注入时，试样的加载量几乎与试样基质无关。

在电动力注入时，对毛细管施加电压，在电泳迁移和电渗流的作用下，溶质进入毛细管。一个组分的进样量（Q）可以由以下公式计算。

$$Q = \frac{(\mu_{ep}+\mu_{eo})\,\pi\, r_d^2 V t_{inj} C}{L_{tot}} \qquad [10]$$

其中 C 是样本溶液中组分的浓度。基质效应，如大量未检测到的离子（如钠或氯化物），会使电导率发生变化，导致样本之间的电压下降差异，从而使注入量不同。由于这些现象，电动力注入通常不像流体动力注入那样具有重现性，但是可以很容易地由内标来校正。

微电泳仪器略有不同（图 7）：电源通常较小，从 3 kV 到 10 kV；在微芯片上有 4 个储蓄池，其中 3 个是缓冲液存储器，另一个是样本储存器。在两个内部相连的微通道交叉口进行注入。到目前为止，荧光检测是最常见的检测形式。芯片材料对分离有重要影响，其可以是玻璃制品，也可以是塑料制品，后者更受青睐，因为它们生产迅速且廉价。

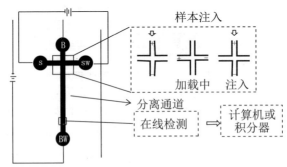

图 7　毛细管电泳微芯片和样本注入的示意图：缓冲液入口（B）、缓冲液废物（BW）、样本入口（S）和样本废物（SW）

样本的浓缩

电泳技术的主要局限之一是检测限高。这是由毛细管和微芯片的小尺寸引起的，其限制了样本的注入体积和光谱光度测量时的光路径长度。一般来说，为保持较高的效率，注入的样品通常是总分离长度的1%，相当于大约0.5 nL—50 nL的注入体积。再注入比这些更多的量虽然有可能，但是分析物必须浓缩或者堆积，以保证分离的有效性以及避免过载。为了解决这个问题，已经开发了许多在线方法，这些方法要么基于色谱法（固相和液相萃取相结合），要么基于电泳（通过分析物速度的变化）。电泳法比色谱法要简单得多，并且已经发展了许多强大的方法，统称为叠加法。场放大进样是在线预浓缩最为简单的方法，因为样本堆积是将样本溶解于至少比背景电解质低10倍的低导溶液中。这会引起样本的电场强度的增加，当样本离子穿越低导溶液和背景缓冲溶液的边界时，样本离子的迁移速度降低，堆积成一个狭窄的区域。有许多变体是基于对大量的等速电泳和等电聚焦现象的利用。这些方法都可以将检测限提高100—1000倍。为电动色谱法开发的另一种方法被称为扫集法，它依赖于添加剂在样本中移动时对分析物的积累。这已被证明适用于中性以及带电的溶液，并且能够将检测限提高100—1000倍。当这些策略用于电动力注入时，有可能将检测限提高100万倍。

检测方法

有几种可用的检测方法，表2比较了最常用的方法。这些操作既可以在毛细管上进行，也可以在毛细管末端进行。毛细管上（和在芯片上）的检测涉及分析物的检测，当该分析物通过毛细管或者微通道时，其可以被分光光度法或者非接触的导电检测装置检测。毛细管末端检测的是毛细管中的流出物，这些流出物被集中或收集到检测器中，用于某些形式的检测，如质谱检测。毛细管上的检测能够减少在毛细管末端检测中观察到的峰的变形以及分辨率的损失。

分光光度法

分光光度法是通过监控目标分析物在通过检测装置时引起的光的改变实现的方法。但是，在毛细管上，其灵敏度受毛细管内径小的限制，毛细管内径决定通道的长度。紫外-可见分光光度法是毛细管中应用最广泛的检测方法，因为它价格低廉，适用性广，目前大多数商用仪器都配备了二极管阵列探测器，可以在多个波长进行检测，并收集完整的光谱。其在微芯片上并未得到广泛应用，主要是因为许多微芯片材料会显著地吸收紫外光，并且获得长的通道困难重重。

激光诱导荧光的使用，可以部分解决灵敏度低的问题，据说检测限低至 10^{-14} mol—10^{-18} mol。然而，该方法的主要缺陷是大多数的分析物不能很好地发出荧光，必须先用荧光试剂衍生物来提高灵敏度。该方法在微芯片中得到了广泛的应用。

质谱检测

质谱检测是最强大的检测技术，并且在法医学领域变得日益重要，因为它能绝对识别成分以及区分不同的质量-电荷比（m/z）的重叠峰。它可以离线与基质辅助激光解吸/电离；但是，在线界面更常见电喷射离子化。毛细管电泳与质谱检测的接口很多，比液相色谱法更困难，因为毛细管电泳流出物体积较小，需要保持稳定的电路，在这种检测技术得到广泛应用之前，需要具有高灵敏度和稳定的接口。微芯片可以直接与质谱连接，但还有更多比毛细管更值得注意的问题。

电化学检测

电化学检测可以在毛细管上进行，也可以在毛细管末端进行，根据工作原理可分类为电流滴定法、电导分析法、电位测定法。电流滴定法是最灵敏的，但其只对电活性分析物起作用。对于电导分析法，需要考虑选择适合的背景电解质来维持其与分析物之间的电导率的差异。同时，在背景电解质中，分析物离子与共价离子之间的迁移率差异应尽可能小，以获得对称峰。近年来，非接触式电导率检测技术在该领域得到了发展。值得注意的是，由于能够很容易地在微芯片中集成电极，电化学检测实际上在微芯片中比在毛细管中更容易实现。

表 2　毛细管和微芯片电泳的常用检测方法

方法	质量检测限（mol）	浓度检测限（M）[a]	利/弊
紫外-可见分光光度法	10^{-13}—10^{-15}	10^{-5}—10^{-8}	• 常用 • 二极管阵列提供光谱信息 • 在微芯片中不常见

方法	质量检测限（mol）	浓度检测限（M）[a]	利/弊
激光诱导荧光	10^{-18}—10^{-20}	10^{14}—10^{-16}	● 非常敏感 ● 通常需要样本衍生化 ● 昂贵
电流滴定法	10^{-18}—10^{-19}	10^{-10}—10^{-11}	● 敏感 ● 选择性但是仅用于电活性分析 ● 需要特殊的电子元件和集成的检测电极
电导分析法	10^{-15}—10^{-16}	10^{-7}—10^{-8}	● 常用 ● 在非接触模式下易于实现
质谱检测	10^{-16}—10^{-17}	10^{-8}—10^{-9}	● 敏感并提供结构信息 ● 与质谱不接触的接口
间接紫外线、荧光、安培法	比直接方法少 10—100 倍	—	● 常用 ● 灵敏度低于直接方法

来源：Ewing AG，Wallingford RA 和 Olefirowicz TM（1989）毛细管电泳。分析化学 61：292–303A。

展望

毛细管电泳已经走过近 30 年的岁月，而微芯片电泳技术仅有 20 年，仍有很多问题有待解决。毫无疑问，微芯片平台将会继续发展，特别是通过集成采样处理，形成所谓的微全分析系统。当前许多领域已经开始应用微芯片系统，其中最大的是 DNA 分析领域，实现了在单个微芯片中提取、扩增和分离的集成。然而，这些设备非常复杂，在其普及之前，还需要进行大量的开发。还需要注意的是，许多限制毛细管电泳适用性的问题，如灵敏度和可重复性，在微芯片中问题更大，而这些问题尚未解决。最后，将毛细管和微芯片与质谱法联用确实需要一个稳健的、灵敏的和可靠的解决方案。尽管这一领域已经有了显著的发展，但是目前仍没有能够与液相色谱－质谱法的灵敏度和性能相匹配的商品化设备。

参见

生物学/DNA：短串联重复序列；生物学/DNA/方法/分析技术：毛细管电泳在法医生物学中的应用；法医遗传学中的毛细管电泳；法医化学中的毛细管电泳

拓展阅读

Breadmore，M. G.，2007. Recent advances in enhancing the sensitivity of electro-phoresis and electrochromatography in capillaries and microchips. *Electrophoresis* 28（1-2），254-281.

Consden，R.，Stanier，W. M.，1952. lonophoresis of sugars on paper and some applications to the analysis of protein polysaccharide complexes. *Nature* 169，783-785.

Cruces-Blanco，C.，Garcia-Campaiia，A. M.，2011. Capillary electrophoresis for the analysis of drugs of abuse in biological specimens of forensic interest. *Trends in Analytical Chemistry*. http：//dx. doi. org/1 0. 1 016/j. trac. 2011. 06. 019.

Everaerts，F. M.，Verheggen，ThP. E. M.，1970. lsotachophoresis. Electrophoretic analysis in capillaries. *Journal of Chromatography* 53（2），315-328.

Ewing，A. G.，Wallingford，R. A.，Olefirowicz，T. M.，1989. Capillary electrophore-sis. Analytical Chemistry 61，292A-303A.

Harrison，D. J.，Manz，A.，Fan，Z.，LOdi，H.，Widmer，H. M.，1992. Capillary electro-phoresis and sample injection systems integrated on a planar glass chip. *Analytical Chemistry* 64（17），1926-1932.

Hjerten，S.，Zhu，M-d，1 985. Adaptation of the equipment for high-performance electropho-resis to isoelectric focusing. *Journal of Chromatography* 346，265-270.

lssaq，H. J.，2002. Thirty-five years of capillary electrophoresis：advances and perspectives. *Journal of Liquid Chromatography and Related Technologies* 25（8），1153-11 70.

Jorgenson，J. W.，Lukacs，K. D.，1981. Zone electrophoresis in open-tubular glass capillar-ies. *Analytical Chemistry* 53（8），1298-1302.

Klampfl，C. W.，2009. CE with MS detection：a rapidly developing hyphenated tech-nique. *Electrophoresis* 30（supplement 1），S83-S91.

Landers，J. P.（Ed.）. 2008. *Handbook of Capillary and Microchip Electrophoresis and Asso-ciated Microtechniques*. CRC Press，Boca Raton，FL.

Lucy, C. A., MacDonald, A. M., Gulcev, M. D., 2008. Non-covalent capillary coatings for protein separations in capillary electrophoresis. *Journal of Chromatography* A 1184（1-2）, 81-105.

Mikkers, F. E. P., Everaets, F. M., Verheggen, T. P. E. M., 1979. High performance zone electrophoresis. *Journal of Chromatography* 169, 1 1-20.

Righetti, P. G., 2005. Review. Electrophoresis: the march of pennies, the march of dimes. *Journal of Chromatography* A 1079, 24-40.

Smithies, 0., 1955. Zone electrophoresis in starch gels: group variations in the serum proteins of normal human adults. *Biochemical Journal* 61（4）, 629-641.

Svensson, H., 1961 lsoelectric fractionation, analysis, and characterization of ampholytes in natural pH gradients I. The differential equation of solute concentrations at a steady state and its solution for simple cases. *Acta Chemica Scandanavia* 15, 325-341.

Terabe, S., Otsuka, K., Ichikawa, K., Tsuchiya, A., Ando, T., 1984. Electrokinetic separations wrth micellar solutions and open-tubular capillaries. *Analytical Chemistry* 56（1）, 111-113.

Tiselius, A., 1937. A new apparatus for electrophoretic analysis of colloidal mixtures. *Transactions of the Faraday Society* 33, 524-531.

Zaugg, S., Thormann, W., 2000. Enantioselective determination of drugs in body fluids by capillary electrophoresis. *Journal of Chromatography* A 875, 27-41.

相关网站

http://www. chromedia. org/-Chomedia.

http://web. natur. cuni. cz/gas/-Peakmaster and Simul: Electrophoresis Simulation Software.

毛细管电泳在法医生物学中的应用

R. A. H. 范·奥尔斯霍特和 K. N. 巴兰缇尼，澳大利亚，维多利亚州，麦克劳德，维多利亚警察局法医服务中心

版权© 2013 爱思唯尔公司保留所有权利

术语

等位基因　位于同源染色体上的同一位置，控制相对性状的同一基因的任何一种形式，其碱基序列不同。

扩增片段　由聚合酶链式反应（PCR）扩增后的一段 DNA 序列。

> **常染色体** 位于常染色体（非性别染色体）上的所有短串联重复序列（STR）。
> **脱氧核糖核苷三磷酸** DNA 或者脱氧核糖核苷酸中的一个单体或者一个小单元。
> **基因座** 某一基因或者其等位基因在染色体上所占据的确定的位置。
> **复合扩增** 在一次 PCR 中同时扩增两个或者更多的 DNA 片段。
> **聚合酶链式反应** 一种用于放大扩增特定双链 DNA 的方法。
> **多态性** 在同一群体中，有规律的同时存在两个或两个以上等位基因的现象。排除突变原因，其在群体中的基因频率超过 1%。
> **引物** 人工合成的短的单链 DNA，与 PCR 扩增的目标区域侧翼的 DNA 序列互补。
> **短串联重复序列或微卫星** 由 2 个到 6 个核苷酸组成的 DNA 序列，串联重复次数从 5 次到 5000 次。
> **单核苷酸多态性（SNP）** 由单个核苷酸的变异所引起的 DNA 序列多态性，其在群体中具有一定的频率。

引 言

本部分旨在对比 10 年前出版的由 B. R. 麦考德（B. R. McCord）与 E. 比尔（E. Buel）主编的《法庭科学百科全书》中关于毛细管电泳在法医遗传学中的应用的内容，主要突出方法学和毛细管电泳技术的变革。本部分主要侧重于法医生物学家目前对毛细管电泳的应用，总结毛细管电泳的主要过程及影响因素。本部分最后是简短的思考以及对毛细管电泳在法医生物学中发展的展望。

毛细管电泳方法学

毛细管电泳自 20 世纪 80 年代发展以来，已经广泛用于分子生物学中，根据离子型分子大小和所带的电荷来分离和检测分析物。和其他检测基因变异的方法（如质谱、高效液相色谱、探针杂交）相比，毛细管电泳具有可重复、灵敏度高、分辨率高、准确性高、全自动化、适合高通量的样本分析的优势，而且价格相对便宜。尽管法医实验室先前使用过放射自显影、平板凝胶电泳（比如日立 FMBIO 扫描仪或者 ABI 377 测序仪）、基于紫外光的毛细管电泳（贝克曼 P/A 毛细管电泳仪），但现在大多数在使用基于多色激光检测的 ABI 310、3100/3130xL 基因分析仪，或者新的 3500xL 基因分析仪。灵活性和通量的增加使得全世界的法医实验室可接纳越来越多的鉴定样本，同时增加了分析标记的数量和种类。

　　无论采用什么类型或模型，毛细管电泳系统的基本组件都是相似的，其中包括一个可变的高压电源（0—30 kV），一个外径 330 μm 和内径 25 μm—75 μm 的熔融二氧化硅毛细管，两个缓冲液储蓄池，两个电极，一个位于毛细管之上的检测器（图1）。尽管毛细管电泳的各个阶段都涉及许多技术与化学过程，但下面只详细介绍法医实验室中最常用的部分。这些可以被分为三个阶段：进样、分离、检测。

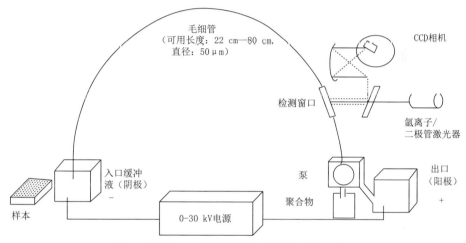

图1　用于 DNA 分析的毛细管电泳系统示意图

进样

　　毛细管电泳的主要优势之一是能够注入微量样本。目前使用的毛细管电泳仪器均使用电动进样系统将分子导入毛细管中进行分离。当毛细管浸入 DNA 样本时，施加电压于毛细管末端。带有负电荷的 DNA 在施加的电压所产生的电流作用下，将被导入毛细管。导入的量取决于 DNA 的流动性以及浓度、进样时间、施加的电压、相对于缓冲液的样本的离子强度。改变上述任何一个因素，都会改变进入毛细管中的 DNA 量。需要注意的是，相互竞争的负电荷离子，如 PCR 中的氯离子，会改变样本的电导率，从而改变进样特性。由于这些离子比待分析的 DNA 分子小，它们将优先进入毛细管。使用硅胶膜离心吸附柱或透析纯化 PCR 产物，会有效地降低竞争离子、未结合的引物以及脱氧核糖核苷三磷酸的浓度，确保最大限度地注入靶 DNA。在高质量的甲酰胺溶液中稀释 PCR 产物，有助于降低竞争离子的浓度和使 DNA 变性，并确保迁移时间可重现。纯化以及甲酰胺的使用通过促进分子的堆积而增加了样本的注入量，从而形成更狭窄的注入区（图 2）。当样本的离子强度低于毛细管中缓冲液的离子强度时，由施加的电压所产生的电场强度在样本与缓冲液的交界处达到最大值。这一电场有效地促使 DNA 快速地向毛细管移动，并且在交界处形成狭窄的"堆积"。堆积能快速、有效地分离样本，并能最大限度地减少迁移样本的扩散，产生更清晰的条带。但是，在电动力注入与堆积过程中，每种分子的迁移率不同，这意味着该过程是定性的——注入的分子浓度可能与原始样本的浓度相差很大。

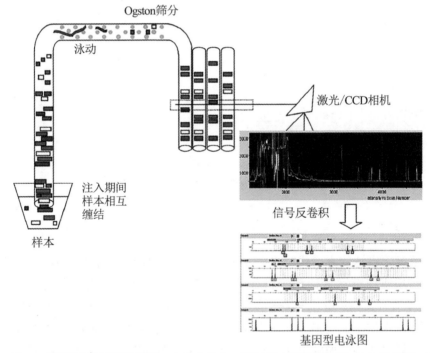

图 2　毛细管电泳过程示意图。电动力注入，通过样本堆积将 DNA 注入毛细管。在毛细管迁移过程中，通过对小分子的奥格斯顿筛分（Ogston 筛分）和大分子的蠕动来实现小分子和大分子的分离。荧光染料的检测通过氩离子/二极管激光器进行，原始信号相对于先前的光谱校准去除交叉重叠，以产生每种染料分离的荧光信号

虽然目前在法医学领域毛细管电泳仪器没有采用流体动力注入，但它是另一种可用的方法。在毛细管的两端所施加的压力差会促使 DNA 注入毛细管，注入 DNA 的量与进样时间、压力差、样本的黏度、毛细管内径有关。由于该方法不依赖于样本的导电性，样本中的离子不会影响注入的过程，从而产生了一种可重复的、定量的方法。但是流体动力注入的注射带更宽，分辨率较低，从而影响产物大小的准确性。

分离

分析物的有效分离不仅受控于实现分离的基质，还受控于毛细管的类型、缓冲液以及施加的电场强度。

现代毛细管电泳仪器使用缠绕聚合物来确保分离最大化，并且比先前使用交联聚丙烯酰胺和琼脂糖凝胶的效果更好。缠绕聚合物，如来自应用生物系统（Applied Biosystems）公司的聚二甲基丙烯酰胺如（POP-4、POP-6 和 POP-7），充当分子筛，阻碍大分子穿过聚合物形成的孔道。比孔道小的 DNA 分子可以通过 Ogston 筛分迅速迁移，其迁移率与它们发现和穿过孔道的能力成正比。比孔径大的 DNA 分子通过收缩延伸穿过孔道，像蛇穿过孔穴一样，过程相当慢。POP-4 适合于 STR 和 SNP 分型，具有更高的聚合物浓度的 POP-6 与 POP-7 能为 DNA 测序提供更高的分辨率。

应物生物系统公司毛细管电泳仪中的毛细管由非镀膜的 36cm 长的二氧化硅构成，最常用于 STR 与 SNP 分型。在检测中缺乏涂层助剂会导致电泳时产生电渗流。毛细管内表面的带电硅烷醇基团可以使溶液流向阴极，阻碍 DNA 的分离。当使用聚二甲基丙烯酰胺时，电渗流的产生会受到抑制，因为它们屏蔽了毛细管壁的带电荷区域，并且会形成黏性层来阻止液体的流动。然而，随着时间的推移，毛细管壁上会堆积污染物，形成一种双带电层，进而产生电渗流。由于这个原因，在迁移时间减少之前，非镀膜的毛细管柱可以用于有限数量的注入。

检测

荧光检测是目前法医实验室最常用的检测方法。多色检测技术的发展（从 ABI 310 和 3100 系列的 4 色、5 色到 ABI 3500 系列的 6 色），使得多重复合分析成为可能。通过将荧光染料标记到每个基因座一个 PCR 引物的 5' 末端，可利用激光检测；使用多色染料，可以同时分析等位基因大小范围重叠的位点。常使用罗丹明与荧光染料的组合，其设计为吸收单个波长的光，但在不同波长发射。较新的荧光染料（比如 6-FAM 和 VIC）相较于之前的 5-FAM 和 JOE，荧光水平有所提高，因此也有助于提高当前 STR 扩增试剂盒的灵敏度。

旧的毛细管电泳仪（ABI 310 和 3100 系列）使用氩离子激光器，激发波长为 488 nm 与 514 nm。新的 ABI 3500 系列毛细管电泳仪使用固态二极管激光器，激发波长为 505 nm。二极管激光器比旧的氩离子激光器效率更高，体积更小，功耗更低，寿命也大大延长。在激发后，每个染料的发射光谱在其通过毛细管检测窗口时能被 CCD 相机（CCD 即电荷耦合元件）检测到。

然后，通过与参考光谱矩阵的比较去除交叉干扰，以分离每种染料的单独光谱（由于在荧光之间的激发/发射，光谱会重叠），将信号转换成适当的颜色。检测到的荧光水平与染料分子的数量成正比，因此可以确定每种产物的相对浓度。为了确定分子的大小，必须包括已知片段大小的内部标准品，与样本同时运行，其标记与未知片段不同的染料，并且覆盖未知片段的预期大小范围。等位基因分型标准品（ladder），是由复合荧光标记的 PCR 产物，具有各个基因座的已知多态性等位基因，有助于确定等位基因的准确名称；它们并不是严格必需的，因为在现代毛细管电泳系统中，DNA 片段会发生可重复性迁移。

电泳图的解释

对于任何基于荧光的测量，在解释信号时必须考虑到一定程度的背景噪音。由于 CCD 相机和激光效率以及衔接的细微差别，背景噪音在不同的仪器间可能不同。随着时间的推移，由于毛细管、泵和毛细管检测窗口内污染物的累积，背景噪音也可能在同一仪器内发生变化。这些因素除了改变基线水平，还可能干扰荧光信号的检测，降低检测目标的有效性。由于这些变化，通常对信号的解释设定两个阈值：分析阈值以及随机阈值。分析阈值是非等位基因峰的平均荧光信号（转换为峰值高度）加上 3 个（或更保守地说是 10 个）标准差。这确保了在基因分型过程中，小的噪音峰值不会被误认为真实的信号。随机阈值表示某信号水平之下不能确定真正基因分型，比如，设计一个纯合或杂合的基因座，虽然峰高反映了加入 PCR 中的 DNA 模板量，但由于模板量低，不足以在基因座间或基因座内实现同样的扩增。因此，用随机阈值来确保这些偏差不会导致在等位基因丢失或过度扩增的情况下出现错误的基因分型。通过对代表样本的一系列稀释可设定随机阈值，极限设置在杂合子能够被有效检测到的峰值高度，并且任一等位基因不低于分析阈值。此外，为了监视运行和设备之间迁移时间的差异，可能需要设置精度截止值。尽管相同的等位基因大小通常会在 0.15 bp 之内，但温度变化、甲酰胺、仪器的清洁度，都会引起迁移时间的改变。在等位基因分型的大小范围内，设置一个精度的截止值，可以帮助检测电泳过程中受这些因素影响的样本。

毛细管电泳的最新发展

近年来，除了用于分离的聚合物的发展、荧光染料的增加以及上面提到的二极管激光器，毛细管电泳还有其他重要的改进。现在可用的具有 4—96 道毛细管的高通量仪器，比最初的单一毛细管 ABI 310 有了显著的进步，使法医实验室能够更快地处理样本。片段分析所需的时间也减少了，测序时间从 ABI 3100 的 45 分钟减少到 ABI 3500 的 35 分钟。这些进展使 96 个样本的全部分析时间由 ABI 310 的 48 小时减至 24 道毛细管 ABI 3500xL 的 2.5 小时，到 96 道毛细管 ABI 3730xL 的 35 分钟。

ABI 3500 系列还为毛细管电泳引入了一个新特性，提供了在样本、进样甚至仪器之间实现荧光信号标准化的能力。这消除了进样与检测效率的内在差异，最小化单个样本由于移液误差引起的峰高变化。但是，当校正改变峰高达 3 倍时，低水平的混合物可能被人为地显示为单个来源，伪峰可能出现于处于验证研究中的分析阈值之上。因此，有人对案例样本标准化的适当性（如目前所做的）以及这可能对解释的影响有一些担心。

法医生物学家所使用的毛细管电泳分型方法学

STR 分型

法医生物学家使用毛细管电泳主要是对生物样本进行 STR 分型，以获得因人而异的高度多态性的基因标记。图谱几乎可以从任何生物液体或组织中获得，它们主要来源于犯罪现场样本，比如干燥的血痕、精液、唾液、皮肤沉积物（触摸过的物体），以及从各种来源收集到的发根；已知的人或已经被判刑的人的样本，比如口腔拭子；与受害者以及失踪人员身份鉴定有关的样本，其可包括上述任何一种样本以及组织或骨骼样本。STR 基因座的多态性以及用于产生图谱的 STR 数目决定了个体识别的能力。法医协会已经公开选取了一小组 STR 用于构建图谱。这样，来自同一案例或不同案例、实验室、司法辖区、国家以及不同时间的样本谱图可以进行比较。12 年前，法医生物学家开始进行方法学创造，通过这种方法，多个基因座可以同时扩增和自动分型，节省了宝贵的样本，并提高了实验室效率。早期复制 3 个或 4 个基因座的复合物，其平均的匹配概率是 10^{-3} 到 10^{-4}。目前复合物已经增加到了 9—21 个 STR，极大地提高了识别能力（匹配概率为 10^{-11} 到 10^{-27}）。目前使用的大多数个性化试剂盒包括一个性别标记，即位于 X 与 Y 染色体上的（其中长度不相同）的牙釉质蛋白基因，用以确定样本来源于男性还是女性。

与以前的方法相比，使用 PCR 来扩增 STR 已经显著提高了从较小数量和较差质量 DNA 中产生图谱的能力。这种方法虽然有其局限性，但也在改进。通过优化试剂盒缓冲液，改进引物设计以及增加扩增循环，从微量样本中产生图谱的能力得到了提高。为了提高高度降解样本的分析成功率（样本非常旧以及遭遇火、水或埋藏等极端条件时可能遇到这种情况），试剂盒重新设计引物，更接近相关的核心重复单位序列，从而产生较短的扩增片段。这些更短的扩增片段仍然包括所有重复单位，以识别等位基因（即与使用不同引物进行的基因座分型一致）。

为了在一个实验中包含如此多的基因座（通常大小相似），需要对设计进行大量的研究、开发以及优化。在单个反应中多达 34 个引物的组合需要非常精确的设计，以避免在引物对之间或者引物与基因组的非目标片段之间发生相互作用。使用较短的扩增片段设计更加复杂，因为引物序列的选择较少，这不可避免地会导致引物位置的妥协，一些引物的扩增效率低于其他引物。除了改变相对引物浓度，还可以通过为每个引物对仔细选择荧光染料来纠正。由于普通染料的荧光强度差异较大，扩增不良的 STR 仍然可以被最敏感的染料准确地检测到，而那些扩增相对较大的 STR 可以用荧光较弱的染料来平衡。这样，在毛细管电泳过程中所接收到的信号在所有位点和染料之间大致相等。

尽管具有高度个体识别能力，但是在某些特定的情况下，使用常染色体 STR 不能有效地识别相关个体。其包括的情形是目标 DNA 在多个 DNA 源的混合物中是一个非常小的成分，不能或者没有被有区别地提取出来。这种情况在处理与性侵犯有关的样本时经常发生，此时 Y 染色体 STR 可以帮助识别男性个体。商业化的 Y 染色体 STR 试剂盒有 9—23 个可利用的 Y 染色体 STR，但是大多数 Y 染色体是通过男性谱系作为一个整体遗传的，只有群体中遗传图谱的频率可以用来统计，因此不如常染色体 STR 遗传图谱更强大。单个 Y 染色体 STR 通常是纯合子的，因此与常染色体 STR 相比，它们的分析更简单，不存在假纯合基因型的可能。

对于亲属关系分析，可以使用 X 染色体 STR 来检测亲缘关系，特别是在信息缺乏的情况下。例如，在一个没有任何母亲信息的父亲/女儿亲子关系案例中，X 染色体 STR 可能比常染色体 STR 更具指导性。迄今为止，分布在染色体的 4 个连锁群中的 53 个 X 染色体 STR，已被描述用于法医鉴定。

不同的 STR 系统通常使用相似的毛细管电泳方法进行分析，使用 36 cm 毛细管和 POP-4 来提供等位基因之间的单碱基分辨率。商业化 STR 多重复合试剂盒通常产生可重复的结果、样本、进样和仪器之间的迁移时间是相似的。然而，如果运行条件不是最佳的，仪器部件可能干扰 STR 等位基因分型。在电泳阶段电压的短暂升高，毛细管中的气泡或结晶的聚合物，可能导致在电泳图谱中出现钉子峰。这些在运行之间是不可重现的，通常可以通过尖锐的窄峰形态识别。如果合成过程中的引物纯化不完全，可能会在用相同引物进行扩增的所有样本中存在由未结合的荧光染料分子产生的染料斑点。每种染料都具有可重现的迁移性，因此可以通过其在所有扩增样本（包括阴性对照）中的存在来鉴定。

线粒体 DNA 分型用于个体识别

在极端降解的样本中，如果核 DNA 不能提供图谱，线粒体 DNA 图谱可以作为替代。线粒体 DNA 比核 DNA 具有更强的结构，而且每个细胞具有数十或数百个复本，所以目标序列的量远高于核 DNA。为了获得线粒体 DNA 图谱，法医生物学家对 342 bp 高变区 I 和/或 268 bp 高变区 Ⅱ 进行测序，或者对这些区域的特定位点进行 SNP 分型。然而，与 STR 相比，线粒体 DNA 图谱的个体识别能力较差。由于它们是母系遗传的，这些图谱因无法区分母系亲属而有局限性。线粒体 DNA 分析更广泛地用在亲子鉴定、灾难受害者识别或历史重建中。对于测序，毛细管电泳中建议使用 POP-6 或者 POP-7，因为这将大大提高碱基分辨率。依据扩增片段的大小，所使用的毛细管也需延长至 50 cm或 80 cm，以确保获得完整的序列。在毛细管电泳分析之前，测序产物的纯化是成功分析的关键，因为未耦合的荧光双脱氧核苷酸将严重影响痕量测序的质量。

SNP 用于个体识别

SNP 已被确定并被提倡作为 STR 的替代品用于个体识别，部分原因是利用它们可以从高度降解的样本中获得有用的图谱。然而，由于种种原因，法医生物学家并不经常使用这些方法，原因有：需要对更多的位点进行多重定位，以获得与 STR 相同的识别能力，这在方法上是有挑战性的；分析系统需要有一致性，当使用新的分析系统时需要重新检验所有现有样本（由于样本不可重现，在很多情况下是不可能的），或者使用花费巨大的两种方法对所有新样本进行检验；核心 STR 基因座和分型方法学的改进提高了从高度降解和微量样本产生 STR 图谱的能力，因此改用 SNP 所获得的收益将非常小。目前使用的 STR 系统能很好地为法医生物学家服务。

然而，SNP 确实为法医生物学家提供了一个有用工具。STR 不提供任何可能有助于刑事调查的个人表型信息。特定的 SNP 分型可以帮助识别个体特征，这些特征对于调查人员识别潜在的嫌疑人或者减少潜在嫌疑人非常有用。SNP能够帮助确定生物地理学祖先，这有助于揭示个体的外在特征。

SNP 用于生物祖先以及个体识别

不同于用于个人识别的 SNP，在个体中随机分布，具有祖先信息的 SNP在人群中有确定的分布。由于它们的进化史以及遗传模式，Y 染色体和线粒体 DNA 上的 SNP 可以揭示某个个体的大陆以及人口起源。这些标记被广泛用于帮助我们理解人类迁移和进化。虽然 SNP 包含丰富的信息，但是基于个体的性别，或者是个体有混合的生物祖先，仅仅依赖 Y 染色体和线粒体 DNA 上的 SNP 可能有局限性。覆盖数十万个 SNP 的全基因组 SNP 分析揭示了许多群体特异的常染色体 SNP，可以使用一系列这样的 SNP 识别样本提供者的生物学祖先。这些协助调查人员的标记，已被证明是有用的，但尚未被法医从业人员作为常规的工具广泛使用。进一步调查有关人群的相关标记，优化试剂盒的开发和验证，并证明其可以被成功利用，有助于这些类型的标记或试剂盒将来更多的应用。

尽管 SNP 还处于起步阶段，但法医调查中与受基因控制的身体特征密切相关的 SNP 已被发现。这在很大程度上得益于对特定性状的遗传学知识的增加，以及不同性状个体的全基因组 SNP 数据的可用性。与特定头发颜色相关的 SNP 已经利用了一段时间，并已在法医案件中得到应用。已经发现与特定的虹膜颜色强相关的 SNP，并开始用于法医调查。目前正在寻找个体其他特征的标记，但是在找到合适的标记，开发出精确和强大的分型系统并供法医生物学家常规使用之前，需要进一步的深入研究。

使用毛细管电泳进行 SNP 分型与 STR 分型相似，但也要考虑方法学上的挑战性。单碱基的 SNP 分型因扩增片段极小而具有显著性优势。但是，不建议将延伸引物减少至 20 个碱基左右，因为这么小的片段，迁移时间和大小可能不精确。另外，不完全的纯化可以留下大的染料斑点，这些斑点可能掩盖片段小的等位基因峰。尽管许多实验室成功地将 POP-4 用于 SNP 分型，但是 POP-6 或 POP-7 可以提供更高的分辨率，从而可以区分多个基因座之间更小的片段差异。

其他用途

毛细管电泳的其他用途也不断被发现，包括检测特定的信使 RNA 片段以帮助识别生物流体或组织来源。虽然还没有普遍使用，但它高效、高度特异和高度灵敏，具有取代现有的各种化学和免疫学检测的潜在能力。这种方法也能扩展至其他容易识别的生物流体和组织类型，从而成为法医生物学家在协助刑事调查时的工具。对于法医学应用，许多测定方法已经发展成使用毛细管电泳分析，而不是更常见的实时荧光定量 PCR（qPCR）方法。虽然这削弱了确定特定信使 RNA 转录量的能力，但是对于毛细管电泳处理有益。毛细管电泳中可用染料数量较多且可以同时检测这些染料，因而可在一次实验中检测多个信使 RNA 复合物，而实时荧光定量 PCR 每次实验仅能检测 2 个到 3 个转录本。这不仅限制了样本的消耗，还能处理更多的样本。毛细管电泳对信使 RNA 的分析与 STR 分型步骤相同，可以使用常见的电泳和基因分型方法。

毛细管电泳在法医生物学中的应用前景

随着法医生物学中分析标记数量和类型的增加，对灵敏、可靠和快速检测技术的需求也日益增加。虽然毛细管电泳是目前所有分析的首选方法，但仍有许多新的可能性。微芯片毛细管电泳无疑是未来在犯罪现场实现快速基因分型的主要方法。在目前的器件模型中，7 cm—16 cm 的通道被蚀刻在玻璃晶片中，使得 PCR 产物可以在线性聚丙烯酰胺基质中分离。分离可以在 30 分钟内完成，商业化 STR 试剂盒可以提供单个碱基分辨率。此外，在 PCR 引物中添加生物素标签，可以实现芯片上 PCR 产物的纯化，节省时间，防止离子的干扰。最近开发的用于 DNA 纯化、PCR 扩增和毛细管电泳的微芯片设备使便携式微芯片分析仪能够在犯罪现场实时进行 DNA 分析。然而，这些工具还没有被法医学界采用，可能是与传统分析相比，灵敏性和可靠性都有所下降。

除毛细管电泳外，质谱分析也是一种选择，只需几秒钟即可分离扩增片段，STR 等位基因大小具有高度可重复性。此外，质谱检测器能够提供内部序列变异的信息，将识别能力提高 20%—30%。尽管其有用性毋庸置疑，但是毛细管电泳在法医生物学中的主导地位以及质谱检测器的高成本限制了其用于基因分型。然而，随着 SNP 在法医生物学中的使用增加，高通量的、基于质谱的 SNP 分型方法，如西格诺（Sequenom）公司的 Mass ARRAY，将得到更广泛的应用。现行的 *SNaPshot* 法（小测序法）最多可以同时分析 20—25 个 SNP。Mass ARRAY 一次实验可以同时分析 40—50 个 SNP。目前，当使用基于质谱的 SNP 分型方法时，每次分析至少需要 5 ng 的 DNA，这减少了样本的使用，而随着技术的发展，灵敏性可能会增加。虽然这是一种非常有用的高效 SNP 分型工具，但它不能用于 STR 分型，因此不可能像毛细管电泳一样专门用于基因分型。

同样，下一代测序技术有可能提供序列变异信息，并提高混合基因分型的准确性。通过对每个有关标记物样本中的每个分子进行测序，可以确定混合物中每个个体的相对贡献，从而更准确地将等位基因分配给单个贡献者。然而，目前这些方法不能显示法医所需的准确度，而且需要大量的 DNA。

结　论

由于几个关键原因，毛细管电泳已成为法医生物学分析中的主要方法。高分辨率的缠绕聚合物为具有较高准确性的 STR 和 SNP 分型提供了足够的分辨率，而多色荧光检测可以应用在多重复合实验中。具有多个毛细管和快速分析能力的高通量系统，使实验室能够跟上不断增加的样本数量，自动化系统减少了分析人员的投入。随着日益精确的便携式毛细管电泳系统的生产，未来的发展可能会带来更大的灵活性和易用性。

参见

生物学/DNA：祖先信息标记；基本原理

法医 DNA 表型：外部可见特征的 DNA 检测

未来的分析技术：DNA 质谱；低模板 DNA 检验；miniSTR；线粒体 DNA；混合斑解释（仅针对 STR 的混合 DNA 图谱进行解释）；短串联重复序列；单核苷酸多态性；X 染色体遗传标记

生物学/DNA/方法/分析技术：法医遗传学中的毛细管电泳

生物学/DNA/RNA：信使 RNA 和 MicroRNA（微小核糖核酸）用于体液鉴定

方法：毛细管电泳：基本原理；法庭化学中的毛细管电泳

拓展阅读

Bandell, H. J. , Salas, A. , 2012. Current next generation sequencing technology may not meet forensic standards. *Forensic Science International*: *Genetics* 6, 143-145.

Butler, J. M. , 2006. Genetics and genomics of core short tandem repeat loci used in human identity testing. *Journal of Forensic Sciences* 51, 253-265.

Butler, J. M. , 2010. *Fundamentals of Forensic DNA Typing*. Elsevier Academic Press, San Diego, USA.

Butler, J. M. , Buel, E. , Crivellente, F. , McCord, B. R. , 2004. Forensic DNA typing bycapillary electrophoresis using the ABI Prism 310 and 3100 genetic analyzers for STR analysis. *Electrophoresis* 25, 1397-1412.

Frudakis, T. N. , 2008. *Molecular Photofitting*, *Predicting Ancestry and Phenotype Using DNA*. Academic Press, London.

Gilder, J. R. , Doom, T. E. , Inman, K. , Grim, M. , Krane, D. E. , 2007. Run-specific limits of detection and quanmation for STR-based DNA testing. *Journal of Forensic Sciences* 52, 97-101.

Gill, P. , 2002. Role of short tandem repeat DNA in forensic casework in the UK—past, present and future perspectives. *Biotechniques* 32, 366-385.

Kayser, M. , 2007. Uni-parental markers in human identity testing including forensic DNA analysis. *Biotechniques* 43, Sxv-Sxxi.

Kayser, M. , de Knijff, P. , 2011. Improving human forensics through advances in genetics, genomics and molecular biology. *Nature Reviews Genetics* 12, 179-192.

Kidd, J. R. , Friedlaender, F. R. , Speed, W. C. , Pakstis, A. J. , De La Vega, F. M. , Kidd, K. K. , 2011. Analyses of a set of 128 ancestry informative single·nuleotide poly-morphisms in a global set of 119 population samples. *Investigative Genetics* 2, 1.

Lao, 0. , van Duijn, K. , Kersbergen, P. , de Knijff, P. , Kayser, M. , 2006. Proportioning whole-genome single-nucleotide-polymorphism diversity for the identification of geographic population structure and genetic ancestry. *American Journal of Human Genetics* 78, 68D–690.

Liu, P., Yeung, S. H. I., Crenshaw, K. A., Crouse, C. A., Scherer, J. R., Mathies, R. A., 2008. Real-bme forensic DNA analysis at a crime scene using a portable microchipanalyser. *Forensic Sciences International Genetics* 2, 301–309.

McCord, B. R., Buel, E., 2000. Capillary electrophoresis in forensic biology. In: Siegel, J. A., Saukko, P. J., Knupfer, G. C. (Eds.), *Encyclopedia of Forensic Sciences*, first ed. Academic Press, London, pp. 127–135.

Moreno, L. l., McCord, 8., 2007. Separation of DNA for forensic applications using capillary electrophoresis. In: Lander, J. P. (Ed.), *Handbook of Capillary and Microchip Electrophoresis and Associated Microtechniques*, third ed. CRC Press, Boca. Raton, USA, pp. 733–756.

Oberacher, H., Parson, W., 2007. Forensic DNA fingerprinting by liquid chromatog raphy-ectrospray ionization mass spectrometry. *Biotechniques* 43, Svii–Sxiii.

Phillips, C., Prieto, L., Fondevila, M., 2009. Ancestry analysis in the 11-M Madrid bomb attack investigation. *PLoS One* 4, e6583.

Van Oorschot, R. A. H., Ballantyne, K. N., Mitchell, R. J., 2010. Forensic trace DNA: a review. *Investigative Genetics* 1, 14.

Walsh, S., Lindenbergh, A., Zuniga, S. B., et al., 2011. Developmental validation of the lrisPiex system: determination of blue and brown iris colour for forensic intelligence. *Forensic Sciences International Genetics* 5, 464–471.

Westen, A. A., Nagel, J. H., Benschop, C. C., Weiler, N. E., de Jong, B. J., Sijen, T., 2009. Higher capillary electrophoresis injection settings as an efficient approach to increase the sensitivilly of STR typing. *Journal of Forensic Sciences* 54, 591–598.

Yeung, S. H. I., Greenspoon, S. A., McGuckian, A., et al., 2006. Rapid and high-throughput forensic short tandem repeat typing using a 96lane micro-fabricated capillary array electrophoresis microdevice. *Journal of Forensic Sciences* 51, 740–747.

相关网站：

http://www. appliedbiosystems. com–Applied Biosystems.

http://www. cstl. nist. gov/strbase–STRBase.

http://empop. org–Mitochondrial DNA Database (EMPOP).

http://www. promega. com–Promega.

http://www. yhrd. org–Y–chromosome Database (YHRD).

法医遗传学中的毛细管电泳

B. R. 麦考德，美国，佛罗里达州，迈阿密，佛罗里达国际大学

E. 比尔，美国，佛蒙特州，沃特伯里，佛蒙特州法医实验室

版权© 2013 爱思唯尔公司保留所有权利

术语

腺苷酸化　聚合酶倾向于在扩增片段的末端添加额外的碱基（通常是腺苷酸）。

毛细管凝胶电泳　一种分析方法，根据 DNA 样本在聚合物筛分基质中迁移的能力，按大小将其分离。

CODIS　从犯罪现场、已定罪的罪犯和失踪人员身上收集的 DNA 档案组成的数据库，即 DNA 联合索引系统。

电渗流　在强电场作用下，由于毛细管壁表面电荷的作用而在毛细管中产生的液体流动。如果聚合物基质不正确地覆盖毛细管壁，这种效应会造成重现性问题。

微流控电泳　蚀刻在塑料和玻璃板内小通道的电泳。

PCR　聚合酶链式反应——一种依赖于聚合酶的用于扩增 DNA 片段的技术。

STR　短串联重复序列——在特定基因座上的 4 个或 5 个碱基重复序列。不同个体间重复序列的数目不同。

影子峰　由于复制过程中滑脱的现象，STR 复制过程中会趋向于产生比主峰小一个重复单位的小峰。

引　言

使用 PCR 扩增和检测 DNA 片段的方法的发展使法医 DNA 分型获得迅速和显著的进展。使用 PCR，可以很容易地从痕量 DNA 中产生具有分析意义的特定 DNA 产物。在法医应用中，PCR 用于标定和扩增已知的在特定染色体上的多态性位点，并产生离散的、易于鉴定的 DNA 片段。目前，应用最广泛的遗传分析方法是同时测定 13 个或更多的 STR。STR 基因座由 4 个或 5 个碱基重复序列组成。不同个体的碱基重复序列数量不同。

引入以 PCR 为基础的法医学实验也产生了对反应产物分析的高效与自动化程序的需求。这一要求是毛细管电泳 DNA 分析方法发展的推动力。在毛细

法医生物学

管电泳中，DNA 分离发生在薄的（50 μm）充满缓冲液的熔融二氧化硅毛细管中。这些毛细管具有良好的散热能力，允许使用比平板凝胶电泳更高的电场强度。因此，在毛细管中的分离是迅速和高效的。此外，毛细管可以很容易地重新填充和操作，以实现高效和自动化进样。在毛细管中蚀刻的窗口进行荧光检测。单毛细管和毛细管阵列仪器都可用于阵列系统，该系统能够同时处理 16 个或更多的样本，以提高通量。

表1　13个STR基因座被批准用于CODIS[a]

STR 基因座	染色体	重复序列	重复次数[b]
FGA	4	CTTT[c]	18—30
VWA	12	TCTA	11—22
D3S1358	3	TCTA	11—20
D21S11	21	TCTA	25—36
D8S1179	8	TATC	8—19
D7S820	7	GATA	6—15
D13S317	13	TATC	8—15
D5S818	5	AGAT	7—16
D16S539	16	GATA	5—15
CSF1PO	5	AGAT	6—15
TPOX	2	AATG	6—13
TH01	11	TCAT	3—11
牙釉质蛋白基因座[d]	X，Y		

a 从 STR 数据库获得的数据，由 NIST 出版，参见 http://ibm4. carb. nist. gov：8800/dna/home. htm 以及 Profiler 和 Profiler+的用户手册。

b 随着新的等位基因不断被发现，重复的范围是近似的。

c FGA 以及该列表中的其他基因座具有复杂的重复模式，表中给出的是最常见的模式。

d 牙釉质蛋白基因座是和性别相联系的遗传标记，并且在 X 染色体上有 6 个碱基缺失。

在法医遗传学中最常用的遗传标记是 STR。STR 是长度为 2—6 个碱基对的重复核苷酸序列。重复序列的数量因个体而异，这导致产生高度的长度多态性。STR 在整个人类基因组中都很丰富，平均每 6 kb—10 kb 发生一次。四聚体和五聚体重复序列在法医分析中最为常用。这些基因座往往会比二聚体或三聚体重复序列产生更少的影子峰，而且已经有很多工作证实了它们在法医案件中的应用。美国联邦调查局已经建立了一套用于 CODIS（表 1）的 13 个核心基因座。一组存在于 Y 染色体上的 STR 也被开发出来，这些标记物在分辨男性和女性 DNA 的混合物时特别有用，因为这些位点不存在于女性细胞中。毛细管电泳系统是 STR 分离的理想选择，因为每个基因座的大小和强度都可以随时获得。

与 STR 分析结合使用时，毛细管电泳系统需要专门的技术。PCR 混合物的高离子强度抑制要求用甲酰胺或去离子水稀释样本的毛细管电泳注入方法，并且必须使用高度黏稠的缠绕聚合物缓冲液进行分离以获得最佳分辨率。通过测量在扩增过程中加入到每条 DNA 链的染料标记的引物的荧光进行 STR 检测。一个激光器可以用于检测多达 5 种不同染料标记。毛细管电泳分离的连续性需要内部和外部的标准化来实现高度精确的测量。描述毛细管电泳分离过程最好的方法是将此过程分为三个主要步骤：分离、进样和检测。

毛细管电泳的理论

分离

DNA 片段的质荷比几乎是恒定的，在正常的毛细管电泳条件下很难分离。因此，使用可替换的筛分矩阵进行分析，该矩阵由溶于适当缓冲液中的水溶性聚合物组成。这些溶液被称为缠绕聚合物缓冲液，筛选 DNA 是基于其在聚合物基质中形成的孔隙中的适应能力。事实上，这些聚合物基质不是固体的，这使得它们不同于用于传统 DNA 分析的固体琼脂糖或聚丙烯酰胺凝胶。使用缠绕聚合物缓冲液的优点是在每次分析结束时可以将新鲜的聚合物溶液泵入毛细管中，清洗毛细管并减少携带的问题。利用缠绕聚合物缓冲液进行的实验表明，只要对分子量和浓度进行仔细优化，就可以实现高分辨率的 DNA 分离。

为了描述在物理凝胶中的 DNA 分离，已经假设了几种不同的机制，包括瞬间交联耦合、Ogston 筛分与蠕动模型。在低浓度的聚合物中，DNA 和聚合物链通过摩擦相互作用进行分离。这个机制就是所谓的瞬间交联耦合。当聚合物浓度较高时，单个聚合物分子链开始相互作用，形成网状结构。发生这种情况的聚合物浓度被称为缠结阈值。在缠结阈值以上，DNA 片段通过聚合物网中产生的瞬时孔隙进行筛分而分离（图1）。大于平均孔径的片段在网格中爬行或像蛇一样移动。产生可接受的分离的关键是指定聚合物浓度，在该浓度下，这些虚拟孔隙的大小近似于 DNA 片段旋转半径（溶液中 DNA 片段的平均大小）。

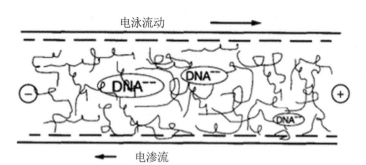

图1 通过聚合物网中产生的瞬时孔隙分离 DNA。较小的片段受网格阻碍较小并首先洗脱。DNA 链的运动由于反作用力而发生。电场导致带负电的 DNA 迁移，而管壁电位产生的电渗流产生相反方向的整体流动。POP-4（4%聚二甲基丙烯酰胺）等聚合物通过涂层毛细管产生一种可恢复的分离来减少电渗流

利用缠绕聚合物进行 DNA 的可靠分离涉及许多关键参数，除了浓度、聚合物的长度必须保持最小值，以减少黏度以及确保毛细管的再填充，还有缠绕聚合物的其他重要特性，包括缠绕聚合物的相对刚度、多分散性以及它在毛细管壁上的涂层能力。在用于分离 DNA 的酸碱条件下，未涂覆二氧化硅的毛细管具有明显的壁电荷。当电场较强时，这些电荷可以在毛细管壁中引起整体流动。这种效应被称为电渗流，它会导致 DNA 在不同的运行中发生不可重现的迁移变化。通过使用诸如聚二甲基丙烯酰胺等聚合物涂覆毛细管壁，消除了毛细管壁电荷效应，从而将电渗流降至最低。此外，还添加了染料标记的内部标准品，以帮助补偿运行过程中的迁移率变化。

DNA 分离中的另一个重要问题是分子的灵活性，其可以通过被称为持久长度的参数来表征。与双链 DNA 相比，单链 DNA 具有更高的灵活性（更短的持久长度），并且产生了更好的分离效果；双链 DNA 非常坚硬，与聚合物基体的相互作用很差。因此，使 DNA 变性并将其维持在单链状态，在整个分离过程中是非常重要的。为此，在进样前将 DNA 在甲酰胺中变性，并在高温和高浓度变性剂（如尿素和吡咯烷酮）下进行分离，以保持这种变性状态。

一般来说，在标准的毛细管电泳系统中，双链 DNA 的迁移速度更快，分辨率更低，有时可以在未适当变性的样本中观察到其存在。

进样和样本准备

为了注入 DNA 样本，将各个毛细管浸入含有 PCR 产物和甲酰胺的混合物的样本孔中。然后将正电压施加到毛细管，以将带负电荷的 DNA 注入毛细管孔中。这种类型的注入被称为电动进样，并且通常根据仪器的类型和使用的毛细管的数量在 3—10 秒的时间内施加 3 kV–15 kV 的电压。通过这种技术，DNA 进入毛细管的量可以通过以下方程表示。

$$Q_{DNA} = \pi r^2 \left[DNA \right] Et \left(\mu_{ep} + \mu_{EOF} \right)$$

其中 E 为外加电场，t 为时间，r 为毛细管半径，μ_{ep} 为电泳迁移率，μ_{EOF} 为电渗迁移率。从这个方程中可以看出电场越强，进样时间越长，DNA 进样的量就越大。但是，应该注意的是，样本基质中存在的其他离子在进样过程中会与 DNA 发生竞争。因此，注入 DNA 的量与溶液离子强度以及注入的非 DNA 分子的其他负离子的迁移率有关。另外，较长时间的进样可能会导致谱带变宽，从而导致整体分辨率降低。

通常，电动进样会产生狭窄的进样区，但是对样本基质高度敏感。样本基质（>50 mM Cl⁻）离子强度高时，PCR 产物的注入会产生这样的问题。为了解决这个问题，PCR 样本通常用去离子甲酰胺稀释。这一过程有两个目的——降低离子强度和使 DNA 变性，使得进样高效且有选择性。

这种稀释步骤通过一个被称为堆积的过程增加了注入 DNA 的量，也叫作场扩增注入，当样本区离子强度低于缓冲带离子强度时会发生这种情况。由于通过系统的电流是恒定的，样本区电荷载体的缺乏产生强电场，并在毛细管中低离子强度样本区和高离子强度缓冲液的界面突然终止（图 2）。DNA 分子堆积和聚集在这个界面。堆积让一个大的样本带以最小的带宽加载到毛细管中，增加了进样的灵敏度和效率。

注入样本

有趣的是，可以通过使用基于旋转过滤或浮动膜的方法对 PCR 产物进行透析，进一步增加 DNA 信号强度。这些技术被称为 PCR 后纯化，其突出堆积过程，可以大大提高灵敏度。执行这方法的实验室必须仔细验证其程序，因为当用于低水平的 DNA 模板时，它们可以产生不同的结果。在这种情况下，重复分析和仔细注意控制污染是必要的。

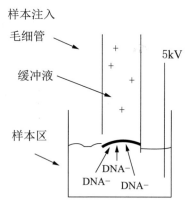

图 2　施加电压来注入 DNA。由于电场与离子强度成反比，**DNA** 和其他带负电荷的离子迅速移动到低电导率的样本区和缓冲液之间的界面，此过程被称为堆积

检测与数据分析

毛细管电泳对 DNA 进行荧光检测是通过染料对 DNA 进行衍生，产生荧光加合物来实现的。在 PCR 过程中，染料分子与 DNA 片段共价结合。为此，将染料分子添加到每个引物对的一条链的 5'端。PCR 完成后，靶向 DNA 分子就被荧光团标记。通过在单个多重反应中使用各种不同的染料，各个基因座可以分离、扩增和用特定染料标记。这些反应中使用的染料吸收波长相似，发射波长不同。因此，可以使用单个激光来激发 4 种或更多种染料。

然后使用多通道分析仪，通过结合染料的发射波长和片段的长度来识别特定的 PCR 产物。为了尽量减少其他染料标记产品的干扰，分子量内标使用不同于 PCR 产物的荧光染料。可以同时检测 5 种荧光的毛细管电泳系统允许在 4 个荧光通道中检测被标记的 STR，而第 5 个通道则保留用于内标。针对这样的系统，已经开发了特定算法对荧光信号去交叉重叠，避免染料重叠的干扰。

样本准备

纯化后的模板 DNA 可以扩增单个 STR 基因座，也可以添加多个引物，同时扩增多个 STR 基因座。商业化复合 PCR 试剂盒可进行多重 PCR，包括多达 15 个不同基因座的引物。这些反应的产物被 4 种不同的荧光染料标记和同时扩增。然后将约 1 μl PCR 产物与 24 μl 去离子甲酰胺混合，制备用于毛细管电泳进样的 PCR 产物。此外，使用红色或橙色染料标记内标，用于指征等位基因大小。

当使用甲酰胺作为进样溶剂时必须小心，因为它的分解产物产生的离子可以抑制进样过程。因此，需要对甲酰胺的电导率进行测试，并在常规分析前运行对照样本。为了得到可用于电泳的 DNA 变性片段，所制备的样本溶液通常在 95℃加热，然后在冰浴中快速冷却。甲酰胺是一种非常强的变性剂，可以在不加热的情况下使制备好的 DNA 样本变性，因此许多实验室都跳过了这一加热和冷却步骤。去离子水可以代替甲酰胺，但 DNA 长期保存在去离子水中会不稳定，因此骤冷是绝对必要的。

因为 DNA 的进样量取决于样本溶液的离子强度，所以也可以使用已知的PCR 后纯化步骤来提高 DNA 进样量。这种方法应该谨慎使用，因为低电导率溶液可能容易出现延滞效应，并且还可能导致检测到随机放大。对这些步骤进行适当的验证是很重要的，通过对样本离子强度进行良好的定量控制和调节，可以保持一致性。

分析分离

通常采用电动进样将样本加到毛细管内。进样时间可以在一定的范围内变化，从而影响加到毛细管内的样本量，而不影响分辨率。将进样时间从 1 秒调整到 10 秒，可以在保持系统分辨率的同时增加样本进样量。毛细管电泳的一个特别优势是能够通过简单地增加进样时间快速地重新分析更多的稀释样本。因此，许多实验室将验证两种不同的进样时间，一种较短，另一种较长。

用于分析的分离介质包括聚二甲丙烯酰胺、尿素、吡咯烷酮和 EDTA（乙二胺四乙酸），它们位于 pH 值为 8.0 的 TAPS 缓冲液（三羟甲基甲胺基丙磺酸溶液）中。聚合物提供了分离的条件，TAPS 缓冲液保持离子强度和 pH 值，尿素、吡咯烷酮保持 DNA 变性状态，并且 EDTA 隔离影响 DNA 分辨率的金属。由于质量控制和使用简单，大多数法医实验室选择购买制备好的聚合物溶液。通过购买合适的分离介质或制备不同浓度的聚合物，用户可以微调分辨率。

当前使用的 STR 包含的等位基因通常相差 2 个、4 个或 5 个碱基重复单元，但是，在这些系统中可能出现单个碱基缺失的变异。因此，设计能够同时处理不同等位基因的分离系统是非常重要的。在需要增加等位基因分辨率的情况下，可以增加毛细管长度或聚合物浓度。然而，这两种方法都可能增加迁移时间，这也是拥有大量样本的实验室所关心的问题。监测系统的分辨率可以使分析人员发现每一个毛细管性能下降情况或不适当的样本制备。

毛细管因持续使用或维护不当而老化，这可能导致样本的分辨率下降。用甲酰胺制备的样本，如果没有充分去离子化，也会有较差的分辨率。两个峰之间的分辨率可以用下式计算：

$$R = \frac{2\,(t_2 - t_1)}{W_1 + W_2}$$

其中 t 是峰的迁移时间，W 是峰宽。由于基线处的峰值难以确定，可以假设毛细管电泳峰的形状为宽度为 4σ 的高斯函数，将上式转换为：

$$R = \frac{1.18\,(t_2 - t_1)}{W_{h1} + W_{h2}}$$

W_h 是峰一半高度时的峰宽。系统分辨率也可以使用包含一个不同碱基的 STR 等位基因的混合物来快速评估。STR 基因座 TH01 有一变异区（等位基因 9.3），比预期少一个碱基。该等位基因可与非变异等位基因 10 按相同比例混合。将这种混合物在毛细管上运行后，对峰的相对高度与峰间谷点的比值进行评估，以获得系统的相对分辨率。

基因分型

通过调整各个 PCR 产物的片段长度，并使用不同波长的荧光染料标记不同引物，可以在一次分析中确定多个 STR 基因座。巧妙的引物设计可以产生大小不重叠的 DNA 等位基因。这允许分析 3 个到 4 个标记有相同颜色的 STR 基因座。

图 3 中使用 Profiler plus STR 扩增试剂盒扩增的男性 DNA 样本的结果说明了这一过程。电泳图的每一个通道包含 3 个不同染料标记的 STR 基因座。此外，一个性别标记——牙釉质蛋白基因座，显示在绿色通道中（即图 3 中的第三个通道）。在各个峰下的数目表示等位基因数量及其荧光相对强度。STR 基因座的识别是通过它们的大小与染料标记进行的。分离与识别等位基因的操作是通过毛细管电泳仪器进行的，该仪器具有能够同时分析所有染料的检测器阵列。

通过使用仪器制造商提供的软件，可以对得到的峰进行基因分型。通常，电泳是通过将扩增产物与内标相结合进行的，该内标也使用荧光染料进行标记，但与用于标记 STR 基因座的荧光染料不同。

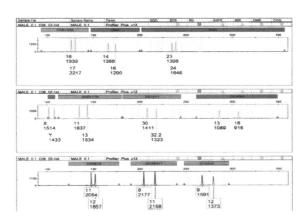

图 3　使用 Profiler plus SIR 扩增试剂盒扩增的男性 DNA 样本的分析。结果分为三个板块，以帮助分析。每个灰色面板表示不同的 STR 基因座，并在面板上方标识。浅灰色内的深灰色区域表示每个基因座的等位基因的潜在位置。性别基因座（牙釉质蛋白基因座）在 X 染色体上产生 6 个碱基缺失

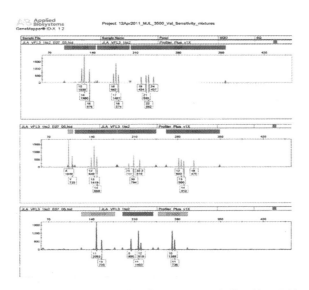

图 4　使用 Profiler plus STR 扩增试剂盒分析 1:1 混合的男性和女性 DNA，每个基因座的峰高比随共有等位基因的数量而变化

在每次分析过程中，都会添加一个内标（图 3 中未显示），以提供一个内部参考，使电泳操作和计算检测到的峰的碱基大小标准化。要计算等位基因大小，可以与先前运行等位基因分型标准品（包含所有可能等位基因混合物的对照样本）得到的结果进行比较。

一旦确定等位基因的大小，就可为样本中每个基因座的所有检测到的等位基因编制一个表。如果样本来源单一，一个给定群体的基因型频率可以通过将每个基因座上各个等位基因的频率相乘来计算。这样得到的基因型频率可以非常小。例如，Profiler plus STR 扩增试剂盒的个人识别能力约为 10^{-11}。

混合斑（物）分析

在分析法医样本时，必须考虑到混合物（含有来自多个个体的 DNA 的样本）。这些标本可能是来自不同个体的体液的混合物，并会产生复杂的 DNA 图谱。一个个体的 STR 图谱可能包含不均衡的峰和被称为影子峰的 PCR 伪峰，使得混合物的分析更加复杂。影子峰是 DNA 聚合酶在扩增过程中发生"滑脱"而产生的扩增产物，此处酶和扩增延伸的 DNA 链与模板 DNA 没有正确配对。尽管也可以看到由相差 4 个碱基的峰组成的较弱的信号峰，但是产生的片段通常比真正的等位基因峰小 4 个碱基。一些基因座可以产生高度大于 10%的真峰的影子峰。在解释混合物时，必须考虑到产生影子峰的可能性，并应根据在某一特定基因座观察到的影子峰的量调整分析解释。通常，当某一特定基因座的峰高高于典型的影子峰高时，就可能存在混合物。解释混合物的另一个问题是，杂合子基因座峰高之间差别高达 30%。这种大小的偏差虽然不常见，但在评价混合物时必须加以考虑。在呈现杂合模式的样本中，预期峰高比的差异可以指示混合样本，其中等位基因共同电泳。幸运的是，当对多个等位基因系统进行评估时，其他位点可能会显示出 3 个或 4 个峰，从而将样本确定为混合物，并可用于判定是否因为重叠的等位基因导致了上述杂合峰比例的改变。图 4 展示了混合 DNA 样本的分析。

位点间的平衡是评价混合物时的另一个考虑因素。虽然商业上可用的 STR 扩增试剂盒试图实现所有位点的平衡，但较大位点的扩增效率可能会降低，特别是当存在降解 DNA 时。在这种情况下，较短的 PCR 产物将占主导地位，因为较长的模板片段很少保留下来。在某些情形下，小的峰可能会在之后的电泳图谱上消失，因为扩增效果差或者是降解。

有时，非等位基因峰也会在解释混合样本时引起问题。这些峰可能是未结合染料、电干扰或其他样本伪影的结果。也存在 PCR 伪峰，比如腺苷酸化作用，其产生的峰会比真正的等位基因峰少一个碱基。在大多数 STR 系统中，复制扩增的过程会促进 PCR 产物末端添加非模板核苷酸（通常为 a）。这将产生增加了一个碱基的扩增产物。在某些条件下，如模板 DNA 或 Taq 酶抑制剂过量，可能不会发生所有产物完全转化为 $n+1$ 状态。通常这种情况可以通过增加复制的延伸时间来纠正。最后，变异与罕见的基因事件可能会产生非同寻常的图谱，这可能会被误认为混合物。此外，由于不同 STR 扩增试剂盒制造商使用的引物退火位点的位置不同，引物位点的突变可能导致特定基因座的基因分型变异。

线粒体 DNA 的分析

在法医分析中，有时核 DNA 不足以进行 PCR 扩增，比如脱落毛发或者高度降解检材。在这些情形下，可能仍有足够数量的线粒体 DNA 来实现 PCR 扩增。线粒体 DNA 的长度大约是 16 000 个碱基，其中包含一个控制区域，控制区域有许多通常是点突变的多态性位点。可对控制区域的某些高变片段进行 PCR 扩增并测序，然后将这些序列与已知的标准序列进行比较，以确定多态性位点。在这个过程中，毛细管电泳用于确定扩增产物的数量是否足够，并用于后续测序。定量步骤在测序步骤之前进行。在 15 000 V 电压下使用 27 cm 的短毛细管或者微流体毛细管电泳芯片的短通道对一小部分自然状态下的扩增产物进行分析。在分析过程中，将染料添加到扩增的样本中得到荧光产物。总分析时间短于 4 分钟。将扩增 DNA 的峰值强度与内部标准进行比较，以确定扩增产物的数量。

图 5 说明了这种分离。检查电泳图以确定样本中是否存在污染物，比如样本中的引物或附加扩增产物。这些物质会干扰测序反应，降低结果的质量。该分析的结果可以用于调整测序反应所用模板的量。然后基于前面介绍过的相同的分离原理，在毛细管电泳的测序仪上对产品进行分析。

未来应用

目前，许多研究人员正在开发基于微芯片技术的更小、更紧凑的系统。利用光刻技术，可以将多个通道蚀刻到硅片上，并将整个毛细管阵列置于玻璃或塑料芯片上。紧密聚焦于微芯片上的样本注入，可在使用短通道的过程中实现快速电泳分离。该技术的另一个优点是可以在芯片设计中内置样本制备和检测装置。因此，从 DNA 提取到 PCR，再到分离和检测的整个过程都可以集成到一个设备中。

图 6 显示了一个集成的微流控设备的例子，提取、扩增、分离和检测等实验室步骤都整合于其中。

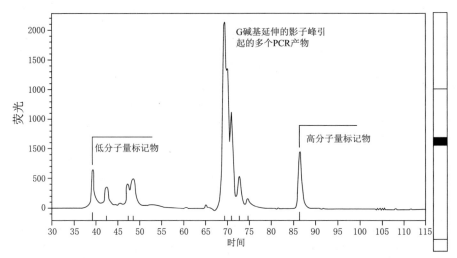

图5 使用安捷伦公司 **2100** 生物分析仪在 **100** 秒内分析和定量线粒体 DNA。DNA 量参照内标来确定。主峰周围存在额外的峰表明存在由 **G** 碱基延伸的影子峰引起的多个 **PCR** 产物，并且表明可能需要重新扩增该特定样本以产生准确的序列

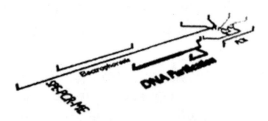

图6 微流体 DNA 分析仪：由弗吉尼亚大学的詹姆斯·兰德尔斯（**James Landers**）开发，将 DNA 提取、PCR 扩增、STR 分离和荧光检测整合在一个集成的设备中

结 论

毛细管电泳技术具有很大的灵活性。毛细管电泳系统使用可以替代的物理凝胶，其可以在分析开始时被泵入各个毛细管中。使用该技术可以实现 DNA 定量、基因分型及测序。样本的进样、分离以及分析很容易实现自动化。

多通道荧光检测使得多重 PCR 能够同时实现分析，保留了宝贵的法医样本。毛细管阵列系统更进一步提高了通量。可对结果数据进行分析，以检测混合物的存在；可对结果数据进行处理，并将其存储在 CODIS 中。目前正在开发的系统将利用微流体芯片，使从提取到分析的整个 DNA 分析过程一体化成为可能。

参见

生物学/DNA：DNA 数据库；DNA 提取和定量；非人源 DNA 分型介绍；低模板 DNA 的检测；miniSTR；线粒体 DNA；混合斑解释（仅针对 STR 的混合 DNA 图谱进行解释）；短串联重复序列；单核苷酸多态性

生物学/DNA/植物学：大麻 DNA 分型方法

生物学/DNA/野生动物：DNA 和濒危物种；方法：毛细管电泳：基本原理；毛细管电泳在法医生物学中的应用；法庭化学中的毛细管电泳；野战部署设备

拓展阅读

Buel, E., Schwartz, M. B., LaFountain, M. J., 1998. Capillarr electrophoresis STR analysis: comparison to gel-based systems. *Journal of Forensic Science* 43, 164–170.

Butler, J., Buel, E., Crivelente, F., McCord, B., 2004. Forensic DNA typing by capillaryelectrophoresis. *Electrophoresis* 25 (1 0–11), 1397–1412.

Easley, C. J., Karlinsey, J. M., Bienvenue, J. M., et al., 2006. Totally-integrated genetic analysis in an electrophoretic microchip with sample in-answer out capability. *Proceedings of the National Academy of Science* 103 (51). 19272–19277.

Heller, C. (Ed.), 1997. *Analysis of Nucleic Acids by Capillary Electrophoresis*. Friede Vieweg, Wiesbaden.

Jensen, M., 2004. Use of the Agilent 2100 Bioanalyzer and the DNA 500 Labchip in the Analysis of PCR Amplified Mitochondrial DNA. Application Note. http://www. chem. agilent. com/ Library/applications/5989-0985EN. pdf.

L. azaruk, K., Walsh, P. S., Oaks, F., et al., 1998. Genotyping of forensic short tandem repeat (STR) systems based on sizing precision in a capillar electrophoresis instrument. *Electrophoresis* 19, 86–93.

Moreno, L., McCord, B., 2008. Separation of DNA for forensic applications. In: Landers, J. (Ed.), *Handbook of Capillary Electrophoresis*. CRC Press, Boca Raton, FL. pp. 761–784.

Rodriguez, 1., Lesaicherre, M., Tie, Y., et al., 2003. Practical integration of polymerase chain reaction amplification and electrophoretic analysis in microfluidic devices forgenetic analysis. *Electrophoresis* 24, 172–178.

Wallin, J. M., Buoncristiani, M. R., Lazaruk, K., Fildes, N., Holt C. L., Walsh, P. S., 1998. TWGDAM validation of the AmpFISTR blue PCR amplification kit for forensic casework analysis. *Journal of Forensic Science* 43, 854–870.

Woolley, A. T., Hadley, D., Landre, P., deMello, A. J., Mathies, R. A., Northrup, M. A., 1996. Functional integration of PCR amplification and capillary electrophoresis in a microfabricated DNA analysis device. *Analytical Chemistry* 168, 4081–4086.

色谱分析法：基本原理

C. E. 利内翰，澳大利亚，SA，阿德莱德，弗林德斯大学
版权© 2013 爱思唯尔公司保留所有权利。

术语

    分析物   通过色谱分析法中从样本基质中分离得到的目标物质。

    色谱图   显示探测器信号随时间变化的图；当分析物从色谱柱中析出时，色谱图上通常会出现峰。

    色谱仪   用来进行色谱分离的仪器。

    洗脱物   离开柱的流动相，通常由某种形式的探测系统监控。

    洗脱液   携带分析物通过固定相的溶剂。

引　言

在大多数情况下，在法医实验室中遇到的样本包括复杂的混合物质。通常，法医学家对研究这些成分中的一个或多个很感兴趣（例如血液样本中的药物浓度），然而，对单一化学物质具有选择性的分析方法很少。事实上，大多数化合物需要相对纯才能被识别。因此，必须将目标分析物与样本基质中的其他化合物分离，以便对其进行识别和定量。色谱法是一种功能强大、用途广泛的技术，经常被法医学家用于此目的。

所有色谱分离都是基于样本组分在两相之间的分布：固定相和流动相。样本溶解在流动相（可能是液体、固体或超临界流体）中，并强制通过不相

溶的固定相。固定相一般是固体颗粒或固定在柱或固体颗粒表面的黏滞液体。当通过固定相时，样本中的分子在两相之间的分布是不同的。对固定相有很强亲和力的分子在系统中缓慢移动。相反，对固定相亲和力弱的分子在系统中迁移得很快。迁移率的这种差异使得成分得以分离而形成离散的可以被分析的条带。图 1 为色谱分离原理图。

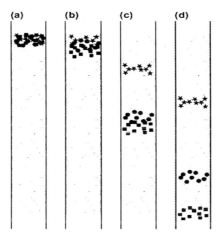

图 1　色谱分离原理图。(a) 在柱顶部放置少量样本，其中充满固定相和溶剂。**(b)** — **(d)** 流动相加入到顶部并允许通过色谱柱缓慢洗脱，各个分子与固定相相互作用程度不同，因此需要不同的时间才能通过色谱柱

色谱法的分类

色谱分离的方法有很多种，因此色谱法可以分为许多亚类。首先，固定相的物理设置可以是平面的，也可以是柱状的。在平面色谱分析中固定相会固定在平面上。薄层色谱法是平面色谱法的一个很好的例子。另一种方法是柱层析法，即使用柱来存放固定相。法医实验室中的大多数色谱分离都使用某种形式的柱层析。其次，色谱技术通常根据作为洗脱液的流动相的物理状态（气体、液体或超临界流体）来分类。法医实验室常用气相色谱法和高效液相色谱法，而超临界流体色谱法较少见。超高效液相色谱法是一种比高效液相色谱法更强大的分离技术，运行时间更短，分离能力更强。超高效液相色谱法越来越多地应用于法医学领域。

基于不同的分离机制——吸附、分离、离子交换、尺寸排阻与黏附，色谱法可以进一步细分。液相色谱法通常采用基于吸附机理的分离方法。在这种情况下，分子或离子通过弱的分子间力附着（吸附）在固定相（吸附剂）的表面。一般来说，可以应用到"相似相溶"的原理。非极性分子会吸附在非极性固定相上，但与极性固定相的亲和力很小。类似地，极性分子会吸附到极性表面，但只会被微弱地吸引到非极性表面。

气相色谱分离大多数是基于一种分配机制，即分子在两个非混相之间分配。在气相色谱法中，固定相通常是粘在开管柱内部的黏性液体。被分离的分子以一种类似于液-液萃取的机制进出这种液体。图2为吸附和分配机理示意图。

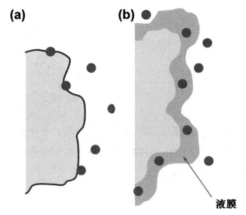

图2　分析物分子与固定相（显示为横截面）相互作用示意图。（a）吸附机理：分析物分子直接吸附在固定相表面上。（b）分配机理：分析物分子溶解在黏合到颗粒表面的黏性液体固定相中

在离子交换色谱法（通常称为离子色谱分析）中，离子型分子的分离是基于它们所带电荷的多少实现的。固定相的表面有离子官能团，基于库仑力（离子）相互作用与分析物分子结合。这种色谱法通常会被进一步分成两类：阳离子交换与阴离子交换。阳离子交换色谱法由于固定相表面带负电荷的官能团而保留了阳离子。然后，通过引入一个竞争性阳离子，如 H^+，可以将这些分子从固定相中洗脱出来，迫使它们从表面返回到流动相中（从而交换表面位置）。阴离子交换色谱法由于固定相表面带正电荷的官能团而保留了阴离子。在这种情况下，通过向流动相中引入竞争性阴离子，离子可以从柱上洗脱下来。比如，氢氧根会与固定相中的阴离子交换位置。阴离子与阳离子的交换反应原理如下。通常，离子的电荷越高，与带电荷的固定相的亲和力就越大，它在系统中的运动就越慢。

$$R^+\text{-}X^-+Y^+\text{-}A^- \underset{\text{阴离子交换机制}}{\overset{}{\rightleftharpoons}} R^+\text{-}A^-+Y^+\text{-}X^-$$

$$R^-\text{-}Z^-+B^-\text{-}C^+ \underset{\text{阳离子交换机制}}{\overset{}{\rightleftharpoons}} R\text{-}C^++B^-\text{-}Z^+$$

尺寸排阻色谱法即凝胶渗透色谱法。顾名思义，在这种色谱法中，分子是根据大小来分离的。分子通过多孔的固定相运动。小分子可以进入孔隙并被困住，通过流动相的大量冲洗可以有效去除。较大的分子无法进入孔隙，在固定相周围被冲刷并迅速洗脱。孔隙内的平均停留时间取决于固定相的孔径以及分析物分子的有效大小。（图3）

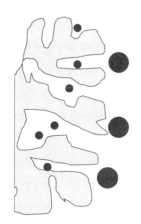

图3　分析物分子与多孔固定相的相互作用示意图。可以看出，小分子进入孔隙并保留，而较大的分子则被冲洗掉

液相色谱法通常又分为两大类，即正相液相色谱法和反相液相色谱法。在正相液相色谱法中，固定相一般为极性固体，如二氧化硅或氧化铝，而流动相是非极性的。历史上，液相色谱分离通常使用正相策略。在20世纪70年代，引入了非极性固定相用于极性流动相，比如水和甲醇。这些可以被称为反相系统。基于十八烷基碳链的反相体系（C18）与固定相表面黏结是法医

学实验室中最常用的液相色谱策略。

如前所述，色谱分离通常是在某些类型的柱上进行的。柱层析根据所用柱的类型可进一步细分为两种类型：填充柱层析和空心柱层析。填充柱中充满了小颗粒，这些小颗粒既可以作为吸附色谱法中的固定相，也可以作为非挥发性液体涂层充当分配色谱法中的固定相。有多种固定相可供选择。填充柱广泛应用在液相色谱法中，在气相色谱法中使用非常少，但是当需要增加样本容量时，可以使用它们。空心柱通常应用在气相色谱法中，在液相色谱法中的应用很少。有三种类型的开管柱：在涂壁空心柱（wall-caoated open tubular column，WCOT）中，毛细管壁作为液体膜涂层的支撑，后者充当分配色谱法中的固定相；涂载体空心柱（support-coated open tubular column，SCOT）包含固体微粒，这些微粒被固定在毛细管壁上的固定相涂层（分配色谱）中；吸附色谱法可以利用多孔层空心柱（porous-layer open tubular column，PLOT），其内壁上附着固体微粒。

色谱分析中的分布平衡

色谱分离的有效性部分取决于样本组分在固定相和流动相之间的分布。这种分布平衡一般可以描述为分析物在两相之间的转移。因此，我们可以用下式表示：

$$S_{(流动相)} \rightleftharpoons S_{(固定相)}$$

就像所有平衡反应一样，该反应可以用一个平衡常数来描述。在这种情况下，就是已知的分布常数（K_C）：

$$K_C = \frac{[S]_{(固定相)}}{[S]_{(流动相)}}$$

分布常数的大小取决于温度、分析物的类型以及固定相和流动相的化学成分。如果这些保持不变，分离将能够可靠地重现。较大分布常数的分析物将会被固定相吸附得更强，因此从色谱柱中洗脱下来需要更长的时间。如果在一定条件下，两种分析物具有相同的分布常数，那么它们将不能被分离，需要使用不同的色谱条件。通过恰当地选择固定相与流动相的成分，可以调整分布常数，使其分离。在理想情况下，每种分析物的分布常数会有很大的不同，因而混合物中的所有化合物都能很好地分离。

　　虽然分布常数是色谱分离的基础，但它不容易测量。分析物从色谱柱上洗脱下来的时候，经常会被监控（使用某种类别的探测器）。结果图显示了探测信号与时间的关系，即色谱图。图 4 是一个典型的色谱图，显示了两种化合物的色谱分离。在这种情形下，未被保留的化合物首先洗脱下来，然后是结合在柱上的化合物。

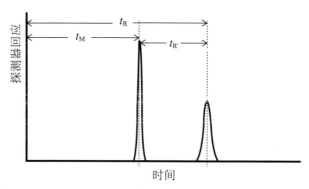

图 4　示例色谱图显示两种化合物的分离。第一种化合物不被柱子保留，在死时间内洗脱；第二种化合物从柱中保留，随后在保留时间内中洗脱

　　如图 4 所示，每种化合物的保留时间（t_R）是从将样本混合物注入柱中开始，到组分到达探测器所需的时间。在许多情况下，样本中可能含有不被固定相保留的物质。这些未被保留的化合物会在尽可能短的时间内通过固定相。未保留峰值到达探测器所用的时间被称为死时间（t_M）。死时间可以测量分析物在流动相中所消耗的时间。调整后的保留时间是分析物在固定相中停留的时间的度量。这可由观测到的保留时间减去死时间得出，如下式所示：

$$t'_R = t_R - t_M$$

　　保留因子（k）是调整后的保留时间与死时间的比值，常用于比较分析物的迁移率。这是因为，对于固定色谱法的条件（固定相、流动相、分析物），不管流速如何，保留因子的值都是相同的。

$$k = \frac{t'_R}{t_M}$$

保留因子与分布常数相关，因为它有效地度量了分析物在各个相中花费的时间。

$$k = \frac{t'_R}{t_M} = \frac{在固定相中花费的时间}{在流动相中花费的时间} = \frac{[S]_{(固定相)}}{[S]_{(流动相)}}$$

分离因子（α）是对两个组分的相对保留情况的度量，并且其被定义为调整后保留时间的比值。

$$\alpha = \frac{t'_{R_2}}{t'_{R_1}}$$

其中 $t'_{R2} > t'_{R1}$。因此，分离因子总是大于 1。通常，相对保留越长，两种成分间的分离就越好。与保留因子类似，分离因子与两种分析物的分布常数之比成正比。

色谱分析中的谱带增宽现象

色谱分离的效率取决于两个因素：(1) 前面描述的分布常数的差异；(2) 洗脱分析物分子带宽。当分析物分子穿过固定相时，趋向于扩散成高斯形状的条带，会导致带的展宽。在所有色谱系统中都存在一定程度的谱带增宽现象。通常，谱带越宽，分离越差。除此之外，分子在固定相中停留时间越长，谱带越宽。这导致色谱图中的峰较宽，分离效率较低。

分辨率（R_s）告诉我们两个分析峰之间的距离与宽度的关系：

$$R_s = \frac{2(t_{R_2} - t_{R_1})}{W_{b1} + W_{b2}}$$
$$= \frac{0.589(t_{R_2} - t_{R_1})}{W_{1/2}平均值}$$

其中 W_b 为基线时的峰宽，$W_{1/2}$平均值为半高时的平均峰宽，如图 5 中所示的理想高斯峰。如图 5 所示，分辨率小于 1.5 时，各峰之间存在一定的重叠。对于定量分析，理想的分辨率大于 1.5。

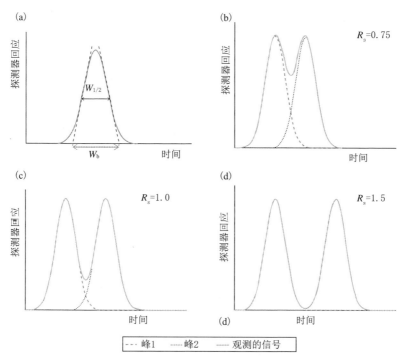

图 5　（a）理想高斯峰显示了 W_b 和 $W_{1/2}$ 是如何被测量的，（b）-（d）显示两个独立峰的分辨率对所观察到的色谱图的影响。实线表示观察到的信号，虚线表示单个峰值

色谱分析系统中的谱带增宽源于三种不同的谱带增宽过程：涡流扩散（A）、纵向扩散（B）、相间传质（C）。下面将分别讨论这些过程。

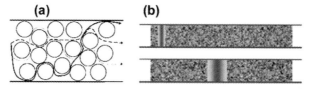

图 6　色谱图中的谱带增宽模式。分析物（a）从多个路径通过填充柱（涡流扩散）和（b）纵向扩散

一个分子（或者离子）可以通过许多不同的途径穿过一个充满物质的固

定相。如图 6 所示，这些路径的长度可以有显著差异。因此，分析物分子可能在一段时间间隔内到达探测器，从而导致一个较宽的峰。这种加宽效应被称为涡流扩散，与流动相速度无关。涡流扩散与平均颗粒直径（d_p）和填料几何形状有关。

$$A = 2\lambda d_p$$

采用均匀的小颗粒和更紧密的填料，减小了涡旋扩散。对于填充良好的柱，标准值在 1.0 左右。

图 6（b）显示了分析物分子的纵向扩散。纵向扩散描述了分析物分子或者离子通过随机运动从浓度较高的区域扩散到浓度较低的区域。纵向扩散与分析物在给定介质中的扩散系数（D_M）有关。扩散系数是由填料引起的扩散阻碍因子：

$$B = 2\gamma D_M$$

扩散系数是关于分析物与流动相的函数，并且 γ 是常数，与固定相填充的质量有关。因此，B 的大小只能通过改变流动相的类型、压力和流量来改变。纵向扩散在气相色谱法中尤其重要，可以通过使用高流速和更密集的气体来减少。在液相色谱法中，纵向扩散一般较小。

相间传质引起的谱带增宽是因分子在两相之间运动时达到平衡所花费的时间有限导致的。对于填充柱，相间传质依赖于扩散系数和颗粒直径，近似为

$$C = \frac{1}{6} \frac{d_p^2}{D_M}$$

为了使分析物分子有更多的时间在两相之间达到平衡，可以通过降低流动相速度来减小相间传质。通过使用小颗粒、固定相薄膜、较高的温度和低黏度的流动相，使相间传质最小化。一般来说，固定相颗粒的直径对填充色谱柱的加宽影响最大。与之相反，空心柱的加宽受管柱直径的影响，管柱直径的减小导致加宽减小。

这些项可以结合起来确定理论塔板高度（H）和线性流动相速度（u）所定义的柱效率，该方程被称为范德姆特（van Deemter）方程，一般应用于气

相色谱法。在理想情况下，理论塔板高度应尽可能小，以减少谱带增宽，从而提高峰的分离度。

$$H = \frac{B}{u} + Cu$$

图 7 是一个具有代表性的显示流速（u）与理论塔板高度的范德姆特图。从图中可见，流速对色谱分离的整体效率有显著影响。

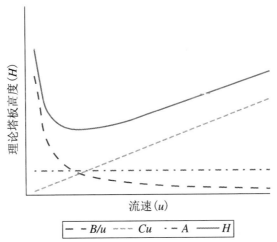

图 7　示例性范德姆特图，显示了流速对分离效率（通过理论塔板高度来测量）的影响。虚线表示各个扩散机制的作用

理论塔板一词源于蒸馏理论；在色谱分析中，理论塔板可被认为代表着一个单一的平衡步骤。分离时，理论塔板越多，分离效率就越高。理论塔板的数目与其高度和色谱柱的长度（L）有关，具体方法如下：

$$N = \frac{L}{H}$$

理论塔板数量可以直接从色谱图、标准品保留时间、峰宽中得到：

$$N = 16 \left(\frac{t_R}{W} \right)^2 = \frac{5.545\, t_R^2}{W_{1/2}}$$

对于谱带增宽的其他见解

在气相色谱法中采用空心柱时，填料的缺乏消除了涡流扩散的影响，因此采用修正的戈雷（Golay）方程：

$$H = \frac{B}{u} + Cu$$

在高效液相色谱法中，需要加入一个额外的传质项来解释哈伯（Huber）方程所描述的每个相的不同传质，其中 C_s 和 C_m 分别为固定相和流动相传质项：

$$H = A + \frac{B}{u} + C_s u + C_m u$$

一般而言，与高效液相色谱法中的传质项相比，涡流扩散项和纵向扩散项都很小，因此，通常使用以上公式的简化形式：

$$H = C_s u + C_m u$$

色谱性能优化

色谱性能可以通过改变实验条件实现优化，直到混合物成分得以很好地分离。通常考虑的是分离的时间范围。优化实验通常是调整分析物的分布平衡（因此可以改变迁移速率）或者减少谱带增宽。通过改变流动相或固定相的化学成分和调节温度，可以实现对分布平衡的调节。如前所述，可以通过合理地选择流速、减小颗粒或柱直径、减小膜的厚度来减少谱带增宽。

参见

方法：气相色谱法；液相和薄层色谱法；液相色谱–质谱法

拓展阅读

Bayne, S., Carlin, M., 2010. *Forensic Applications of High Performance Liquid Chromatography*. CRC Press, Boca Raton.

McNair, H. M., Miller, J. M., 2009. *Basic Gas Chromatography*, second ed. John Wiley &

Sons，Inc，Hoboken，NJ.

Miller，J. M.，2005. *Chromatography Concepts and Contrasts*，second ed. John Wiley & Sons，Inc，Hoboken，NJ.

Pollettini，A.，2011. HPLC in the forensic sciences. In：Corradini，D.（Ed.），*Handbook of HPLC Chromatographic Science Series*，second ed.，vol. 101. CRC Press，BocaRaton，FL，pp. 661-682.

Robards，K.，Haddad，P. R.，Jackson，P. E.，1994. *Principles and Practice of Modern Chromatographic Methods*，third ed. Academic Press，Elsevier Science Limited，London.

Snyder，L. R.，Kirkland，J. J.，Dolan，J. W.，2010. *Introduction to Modern Liquid Chromatography*，third ed. John Wiley & Sons，lnc，Hoboken，NJ.

相关网站

http：//www. chromatography-online. org-Chromatography Online.
http：//www. chromedia. org-Chromedia.

关键词

腺苷酸化，基本原理，毛细管电泳，毛细管凝胶电泳，色谱，CODIS，DNA 测序，DNA 分型，电动色谱法，电动力注入，电渗流，缠绕聚合物，荧光，荧光染料，法医学，凝胶电泳，等速电泳，微芯片系统，微流控，线粒体 DNA，多重，PCR，聚合物，分离，短串联重复序列，毛细管筛分电泳，单核苷酸多态性，缠绕，影子峰，STR，STR 分离，区带电泳

复习题

1. 电渗流在色谱分离（即分辨率）中起什么作用？哪些因素会影响电渗流？这与分离有什么关系？

2. 毛细管电泳在化学中的应用与在生物学中的应用有何不同？哪些方面是相同的？

3. 哪些因素决定了分布常数 K_C？描述 K_C、保留时间（t_R）和死时间（t_M）之间的关系。

4. 什么是荧光？

5. 什么是随机阈值？为什么它在法医生物学中很重要？

6. 在 DNA 上使用毛细管电泳有哪些重要的问题，特别是在聚合物上？

7. 在毛细管电泳中引入更多的 DNA 一定会改善结果吗？为什么或者为什么不？

8. 使用甲酰胺有哪些问题？

9. 进样时间和分辨率之间的关系是什么？

10. 如何识别 STR 基因座？

11. 什么是影子峰？它是如何产生的？

12. 什么是混合物？影子峰与混合物之间有什么关系？

13. 电泳图中小峰是如何消失的？

14. 基于 PCR 的法医检测彻底改变了 DNA 分析，考虑到法医生物学案例工作的需要，这项技术的意义是什么？

15. CODIS 代表什么？

16. 有多少个基因座被批准用于 CODIS？

17. 为什么 DNA 片段在正常毛细管电泳条件下难以分离？这个困难如何克服？

18. 什么是瞬间交联耦合？

19. 什么是变性？

20. 何时使用线粒体 DNA？

问题讨论

1. 目前法医 DNA 鉴定的方法都是基于生物分子的化学分离，即色谱法，大多数化学实验室都使用仪器来分离各种分子。在分析过程中，DNA 分子的某些部分与染料结合，通过荧光（一种化学反应）进行检测。DNA 分析属于化学还是生物学领域？

2. 直到等位基因频率用于计算随机匹配概率的时候，DNA 仍然是类级数据。怎么才能让 DNA 达到统计的水平呢？

3. 为什么 CODIS 只批准了 13 个基因座？

4. 假设在未来的某个时刻，整个人类基因组测序与现有方法一样便宜，除了成本，使用新平台会产生什么影响？使用一个人的整个基因组会伴随哪些产物和伦理问题？

5. 您认为法医 DNA 分析的转折点是什么？最重要的进步或创新是什么？

附加阅读

Dror, I. E., Hampikian, G., 2011. Subjectivity and bias in forensic DNA mixture interpretation. *Science and Justice* 51, 204–208.

Kelly, H., Bright, J.-A., Buckleton, J. S., Curran, J. M., 2014. A comparison of statistical models for the analysis of complex forensic DNA profiles. *Science & Justice* 54, 66–70.

第三部分

分　析

　　似乎每隔几年就会有一种新的 DNA 分析方法出现，比如所谓的快速 DNA 检测方法，可以在 2 小时内检测 3 个至 7 个样本。这项技术听起来显然具有颠覆性，请结合本部分的概述以及它们如何改变当时 DNA 分析领域来了解一下。法医学的应用和创新并不总是齐头并进，在确保准确性和有效性的前提下，让调查人员接受一项新程序，并最终让法院认为它是可靠的，都需要时间。试想在日常生活中改变一个简单的习惯有多难，更何况标准操作程序是嵌入其他立法习惯（实验室的其他部分）系统中的"立法习惯"，这使得它们更难被改变。分析方法是法医开展生物样本分析工作的核心，鉴于对 DNA 分析方法的高度关注，更多的创新和发展可能会尽早涌现。

DNA 提取及定量

A. 阿隆索，西班牙，马德里，西班牙国家毒理学研究所
版权© 2013 爱思唯尔公司保留所有权利

DNA 提取

从法医检材（血液、精斑或者唾液斑、毛发、肌肉、骨

骼、牙齿等）和比对样本（口腔拭子、FTA 卡或者血液）中提取、纯化核DNA 和/或线粒体 DNA，是 DNA 分析中的关键步骤。DNA 提取方法的发展旨在提高纯化 DNA 回收量（不含 PCR 抑制剂），并在保持 DNA 分子高度完整性的同时实现自动化高通量分析。

目前，根据纯化方式，在法医实验室中应用最广泛的 DNA 提取方法可分为三类：有机提取法（苯酚-氯仿）、固相提取法（基于二氧化硅的方法）以及离子螯合树脂法（Chelex）。根据不同的样本类型，上述特定的分离纯化DNA 的基本方法（或者多种方法相互结合）已经趋于成熟。这些方法包括：选择性提取精子细胞的差异裂解法、骨骼和牙齿 DNA 的特殊提取方法、用于对比样本 DNA 纯化的 FTA 卡法或者利用激光捕捉显微切割技术选择特定细胞并提取其中的 DNA。

不同的 DNA 提取智能平台已经应用于法医实验室高通量样本检验，避免了人为错误，同时提高了样本的可跟踪性和重现性。法医实验室中 DNA 样本提取的质量控制标准包括防止 DNA 污染的预防措施以及通过在实验中设置适当的阳性和阴性对照进行监测（图 1）。

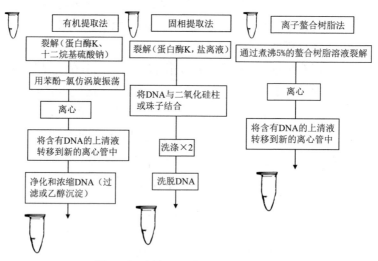

图 1　通用的 DNA 提取方法流程图

有机提取法

有机提取法已成为法医学领域应用最广泛的 DNA 提取方法之一。任何

DNA 提取方法的第一步都是利用十二烷基硫酸钠（SDS）及蛋白酶 K 使细胞膜破碎和蛋白质酶解。首先将细胞裂解液与苯酚-氯仿溶液充分混合，然后离心，将包含蛋白质的有机相与含有 DNA 的上清液分离，从而初步纯化 DNA。上清液中的 DNA 通过乙醇沉淀进一步纯化，并最终重悬在低盐缓冲液中。

　　为了最大限度地回收和纯化 DNA，许多法医实验室优化了有机提取法，通过使用超滤管（Centricon、Microcon），代替酒精沉淀，来纯化 DNA；或者使用最新亚米康（Amicon）过滤装置，通过不同孔径（30 kDa—100 kDa）的膜［密理博（Millipore）公司生产］进行 DNA 洗涤和离心浓缩。这种方法尽管对双链高分子量 DNA 的回收非常有效，且可以去除 DNA 抑制剂，但是非常耗时，同时需要多个试管转移操作，难以实现自动化。

固相提取法

　　该提取方法的原理是高盐环境（如硫氰酸胍、碘化钠、盐酸胍）下 DNA 可以与二氧化硅结合。通常，首先要用蛋白酶 K 裂解细胞以释放 DNA，随后再加入含有离液盐的缓冲液，当 pH<7.5 时，DNA 分子会吸附到二氧化硅上；一旦 DNA 与二氧化硅结合，后续就可以洗掉不需要的杂质，再通过碱性和低盐溶液洗脱获得 DNA。

　　二氧化硅分离可通过两种不同的方式来进行，分别是二氧化硅吸附柱和二氧化硅包被的磁珠。第一种方式中，DNA 结合在柱子上后，通过离心对杂质进行分离和 DNA 洗脱。在磁珠吸附方式中，只需要简单施加磁力，就可以分离杂质和洗脱 DNA，而不需要离心装置。

　　基于磁珠的 DNA 纯化方法是目前最适合法医领域 DNA 分离的方法之一，因为它能够快速纯化 DNA，同时可以非常有效地去除 PCR 抑制剂，从而适用于自动化平台，实现 DNA 的高通量提取。

螯合树脂法

　　该方法使用螯合树脂，比如 Chelex 100 ［伯乐生命科学公司（Bio - Rad Laboratories）生产］，是一种快速、廉价的 DNA 提取方法，已广泛应用于法医领域。螯合树脂可以结合二价金属离子（如 Ca^{2+}、Mg^{2+}），使不需要的核酸酶失活，从而保证 DNA 分子不被断裂破坏。在多数操作过程中，需要将法医样本加入到5%螯合树脂悬浮液中，煮沸数分钟，离心去除树脂，从而将 DNA

法医生物学

保留在上清液中。

令人遗憾的是，螯合树脂煮沸的过程会使 DNA 变性，产生单链 DNA 分子，从而上述样本只能使用 PCR 方法进一步分析。此外，该方法获得的 DNA 样本的纯度不如有机提取法和固相提取法。

FTA 卡提取 DNA

FTA 是核酸快速分析技术（fast technology for analysis of nucleic acids）的首字母缩写，FTA 卡的成分含弱碱、螯合剂、阴离子表面活性剂或洗涤剂以及尿酸（或尿酸盐）处理的纤维素基质。血液或唾液样本可采用 FTA 卡处理，其中的化学物质会裂解细胞，释放的 DNA 可以保持固定。这种方法分离的 DNA 可在干燥的室温环境中长期保存，避免核酸的损坏和微生物繁殖。目前，在一些法医实验室中，FTA 卡已广泛应用于血液和唾液样本的采集。

从 FTA 卡中提取 DNA 主要有两种方式：一种是从 FTA 卡上洗掉蛋白质及细胞碎片，保持 DNA 与 FTA 卡结合，然后使用干净的打孔器获取 FTA 卡上的样本，进行 PCR 分析；另一种是将 DNA 从 FTA 卡上用螯合树脂或其他试剂洗脱下来后再进行下一步分析。

FTA 卡的主要优势是可以适用于自动化工作站，以及在室温条件下长期保存样本。

差异裂解法

1985 年，彼得·吉尔（Peter Gill）应用一种特殊的方法来选择性分离性侵案中阴道上皮细胞与精子细胞中的 DNA。该方法是由有机提取法改进而成的，其利用了精子细胞核在没有还原剂如二硫苏糖醇（DTT）情况下的抗裂解性。该方法的第一步是在十二烷基硫酸钠和蛋白酶 K 存在的情况下进行裂解，目的是将女性上皮细胞的 DNA 释放在上清液中。将洗过的精子细胞沉淀，重新悬浮在十二烷基硫酸钠、蛋白酶 K 和二硫苏糖醇溶液中，而精子 DNA 则可以从第二次裂解产生的上清液中回收。该方法能否成功地从阴道细胞中分离出精子 DNA，取决于每种细胞的相对数量和法医检材的保存条件。如果不能通过该方法分离出男性和女性的 DNA，就会产生混合的 DNA 图谱。

骨骼和牙齿 DNA 提取

多种从骨骼和牙齿中提取 DNA 的具体方法已有过介绍。这些方法都包含两个主要的步骤：（1）使用冷冻研磨仪将骨骼和牙齿样本在液氮中磨成粉状；（2）利用高浓度的乙二胺四乙酸（EDTA）软化样本的主要成分羟磷灰石等矿物质，使得骨细胞和牙细胞易于裂解。

在早期的法医操作过程中，需要在裂解之前利用高浓度的乙二胺四乙酸洗脱去除样本中的矿物成分，这种方法的缺点是在洗脱步骤中会丢失细胞物质，并且样本被污染的风险也很高。

近年来，一些相关的技术已得到了快速发展，可以在裂解细胞的同时洗脱去掉矿物成分（如使用含有 0.5 M 乙二胺四乙酸的裂解缓冲液），从而使样本完全物理溶解并最大限度地释放 DNA。利用骨粉或牙粉的裂解物来进行 DNA 的有机提取，再进行亚米康过滤或硅胶固相纯化。

激光捕获显微切割

激光捕获显微切割（LCM）是一种允许选择和收集特定类型细胞的技术。在性侵犯案件中，从混合的生物液体中分离出特定的精子细胞在法医学领域具有特殊的意义。激光捕获显微切割技术结合了现有的光学显微镜和激光束技术，主要有两种实现方式：紫外线切割系统或红外线捕获系统。在红外线捕获系统中，通过显微镜观察定位相关细胞后，将激光能量转移到热不稳定聚合物上，形成聚合物细胞复合材料，进而将它们分离出来。在紫外线切割系统中，通过将靶细胞的周围细胞淬灭而选择性捕获靶细胞。在上述两种方式中，收集到的精子细胞被转移到试管中进行 DNA 提取。激光捕获显微切割技术主要适用于目的细胞的比例远低于其他细胞的情况，即仅有施暴者的少量精子细胞混合在受害者的大量上皮细胞中。由于被捕获的细胞数量通常非常少，DNA 提取过程通常是在小体积内加入蛋白酶 K 和非离子去污剂［吐温 20（Tween 20）］，进行细胞裂解。随后，在同一离心管中通过热休克使蛋白酶失活，最终获得 DNA，用于下游 PCR 分析，从而将 DNA 纯化过程中被污染的可能性降到最低，并防止在上述过程中可能发生的 DNA 丢失。

DNA 提取自动化工作站

开发 DNA 提取自动化工作站对于实现高通量处理比对样本和法医现场样本，以及确保重现性和样本跟踪，具有重要意义。DNA 提取自动化工作站已经在许多法医实验室中用于批量处理纳入国家 DNA 数据库的比对样本。DNA 提取自动化工作站已经用在一些灾难性案件的遇难者样本鉴定中，从而能够加快失踪人员 DNA 鉴定的进程。

大多数 DNA 提取自动化工作站是基于磁珠固相分离的方法。有不同规格的工作站适用于从小规模到高通量的样本处理要求。同时，已有经过认证的标准方法，用于自动提取对照样本 DNA（血液、唾液、FTA 卡）及法医现场检材（精斑、血液、唾液、毛发、骨骼等）。EZ1［凯杰（Qiagen）公司生产］、Maxwell 16［普洛麦格（Promega）公司生产］以及 Automated Express［生命科学（Life Science）公司生产］均为小型 DNA 提取自动化工作站，其可利用磁珠法同时处理 6—16 个生物样本，并已经通过验证，可用于法医分析。Tecan Freedom EVO［帝肯（Tecan）公司生产］自动化处理工作站以及贝克曼 2000 机器人工作站均为高通量处理设备，一次可以处理多达 96 个样本，并已通过验证，可用于法医分析。

微流控 DNA 提取系统

在微米（显微技术）或亚微米（纳米技术）水平上开发用于 DNA 制备、操作和分析的微型设备已成为分子生物学中最活跃的研究领域之一。与传统技术相比，它们具有许多优点，包括减少样品和试剂的消耗，可实现高通量和高速分析，以及在单个生物芯片中易于自动化和集成分析不同的分子。

此外，微流控技术可扩大法医实验室的检测范围，具有在单个分子水平上操纵 DNA 的潜力，对于攻克法医遗传学传统方法中的难题（DNA 混合物、低拷贝数等）具有非常重要的意义。在此基础上，人们研制了用于法医学样本 DNA 提取的二氧化硅固相微芯片，并开发了一些用于差异裂解过程的微装置。

DNA 定量

在基于多重 PCR 扩增和毛细管电泳短串联重复序列（STR）遗传标记检

测的 DNA 分型过程中，推荐对法医样本中人的核 DNA 进行定量（美国联邦调查局质量控制标准 9.4）。核 DNA 定量的首要目的在于调整 DNA 的上样量（DNA 模板量约 0.5 ng—1 ng），用于后续的复合 PCR-STR 分析，以实现最佳性能。一方面，足够的 DNA 可以避免由于 DNA 缺失而引起的 PCR 失败，也可以避免 STR-PCR 产生的伪现象，如低模板 DNA（LT-DNA）样本（低于 100 pg 的 DNA）随机扩增效应产生的随机等位基因缺失。另一方面，它可以防止 PCR 中过量的 DNA 导致的扩增杂带（包括分裂峰、增多的影子带以及拔起峰等）。此外，准确的 DNA 定量可避免不必要的 DNA 模板浪费，这在分析低模板 DNA 样本时尤为重要。

到目前为止，法医实验室使用斑点杂交的方法来标定一段灵长类动物特有的高度重复着丝粒序列 D17Z1 位点，用于法医案件中的 DNA 定量。但是，这种方法的精度低于 STR 分析，故对低拷贝数法医 DNA 样本不够灵敏。此外，该方法人工操作多、耗时长，不适用于高通量样本的检测。

一些研究已经表明，采用 Taqman 探针或 SYBR Green 实时荧光定量 PCR 技术，对常染色体、X 染色体、Y 染色体以及线粒体 DNA 进行敏感、特异和高通量的定量分析是十分有用的。

人类 DNA 定量试剂盒的商业化开发促进了实时荧光定量 PCR 在法医遗传学领域的全球应用。目前 DNA 定量试剂盒主要基于三种实时定量 PCR 化学试剂：含 5' 核酸酶活性的 Taqman 探针（Quantifiler Duo，应用生物系统公司）、基于有机化学使用荧光标记的含 iso-dC 引物（Plexor HY 系统，普洛麦格公司）或者采用蝎尾（Scorpion）引物（Quantiplex，凯杰公司）。除了定量人类全基因组 DNA，这种方法还在法医遗传学领域其他方面有大量应用，比如对 DNA 提取过程中的 PCR 抑制因子进行定量、性别测定、定量评估男女混合生物样本中男性比例等。

目前用于人类 DNA 的实时荧光定量 PCR 化学方法

目前市面上有三种可用于实时监测 PCR 过程的荧光化学试剂，其目的是对人 DNA 进行定量，并已在法医样本中得到验证。（1）通过检测 Taq DNA 聚合酶的 5' 核酸酶活性，可靶向切割特异的荧光探针标记（Taqman 探针：一种寡核苷酸，与模板 DNA 的一个片段互补，同时带有报告基团以及淬灭基团，断裂之后可发出其特有的荧光）。（2）通过检测荧光的衰减来定量 DNA

分子，引物的合成使用 iso-dC 残基，类似于在一条引物的 5'端连接一个荧光标记。在核苷酸混合物中添加 dabcyl-iso-dGTP（可以特异地与 iso-dC 配对），可以淬灭 PCR 扩增过程中荧光标记引物的信号。（3）用双官能团分子的蝎尾引物，其包含与 PCR 引物共价结合的探针，且探针偶联了荧光基团及可抑制荧光的淬灭基团。在 PCR 的过程中，当探针与 PCR 产物偶联时，荧光基团与淬灭基团开始分离，导致荧光信号上调。

利用双链 DNA 结合化学染料（如 SYBR Green）的方法在法医样本 DNA 定量中也有介绍。其中，基于 SYBR Green 染料定量 DNA 的缺陷在于不能区分非特异的 PCR 扩增（引物二聚体、非人源产物等）和特异性扩增。扩增产物和染料的比值随着扩增产物的长度而变化。此外，SYBR Green 染料只可用于单一位点 PCR 中。

每一轮 PCR 循环（扩增曲线）中，实时荧光定量分析（依赖于化合物的上调或衰减）可获得每个样本整个扩增过程的完整图谱。在 PCR 最初几个循环中，会观察到荧光信号没有发生任何显著变化的一条基线。当荧光信号值高于基线值时（Plexor HY 系统中会出现低于基线值的荧光信号），表明可检测到累积的 PCR 产物。初始基因组 DNA 模板量越高，观测到的荧光信号值的增加（Plexor HY 系统中荧光信号值的降低）越快。在 PCR 指数扩增阶段，荧光信号值达到阈值水平所经历的循环数被称为循环阈值（Ct 值）。可以预先绘制一组已量化的 DNA 标准品与它们循环阈值之间的标准曲线，通过将测量到的循环阈值与标准曲线的循环阈值进行比较，就可以准确估计未知样本的起始 DNA 量。

核 DNA 实时定量 PCR 分析

目前在法医 DNA 实验室中有两种经过验证的实时定量 PCR 试剂盒可用于人类的核 DNA 定量。这两种试剂盒均可同时检测一个常染色体（单或多拷贝）靶点（用于人类总 DNA 分子定量）、一个 Y 染色体（用于男性 DNA 定量）靶点及一个使用 Taqman 化合物或 Plexor 试剂的内部 PCR 对照（IPC：用于评估 PCR 抑制性）。近年来，一种新的基于蝎尾引物的试剂盒已在法医鉴定领域得到了验证，其可用于靶向常染色体多拷贝标记，也可包括一个内部 PCR 对照。表 1 显示了这些经过验证的实时定量 PCR 试剂盒中包含的不同靶点。

表 1　用于人类核 DNA 定量的实时定量 PCR 试剂盒的靶点

实时定量 PCR 试剂盒	人类 DNA 靶点	男性 DNA 靶点	内部 PCR 对照
Ouantifiler Duo	RPPH1（核糖核酸酶 PRNA 组分 H1）140 bp	SRY（Y 性别决定区）130 bp	人工模板 130 bp
Plexor HY 系统	RNU2 基因座（人类 U2 小核 RNA）99 bp	TSPY 基因（Y 染色体编码的睾丸特异性蛋白）133 bp	人工模板 150 bp
Quantiplex	人类的几个常染色体上特有的区域 146 bp		人工模板 200 bp

注意：Quantifiler Duo 和 Plexor HY 系统允许同时定量分析人类和男性 DNA，而 Quantiplex 只允许检测人类多拷贝的 DNA 靶点。三个试剂盒包括内部 PCR 对照以监测 PCR 抑制。每个扩增产物的大小以碱基对（bp）显示。

　　许多其他的基于实时定量 PCR 的设计（多数基于 Taqman 化合物）也已经得到快速发展，并在法医学领域得到验证，其主要针对单拷贝常染色体标记、Alu 重复元件或 X 和 Y 染色体特异性区域。美国国家标准与技术研究所提出了一种法医应用的人类 DNA 定量标准（SRM 2372），该标准由三种典型的人类基因组 DNA 片段组成。使用同一认证标准进行人类 DNA 定量，有望提高不同实验室和不同实时 PCR 检测之间的重现性。

线粒体 DNA 实时定量 PCR 分析

　　2002 年，H. 安德烈森（H. Andreasson）等人首次使用 Taqman 实时定量 PCR 技术靶向法医样本中的人类线粒体 DNA 一个长 142 bp 的基因片段进行定量分析，这个片段横跨转录 RNA 赖氨酸和 ATP 合成酶 8 基因，可以在单个 PCR 反应中扩增或与核 DNA 靶基因同时扩增。

　　利用 Taqman 实时定量 PCR 技术对线粒体 DNA 控制区域中的高变区 1（HV1）内两种不同的片段（长度 113 bp 和 287 bp）进行测定，从而对人类线粒体 DNA 进行特异性定量。该方法也是评估古代骨骼样本 DNA 保存现状（降解）的有效方法。

　　线粒体 DNA 69 bp 片段的 NADH 脱氢酶亚基 1（ND 1）位点也被用作法医

样本线粒体 DNA 定量的靶点，借助双重 Taqman 实时 PCR 技术，可以同时定量人类核 DNA。Taqman-MGB 技术利用的另一个线粒体 DNA 靶点是人类线粒体 DNA 保守区域的一个 79 bp 的片段，该片段与常染色体和 Y 染色体靶点共同扩增。近年来，通过实时定量 PCR 扩增线粒体高度可变的单核苷酸多态性 l6519T/C 来探究异质混合物是 Taqman-MGB 技术在法医学领域的新应用，其可以发现低至 9% 的次要等位基因。

目前，还没有用于线粒体 DNA 定量的商用实时定量 PCR 试剂盒，也没有制定出用于法医检材中线粒体 DNA 定量的标准，这是线粒体 DNA 定量在法医工作中应用比较少的部分原因。

致谢

作者非常感谢科拉·弗尔南德斯（Cora Fernandez）对手稿的校对以及评论，这大大丰富了本部分的内容。

参见

生物学/DNA：法医 DNA 分析的认可；灾害受害者识别；DNA 数据库；低模板 DNA 的检测；混合斑解释（仅针对 STR 的混合 DNA 图谱进行解释）；短串联重复序列

进一步阅读

Alonso, A., Garcia, 0., 2007. Real-time quanmative PCR in forensic science. In: Rapley, R., WMehouse, D. (Eds.), *Molecular Forensics*. John Wiley & Sons Inc., New York, pp. 59-71.

Alonso, A., Martin, P., 2005. A real-time PCR protocol to determine the number of amelogenin (X-Y) gene copies from forensic DNA samples. In: Carracedo, A. (Ed.), 2005. *Forensic DNA Typing Protocols Methods Mol Bioi* 297, pp. 31-44.

Alonso, A., Martin, P., Albarran, C., et al., 2004. Real-time PCR designs to estimate nuclear and mitochondrial DNA copy number in forensic and ancient DNA studies. *Forensic Science International* 139, 141-149.

Andreassen, H., Gyllensten, U., Allen, M., 2002. Real-time DNA quantification of nuclear and mitochondrial DNA in forensic analysis. *Bio Techniques* 33, 402-41 1.

Anslinger, K., Bayer, B., Mack, B., Eisenmenger, W., 2007. Sex-specific fluorescent labelling of cells for laser microdissection and DNA profiling. *Intemational Journal of Legal Medicine*

121 , 54-56.

Barbisin, M. , Fang, R. , O'Shea, C. E. , Calandro, L. M. , Furtado, M. R. , Shewale, J. G. , 2009. Developmental validation of the Quantifiler Duo DNA Quantification kit for simutaneous quantification of total human and human male DNA and detection of PCR inhibitors in biological samples. *Journal of Forensic Sciences* 54, 305-319.

Bienvenue, J. M. , Duncalf. N. , Marchiarullo, D. , Ferrance, J. P. , Landers, J. P. , 2006. Microchip-based cell lysis and DNA extraction from sperm cells for application toforensic a-nalysis. *Journal of Forensic Sciences* 51 , 266-273.

Bienvenue, J. M. , Legendre, L. A. , Ferrance, J. P. , Landers, J. P. , 2010. An integrated-microfluidic device for DNA purification and PCR amplification of STR fragments. *Forensic Science International Genetics* 4, 178-186.

Butler, J. M. , 2009a. DNA extraction. In: Butler, J. M. (Ed.), *Fundamentals of Forensic DNA Typing*. Academic Press, Amsterdam, pp. 99-110.

Butler, J. M. , 2009b. DNA quantification. In: Butler, J. M. (Ed.), *Fundamentals of Forensic DNA Typing*. Academic Press, Amsterdam, pp. 111-124.

Gill, P. , et al. , 1985. Forensic applications of DNA fingerprints. *Nature* 318, 577-579.

Hochmeister, M. N. , Budowle, B. , Borer, U. V. , Eggmann, U. , Corney, C. T. , Dirnhofer, R. , 1991. Typing of deoxyribonucleic acid (DNA) extracted from compact bone fromhuman re-mains. *Journal of Forensic Sciences* 36, 1649-1661.

Horsman, K. M. , Bienvenue, J. M. , Blasier, K. R. , Landers, J. P. , 2007. Forensic DNA analysis on microfluidic devices: a review. *Journal of Forensic Sciences* 52, 784-799.

Kline, M. G. , Duewer, D. L. , Travis, J. C. , et al. , 2009. Production and certification ofNIST standard reference material 2372 human DNA quanmation standard. *Analytical and Bioana-lytical Chemistry* 394, 1183-1192.

Loreille, O. M. , Diegoli, T. M. , Irwin, J. A. , Coble, M. D. , Parsons, T. J. , 2007. High efficiency DNA extraction from bone by total demineralization. *Forensic Science International Genetics* 1 , 191-195.

Murray, C. , McAlister, C. , Elliott, K. , 2007. Identification and isolation of male cells using fluorescence in situ hybridisation and laser microdissection, for use in the investigation of sexual assault. *Forensic Science International Genetics* 1, 247-252.

Nagy, M. , 2007. Automated DNA extraction techniques for forensic analysis. In: Rapley, R. , Whitehouse, D. (Eds.), *Molecular Forensics*. John Wiley & Sons Inc. , New York, pp. 37-58.

Nicklas, J. A. , Buel, E. , 2003. Development of an Alu-based, real-time PCR method for quantitation of human DNA in forensic samples. *Journal of Forensic Sciences* 48, 936-944.

Swango, K. L., Hudlow, W. R., Timken, M. D., Buoncristiani, M. R., 2007. Developmental validation of a muliplex qPCR assay for assessing the quantity and quality of nuclear DNA in forensic samples. *Forensic Science International* 170, 35-45.

Timken, M. D., Swango, K. L., Orrego, C., Buoncristiani, M. R., 2005. A duplex real-time qPCR assay for the quantification of human nuclear and mitochondrial DNA in forensic samples: implications for quantifying DNA in degraded samples. *Journal of Forensic Sciences* 50, 1044-1060.

Vandewoestyne, M., Deforce, D., 2010. Laser capture microdissection in forensic research: a review. *International Journal of Legal Medicine* 124, 513-521.

Walker, J. A., Hedges, D. J., Perodeau, B. P., et al., 2005. Multiplex polymerase chain-reaction for simultaneous quantitation of human nuclear, mitochondrial, and male Y-chromosome DNA: application in human identification. *Analytical Biochemistry* 337, 89-97.

相关网站

http://www. cstl. nist. gov-DNA Quantitation Efforts by the NIST Forensics/Human Identity Project Team.

http://www. dna. gov-DNA lntiative. (Human DNA Quantitation).

http://www. dna. gov/training-DNA Initiative. DNA extraction and quantification.

Marketing http://marketing. appliedbiosystems. com-Applied Biosystems Prepfilersystem.

http://marketing. appliedbiosystems. com-QuantifilerDuo. System

https://www. promega. com-Piexor HY system.

http://www. promega. com-Promega DNA IQ

system. http://www. qiagen. com-Qiagen DNA Extraction methods in forensic.

http://www. qiagen. com-Quantiplex.

短串联重复序列

M. 拉鲁，西班牙，圣地亚哥，圣地亚哥德孔康波斯特拉大学
版权© 2013 爱思唯尔公司保留所有权利

术语

    扩增产物 聚合酶链式反应（PCR）扩增的 DNA 片段。

    常染色体 不决定性别的染色体（相对于 X 和 Y 染色体而言）。

    毛细管电泳 根据 DNA 片段大小差异分离 DNA 片段。DNA 被电注入毛细管中，毛细管与注入位置之间有一个固定距离的透明窗口，在这种情况下，由激光激发的 4 种到 6 种颜色的信号可以通过 CCD 相机定时读取。

    CCD 电荷耦合设备。

    二、三、四以及五核苷酸重复 短串联重复单元，包括重复的 2 个、3 个、4 个和 5 个碱基对的 DNA 片段（也称为单位或基序）。

    DNA 测序 DNA 扩增片段的碱基序列分析。

    复合扩增 多个 DNA 位点的 PCR 扩增，即每个反应同时扩增多个标记。

    PCR 以及循环 聚合酶链式反应，利用位点特异性引物和热稳定性 DNA 聚合酶扩增目标 DNA 片段。PCR 依赖于由自动温度循环器控制的循坏加热—冷却过程。

短串联重复序列（STR）的遗传学知识；作为一类卫星 DNA 和法医基因组核心标记的 STR；关于理想法医短串联重复序列的早期共识

    STR 由一个通常相同的序列，重复不同次数的多碱基基序（通常称为重复单位或简单重复）组成，属于基因组重复序列或者重复 DNA 的常见部分，其范围从小的单位点串联重复到大的多个散布在基因组上的重复，如 SINES、LINES 和转座子。串联重复序列常被称为卫星 DNA，这是因为在密度梯度分离中，非典型的碱基组成改变了 DNA 的浮力，从而产生了三个低密度的卫星带。大卫星 DNA 包含大量的、长基序的重复序列，长达 5 Mb。但另外两种类型的卫星 DNA 相对较短：小卫星 DNA 通常长 0.5 kb 至 30 kb，重复序列的长度在 10 bp 以上；微卫星长度通常为 20 bp 至 100 bp，重复序列长度在 2 bp 至 10 bp。STR 相对较短是至关重要的，这样更容易通过 PCR 扩增，因此是理想的法医遗传标记。相比之下，包含 DNA 多态性的小卫星序列原本可用于基因指纹识别技术，但是由于片段太长，难以进行扩增，在法医鉴定中灵敏度显著偏低。

    人类 STR 大约每 2 kb 会有一段重复序列，最常见的是由 2 bp 组成的二核苷酸重复。双核苷酸 STR 被广泛用作以染色体为中心的试剂盒的连锁标记，因此它们偶尔也被用于亲缘关系检验中。然而，二核苷酸重复会有严重的

PCR 影子带（详见"常规 STR 分型中出现的异常：非标准等位基因、复杂的法医 STR 图谱、检测阈值的重要性"部分），因此，法医应用的 STR 具有 3 bp、4 bp 或 5 bp 重复基序，其中大多数为四核苷酸（4 bp）。图 1 展示了 TH01 的结构，这是一个典型的 4 bp 核苷酸 STR 基因座；23 个核心和 15 个补充 STR 在基因组上的位置；人类每种重复类型所占的比例。人类基因组中约包含有 200 000 个潜在的 4 bp 的 STR，因此有必要查看一下当前 23 个至 38 个基因座是如何选择的。第一，图 1 法医 STR 在染色体上的分布，强调了在基因组上位置可以完全分离以及在同源染色体上可以完全分离。第二，选择变异程度高但重复次数可控的基因座，这些基因座可以产生足够短的扩增片段，以便稳健且易于进行多重 PCR。在理想情况下，STR 必须在最短和最长重复之间提供可比较的性能，并且可以适应有限尺寸的电泳窗口。第三，STR 的一个重要特性是重复序列的复杂性。早期在 15 个实验室中有关 TH01 和 SE33 的实验表明，简单的有限重复次数的 STR（如 TH01），与由 2 bp、3 bp 和 4bp 重复基序组成的大量重复片段的 SE33 所代表的复杂位点相比，分型更加可靠。

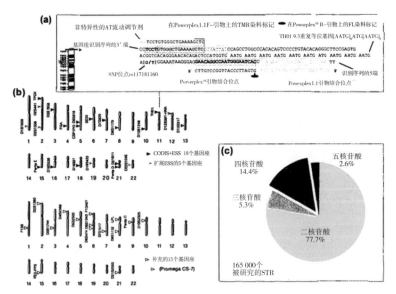

图 1　（a）一个简单 STR 的主要基因组特征：TH01。（b）上图 23 个核心法医 STR，和下图 7 + 8 补充 STR（分别为 Promega CS-7 和 Qiagen 的 HD）的染色体分布。（c）人类常染色体最大的调查中重复单位核苷酸数的比例

事实上，复杂重复 STR 往往具有更高的多态性，但在法医应用选择上需要在基因座的多态性和重复序列的复杂性之间寻求平衡，从而导致选择了多态性较差的 TPOX 以及 CSF1PO 基因座。直至最近，才开始增加使用具有最好识别能力的 SE33。这在一定程度上反映了现代毛细管电泳分辨率得到了很大的提高，其中单碱基差异的测量比以前更加精确。可以说，之前平衡复杂性和多态性限制了遗传标记的选择，但是当前应用的 23 个核心 STR 提供的信息足以满足几乎所有的法医任务要求，所以并没有成为主要的限制。图 2 显示了 1985 年至 2010 年逐步引入的新的 STR。由于到目前为止还缺乏一个清晰的STR 组合的文献概述，图 3 总结了当前所有法医 STR、相应的试剂盒，以及美国与欧洲 STR 最小集或扩展集之间的关系。

需要注意的是 STR 在所有真核生物中都很常见，并且具有相同的关键特征，如基因座丰富、扩增长度短、高度多态性，所以提供了一种理想的方法，可用于在大部分动物中识别和建立亲缘关系、推断人群关系远近。实际上，STR 在植物和人类中都有应用。动物法医学（如宠物毛发分析）使用了与人类 STR 相同的方法（并且具有相同的解释）。

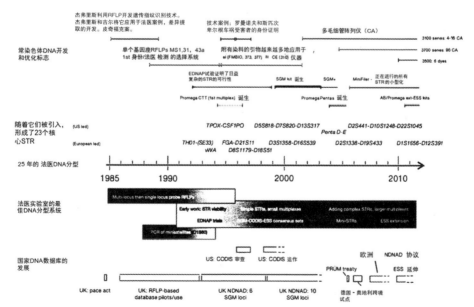

图 2 DNA 分析方法发展、核心 STR 的引入、法医鉴定系统和 DNA 数据库发展的时间线

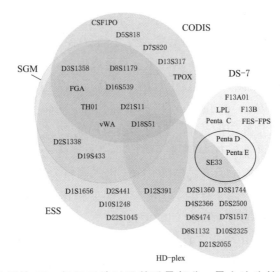

图3 多重特异性 STR 标记系统以及其重叠部分，最左边为核心系统（加 SE33、Penta D、Penta E），最右边为新补充的 STR 集。粗体的 SGM、ESS、CODIS STR 是最初的 ESS 系统的 7 个位点以及扩展 ESS 组中的 5 个 STR。除了德国国家 DNA 数据库包括 SE33 之外，其他所有国家 DNA 数据库都使用左侧所示的 20 个 STR

染料标记的法医 STR 分型原理：PCR 扩增、DNA 图谱、匹配概率

如图 2 所示，使用染料标记 PCR 引物的 STR 分型系统，在 20 年的法医 STR 分析历史中至少有 15 年基本保持不变。这是因为染料标记片段、PCR 扩增和毛细管电泳组成的 STR 分型系统已经非常灵敏，容易多通路使用，经过验证的试剂和设备可以简单应用到 DNA 较少的法医样本中，并且可以显示信号强度和初始 DNA 扩增量之间的直接关系。后者的特征对于检测单一来源和混合物中的低拷贝 DNA 都是至关重要的，可以进行必要的调整以进一步扩增，或在混合斑中对 DNA 图谱进行解释，从而确定各个贡献者的等位基因成分。在 STR 分型发展的早期阶段，主要的限制因素被认为有以下几种：单管反应中可能的复合扩增数量、单碱基等位基因差异的电泳分辨率、扩增片段的实际大小范围以及仪器灵敏度或信号质量。本部分概述了 STR 分型发展历程，并详细描述了如何应对这些初始限制性因素。"常规 STR 分型中出现的异常：非标准等位基因、复杂的法医 STR 图谱、检测阈值的重要性"部分回顾了法医 STR 分型中常见的不规则 DNA 图谱（不是严格意义上的问题）。

　　PCR扩增是法医样本DNA分析中最为重要的步骤。与原始的基因组指纹图谱技术相比，PCR扩增大大提高了STR分型的灵敏度，从而大大拓宽了可用于分析的生物接触痕迹的范围。引物序列通过识别一个特定的基因组序列，可以特异性结合STR片段。产生的扩增片段或扩增子DNA片段，包含特异性引物序列（一条链被染料标记）、可变长度的重复区域以及引物和重复片段中的中间序列。在很大程度上，由于片段较短和所选位点的相对一致性，STR已被证明在PCR复合扩增中是稳健的。复合扩增需要每对引物可比较的反应动力，尤其是熔解温度（Tm温度）或者引物可以与识别序列特异性结合的最佳温度。同样，最短等位基因重复和最长等位基因重复之间的片段大小的微小差异，在所有大小范围内提供了更平衡的扩增速率。PCR扩增仪是在20世纪90年代中期研发的，使用了精确的珀耳帖（Peltier）温度控制，大大提高了扩增仪、内部温度转换板的可靠性，提供了一致的性能。这样，在使用合适的商业化成品PCR试剂盒时（优化的引物设置、高性能DNA聚合酶、缓冲液和反应组分），扩增更加可预测。关于理想的法医STR最佳反应的早期共识，加快了平衡良好的复合扩增试剂盒的生产。然而，对法医STR分析可能更有益的是，用于检测片段扩增大小的仪器改进。

　　在法医STR分型的早期，自动DNA测序仪器被用来分析STR扩增产物。它们使用了4种颜色的测序染料和仪器，每一种颜色最初都有一个碱基终止子，可用于PCR片段分析。3种颜色用于扩增产物标记，1种（红色）用于分子量标准品。使用短碱基对片段大小的专用分子量标准品，可以根据迁移率参考曲线精确计算扩增产物长度。这是为在每个毛细管中一起电泳的分子量标准品而设计的，并最大程度减少样品之间迁移率变化的影响。蓝色、绿色和黄色的染料很容易结合在PCR引物末端，不影响扩增效率。因此，通过结合扩增产物大小范围不重叠的遗传标记，每个染料标记4个STR，则实现复合扩增是一个简单的步骤。所有试剂盒均包含基于X染色体牙釉质蛋白基因6 bp序列缺失的双片段X-Y性别标记。根据总的重复次数，3个或4个STR可以分布在片段大小在100 bp至400 bp范围的窗口中。然而，这只代表实际的扩增产物设置长短的初始方案。最近，在引物或非特异性序列尾部使用"拖槽"元件（图1显示TH01引物末端添加了一个2 bp的尾部）进行大规模修改，可以更精确地调整片段长度范围。这样扩增产物可以更短，同时仍可占据较大的片段长度，也可容纳额外的STR。此外，可用染料的数量已经增加到 5 种，目前随着橙色染料的应用，检测 STR 数目上限提高了 20%。

所得到的 DNA 图谱由多个峰组成，这些峰对应于在记录时间间隔内通过激光和 CCD 相机的检测窗口记录的由染料标记的扩增产物。虽然可以根据 STR 和染料单独分析 DNA 图谱，但大多数情况下都是由分析软件自动分析，该软件可以根据同时电泳的等位基因分型标准品来识别每个等位基因峰，等位基因分型标准品中包含常见重复变异的等位基因。这些位置在不同的毛细管路中会有细微的差别，在不同批次电泳和不同设备时，产生的差异会更大（根据经验是±0.5 bp）。但大多数程序每次运行最多 96 个样本时，设置 1 个或 2 个等位基因分型标准品就足够使用。个别的稀有等位基因重复次数不常见或包含中间重复结构（如在常规的四核苷酸重复序列等位基因中含有 1 bp、2 bp、3 bp 重复序列），这些特殊的等位基因通常不包含在等位基因分型标准品中，但稀有等位基因通常会电泳迁移到可以正确排列和命名的位置。重复区域基序之间严重的序列变异可能导致不规则的迁移，从而导致大小相同的 DNA 片段由于序列不同而以不同的方式迁移。这一特性是 SE33 的一个潜在缺点，但所有其他法医 STR 具有规则的基序结构，因此，DNA 的迁移几乎完全可以预测。

由于 STR 分型是在一个离心管里进行的单一反应，与其他的法医鉴定分析方法相比，它具有更加明显的优势。首先，染料标记的扩增产物产生的峰高与 DNA 初始量成正比，为预扩增 DNA 模板量给出了一个系统推断，同时为简单地由两个供体混合样本产生的多峰图谱的解释提供了一个可行的选项。其次，在这些操作中，离心管或试管之间的转移次数是最少的，包含样本到提取管、提取管到 PCR 管、扩增产物到毛细管电泳样本板，因此 STR 分析方法相对于其他法医操作方法来说样本转移次数较少。最后，该系统还有相当大的潜力可以进行精简和加速。目前的发展趋势是快速反应的聚合酶、更短的热循环次数以及 DNA 直接扩增（如直接在 PCR 管中裂解细胞）。

STR 分析的最后一个主要特征是对分型结果进行统计分析。与以前的 DNA 分析相比，STR 分析在数据的适用性和质量上都有了巨大的变化。STR 具有有限大小范围的离散等位基因，消除了 DNA 迁移连续模式的复杂性（由于 DNA 指纹微卫星具有较长的等位基因，需要放置在宽的、松散的和连续的迁移窗口中）。实际上，STR 的迁移误差小于 1 bp，因此每个等位基因都可以被精确区分。这提供了一个简单的系统来构造一个整体频率，因为它所基于的群体等位基因频率估计是准确的，比以前更能代表变异的真实模式。DNA

图谱中的复合 STR 要求是独立分离的，大量的测试持续表明它们是中性位点（不受选择的群体中等位基因频率变化的影响），因此，它们的等位基因频率可以组合在一起，提供群体中等位基因分布的一个无偏差的单一可能性。图 4 显示了复合基因座频率，其组合在一起形成了一个最终的 DNA 图谱整体频率。此值可用于报告随机匹配概率（RMP，1∶DNA 图谱整体频率），表示来自相同人群的不相关个体的相同图谱的概率。关于使用哪些人群的问题有时仍存在争议，但实验室可以轻松地获取一系列人群数据，以应对不同的可能性，解决在早期法医案件中关于正确评估 STR 统计数据的争论。而人口统计数据进一步改进，特别是使用 θ 参数，可适用于人群分层。STR 群体数据最初在法庭上面临的一个常见挑战是：基于广泛群体的等位基因频率估计值可能无法代表被告人来自较小的、通常是孤立的亚群。因此，如果不进行适当的调整，等位基因频率往往会低估亚群的频率，而且这种等位基因的罕见程度会被人为夸大。现在通常利用一个 0.01—0.02 的 θ 值来补偿等位基因频率低估在亚群中产生的潜在影响。

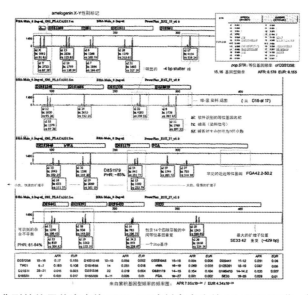

图 4 一个典型的使用普洛麦格 ESX-17 试剂盒产生的 16-STR 图谱。每个峰上方的标记条表示由等位基因分型标准品反映的大多数 STR 的等位基因的大小窗口。右上角的插图显示了一个弹出窗口。示例为 D3S1358 的 STR 群体频率，下表为两个群体中 16 个 STR 的等位基因的频率。累积个体基因型频率：计算每个群体的图谱频率和随机匹配概率

常规 STR 分型中出现的异常：非标准等位基因、复杂的法医 STR 图谱、检测阈值的重要性

常规法医 DNA 分型中遇到的异常可分为两类：STR 基因座引起的异常和 PCR 或毛细管电泳检测过程引起的异常。复杂 STR 图谱是另一种不同的现象，涉及扩增低模板 DNA 或来自不同供体的混合 DNA 时图谱解释的困难。遗传不规则现象很少见，而且复合 STR 系统只影响一个 STR 基因座，因此在很大程度上是可控的。由 PCR 或毛细管电泳引起的图谱中信号峰的某些特征也是可控的，但如果对从实验和常规数据分析中建立实验室特异性检测阈值不够重视的话，这些特征往往会被实验室忽视。这与用于分析低拷贝 DNA 或混合图谱的解释有直接关系，因为需要适当的检测阈值来正确定义从这种复杂图谱中检测到的等位基因。毛细管电泳仪器灵敏度和试剂盒 PCR 性能的不断提高意味着，在常规刑事案件中会更经常看到复杂的图谱，这是因低拷贝 DNA 现在被更频繁地扩增至可检测的水平。

基因水平的 STR 异常包括复制滑动突变、基因组无效等位基因（可能是试剂盒原因造成的）、三等位基因模式、序列变化引起的迁移变化、中间重复及基因座间的 OL（off-ladder）等位基因。复制滑动突变是在 DNA 复制时产生的，即细胞 DNA 聚合酶在减数分裂（有丝分裂中不常见或未检测到）中与模板链结合时发生滑脱，导致一个重复序列丢失或增加。突变在很大程度上局限于生殖细胞系，即发生在配子产生过程中，可以在有亲缘关系的个体中检测到。因此，滑动突变影响亲缘关系检验结果的解释，在 STR 中突变明显比其他变异位点更常见，例如单核苷酸多态性（SNP）。滑动通常发生在单个 STR 中，但也可能发生在多个基因座中——尤其是当联用具有较高突变率的 STR（如 SE33）时。当只有一个信息不足的亲人可供检验时，特别是当生父的一级亲属（例如兄弟）显示仅有少数 STR 基因座被排除时，这就成为一个重要的问题。此时就凸显了补充 STR 的重要应用，如图 3 所示。在刑事犯罪的 STR 样本图谱中，无效的以及非常规的等位基因是主要的遗传异常。因此，数据库 *STRbase* 包括通过不同类型的试剂盒比较整理得出的不同等位基因的参考库、三等位基因模式和无效等位基因。在常规 STR 分型方面，变异等位基因定义的主要问题是相对于参考标准的长度估计和采用合适的等位基因频率。图 5 显示了两个非标准 STR 等位基因的例子，一个是 OL 等位基因，另一个是迁移变体，说明了应用单碱基的分辨率可以稳健地识别罕见的变异。该等位基因通常可以通过与参考峰一起电泳来验证，例如，将一个常见的 TH01 9.3 与一个罕见的 10 等位基因结合［特别是当与一个相距较远的杂合子等位基因（如 6）配对时］。在研究方面，美国国家标准与技术研究院，即数据库 *STRbase* 的主办机构，致力于对其网站报告的微变异比例进行排序。在参考标准范围之内，如果两个基因座都是纯合子，落在基因座之间的等位基因很难判断属于哪个 STR，但一个简单的方法是检查每个纯合子的等位基因频率，从而推断出哪个更有可能，然后相应地进行配对分型。如果所有试剂盒都使用相同的引物，而且引物 3′端含有一个序列缺失或一个 SNP 位点，将会检测到无效等位基因。在这种情况下，尽管检测到的信号通常较低，但原本的杂合子因为其中一条染色体上出现无效等位基因而表现出纯合子等位基因。然而，不同厂家的法医 STR 试剂盒使用多种引物设计，某一特定位置的引物对应的序列缺失或特定位点的 SNP，会表现为纯合子（或更罕见的不平衡杂合子峰），但在其他引物中未见，因此这些常被称为试剂盒不一致性。值得注意的是，针对特定的引物组合，或者引物结合位点，序列缺失可能发生在中间序列中（在引物和重复之间）。试剂盒不一致性会产生一些影响，使用这种试剂盒的数据在数据库检索时对应着纳入数据库的试剂盒分型。目前，由于几乎所有的序列缺失和 SNP 都是罕见的，越来越多的工作是通过对大量群体样本进行分型来实现对不一致性的审查。制造商还可以通过将冗余引物（多个识别序列）与变异序列结合，并恢复该染色体上的重复等位基因，来解决许多更常见的不一致问题。序列变化引起的迁移变化是复杂 STR 系统中一个长期存在的问题，但是德国国家 DNA 数据库成功引入 SE33 基因座表明实验室可以容易地处理序列微变异。

尽管 PCR 和毛细管电泳可能会产生不规则图谱，但是经优化的 STR 方法可以产生干净的图谱，并且适当的染料波长矩阵（Matrix）可以解决信号线性限制（信号过载）问题和消除染料交叉引起的拔起峰。在几乎所有的情况下，复杂的图谱都是由进样的 DNA 导致的。这对于图谱解释提出了相当大的挑战，该问题在其他关于低拷贝和混合斑的文章中进行了深入的讨论。重要的一点是，复杂的图谱不可避免地会导致专家解释的差异，从而导致法庭上控方和辩方专家之间的分歧。总的来讲，低拷贝图谱可能有信号接近或低于通常分类为噪声的水平，并倾向于显示等位基因缺失（匹配峰失）和/或等位基因的插入（随机的、不匹配的等位基因的自发出现）。混合图谱显示，会有一定比例的 STR 表现为两个及以上的等位基因，以及可检测的峰不平衡。因此，建立一定的检测阈值是区分复杂图谱中伪峰和等位基因峰的必要环节。关键阈值包括：影子带、峰高比（PHR）、分析阈值（AT）和随机阈值（ST）。所有 STR 分型实验室都应该根据进样 DNA、PCR 体系、试剂盒和毛细管电泳仪器对阈值进行适当测量。在撰写本文时，关于如何推动这一进程已达成共识，目前已为解决 STR 分析中的这一关键问题制定了全面的指导方案。

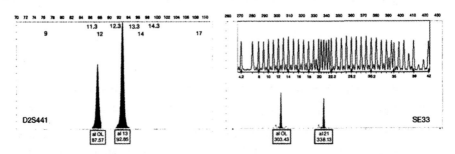

图 5　两个稀有 STR 等位基因的例子。D2S441 峰表明了一个明确的等位基因 13 以及一个落在预期的 11.3 和 12 等位基因之间的峰，它可能是由序列变化导致的迁移变化。SE33 峰的上面是等位基因分型标准品。OL 峰表明可能是等位基因 12.2，片段大小估计值与推断的位置非常接近（最近的等位基因分别为 12 和 13，分别是 301.29 bp 和 305.5 bp）

　　影子带是 PCR 过程中聚合酶滑移引起的 PCR 伪峰，其峰比等位基因峰短（快）4 bp，一般为等位基因峰高的 5%—15%。在主峰之后，一个更弱的多 4 bp 的峰也可能出现。峰高比用于测量正常杂合子峰比值，这一范围是基于大量正常 STR 图谱的数据得出的。分析阈值是设置的用于分析的最小峰高，在此高度之下的信号淹没在背景噪声信号中，使得其分型是不可靠的。尽管阴性对照或无峰区域这一度量衡很容易建立［大多数实验室使用默认的 50 个相对荧光单位（Rfu）作为分析阈值］，然而，低拷贝 DNA PCR 检测成功率的提高导致阴性图谱更少，以及显示更多的位于或者低于分析阈值的峰。因此，适当的分析阈值设定提高了低拷贝 DNA 等位基因分型的可靠性。同样，低拷贝 DNA PCR 很容易发生随机效应，当其中一条链优先随机扩增时，杂合子因此表现出明显的不平衡性，只有参照实验室的常规峰高比范围才能可靠识别。极端杂合子不平衡表现为一个等位基因不能完全扩增，尽管有来自另一个等位基因的信号，并需要建立随机阈值。根据实验重现的低拷贝 DNA 分析，如一系列的稀释倍数，随机阈值为最高不会发生等位基因丢失的峰高。随机阈值记录了配对等位基因丢失时形成的纯合子的最大峰高的有限范围。因此，深入了解随机阈值和峰高比是区分低拷贝 DNA PCR 随机效应和正常杂合子峰比值不平衡性的关键。影子带和峰高比显然是混合斑解释的关键因素，幸运的是，它们都很容易从以前记录的毛细管电泳数据中确定。

对于混合斑解释，实验室可以建立自己的混合斑比值极限——预先确定的主要/次要峰高比，这些比值被认为具有足够的区分度，可以将等位基因链接至不同的贡献者。简单控制人工 DNA 混合斑的范围可以提供一个确定混合斑检测限的手段。一个简单的方法是把一个图谱分成三个区域：影子带区域观察到的最高峰的 5%—10%；10%—70%混合区（即峰值超出峰高比）；信号区域大于 70%的最高杂合子峰。在确定影子带和峰高比的最低水平时，一个有争议的问题是，每个 STR 或者每个等位基因是否都被记录在整个图谱中。例如，TH01 9.3 等位基因的影子带水平明显低于其他等位基因，不同的 STR 表现出不同的影子带和杂合子比例。需要注意的是，阈值不是一成不变的，而是需要根据不断变化的循环条件、试剂盒配方和仪器性能不断进行更新，这要求实验室人员进行低拷贝 DNA PCR 分析和混合斑解释时需要了一个几乎连续的验证过程。

STR 分型的新进展

由于版面限制，不能对 STR 分型的最新进展进行全面介绍，但重要的是要了解值得进一步发展的领域，包括快速 PCR、便携式 STR 分析、祖先推断和允许检测重复区域序列变异的质谱 STR 分型。快速 PCR 可能使扩增反应从 3 小时缩短到 40 分钟左右。其原理研究证明，使用更快速激活的聚合酶和减少 3 个到 6 个循环时间效果良好。在犯罪现场或逮捕时，使用移动实时 STR 分型技术快速筛查具有很好的前景。使用多个等位基因荧光探针的熔解曲线检测系统的可行性研究显示，D18S51、TH01 和 D8S1179 这 3 个 STR 可以用上述潜在的便携式系统进行分型，尽管仅使用 3 个 STR 会导致识别能力降低。本书其他部分还讨论了用 STR 数据推断祖先的可能性、使用质谱法进行 STR 分型以及检测重复序列中的序列变化。

图6　常规或补充分析中法医 STR 分型操作需求、确定性水平和 STR 数量之间的平衡

核心基因座之外的新 STR

图 6 反映了当家系不完整或跨越几代人时，常规使用的 STR 数量可能很快会受到新需求的限制，比如家族搜索以及在失踪人口身份识别中提高亲缘关系指数。这就提出了一个问题，即在某些情况下需要更大的辨别能力时，是否应该评估更多的 STR，或向 DNA 实验室提供更多的 STR。值得注意的是，这里详细介绍的补充 STR 为 ABI 3500 毛细管电泳仪器开发潜在的第六种染料提供了相当大的空间。

额外的 14 个 STR 目前被应用于两个试剂盒中：普洛麦格 CS-7 7-plex（包括 Penta C 在内的 5 种新 STR）以及凯杰调查者 HDplex 12-plex（9 种新 STR）。此外，第一个为人群量身定制的 STR，即 D6S1043，是 SinoFiler 试剂盒（应用生物系统公司）的一部分，应用于东亚的实验室中。图 1 显示了这些额外 STR 在基因组中的位置。一些 STR 在基因组上位置相近，但现在已经有了 39 个法医 STR 详细的基因组图谱，可以用来帮助解决连锁问题。应该注意的是，增加更多的 STR 不会总能解决所有复杂血缘关系中的模糊不清问题。此外，当偶尔补充 STR 用于近亲分析时，还必须考虑到现有 STR 和新 STR 之间的连锁程度。

美国国家标准与技术研究所开发了一个 26 种组分的短小片段短串联重复序列（miniSTR）集合，从一开始就设计成检测短小的扩增产物，并容易适应相对较小的窗口。其中 3 个 STR 已被纳入扩展的 ESS 集合中，而其中 1 个 STR 显示出不一致，另外提供的 22 个 STR 对于分析降解的 DNA 具有潜在的高灵敏度。

参见

生物学/ DNA：法医 DNA 分析的认可；祖先信息标记；DNA 提取和定量；未来的分析技术：DNA 质谱；低模板 DNA 的检测；miniSTR；混合斑解释（仅针对 STR 的混合 DNA 图谱进行解释）；单核苷酸多态性；X 染色体遗传标记

进一步阅读

Brown, T. A., 2002. Genomes, vol. 2. Wiley-Liss, Oxford. Available online at NCBI Bookshelf. http://www. ncbi. nlm. gowbooks/NBK21 1 28/.

Butler, J. M., 2009. *Fundamentals of Forensic DNA Typing.* Academic Press, San Diego, CA.

Butler, J. M., 2011. *Advanced Topics in Forensic DNA Typing: Methodology.* Academic Press, San Diego, CA.

Butler, J. M., 2012. *Advanced Topics in Forensic DNA Typing: Interpretation.*

Goldstein, D. B., Schlotterer, C., 1 999. *Microsatellites, Evolution and Applications.* Oxford University Press, Oxford.

相关的网站

http://alfred. med. yale. edu/, http://spsmart. cesga. es/popstr. php, http://strbase. org/-Allele frequency databases. ALFRED and pop. STR (global coverage of most STRs). STR basc (European coverage of SGM+ STRs), respectively.

http://www. cstl. nist. gov/strbase/-STRbase. Comprehensive and constantly updated Web resource for forensic DNA analysis topics.

http://www. fbi. gov/about-usllab/codis！swgdam-interpretation-guidelines-Profile interpretation and detection thresholds. Despite ongoing debate, a suitable starting point is the SWGDAM online guideline documents.

http://www. promega. com/geneticidtools/powerstats/-Statistical analysis of population data. Promega Powerstats, an Excel template for allele frequency and discrimination power calculations from user's in-house genotype data.

http://www. promega. com/resources/articles/profiles-in-dna/-PromegaProfiles in DNA series：Succinct but highly informative online articles with strong emphasis on forensic STR analysis.

单核苷酸多态性

C. 伯斯汀和 N. 莫林，丹麦，哥本哈根，哥本哈根大学

版权© 2013 爱思唯尔公司保留所有权利

术语

电泳 一种根据分子的大小和电荷分离分子的方法。

哈迪-温伯格平衡 当一个群体的等位基因和基因型频率世代保持不变时，一个基因座处于哈迪-温伯格平衡状态。

杂合度 群体中某个特定位点的杂合个体的比例。

匹配概率 两个不相关的个体具有相同基因型的概率。

多重 涉及多个靶点的标准聚合酶链式反应或单碱基延伸反应。

核小体 由 DNA 和组蛋白形成的染色质基本结构单位。

聚合酶链式反应 对选择性 DNA 片段大量扩增的方法。

单碱基延伸 确定 DNA 序列中某一特定位置上单个核苷酸的方法，也称微测序。

引 言

单核苷酸多态性（SNP）是基因组中特定位置的碱基对变异。根据定义，并不能认为基因组中单个碱基位点的变异是 SNP，除非在一个不相关的群体中至少有两个等位基因的频率超过 1%。人类的单倍体基因组大约有 30 亿个碱基对。据估计，SNP 大约有 100 万至 110 万个，大约在 275 个碱基对中就会出现一个 SNP。绝大多数 SNP 只有两个等位基因，因为特定碱基位点的突变率非常低，而且随着时间的推移，两个点突变不太可能发生在同一位置。因此，通过识别 SNP 等位基因在过去和现在人群中的分布，SNP 被广泛用于绘制人群的历史。SNP 标记还是构建多态性标记集的最佳选择，可用于研究标记与特定性状或疾病之间的关系。

SNP 在法医遗传学研究中有很多潜在的用途，包括对种族、人类特征或疾病的估计。这些问题将在本书的其他部分讨论。本部分将主要探讨 SNP 在个体识别中的应用。

SNP 与 STR

从 20 世纪 90 年代开始，STR 一直是法医遗传学研究的首选标记，如今，标准化商用 STR 试剂盒已在全球范围内被使用。在接下来的讨论中，将详细比较 STR 与 SNP 的优缺点。

个体识别能力

一个 SNP 位点的信息量比一个 STR 位点要小，因为 SNP 位点只有两个可能的等位基因，而法医遗传学中常用的 STR 基因座有 8 个至 15 个不同的等位基因。n 个 SNP 位点的匹配概率 P 可以近似为 n 和最不常见等位基因频率 ρ 的一个简单函数。假设所有的 SNP 符合哈迪–温伯格平衡，且在所有位点中 ρ 都为常数：

$$P = (\rho^2)^n + [2\rho(1-\rho)]^n + [(1-\rho)^2]^n$$

在 $\rho = 0.5$ 时，匹配概率最大，但在 ρ 介于 0.3 至 0.5 之间时变化不大。如果 ρ 在 0.2 至 0.5 之间，50 个 SNP 组合的匹配概率相当于 12 个 STR 组合的匹配概率。因此，一系列的 SNP 也可以与常用的 STR 组合结合，比如，对应 CODIS 中 13 个 STR 基因座或者欧洲标准基因座中 12 个 STR 基因座，应包括最小杂合度为 0.32（$\rho = 0.2$）的至少 50 个 SNP，杂合度为 0.42（$\rho = 0.3$）或者杂合度更高的 SNP 更好。

突变率

突变是亲缘关系检验中的一个主要问题。突变可能会导致孩子和父母之间的基因不一致，即使其他所有的检测位点都可以匹配，结论也会模棱两可，可能支持两种或两种以上的可能性。有亲缘关系的个体之间共享大部分等位基因，如叔侄或祖孙之间，仅存在一小部分不一致。因此，孩子和所谓的父母之间的基因不一致可能是由于突变，所谓的父母可能是真正的父母，也可能是真正父母的近亲。

常用的 STR 通常的突变率为 0.001 至 0.003，然而 SNP 的突变率仅约为 0.00 000 001。突变出现在 13 个 CODIS 基因座的其中一个上，在所有的母亲–子代–父亲三联体中接近 3%。相反，如果 SNP 被研究，发生突变将是极其罕见的。

扩增产物长度

当一个细胞死亡，其中的内容物溢出到周围环境中时，DNA 会迅速降解为较小的片段。降解的速度取决于温度、湿度、酸碱度、光照、微生物的存在以及其他环境因素。通常认为 DNA 在核小体复合物中会受到一定的保护而不被降解，因此，随着降解的进行，可以观察到核小体片段大小的独特模式。核小体核心 DNA 的长度为 146 bp，很难通过常规 PCR 在高度降解的 DNA 中扩增得到更长的片段。

带有 SNP 位点的 PCR 产物长度仅需要在 PCR 引物的长度基础上增加 1 bp（SNP 位点）即可。PCR 引物通常为 15 bp 至 18 bp，含有 SNP 位点的 PCR 产物长度可能会小于 40 bp。相比之下，常用的 STR 等位基因最多有 40 个串联重复单位，每个重复单位的大小为 4 bp，因此，含有 STR 位点的 PCR 产物长度为 200 bp 或更长。此外，STR 通常用电泳检测，为了在一个实验中分离并鉴定所有的位点，商业化多重试剂盒最长的 PCR 产物应该达到 400 bp 至 450 bp。因此，当 DNA 高度降解时，通常仅能产生部分 STR 图谱，但同样的样本进行 SNP 分型却可产生完整的图谱（见图 1 示例）。

在 2001 年世界贸易中心的恐怖袭击和 2004 年东南亚地区的海啸等大型灾难中，由于尸体残骸高度破损、腐烂或燃烧，遇难者很难通过肉眼来辨别。提取的 DNA 样本有可能已高度降解，如果没有来自失踪人员的比对样本，必须通过近亲的参考样本来鉴定遇难者。SNP 的低突变率和对高度降解 DNA 进行分型的可能性使其在大型灾难调查中起到重要的作用。在世界贸易中心恐怖袭击中，就已经应用 SNP 来鉴定，但 SNP 分析目前仍处于试验阶段，结果的可预见性较差。在大规模灾难的混乱和紧张的环境中，只有那些经过适当验证并被调查实验室优化使用的方法才可以使用。

PCR 伪峰

在 PCR 扩增串联重复序列时，会产生被称为影子带的 PCR 伪峰。通常在法医遗传学中使用的 STR 扩增所形成的影子带是一个比目标序列短的重复序列，但是其他长度的影子带有时也会被观察到。有人提出，当未完成的延伸产物在延伸过程中与目标 DNA 序列发生去杂交，然后退火到 STR 序列另一个位置（被称为滑动错配）时，就会形成影子带。通常，在电泳图中，影子带比来自亲本等位基因的峰要低得多（小于10%）。然而，如果 DNA 模板量低，且影子带从 PCR 的第一个关键循环开始形成，会存在一个风险，即影子带可能高达亲本等位基因的峰，它可能会被误认为一个真正的等位基因而造成样本错误分型。此外，当对高度降解 DNA 进行 PCR 时，会形成更多未完成的延伸产物。这是由于 PCR 引物会退火到目标序列被中断的地方。影子带是混合斑分析中的一个主要问题，因为很难断定影子带位置上的小峰实际上是影子带还是另一个对混合斑贡献较小的个体的扩增产物。

在 SNP 位点的扩增过程中不会形成影子带。即使是由于滑动或目标 DNA 高度降解而形成未完成的延伸产物，未完成的延伸产物也只能退火到一个特定的位置，仅作为下一个 PCR 循环周期中的引物。

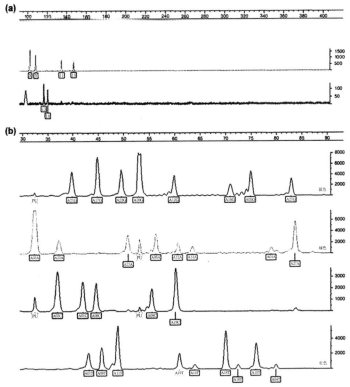

图1　从骨骼样本中提取的 DNA。 样本分型采用（a）**PCR 扩增试剂盒**（AmpF∕STR **SE filer Plus，应用生物系统公司）以及（b）SNP***for***ID 试剂盒，大约 250 pg DNA 分子用于 PCR。使用 STR 试剂盒分型牙釉质蛋白基因座和两个 STR 位点（D8S1179 和 D19S433）。**

等位基因分型显示在方框中。没有带有 6-FAM（蓝色）或 PET（红色）染料的片段被检测到。根据 STR 结果，匹配概率为 8.1×10^{-3}。使用 SNP*for*ID 试剂盒分型了 49 个 SNP。图中显示了 21 个 SNP 的分型结果。等位基因分型在图中方框内显示，例如，A21G 是 21 号 SNP（rs722098）中的等位基因 G。PU 是拔起峰。基于 SNP 结果的匹配概率为 1.2×10^{-21}

数据库

国内外数据库包含数以百万计的 STR 档案，这些档案来自已知的罪犯、受害者，以及 20 多年来从犯罪现场收集的跟踪样本。重新分型这些样本来创建类似的 SNP 数据库将是一项艰巨的任务，这在某些情况下几乎是不可能的，因为样本已经用完或被丢弃，无法替换。因此，STR 很有可能仍然是犯罪调查的首选标记，而 SNP 可能只会在未来的犯罪调查中用作辅助工具。在亲缘关系案例中，DNA 分型档案不会存储以用于将来的案例，因此在亲缘关系鉴定中常常会用 SNP 而不是 STR，主要是因为 SNP 的突变率更低（详见"突变率"部分）。

混合 DNA

当样本包含不止一个人的 DNA 时，SNP 位点所含有的信息就比较匮乏，这是在犯罪现场的痕迹样本中经常观察到的。如果在混合物中同时检测到两个 SNP 等位基因，则该位点没有识别能力，任何个体都可能参与形成了混合斑。对于法医应用的 SNP，因为其具有高度多态性，在两个或两个以上个体的混合 DNA 中很有可能同时检测到这两种等位基因。如果参与形成该混合斑的个体中有一个在特定位点上是纯合的，那么该混合物中另一个体拥有另一个等位基因的概率为 $\rho^2 + 2\rho(1-\rho) \times 100\%$（如果 $\rho = 0.5$，就是 75%）。对于 STR 来说，可以通过检测到的等位基因数量来估计混合斑中个体的数目，有时甚至可以根据等位基因的峰高来估计次要和主要贡献者的 STR 图谱。这在 SNP 位点上是不可能做到的。

SNP 分型方法

在过去的 20 年里，许多不同学科的科学家对 SNP 表现出越来越大的兴趣，促进了 SNP 分型平台的不断发展。一般来说，这些平台采用四种常见技术之一：杂交、引物延伸、连接或切割。其中一些平台为高通量平台，可同时分型少数个体的成千上万的 SNP 或者成千上万个体的少数 SNP，并且成本较低。在法医界，人们对这些技术一直非常感兴趣，因为许多法医实验室需要处理的样本大量增加，与此同时，对更快和更便宜的鉴定需求也在增加。遗憾的是，还没有建立专门为法医服务的高通量 SNP 平台。通常，这些平台每次实验的每个样本使用 10 ng—200 ng 的 DNA，如果样本是以血液或口腔拭子的形式从一个人身上采集的，那么这个数量是可以接受的。然而，这比通常从犯罪现场的微量样本中提取的 DNA 要多得多。在法医遗传学中，高灵敏度是至关重要的，研究必须用非常少的 DNA（通常为 100 pg—500 pg）成功完成分析。因此，将高通量 SNP 平台应用于常规法医遗传学调查的尝试迄今未获成功。不过，基于低通量 PCR-SBE-CE 的 SNP 分型技术将在接下来的部分详述，该方法具有较高的准确度和灵敏度，并且可以在标准 STR 分析设备上完成。

通过 PCR–SBE–CE 进行 SNP 分型

法医遗传学中使用的 SNP 分型分析通常包括初始多重 PCR，然后是多重单碱基延伸（SBE）反应和毛细管电泳（CE）检测扩增产物。除了同时扩增多个片段外，多重 PCR 是一种标准的 PCR。这减少了分析的时间和成本，更重要的是，减少了所需的样本数量。在应用中，对于不多于 5 个片段的检测没有难度。但是，随着目的产物的增加，会增加产生引物二聚体的风险，及产生非特异扩增。而且，越来越难以保证所有片段都被同样有效地扩增，需要对复合扩增体系进行大量优化。

SBE 反应为 PCR 产物的变性、PCR 引物退火和单碱基延伸（图 2）的连续循环。SBE 引物退火到单链 PCR 产物 SNP 上游位置，DNA 聚合酶将荧光标记的双脱氧核糖核苷酸与 SNP 位置的核苷酸互补，添加到 SBE 引物中。SBE 反应可复合扩增进行，许多 SBE 产物可以同时电泳分析（如图 1 示例）。在电泳图中，SBE 引物的长度确定了 SNP 基因座，荧光标记染料颜色确定了 SNP 等位基因。

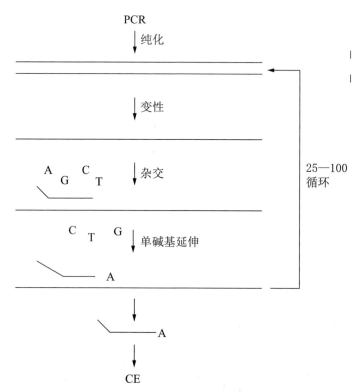

图2 PCR-SBE-CE 流程图。荧光标记的双脱氧核苷酸用粗体字母显示（A、C、G 和 T）。字母的颜色与电泳图中染料的窗口一致（见图1）

　　对于杂合个体，SBE 引物用两种不同的染料标记，因此，扩增的 SBE 引物可在不同的波长下被检测到，并出现在电泳图谱不同染料窗口中。如图1所示，其中名为 A23（rs826472）的 SNP 位点的 G 等位基因和 A 等位基因分别出现在蓝色和绿色染料窗口中。这两个等位基因的信号强度不一定相等，因为不同的荧光基团发射的荧光信号强度不同。

　　通过定义基于峰高和峰面积的特定基因座的数据分析规则，可以为每个等位基因分型引入一个质量标准。一个基因座上两个等位基因的信号强度在不同的实验及不同的样本之间是可重复的。通常，一个杂合等位基因分型可接受的峰高比可定义为 $m\pm40\%$，其中 m 为在约100个无关杂合个体中观察到的峰高比的平均值。同样，纯合子等位基因信号与噪音的比率可以精确定义。这个比率取决于荧光基团，但通常 5—20 比 1 的信噪比就足够了。这些规则确保了数据分析的一致性，并简化了对新分析师的培训。此外，对样本本身的评估也是十分重要的。STR 通常情况下对于混合斑的检测较为容易，因为在几个位点上可以观察到两个以上的等位基因。对于二等位基因的 SNP，不可能检测到两个以上的等位基因，而且不清楚分型结果来自一个还是多个个体。确定样本是否受到污染或含有来自多个个体的 DNA 的唯一方法是观察信号强度。由于来自一个个体等位基因的信号很弱，一个人可能在某一给定的位点上有一个不寻常的峰高比。这通常是由 PCR 或 SBE 引物结合位点中的一个突变引起的。然而，如果在几个位点的峰高比是可疑的，这种迹象可强有力地表明该样本包含来自多个个体的 DNA。在数据分析中应用这些规则，可以很容易地识别混合分型，即使比例在 20∶1。

目前，还没有软件支持位点特异的数据分析规则或比较不同染料窗口中的结果。必须从分析程序中导出数据，且用电子表格执行质量检验。可以识别可疑的等位基因分型，然后重新分析电泳图，以决定拒绝或接受可疑的等位基因分型。

用于人类识别的 SNP 分型分析

在过去的 10 年中，已经提出了几种 SNP 分型方法应用在个体识别中。其中两种，SNP*for*ID 和个体识别 SNP（IISNP）分析，具有一定的识别能力，可作为现代法医遗传实验室进行的标准 STR 鉴定的替代或补充。下面简要介绍这两种方法的历史。

SNP*for*ID

2002 年，在欧洲共同体的支持下，5 个欧洲法医实验室组成了 SNP*for*ID 联合会。目的是调查 SNP 在法医遗传学中的应用。通过这个项目，开发了多种检测方法，包括预测种族起源（常染色体 SNP）、父系（Y 染色体 SNP）以及母系（线粒体 SNP）的 SNP 检测。然而，该联合会的主要目标是开发一种 SNP 分析体系，至少包含 50 个 SNP，可以用于人类个体识别。SNP*for*ID 中 SNP 的入选标准有：（1）SNP 在人群中具有高度多态性（杂合度大于 0.32）；（2）SNP 之间不存在连锁不平衡；（3）这些 SNP 与细胞功能无关，或者与法医遗传学调查使用的 STR 基因座无关；（4）所有的 SNP 可以在一个 PCR 反应中扩增。最终，52 个 SNP 入选。六大洲人群 SNP 的分型数据都证实了这些

SNP 在所有人群中都是多态的，并且没有发现所选的 SNP 之间存在连锁不平衡的证据，在群体中的匹配概率从 10^{-16} 到 10^{-21} 不等。

多重 PCR 已经发展到可以在一次 PCR 反应中同时扩增 52 个 SNP。该实验的灵敏度很高，当 DNA 小于 100 pg 的模板量时所有 SNP 都可以在一次反应中获得分型，这个模板量相当于 15 个人类二倍体细胞中的 DNA 量。扩增产物的长度在 59 bp 至 115 bp，其中 38 个扩增产物长度小于 100 bp。对大量高度降解 DNA 的不同研究中证明，SNP*for*ID 检测方法优于商业化 STR 试剂盒。图 1 显示了使用 PCR 扩增试剂盒和 SNP*for*ID 试剂盒对高度降解骨骼的分型结果。PCR 扩增试剂盒无法对该个体进行识别，因为长度超过 150 bp 的片段没有扩增出来。相比之下，基于 SNP*for*ID 分析计算的匹配概率提供了令人信服的鉴定证据。

SNP*for*ID 分析是在 SNP*for*ID 联合会和欧洲 DNA 工作小组的实验室进行的。总的来说，在法医遗传学实验室中引入这种分析方法似乎相对容易。但是，同样明显的是，那些以前有使用 PCR-SBE-CE 方法经验的实验室可以更好地使用这种方法，在分析 SNP 分型结果方面还需要进行广泛的培训。SNP*for*ID 方法已在一些法医遗传学实验室中得到应用，主要作为亲缘关系鉴定的辅助工具。SNP*for*ID 分析的有效性已在典型的亲缘关系案例和涉及人类遗骸鉴定的案例中得到证实。

个体识别 SNP

来自耶鲁大学的人类遗传学家团队致力于确定一组用于个体识别的 SNP 的最佳选择标准。他们设置了 4 个标准：（1）杂合度高（全球平均>0.4）；（2）群体间等位基因频率变异性低（全球 F_{st}<0.06）；（3）与标准 CODIS STR 基因座的平均匹配概率相当；（4）SNP 之间不连锁。根据前两个标准总共选择了 92 个 IISNP，其中 45 个 SNP 满足所有标准。通过单个 PCR 反应得到的 44 个不同群体中的 2300 个人的 SNP 分型数据用于验证 SNP 组合。对 45 个不连锁的 SNP 进行匹配概率计算，范围为 10^{-15} 到 10^{-18}。

最近，中国河北大学的一个小组对 41 个非连锁的 IISNP 和另外 3 个 IISNP 进行了复合使用。复合扩增体系具有较高的敏感性，使用单个 PCR 反应扩增 44 个 SNP 仅需要 125 pg 的 DNA。扩增产物的长度从 69 bp 到 125 bp 不等，其中 17 个扩增产物小于 100 bp。对降解样本进行的性能测试结果表明，SNP 分型能获得比常规 STR 分型更多的信息。

到目前为止，只有一份关于 IISNP 的复合扩增的报告，但是很有可能这个分析会被其他的法医实验室测试，或者在未来的复合扩增中把其他的 IISNP 组合在一起。

参见

生物学/DNA：祖先信息标记；灾难受害者个人识别；法医 DNA 表型分析：人类表型特征的 DNA 检测；线粒体 DNA

拓展阅读

Borsting, C. , Marling, N. , 201 1. Mutations and/or relatives? Sixcase work examples where 49 autosomal SNPs were used as supplementary markers. *Forensic Science International*：*Genetics* 5, 236-241.

Borsting, C. , Sanchez, J. J. , Hansen, H. E. , et al. , 2008. Performance of the SNP*for*ID 52 SNP-plex assay in paternity testing. *Forensic Science International*：*Genetics* 2, 292-300.

Borsting, C. , Rockenbauer, E. , Marling, N. , 2009. Validation of a single nucleotide polymorphism (SNP) typing assay with 49 SNPs for forensic genetic testing in a laboratory accredited according to the ISO 1 7025 standard. *Forensic Science International*：*Genetics* 4, 34-42.

Gill, P. , 2001. An assessment of the utility of single nucleotide polymorphisms (SNPs) for forensic purposes. *International Journal of Legal Medicine* 1 14, 204-210.

Krawczak, M. , 1999. lnformativrty assessment for biallelic single nucleotide poly mor-phisms. *Electrophoresis* 20, 1676-1681.

Lou, C. , Gong, B. , Li, S. , et al. , 201 1. A SNaPshot assay for genotyping 44 individual i-dentification single nucleotide polymorphisms. *Electrophoresis* 32, 368-378.

Pakstis, A. J. , Speed, W. C. , Fang, R. , et al. , 2010. SNPs for a universal individual iden-tification panel. *Human Genetics* 1 27, 315-324.

Phillips, C. , Fondevila, M. , Garcia·Magarinos, M. , et al. , 2008. Resolving relationship tests that show ambiguous STR results using autosomal SNPs as supplementary markers. *Forensic Science International*：*Genetics* 2, 198-204.

Sanchez, J. J. , BOrsting, C. , Marling, N. , 2005. Typing of Y chromosome SNPs withmuli-plex PCR methods. In：Carracedo, A. (Ed.), *Forensic DNA Typing Protocols. Methods in Molecu-lar Biology*, vol. 297. Humana Press, Totowa, USA, pp. 209-228.

Sanchez, J. J. , Phillips, C. , BOrsting, C. , et al. , 2006. A multiplex assay with 52 single nucleotide polymorphisms for human identification. *Electrophoresis* 27，1713–1 724.

Sabrina，B.，Brion，M.，Carracedo，A.，2005. SNPs in forensic genetics：a review on SNP typing technologies. *Forensic Science International* 154，181–194.

相关网站

http：//www. gwascentral. org–GWAS central.

http：//hapmap. ncbi. nlm. nih. gov–International HapMap project.

http：//www. ncbi. nlm. nih. gov–National Center for Biotechnology Information.

http：//www. genome. gov–National Human Genome Research Instrtute.

http：//www. cstl. nist. gov–Short Tandem Repeat DNA Internet database.

http：//www. snpforid. org–SNPforiD project.

http：//aifred. med. yale. edu–The allele frequency database.

短小片段短串联重复序列（miniSTR）

M. D. 科布尔，美国，马里兰州，盖瑟斯堡，美国国家标准与技术研究所
版权© 2013 爱思唯尔公司保留所有权利

引　言

法医 DNA 科学界从使用限制性片段长度多态性（RFLP）分析单基因座可变数量串联重复序列（VNTR）标记向分析短串联重复序列（STR）标记的转变是法医 DNA 检测的重要一步。利用荧光染料标记 STR 基因座引物的 PCR 扩增反应提高了反应的灵敏度，允许检测较低 DNA 量的样本（从微克到数百微克）。毛细管电泳的引入也是一项重要的技术进步，它将检测速度从使用 VNTR-RFLP 标记的几周提高到了使用 STR 标记的几小时，并省去凝胶灌注和手动加载样品等复杂的过程，实现了自动化。

STR 标记的一般结构如图 1（a）所示。大多数法医 STR 标记的串联重复单位由四个核苷酸碱基的基序组成（如 GATA）。任何标记的串联重复的数量在人群中都有很大的差异。在图 1（a）中，该染色体上的 STR 标记有 10 个四核苷酸重复，共 40 个碱基对。核心重复序列的上游和下游的特定位置是荧光标记的 PCR 引物（正向 F 和反向 R）与 DNA 模板杂交用于扩增的区域。引

物杂交位点和核心重复序列之间的区域被称为插入序列。在这个假设的例子中，假设 F 和 R 引物各为 20 bp，核心重复序列的上下游插入序列均为 125 bp，荧光标记的 10 等位基因的总长度为（20 + 125 + 40 + 125 + 20）= 330 bp。

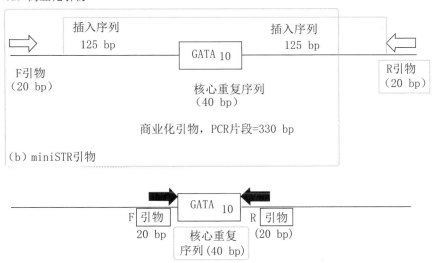

（a）商业化引物

插入序列
125 bp

GATA 10

插入序列
125 bp

F引物
（20 bp）

核心重复序列
（40 bp）

R引物
（20 bp）

商业化引物，PCR片段=330 bp

（b）miniSTR引物

F 引物
20 bp

GATA 10

核心重复
序列（40 bp）

R 引物
（20 bp）

miniSTR引物，PCR片段=80 bp

图 1　两个不同引物体系的 STR 扩增举例。(a) 应用商业化引物，10 次 GATA 重复 (40 bp) 与 250 bp 插入序列以及 40 bp 引物序列一同扩增，得到 330 bp 的片段。(b) 使用 miniSTR 引物时，策略是使引物尽可能靠近核心重复。该 miniSTR 片段将包含 10 个 GATA 重复序列 (40 bp) 和两个引物的 40 bp，从而产生 80 bp 的片段

　　与 VNTR 标记相比，STR 标记的一个局限在于需要增加 STR 标记的检测数量，才能具有较高的个体识别能力。在法医个体识别中，使用 5 个至 7 个 VNTR 标记的效果与 13 个至 15 个 STR 标记相当。在大多数商业化 STR 试剂盒中，STR 复合使用的目的是在一个反应中同时扩增一些 STR 标记，以最大化获取样本中的遗传信息。在常见的复合扩增检测中，STR 基因座排列在 3 个或 4 个染料通道中，每个染料通道中 STR 基因座的大小范围为 100 bp 至 400 bp。

　　对于大多数案件样本，PCR 扩增的 STR 标记足以将行为人的 DNA 分型与证据联系起来。当样本高度降解或者具有挑战性时，可能无法在商业化 STR 试剂盒中得到完整的 DNA 图谱，而是得到部分 DNA 分型，这就降低了个体识别能力。例如，在 PCR 反应中，如果 15 个可能的标记中只有 5 个或 6 个被扩增，那么在人群中可能有几十万（甚至几百万）个人会碰巧与这些证据匹配。

用于增加分析中有效等位基因分型数量的一些方法，如在低模板 DNA 的 PCR 扩增中增加 DNA 聚合酶的量和 PCR 循环数，对于增加个体识别能力可能是有用的，但是这些方法需要不同于常规操作程序的评价准则。如果 DNA 严重降解（如没有大于 200 bp 的 DNA 片段），改进扩增条件对于高分子量的标记难以奏效。法医可能需要求助于费力、费时的线粒体 DNA 检测，后者的个体识别能力远低于常染色体 STR 检验。

miniSTR 的定义

从疑难样本中获取遗传信息的一个策略是使用 miniSTR 扩增 DNA。min-iSTR 是用尽可能接近重复序列的引物对 STR 标记进行扩增。在图 1（b）中，miniSTR 正向和反向引物几乎接近重复基序，没有插入序列。假设引物同样是 20 bp，其标记的 PCR 扩增产物即为 80 bp，与商业化试剂盒中的标准引物相比减少了 250 bp。以图 1（a）为例，如果从证据材料中提取的 DNA 模板全部降解到 200 bp 或更小，那么传统引物将无法扩增，因为片段的总大小为 330 bp。在图 1（b）中，miniSTR 引物已成功扩增等位基因 10 并给出了结果。需要注意的是，除了中间序列中的任何类型的遗传变异（后续阐述），miniSTR 扩增结果应该与传统引物扩增的结果相同。换言之，两个不同引物对之间保留了相同的遗传信息，如图 1（a）和（b）。

miniSTR 优势

miniSTR 已被证明在从各种有挑战的样本中获取遗传信息方面是有用的。在首次使用 miniSTR 对 48 根休止期毛发进行分型的例子中，重新设计的 STR 标记引物对 TPOX 基因座的扩增产物片段比商业化试剂盒减少 160 bp，成功率从使用商业化试剂盒的 18% 提高到使用 TPOX miniSTR 引物的 77%。从在犯罪现场很常见的脱落的头发和毛干中获得常染色体 STR 遗传标记信息是一个很大的进步。脱落的头发和毛干通常进行线粒体 DNA 分析，而线粒体 DNA 分析往往没有常染色体 STR 分析信息量大。

在 2001 年 9 月 11 日的大规模灾难事件之后，纽约首席法医办公室的罗伯特·谢勒（Robert Shaler）请求美国国家标准与技术研究所的约翰·巴特勒

(John Butler) 的帮助，为美国 CODIS 基因座开发 miniSTR 引物。在此之前，巴特勒率先开发了一项利用基质辅助激光解吸/电离飞行时间质谱对 STR 基因座进行快速基因分型的项目。

miniSTR 对在世界贸易中心找到的遗骸的鉴定非常有效。在恐怖袭击发生后的四年里，通过总结鉴定工作，半数以上（约 850）的受害者的鉴定是通过 DNA 检验进行的，其中约有 20% 的样本应用了 miniSTR。除提高对降解骨骼分型的成功率，从而增加统计学分析支持外，国际失踪人员委员会使用 miniSTR 对南斯拉夫解体冲突中"万人坑"的遗骸进行分类和重新安置。

法医 DNA 实验室已经可以获得商业化 miniSTR 多重检测试剂盒。除了用于分析降解的骨骼和休止期的毛发，miniSTR 也用于分析一系列正常条件下的常规样本，并给出了可靠的且比常规的 STR 试剂盒更丰富的基因组信息。除了为常染色体 CODIS 基因座开发的 miniSTR，用于降解样本的非 CODIS 位点、Y 染色体和 X 染色体 STR 基因座也已被开发。

由于 miniSTR 标记的成功应用，欧洲 DNA 工作小组与欧洲法庭科学研究院于 2006 年建议，在下一代的复合体系中，除了加入已经在欧洲法医 DNA 实验室测试过的基因座，还要加入 miniSTR。这一决定反映了法医 DNA 实验室需要解决降解检材（miniSTR 在降解检材中更为有用）仅能得到部分分型这一问题，而不是增加更多多态性基因座来提高未降解检材的个体识别能力。

miniSTR 的局限性

标记的复合扩增

如果使用 miniSTR 标记的目标是使扩增产物尽可能小，那么 miniSTR 标记的一个限制就是复合使用。目前的毛细管电泳仪器使用 4 个染料通道作为 STR 标记（第 5 个染料通道专用于内部分子量标准），这就限制了复合使用多于 6—8 个小于 150 bp 的基因座的能力。一些 STR 基因座的多态性也会限制多个基因座的复合扩增能力。例如，vWA 基因座的等位基因有 10—24 个重复。为世界贸易中心恐怖袭击遇难者识别工作而开发的 vWA miniSTR 的大小从 88 bp 到 148 bp 不等，从而没有可能在这个染料通道中添加第二个 miniSTR 标记。

使用多个 miniSTR 复合体系会消耗更多的 DNA。对于 DNA 量有限的疑难检材，可能没有更多的 DNA 来做一些额外的检测。一种分离重叠基因座的方法是将非核苷酸迁移率修饰剂添加到引物中，以在基因座之间产生空间。例如，如果遗传标记 A 的扩增片段长度上限为 120 bp，遗传标记 B 的长度下限为 115 bp，将这两个基因座放在相同的染料通道中会造成等位基因不能区分。如果将几种迁移率修饰剂添加到遗传标记 B 的引物中（例如每个修饰剂将扩增产物增加 2.5 bp），那么 10 个修饰剂会将扩增产物增加 25 bp，遗传标记 B 最小的片段会由 115 bp 变为 140 bp。通过使重叠的遗传标记彼此远离，可对这两个遗传标记进行复合扩增。这种调整迁移率技术目前已被用于商业化 miniSTR 试剂盒中。

一致性的问题

miniSTR 标记的另一个局限是需要与标准的复合 STR 试剂盒建立一致性，因为这两个系统之间的一些遗传信息可能存在差异。如果使引物尽可能靠近重复基序，可能会丢失插入序列的一些遗传数据。图 2 给出了一个示例。只关注一条染色体，假设该位点有 10 个四核苷酸重复序列，引物 A 来自一个商业化试剂盒。

法医不知道的是，正向引物 A 以及核心重复序列之间有一段 4 bp 的缺失（图 2）。这一段 4 bp 的缺失造成了带有明显的 9 个四核苷酸重复的扩增产物（10 个重复减去 4 bp 为 9 个重复）。应用通用的 STR 试剂盒，这种扩增产物可以分型为 9 等位基因。对于 miniSTR 引物 B，正向引物在核心重复序列的侧边，4 bp 的缺失不在扩增区域，因此在 PCR 产物中未检测到，即 miniSTR 引物产生了一个 10 等位基因（图 2）。这将在商业化 STR 试剂盒和 miniSTR 引物之间产生不一致的基因分型结果。

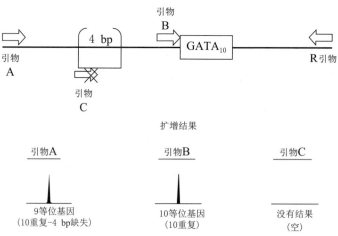

图 2　miniSTR 引物检测一致性的重要性。3 个不同的 PCR 引物用于检测 10 个四核

苷酸重复片段（只显示了一条染色体）的特殊标记。核心重复序列的上游是 **4 bp** 的缺失片段。应用商业化引物 **A**，原本是 **10** 个重复的序列，在图谱中分型为 **9**，因为 **4 bp** 的缺失移除了 **10** 个重复中的一个。当 **miniSTR** 引物 **B** 与核心重复序列相邻时，未检测到 **4 bp** 的缺失，这个等位基因就会被分型为 **10**。如果 **miniSTR** 正向引物位于缺失片段上方，引物序列不能与 DNA 模板序列匹配，因此没有扩增。在这种情况下（没有扩增），就产生了一个"空"等位基因

还有一个潜在的情况，即这个位点的 miniSTR 引物与 4 bp 的缺失片段杂交（如图 2）。在这种情况下，PCR 扩增效率将会大大降低（产生电泳图谱中非常小的峰高）或完全无效（电泳图谱中无峰显示）。这种电泳图谱中峰的丢失（"空"等位基因）在分析阶段存在很人的问题：当一个"空"等位基因存在时，真正的杂合子基因型（有两个峰）会在图谱中表现为纯合子（只有一个峰）。

因此，在验证一种新的 miniSTR 分析时，进行一致性测试是很重要的，这可以让我们可以了解传统 STR 标记中插入序列的遗传变异程度。如果基因变异影响了 miniSTR 的引物结合区域，商业公司可能会增加一个额外的"退火"引物来弥补错误的杂交。

结 论

法医偶尔也会考虑到 STR 可能会被另一种遗传标记取代（可能是 SNP）。SNP 检测的一个主要优势是 PCR 扩增产物可以很小，通常小于 100 bp。鉴于对 STR 数据库的巨大投资，SNP 在不久的将来取代 STR 的可能性很小。miniSTR 的出现有助于从降解检材中获得遗传信息，并将成为法医今后的一个重要工具。

参见

生物学/ DNA：DNA 提取和定量；短串联重复序列

拓展阅读

Biesecker, L. G., Bailey-Wilson, J. E., Ballantyne, J., et al., 2005. DNA identifications after the 9/11 World Trade Center attack. *Science* 310, 1122–1123.

Butler, J. M., Li, J., Shaler, T. A., Monforte, J. A., Becker, C. H., 1998. Reliable genotyping of short tandem repeat loci without an allelic ladder using time-of-flight mass spectrometry. *International Journal of Legal Medicine* 112, 45-49.

Butler, J. M., Shen, Y., McCord, B. R., 2003. The development of reduced size STR amplicons as tools for analysis of degraded DNA. *Journal of Forensic Sciences* 48, 1054-1064.

Butler, J. M., Coble, M. D., Vallone, P. M., 2007. STRs vs SNPs: thoughts on the future of forensic DNA testing. *Forensic Science, Medicine, and Pathology* 3, 200-205.

Coble, M. D., Butler, J. M., 2005. Characterization of new miniSTR loci to aid analysis ofdegraded DNA. *Journal of Forensic Sciences* 50, 43-53.

Dixon, L. A., Dobbins, A. E., Pulker, H., et al., 2006. Analysis of artificially degraded DNA using STRs and SNPs—results of a collaborative European (EDNAP) exercise. *Forensic Science International* 164, 33-44.

Gill, P., Fereday, L., Marling, N., Schneider, P. M., 2006. Letter to editor-new multiplexes for Europe: amendments and clarification of strategic development. *Forensic Science International* 163, 155-157.

Hellmann, A., Rohleder, U., Schmitter, H., Wittig, M., 2001. STR typing of human telogen hairs—a new approach. *International Journal of Legal Medicine* 114, 269-273.

Hill, C. R., Kline, M. G., Mulero, J. J., et al., 2007. Concordance study between the-AmpFISTR MiniFiler PCR amplification kit and conventional STR typing kits. *Journal of Forensic Sciences* 52, 870-873.

Holland, M. M., Cave, C. A.. Holland, C. A., Bille, T. W., 2003. Development of a quality, high throughput DNA analysis procedure for skeletal samples to assist with the identification of victims from the World Trade Center attacks. *Croatian Medical Journal* 44, 264-272.

Mulero, J. J., Chang, C. W., Lagace, R. E., et al., 2008. Development and validation of the AmpFISTR MiniFiler PCR amplification kit: a miniSTR multiplex for the analysis of degraded and/or PCR inhibiTed DNA. *Journal of Forensic Sciences* 53, 838-852.

Muiler, K., Sommerer, T., Miltner, E., Schneider, H., Wiegand, P., 2010. Case work testing of the multiplex kits AmpFISTR SEfiler Plus PCR amplification kit (AB), PowerPiex S5 System (Promega) and AmpFISTR MiniFiler PCR amplification kit (AB). *Forensic Science International: Genetics* 4, 200-205.

Opel, K. L., Chung, D. T., Drabek, J., Tatarek, N. E., Jantz, L. M., McCord, B. R., 2006. The application of miniplex primer sets in the analysis of degraded DNA from human skeletal remains. *Journal of Forensic Sciences* 51, 351-356.

Park, M. J., Lee, H. Y., Chung, U., Kang, S. C., Shin, K. J., 2007. Y-STR analysis of degraded DNA using reduced-size amplicons. *International Journal of Legal Medicine* 121, 152-157.

Parsons，T. J.，Huel，R.，Davoren，J.，et al.，2007. Application of novel "mini-amplicon" STR multiplexes to high volume casework on degraded skeletal remains. *Forensic Science International：Genetics* 1，175-179.

相关网站

http：//www. brighttalk. com-Webcast of A "Short" History of miniSTRs.

http：//www. cstl. nist. gov-National Institute of Standards and Technology（NIST）STRBase Web page on miniSTRs.

低模板 DNA 的检测

T. 卡拉古尼、K. 柯里、C. 奥康纳和 Z. M. 布迪姆利贾，美国，纽约，纽约市首席法医办公室

版权© 2013 爱思唯尔公司保留所有权利

术语

等位基因插入　一种随机效应，源于非常少的模板 DNA（与主要成分无关）扩增。

等位基因缺失　一种随机效应，由于极端杂合子不平衡而导致主成分中缺少一个等位基因。

弗莱伊听证会　美国的一种司法程序，根据相关科学界对证据的普遍接受程度，确定用特定技术检验的证据的可采性。

似然比　一组数据在两个相互竞争的假设下的概率之比。

低模板 DNA 检测　一种比传统 DNA 检测更灵敏的方法，用于检验低拷贝或者低质量的 DNA，但是这种方法会带来更多的随机效应。

初次转移　生物样本从一个人转移沉积到一个物体上的标准模式。

随机匹配概率　从一个群体中随机选择一个与证据样本具有相同 DNA 图谱的人的概率，显示其稀有性。

二次转移　生物样本从一个人转移到另一个人，然后转移到被采样的物体上，或者从一个人转移到一个物体，然后再转移到另一个直接采样的人。

随机效应　DNA 分析中出现的随机现象，如等位基因缺失、等位基因插入、严

143

重的杂合子不平衡、影子带的增多等，这是由非最佳的模板 DNA 扩增造成的。

影子峰 在 DNA 扩增过程中发生了滑链错配，在 DNA 重复区域更为普遍。

三级转移 生物样本从一个人转移到一个物体上，然后由另一个人触摸该物体后再触摸另外一个物体，后者被采样。或者，生物样本可以从一个人转移到处理一个物体的第二个人，然后被直接采样的第三个人触摸。

验证 测试程序是否满足其预期用途的一组实验，任何方法在被法医实验室应用之前都应该进行这种测试。

定 义

低模板（LT）DNA 检测是比传统 DNA 检测更灵敏的一种方法，它指的是对 DNA 含量少的样本进行分析，例如 DNA 量少于 100 pg。这种技术有时被称为低拷贝（LCN）检验、高灵敏度（HS）检验、追踪 DNA、接触 DNA。从触摸的样本（其中已沉积皮肤细胞）中提取 DNA 的量，通常比肉眼可见的生物样本（如血斑、精斑）中的 DNA 量低很多。低模板 DNA 检测也可以定义为任何涉及有限数量（或质量）DNA 的技术，这种技术将表现出更多的随机效应。困难在于尝试建立一个通用阈值，低于这个阈值，应始终使用低模板 DNA 检测，因为随机效应会随着模板 DNA 数量的减少而增加。在实际应用中，阈值在样本分型时是有用的。低模板 DNA 检测使用与常规 DNA 检测相同的实验室技术，但是，它们包含了一些旨在增加 DNA 信号的微小改变。

低模板 DNA 检测方法的应用

低模板 DNA 检测对法医学领域来说并不是一项新的或独有的技术，多年来其在科学界的许多不同领域中都有使用。1996 年，法国科学家 P. 塔伯莱（P. Taberlet）等人描述了"使用 PCR 扩增 DNA 含量极低的样本得到了可靠的基因分型结果"。他们开发了应用数学模型来评估低样本量 DNA 与高样本量 DNA 的扩增。通过生物学实验，他们证明了这两种模型的一致性。一年后，I. 芬德莱（I. Findlay）等人报道了操作和分离单个细胞进行基因分型及 STR 分析。他们在大多数情况下都扩增出了 DNA（91%），一半情况下（50%）获取了完整的 DNA 分型图谱，有 64% 的概率得到"可用的"图谱（6

个 STR 中有 4 个或更多的 STR）。

低样本量 DNA 检测已经成功应用于法医鉴定之外的许多领域，如临床诊断、肿瘤学和免疫学。单细胞聚合酶链式反应（PCR）可用于胚胎植入前遗传诊断（PGD）、筛选 X 连锁的疾病以及确定植入胚胎的性别。从母体血液中分离出胎儿细胞，在某些情况下就不需要其他侵入性技术（如羊膜穿刺术或绒毛取样），并能帮助治疗妊娠早期的遗传疾病。

在肿瘤学领域，单个变异的肿瘤细胞可以被分离、扩增，并与正常的非肿瘤细胞进行比较，以识别转录异常。利用逆转录 PCR（RT-PCR），科学家们已经研究了在受精卵发育最初阶段的细胞分化过程中的基因表达模式。科学家们能够分离出单个细胞并进行 PCR 以确定某些基因的表达模式和调控过程。利用逆转录 PCR，英国科学家比吉特·利斯（Birgit Liss）研究了大脑中不同类型细胞的基因表达模式。

奥地利科学家（使用激光显微切割或微操作技术）对正常淋巴细胞、脐带血、极体和卵母细胞、结肠直肠、肾脏、乳腺和血癌细胞进行了全基因组扩增，然后对细胞进行染色体异常筛选。2008 年，对单个癌细胞的突变分析表明，这些细胞中的大多数有共同的起源。此外，单个 DNA 分子被捕获在液滴中，以允许高通量的单拷贝基因扩增（SCGA）。

1999 年，英国法医科学服务中心（FSS）首次在法医案件中对低模板 DNA 进行扩增。线粒体 DNA 由于母系遗传（通过母亲），无法进行个体识别。作为线粒体 DNA 分析的一种替代方法，首席科学家彼得·吉尔（Peter Gill）和他的同事们建立了一个框架，不仅用于分析低模板 DNA，还用于解释从这种技术中获得的结果。这为这些技术在欧洲、美国、澳大利亚和新西兰犯罪实验室中的应用奠定了基础。

低模板 DNA 检测的实施

为了检测微量的 DNA，通常使用以下改进技术：增加 PCR 循环数或修改 PCR 程序，纯化 PCR 产物，和/或增加电泳参数。这些改进会增大 DNA 检测中固有的随机效应，主要包括等位基因缺失或插入，杂合峰不平衡加剧，和/或大的影子峰。例如，对非常少的模板 DNA 进行扩增可能存在主成分以外的等位基因峰，也就是所谓的等位基因插入。在法医证据中，这些 DNA 可能来自犯罪之前或之后。另一个后果是高度杂合子不平衡，最极端情况下可能导致一个等位基因丢失，造成等位基因缺失。此外，如果影子峰出现在 PCR 的早期，在增加循环数的情况下，它的峰高会比主峰更高。为了适应这些现象，需要修订常规检测方法和解释程序。

法医采用特定的质量控制、检测、解释程序，以适应随机效应。必须对每个实验室开展特有的研究，以证明这些策略可以产生可靠、稳健和可重复的结果。这些研究是对法医工作中使用的程序和解释政策的验证或综合测试。

通过验证，实验室必须证明它们是在一个背景 DNA 含量极低的环境中工作的。组织培养应采取全面的预防措施。例如，检测应在专用的、受保护的工作空间中进行，以防止实验室人员的无意污染。还应穿戴适当的防护服，包括全套实验室工作服、遮住口鼻的口罩、手套（工作和证据检验要戴双层手套）和遮住头发的帽子。在证据检验的每一步之前和之后，所有设备必须例行清洁。一种常见的清洁方法是使用 10% 漂白剂，然后用水和 70% 乙醇清洗。任何塑料制品和水中存在的外源性 DNA 都应该通过紫外线照射或环氧乙烷熏蒸去除。

为了保证所有的试剂及设备不被外源 DNA 污染且能够正常使用，需在使用之前进行检测。此外，每个检测步骤均需质控的介入，包括提取、纯化、富集、扩增以及分离。阳性对照表明试验的稳定性，而阴性对照需采用与真实样本完全相同或更灵敏的处理方式，以便保证结果的准确性。由于测试的灵敏性，在阴性对照中很难检测到 DNA。这样，检测出的 DNA 才是每个离心管中特有的，而非普遍的污染。验证研究时必须确定阴性对照中可以检测到多少 DNA 而不会影响样品结果。

另一种识别假阳性 DNA 的方法是重复实验。将提取的 DNA 均分，用于多次检测，例如，每次检测 DNA 模板量可高达 100 pg。尽管在不同的实验室中，重复的次数可能从 2 次到 4 次不等，但相同的是，等位基因必须至少被观察 2 次才能被确认。如等位基因没有重复出现，则它可能不是一个主要成分。已有研究表明，单一的扩增是有误导性的，通过使用这种生物模型，我们可以确定哪些等位基因来自贡献者。除了重复分析，在确定基因型时还考虑杂合子不平衡、基因座扩增效率和增加的影子带等特征。

为了确认结果（即使是使用最低模板量的 DNA）是可重复的，尽管预期解释了随机效应，低模板 DNA 检测程序仍应该被广泛验证。研究通过已知供体的 DNA 样本进行。这些样本应该模拟法医案件，包括血液、骨骼、唾液、精液和皮肤细胞。验证低模板 DNA 检测程序，以确保在存在假等位基因和影子带增加的情况下等位基因分型的准确性。此外，验证应确定定量分析的精度，因为通常 DNA 的量决定是否采用低模板 DNA 扩增程序。

低模板 DNA 分析的统计学考虑

低模板 DNA 分析方法中随机匹配概率的计算，类似于高模板 DNA（HT-DNA）分析方法。这种统计学方法只适用于单一来源的样本或从混合物中推导出的图谱。只有那些符合解释标准的等位基因才能用于计算。如果一个基因座上的一个等位基因是不确定的，那么随机匹配概率计算可以使用 "2p" 规则。

对于一些混合样本，一个或多个个体贡献者的基因型可能无法分辨。可以将已知样本的 DNA 图谱与结果进行比较，并考虑所有重复试验出现的等位基因。如果比较样本中所有的等位基因都出现在混合物中，就可以计算出包含的概率。这个值表示由于具有相同的等位基因组合而可能成为混合基因贡献者的个体数量。

一个已知样本的等位基因在混合结果中没有出现，并不一定意味着可以排除，因为可能通过科学解释这种缺失，包括模板 DNA 的数量、降解、混合物中贡献者的数量、相关位点的扩增效率和 STR 重复区域的长度。为了对这种比较进行统计加权，需要进行更复杂的计算。

有充分证据表明，低模板 DNA 分析本身是一个复杂的过程，因此，可以计算出许多不同的概率。在理想情况下，概率模型应包含插入和缺失的可能性，并应考虑不相关人群和相关人群中等位基因的频率。从单个参与者到多个参与者（其中一个或多个参与者未知），可以计算各种场景的似然比。为一系列场景开发的软件——涵盖了等位基因频率、插入的概率和基因座特异性缺失，已经在一些法医实验室中得到验证。

计算似然比的一个关键因素是混合样本中贡献者的数量。由于等位基因的缺失和插入，如果不把这些现象的频率纳入另一个概率模型，那么确定这个值具有一定挑战性。尽管如此，在没有更先进的软件可用前，使用最大似然法或基于经验的标准的模型仍可用来估计似然比。但是这种包含所有参数的概率模型很难实现。因此，如果假设已被严格说明，可以考虑取近似值。

案件示例

低模板 DNA 分析在法医案件的应用已经超过 10 年，用这种方法分析的证据已被多个国家的法院接受。这项技术已经在许多法医实验室中得到广泛的验证，因此得到了相关科学界的普遍认可。以下两个重要的案件突显了这一点。

"皇后郡与肖恩·霍伊的对抗"案件（奥马爆炸事件）

奥马爆炸事件是 1998 年至 2001 年间在北爱尔兰及伦敦发生的一系列爆炸和未遂爆炸事件中的一部分。1998 年夏天，一辆汽车炸弹在北爱尔兰奥马的一个繁华商业区爆炸。爆炸造成 29 人死亡，数百人受伤，这是北爱尔兰近 30 年来暴力事件中最致命的。2003 年，警方逮捕了一名叫肖恩·霍伊（Sean Hoey）的电工，并对其进行指控。

检方依据的证据显示，嫌疑人与犯罪现场发现的炸弹碎片之间存在关联。证据经过了两个阶段的检测。最初的检测包括炸弹的重建和光纤比较。2000 年至 2001 年，英国法医科学服务中心使用低模板 DNA 检测方法对这些证据上的 DNA 进行重新检测。1998 年 4 月和 2001 年 4 月，从装置上提取的 DNA 与肖恩·霍伊的 DNA 相同。2003 年 9 月和 2003 年 11 月，更多的爆炸装置上也检测出了上述 DNA。然而，这些装置都没有被引爆，奥马爆炸案的引爆装置中并没有检测到 DNA。

不幸的是，在 1998 年，几乎没有采取预防措施来保持证据的完整性。在收集证据的过程中，物品之间的 DNA 污染和交叉污染的风险很高。这些因素导致首席法官决定驳回 DNA 证据并指出："没有按照旨在确保 DNA 检验乃至低拷贝 DNA 检验所需的高度完整性的方法来收集或保存物品。"反对低模板 DNA 检测的主要理由是，这项技术没有经过英国法医科学服务中心以外专家的验证。判决书给出了验证的定义，并指出低拷贝系统尚未得到国际科学界的充分验证。根据英国皇家检察署（CPS）的消息来源，该案件导致了 3 周的低模板 DNA 检测的临时暂停，随后启动了英国法医科学服务中心低模板 DNA 案件的内部审查。这项审查已经完成，并于 2008 年 1 月 14 日取消了暂停，英国皇家检察署声称"没有发现任何迹象表明目前低模板 DNA 存在问题"，"在低拷贝 DNA 分析过程中不存在固有的不可靠性"。

皇后郡低模板 DNA 弗莱伊听证会

弗莱伊标准或弗莱伊检验，是评估一项技术在相关科学界是否被普遍接受，从而决定应用该技术检测的证据在法庭上是否被接受的标准。关于低模板 DNA 常染色体检测在美国的使用，第一个完成的案件是纽约州人民诉赫曼特·麦加帝斯案（People of the state of New York V. Hemant Megnath），由皇后郡高等法院法官罗伯特·J. 汉诺菲（Robert J. Hanophy）主持。

被告人因涉嫌在被害人家外割断其喉咙而被控一级谋杀罪。据称，麦加帝斯乘坐他的车逃跑了，当时他的车是搜查令搜查的对象。一些样本中含有低模板 DNA，将被告人与谋杀联系在一起。

在终审判决中，汉诺菲法官说道："根据这次听证会的证词，法院对案件事实作出如下判决……法院认为，目前由纽约市首席法医办公室（OCME）提供的一些可信的证据表明低拷贝 DNA 的测试样本分型是可靠且 100% 可重复的。法院认为，纽约市首席法医办公室根据其广泛的验证研究，开发了针对 LCN DNA 检测的解释条款，当正确地执行这些条款时，始终能产生可靠和可重复的结果。因此，根据在听证会期间提交给法院的所有证据，法院认为，已经有大量可信的证据证明，由纽约市首席法医办公室进行的低拷贝 DNA 检测增加扩增周期，符合弗莱伊标准，因此可以在审判中使用……"

"此外，除了认为本案证据符合弗莱伊标准，法院还发现弗莱伊标准仅适用于新的科学技术。在本案中，依据的是听证会上提出的可信证据。法院认为，纽约市首席法医办公室进行的低拷贝 DNA 分析并不是一项新的科学技术……多年来，法医界普遍认为 DNA 检测是可靠的。20 多年来，根据弗莱伊标准，它也被纽约州法院认定为可接受的［人民诉韦斯利案（People v. Wesley）］。高拷贝（HCN）DNA 检测中使用的分析方法已经被全国范围内的法院承认多年，纽约市首席法医办公室进行低拷贝 DNA 检测时使用的方法基本上与此相同。"

"因为纽约市首席法医办公室的低拷贝 DNA 检测基本类似于高拷贝 DNA 检测，除了增加的扩增循环数，法院认为纽约市首席法医办公室的低拷贝 DNA 检测不适用于弗莱伊标准要求的新的科学技术……事实上，低拷贝和高拷贝两种形式的 DNA 检测需要采取相同的步骤。这些步骤，即提取、定量、扩增和电泳，在高拷贝和低拷贝 DNA 检测中几乎是相同的。同样，一些影响因素，如影子带、等位基因缺失或者插入，也会发生在两种检测中。事实上，纽约市首席法医办公室已经为高拷贝和低拷贝 DNA 检测准备并遵循了解释程序，以便在这些科学现象发生时对其进行解释。这些程序是由纽约市首席法医办公室在其验证研究的基础上开发的，并基于全球范围内其他进行高拷贝和低拷贝 DNA 检测的法医使用的类似程序……" 在审判中，所有的证据都被出示，被告人随后被判有罪。

其他案例

低模板 DNA 检测已被用于当前的案件、陈年积案和定罪后的检测中，涉及各种各样的案件类型，包括杀人案、性侵案、财产犯罪、纵火案、仇恨犯罪、失踪人员调查和遗体鉴定。低模板 DNA 图谱已经从许多类型的接触证据中获得，包括个体长期或短暂接触过的物品。这些物品包括汽车、安全气囊、门把手、窗台、工具、珠宝、钥匙、打火机、火柴、信件、信封、钢笔、瓶身、武器和爆炸装置的碎片。从新鲜的和存档的指纹中也获得了 DNA 图谱。此外，在绳索、吊窗绳和胶带等绑扎物以及衣物上也发现了外源 DNA。攻击者与衣物接触的确切位置有助于目标检测。

虽然低模板 DNA 检测在刑事案件中的主要应用是检测接触物品，但它也用于检测旧的、降解的或其他受损的体液样本。一个进行低模板 DNA 检测的示例，是一起发生于纽约市的一名女子指控的性侵案。2005 年，一名女子和朋友出去喝酒，后来她和朋友分开，遇到了一群男子。她和其中一名男子一起离开，去参加聚会。她声称在此期间被强奸。在她过后再次与朋友会合时，她与其中一人发生了肢体冲突，但当她声称自己在之前曾遭到性侵后，冲突便停止了。

强奸检测试剂盒结果呈阴性，但在这名女子的手臂和肩膀上发现了咬痕。根据这名女子的证词，被告人被认定犯有性侵罪，并被判处 20 年监禁。但被告人坚称自己无罪，并要求检查咬痕上的棉签口腔脱落细胞。低模板 DNA 检测结果显示，只有女性的 DNA，和该女子的一个朋友分型一致。这名女子随后承认并未发生性侵，原判决在 2010 年被推翻。

补充考虑

证据的作用大小取决于案件的背景，DNA 也不例外。DNA 分析专家可以确定体液或物质的类型、提取的 DNA 量和样本的来源。然而，样本的陈旧性和它的存放方式（直接或间接）是无法确定的。尽管如此，研究人员仍在进行一些研究，以确定 DNA 从一个人转移到另一个人和从人转移到物体的可能性有多大。从一个物体上提取的 DNA 量取决于许多因素，如在接触物体前是否洗手，接触过物体的人数，物体接触后检验前的保存状态和保存时间。英国科学家 A. 罗威（A. Lowe）等人在一项研究中评估了一个人的 DNA 留在物体上的能力，他们基于在触摸过的物体上检测到 DNA 图谱的能力评估"脱落类型"。如果能得到完整的 DNA 图谱，即使在洗手之后，这些人也会被视为"易于脱落者"，与之相对应的是只得到部分 DNA 图谱的"不易脱落者"。

有几种关于 DNA 转移的理论，初次转移是标准的从一个人到一个物体的沉积模式。如果一个人摸了一把刀的刀柄，然后从刀柄上提取了其 DNA，这就是一种初次转移方式。二次转移是指 DNA 从一个人直接转移到另一个人身上，后者触摸了被采样的对象，或者从一个人接触的物体转移到另一个被擦拭或取样的人身上。例如，A 与 B 握手后，B 又接触了枪支。从直觉上来说，枪支上 A 的 DNA 样本会明显少于 B。三级转移是指 DNA 从一个人转移到一个物体上，并由另一个接触该物体的人转移至另一物体，然后对后一物体进行采样。或者，DNA 可以从一个人转移到另一个人身上，后者接触一个物体，然后由第三个人触摸了这个物体，对第三个人进行采样。例如，A 触摸了一个门把手，B 触摸了同一个门把手，然后又触摸了刀，那么就产生了问题，即 A 的 DNA 样本能否在刀上被检测到。

研究表明，虽然皮肤细胞的 DNA 可以通过二次转移被检测到，但这种转移的程度仅限于某些情况。例如，为了检测到第一个人的 DNA，第二个人必须在接触第一个人之后立刻触摸物品。如果在这个过程中有接触其他任何物品，第一个人的 DNA 很可能就会被保存在这些物品上。在许多情况下，最初的人与采集的样本并没有任何关联。如果第一个人的 DNA 样本被检测出来，采集的样本往往是混合的，并且第一个人通常是次要贡献者。

关于三级转移，在接触顺序中引入另一个对象降低了检测到第一人的可能性。研究表明，如果使用一个随机物体和非亲密的个体，尽管能发现第一个人的一些等位基因，但不能把第一个人和样本联系起来；如果第一次与第二次触摸物品间隔时间较长，这样的等位基因就不明显。这些研究表明，一个人通过三级转移与某一物品相关联的可能性极小。

在司法审判中，低模板 DNA 分析已被应用于法医工作中，且已被证明是一个有价值的工具，以确定在犯罪现场发现的物体上的 DNA 来源。就像所有的科学技术一样，必须验证低模板 DNA 检测的标准操作规程，以确保结果是可靠和稳健的。由于存在等位基因丢失和插入的可能性，对于推断混合样本的统计方法应该包括这些现象的概率。定性和定量的结果都应该根据案件的背景仔细考虑。总之，低模板 DNA 提高了检测的能力，处理了以前不能确定的样本。

参见

生物学/ DNA：基本原理；贝叶斯网络；DNA——统计概率；DNA 提取和定量；法医遗传学：历史；混合斑解释（仅针对 STR 的混合 DNA 图谱进行解释）；下一代测序技术；短串联重复序列

生物学/ DNA /方法/分析技术：法医遗传学中的毛细管电泳

进一步阅读

Balding, D. J., Buckleton, J., 2009. Interpreting low template DNA profiles. *Forensic Science International*：*Genetics* 4, 1–10.

Benschop, C. C., van der Beek, C. P., Meiland, H. C., van Gorp, A. G., Westen, A. A., Sijen, T., 2011. Low template STR typing：effect of replicate number and consensus method on genotyping reliability and DNA database search results. *Forensic Science International*：*Genetics* 5, 316–328.

Buckleton, J., 2009. Validation issues around DNA typing of low level DNA. *Forensic Science International*：*Genetics* 3, 255–260.

Caragine, T., Mikulasovich, R., Tamariz, J., et al., 2009. Validation of testing and interpretation protocols for low template DNA samples using AmpFfSTRR, identifiler R. *Croatian Medical Journal* 50, 250–267.

Findlay, 1., Quirke, T. P., Frazier, R., Urquhart, A., 1997. DNA fingerprinting from singlecells. *Nature* 389, 555–556.

Gill, P., Buckleton, J., 2010. A universal strategy to interpret DNA profiles that does notrequire a definition of low-copy-number. *Forensic Science International*：*Genetics* 4, 221–227.

Gill, P., Kirkham, A., Curran, J., 2007. LoComatioN：a software tool for the analysis of low copy number DNA profiles. *Forensic Science International* 166, 128–138.

Gill, P., Whitaker, J., Flaxman, C., Brown, N., Buckleton, J., 2000. An investigation of the rigor of interpretation rules for STRs derived from less than100 pg of DNA. *Forensic Science International* 112, 17–40.

Hahn, S., Zhong, X. Y., Troeger, C., Burgemeister, R., Gloning, K., Holzgreve, W.,

2000. Current applications of single-cell PCR. *Cellular and Molecular Life Sciences* 57, 96−105.

Haned, H., Pime, L., Sauvage, F., Pontier, D., 2011. The predictive value of the maximum likelihood estimator of the number of contributors to a DNA mixture. *Forensic Science International*: *Genetics* 5, 281−284.

Lowe, A., Murray, C., Whitaker, J., Tully, G., Gill, P., 2003. The propensity of individuals to deposit DNA and secondary transfer of low level DNA from individuals to inert surfaces. *Forensic Science International* 129, 25−34.

Mitchell, A., Ducasse, N., Tamariz, J., Wong, A., Prinz, M., Caragine, T., 2011. Evaluating dropout and drop-in rates for statistical analysis of compromised samples. *Proceedings of the American Academy of Forensic Sciences*.

van Oorschot, R. A., Ballantyne, K. N., Mitchell, R. J., 2010. Forensic trace DNA: a review. *Investigative Genetics* 1, 14.

Petricevic, S., Whitaker, J., Buckleton, J., et al., 2010. Validation and development of interpretation guidelines for low copy number (LCNJ DNA profiling in New Zealand using the AmpFISTR SGM Plus muitiplex). *Forensic Science International*: *Genetics* 4, 305−310.

Taberlet, P., Griffin, S., Goossens, B., et al., 1996. Reliable genotyping of samples with very low DNA quantities using PCR. *Nucleic Acids Research* 24, 3189−3194.

Tamariz, J., Wong, A., Perez, J., Prinz, M., Caragine, T., October 2009. Investigation of the detection of DNA through secondary and tertiary transfer. In: *20th International Conference on Human ldentification*, Las Vegas, Nevada, pp. 12−15.

Tvedebrink, T., Eriksen, P S, Mogensen, H. S., Marling, N., 2009. Estimating the probability of allelic drop-out of STR alleles in forensic genetics. *Forensic Science International*: *Genetics* 3, 222−226.

相关网站

http://cps. gov. uk−The Crown Prosecution Services of England.

http://www. denverda. org−Denver District Attorney's office.

http://www. cstl. nist. gov−lnformation on Low Template/Low Copy Number DNATesting on STRbase.

http://www. nyc. gov−New York City Office of Chief Medical Examiner.

http://www. nydailynews. com−New York Daily News.

http://business. timesonline. co. uk−The Times of London newspaper online.

X 染色体遗传标记

V. 佩雷拉和 L. 古斯芒，葡萄牙，波尔图，波尔图大学分子病理学和免疫学研究所

版权© 2013 爱思唯尔公司保留所有权利

术语

排除能力　一个特定标记或一组标记排除人群中随机个体父权的能力。

基因漂移　基因座中等位基因频率的随机波动。基因漂移的强度因人群大小而异，在小群体中效应更强。从长远来看，基因漂移会导致群体遗传变异的丧失。

单倍型　染色体上共同遗传的不同等位基因的组合。

似然比　一种统计检验，通过比较两种假设计算某个观察结果更可能发生的概率。

连锁不平衡　位于同一或不同染色体上的两个或多个基因座的等位基因的非随机组合。

个体识别能力　一个给定标记或一组标记区分一个群体中两个随机个体的能力。

随机匹配概率　随机 DNA 样本与从证据中获得的 DNA 样本具有相同分型的概率。

X 染色体

起源及演化

X 染色体是人类的性染色体之一。X 染色体大约有 1.55 亿个碱基对以及 1100 个基因，约占人体基因组总量的 5%，而人类基因组由 20 000—25 000 个基因组成。

两条性染色体均起源于一个祖先的常染色体对（图 1）。在 3 亿年前，这对常染色体开始累积差异，并在整个进化过程中经历结构和功能上的变化，产生了两条不同的染色体：X 和 Y。

尽管起源相同，但 X 和 Y 染色体有着不同的进化途径：Y 染色体在进化的过程中丢失了大多数基因组，Y 染色体全长的 95% 不发生重组。X 染色体仍然保留着它过去的常染色体痕迹，在女性配子形成的过程中，X 染色体全

长都有可能重组。这两条染色体端粒上的拟常染色体区仍存在同源序列
（PAR1 和 PAR2，图 1）。

特征

X 染色体的特殊性使它成为遗传学研究的一个有趣课题。很多情况与 X
染色体上特定基因的突变有关。血友病即是一种典型的与 X 染色体有关的
疾病。

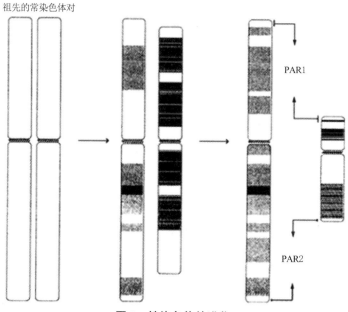

祖先的常染色体对

PAR1

PAR2

图 1　性染色体的进化

在过去的 10 年中，把 X 染色体遗传标记作为法医和群体遗传学研究工具
的研究不断增加，因为这可以帮助检测潜在的遗传分化机制，而这些通常不
被传统的常染色体分析标记捕获。

人类有一对性染色体，但在男性和女性的每个细胞中，X 染色体的数量
是不同的。女性带有一对 X 染色体，而男性带有一条 X 染色体及一条 Y 染色
体。因此，男性从其母亲身上遗传获得一条 X 染色体，而女性则从父母双方
各获得一条 X 染色体（图 2）。父本来源的 X 染色体没有发生重组（除了
PAR），而是直接传给了女儿，而母本来源的 X 染色体包含了母亲两条 X 染色
体上的遗传信息。

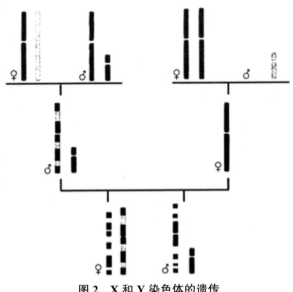

图 2 X 和 Y 染色体的遗传

考虑到男性和女性拷贝数的差异，研究男性 X 染色体可以直接获得他们的单倍型。由于重组只发生在女性中，每一代只有 2/3 的 X 染色体发生重组。因此，X 染色体不成比例地受到女性群体统计学的影响，这使得对 X 染色体的研究对检测两性之间的细微差异有很大作用。

在相等数量的男性和女性组成的人群中，每 4 条性染色体中只有 3 条 X 染色体。此外，在一个群体中，每 3 条 X 染色体，1 条是父系遗传的，2 条是母系遗传的。这不仅会导致重组方面的差异，还会导致两者之间的突变率产生巨大差异，即 X 染色体在男性配子中突变率更高，在女性中突变率较低。

由于这些特征，并且它的出现时间较短，X 染色体的多样性预计低于常染色体。因此，从群体遗传学的角度来看，对特定群体来说，选择、基因漂移或人群中的亚结构的影响更为明显。在连锁不平衡模式中也观察到同样的结果。连锁不平衡可以定义为两个或多个基因座的等位基因的非随机组合。有几个因素会打破连锁不平衡状态，如遗传标记之间的物理距离、重组和突变。考虑到重组只发生在女性身上，每一代只有一半的 X 染色体会重组，因此通过重组打破连锁不平衡必然需要更长的时间。与常染色体相比，X 染色体遗传标记的连锁不平衡更严重，具有单一遗传历史的区域更大，使其成为检测人群中连锁不平衡模式的更好、更准确的工具。

常染色体与 X 染色体的比较分析可用于揭示男女群体在历史、迁移和繁殖模式方面的差异。基于性别的研究通常比较从 Y 染色体和线粒体 DNA 的标记中获得的信息。与线粒体 DNA 及 Y 染色体分析不同的是，利用 X 染色体可以同时对两性进行研究，这使它成为研究两性突变率和重组模式等群体遗传学差异的理想系统。由于重组，X 染色体由一个个模块组成，不同的染色体区域可提供不同的遗传历史信息，不同于单亲遗传标记作为单个基因座传播且所有标记共享相同的系谱历史。

法医遗传学中的 X 染色体遗传标记

如前所述，X 染色体结合了常染色体和单亲遗传标记（Y 染色体及线粒体 DNA）的一些特征，这使其成为群体和法医遗传学研究的重要工具。

法医遗传学在很大程度上基于群体遗传学研究。在法庭上提交法医遗传学证据是在面临不确定性的情况下进行的，其在统计学上比较似然比，即以随机群体为背景，比较在两种假设下观察到某一现象的概率。

法医遗传学案件的大部分工作涉及三个主要领域：微量样本分析、个体识别以及建立生物学亲子关系或其他亲缘关系。

以下内容将介绍应用 X 染色体标记来解决一些其他类型遗传标记不能解决的问题，以及它可作为常染色体数据分析的补充的情况。

微量样本分析

常染色体标记是法医常规案件中微量分析的首选方法，因为目前可用的试剂盒具有很强的识别能力，在大多数情况下它们可以给出可靠的结果。

X 染色体标记在微量样本分析中的效用、个体识别能力，不仅取决于个体的性别，还取决于微量或混合样本的性质。

如果在女性背景中搜索女性痕迹（例如，女性指甲下的女性上皮细胞），那么 X 染色体所提供的信息会产生与常染色体分析相同的结果，而在个体识别中没有增加价值。

当需要在男性背景中搜索男性痕迹时，不建议使用 X 染色体标记，因为只分析一条 X 染色体，只使用基因座的一个等位基因时，个体识别能力较低。

在男女混合样本中调查男性和女性个体时，使用 X 染色体的优势就出现了。在这种情况下，X 染色体的个体识别能力将高于常染色体。所有的女性等位基因都包含在男性 DNA 图谱中的概率意味着，在所有被考虑的系统中女性都必须是纯合的，这对于具有高度多态性的法医遗传标记来说，发生的概率很低。

如前所述，在女性背景中搜索男性痕迹时，不建议使用 X 染色体，因为男性等位基因包含在女性等位基因中的概率很高。

X 染色体分析也可以用于从陈旧的和降解的样本中提取 DNA，在这些样本中，大部分常染色体数据可能都已丢失。它还可用于大规模灾难受害者的个人身份鉴定，因为在这种情况下，可获得的 DNA 数量有限，而且必须根据很少的遗传标记来建立家族联系。

亲子鉴定及亲缘关系分析

在微量样本方面，大多数法医学常规案件，包括三联体的亲子鉴定，都可以通过常染色体遗传标记轻松解决。

在父女关系或母子关系中，X 染色体的使用是非常有效的，且可以提供额外的信息。

由于它的遗传方式，X 染色体标记对父子关系的分析毫无用处。在两个可疑父是父子关系的情况下，X 染色体分析可能比常染色体更有帮助，因为它们不会通过遗传共享相同的 X 染色体等位基因。

同一父亲的女儿之间会有相同的父源 X 染色体。X 染色体标记可用于鉴定全同胞姐妹或半同胞姐妹的亲缘关系，能比常染色体更有效地认定或排除父系亲缘关系。

只要 X 染色体谱系不被父子关系打断，几代人的系谱和系谱重建也是 X 染色体标记的潜在应用之一。

X 染色体标记的研究在父系亲缘关系鉴定案件中发挥了很大的作用，在这些案件中，假定父亲不能立刻被找到，而必须对其最近的亲属进行分析。常染色体遗传标记的排除能力下降，在这种情况下，X 染色体标记的分析可以提供更多的信息，特别是假定祖母可以进行基因分型时。由于男性会从母亲那里继承 X 染色体，假定父亲的单倍型（他会传给他的女儿）可以从祖母那里推断出来。

举个例子，在这个案例中，假定祖母可以提供较多的信息（图 3）。在缺乏假定祖父 I 的时候，尽管可以获得叔父 V 和 VI 的信息，但常染色体短串联重复序列（STR）所提供的信息是不充分的。甚至在这些信息也缺失的情况下，假定祖母 II 的 X 染色体 STR 分析已足以决定 IV 和 VII 的亲缘关系，这是由于假定祖母已包含了假定父亲 IV 的所有等位基因。

在更常见的情况下，如果没有祖父母的信息，则可以使用 V 和 VI 来重建祖母的图谱。使用更多的子女来重建 II 的完整分型，分析将更有参考价值。

尽管与目前建立的常染色体方法相比，X 染色体的群体调查和法医遗传学研究仍是最近的事，但上述情形证实了法医遗传学中使用 X 染色体标记的潜力和解决某些遗传学上疑难问题的重要性。从个体识别到亲子鉴定和亲缘关系分析，X 染色体已被证明是重要且有价值的工具。

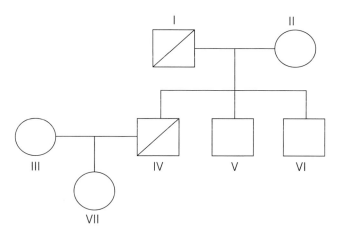

图3　X染色体比常染色体携带更多信息的一个案例

沿着 X 染色体的特定部分已识别出不同类型的标记，这些标记现在已有多种应用。根据研究目的，可以选择彼此或多或少相互分离的标记，这些标记显示出不同程度的关联，并呈现出不同的群体多样性（通常与突变率有关）。

遗传标记

个体间的差异是所有法医和群体遗传学研究的核心。从早期的"经典标记"到现在，基因分析已经走过很长的路。早期的人群和个体识别研究是利用个体的血型信息或蛋白质和酶标记完成的。随着分子生物学的发展，尤其是 1983 年出现的聚合酶链式反应的发展，研究重点转向新一代的"分子标记"，其中 DNA 多态性占据了突出的位置。DNA 多态性通常定义为群体中个体间 DNA 序列的变化，在人群中至少有两个等位基因频率超过 1%。

限制性片段长度多态性最早用于个体识别，但在过去几十年里，新技术的发展和小型化使研究其他类型的遗传标记成为可能，如微卫星或 STR、单核苷酸多态性（SNP）和插入/缺失多态性（Indel）等。

遗传标记的特殊性使得可以从不同类型的遗传标记中获取不同的信息，因此根据研究目的来评估其充分性是很重要的。

本部分根据遗传标记目前在 X 染色体上的应用，简要回顾了最常用的遗传标记的特征。

STR

STR 是由短串联重复（通常 2 bp 至 6 bp）组成的 DNA 序列，其重复单位因个体而异。

据估计，每 1 万个核苷酸中就会出现一个 STR，约占人类基因组变异总数的 3%。尽管它们分布在整个基因组中，但大多数的 STR 都位于非编码区域。这些遗传标记具有中度或高度多态性（平均突变率约为 $2.1×10^{-3}$），这使其个体识别能力很高。STR 也可以用简单快速的分型技术进行基因分型。

根据重复基序的不同，STR 可分为简单型和复杂型。基序的复杂程度和长短影响突变率和不同等位基因的数量。一些研究表明，长度的增加也会转化为点突变的增加，从而把最初的基序分解为更小的基序，这可以理解为控制片段平均长度的进化机制。

针对上述所有特点，STR 分析已成为评估群体遗传多样性的一种可用方法。

虽然哺乳动物（特别是人类）常染色体和 Y 染色体中有大量的 STR 基因座，但直到最近，科学才开始关注 X 染色体研究的潜力。已经有了几种人类 X 染色体 STR 的多重扩增检测体系。国际法医遗传学会的西班牙语及葡萄牙语工作组已经开发了 10 个 X 染色体 STR 复合扩增系统，用于辅助日常工作。

现在也有商业化试剂盒。目前使用的试剂盒可以同时扩增 12 个 X 染色体 STR，并加入了用于性别鉴定的牙釉质蛋白基因（图 4）。

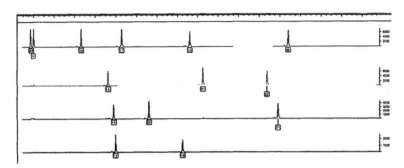

图4 电泳图显示了一个男性个体的 DNA 图谱，分析了 **12** 个 **X** 染色体 **STR** 和牙釉质蛋白基因

虽然 X 染色体 STR 相关数据有所增加，但仍需要进一步研究等位基因频率分布、突变率和连锁不平衡，以继续建立参考群体数据库。

SNP

SNP 是存在于基因组中的单碱基替换。大多数 SNP 是二等位基因，但也有三等位基因和四等位基因。

在法医鉴定和群体遗传学研究中使用 SNP 的优势在于其在基因组中含量丰富——约 85% 的人类遗传变异可归因于 SNP。

与 STR 相比，这些标记具有较低的突变率（约 2×10^{-8}），因此更稳定，这使它们更适合用于亲缘关系分析和需要进行谱系或家系重建的情况。

SNP 也可以被扩增为 60 bp 至 80 bp 的短片段。这一特点使得它们在有低拷贝 DNA 的陈旧样本和/或 DNA 片段化的降解样本分析中起到非常大的作用。在这些情况下，SNP 分析比 STR 分型更有可能产生有效结果。

与 STR 相比，大多数 SNP 是二等位基因，这降低了它们在每个位点的信息量（10 个至 13 个 SNP 的个体识别能力约等于 1 个 STR）。尽管最终 SNP 不会取代目前使用的 STR，但它们可以作为一种补充工具，增加可用信息。

根据特定 SNP 在群体内部和群体之间的特征、基因组位置和遗传多样性，SNP 分析可用于个体识别、表型推断、祖先或谱系研究。

国际人类基因组单倍型图计划（HapMap 计划）是最重要的研究之一，它报告了发生在不同人群中的常见遗传变异。国际人类基因组单倍型图计划已经进入第三阶段，增加了人类基因组中已知的 SNP 密度，迄今为止已经有超过 1000 万个非冗余的 SNP。国家生物技术中心（dbSNP；www.ncbi.nlm.nih.gov/）目前有超过 40 万个已经验证的 X 染色体特异的 SNP，可用于多种目的的分析。

尽管一些研究显示了 X 染色体 SNP 在亲缘关系分析和个体识别中的适用性，但目前在法医分析中使用 X 染色体 SNP 的报道很少。随着更自动化和更快速的 SNP 分型方法的开发，这一领域有望在未来几年得到较大发展。

插入/缺失多态性

在过去的几年中，越来越重要的遗传变异是插入/缺失多态性。

顾名思义，插入/缺失多态性是基因组中核苷酸插入或缺失所产生的长度多态性。它们可具有多个等位基因或双等位基因。大多数双等位基因插入/缺失多态性长度差异在 3bp 至 15 bp，其片段大小可以从一个碱基对的插入/缺失到成百上千个碱基对的插入/缺失。

插入/缺失多态性是仅次于 SNP 的最为丰富的 DNA 多态性。针对人类插入/缺失多态性变异的初步研究表明，插入/缺失多态性占人类所有序列多态性的 6% 至 25%。dbSNP 数据库中已经报告的 SNP 约有 1000 万，而且还在增加，据估计，人类基因组可能包含 160 万至 250 万个独特的插入/缺失多态性，平均每 7200 个碱基一个。考虑到染色体的大小，X 染色体的插入/缺失多态性密度略低于常染色体的平均值，但如果考虑到每条染色体的信息量，这些值与常染色体的平均值相似，大约每 5 kbp 至 13 kbp 有一个插入/缺失多态性。

尽管插入/缺失多态性在整个基因组中相当丰富，但直到最近科学界才开始关注这种特殊的标记。在人类个体识别研究中使用插入/缺失多态性的优势在于，它们结合了 SNP 和 STR 的许多理想特性。插入/缺失多态性的应用范围从个体识别到群体特征刻画。与 SNP 一样，它们在基因组中非常常见，而且大多数不太可能出现反复突变。大多数插入/缺失多态性是由一个频率很低的单一的突变产生的，随后趋于稳定。与 SNP 一样，短片段插入/缺失多态性扩增可以在比 STR 更小的扩增产物中进行，从而提高了从 STR 基因分型可能不太成功的陈旧和降解的样本中获得高质量图谱的可能性。

一些插入/缺失多态性等位基因的频率在几个人类群体中显示了明显的差异，这些插入/缺失多态性在祖源推断中非常有用。

与 STR 一样，短片段插入/缺失多态性基因分型相对容易且快速，可以使用已有的 STR 分型方法进行，而没有使用直接测序方法或其他额外方法的要求。它们适用于高通量分析技术和自动化的基因分型系统。

一些研究已经报道了 X 染色体插入/缺失多态性的复合使用，包含了 13 个至 33 个标记（图 5）。这些数据已经开始应用于欧洲、非洲、亚洲以及美洲土著人群中，显示了这些标记在人口特征和混合人口研究方面的潜力。

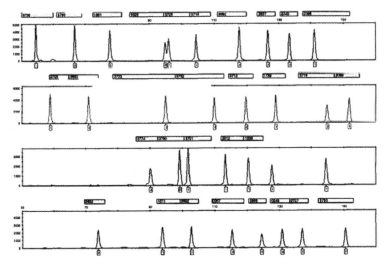

图 5　一个男性个体中 33 个 X 染色体插入/缺失多态性基因分型的电泳图

单倍型域结构

如前所述，尽管 SNP 在整个基因组中大量存在，但由于每个基因座的个体识别能力较低，SNP 分析的应用仍未超过 STR 分型。

多项研究表明，人类基因组具有块型结构，连锁不平衡的重组热点与强连锁区域交替出现。随着这些块状结构在整个基因组中被检测，一种新的遗传标记引起了法医的关注，即单倍型域结构。

单倍型域结构指几个相邻的紧密相连的 SNP 会形成一个块，一起被遗传，它们之间很少或没有发生重组。虽然这个块内每个 SNP 的个体识别能力较低，但当它们作为一个整体时，将形成单倍型。这样一来，个体识别能力就会增强，从理论上说，它将等同于 STR。所观察到的单倍型可与 STR 基因座中的等位基因相媲美。

一些研究已经描述了常染色体上单倍型域结构的特征，但对 X 染色体仍有一些工作需要做。由于 X 染色体自身的大小，预计有 4 个或 5 个单倍型域结构可以用于法医案件。

结　论

在遗传鉴定方面，除了最简单的亲子鉴定和比较生物样本的基因图谱外，还经常出现基因图谱不完整或对结果的解释可能相当复杂的情况。

在这些情况下，将具有特定特征的标记与基因组的几个具不同遗传模式的区域（常染色体、线粒体 DNA、Y 染色体和 X 染色体）结合起来进行分析已被证明是一种切实可行的技术。一些研究已经证明不同情况下的谱系标记在个体识别中的作用。X 染色体标记已证明其在亲缘关系检测中的适用性，尤其是在常染色体数据因不能排除个体之间的某种关系而不能提供一个可靠答案的情况下。

本部分突出了 X 染色体的所有令人关注的特征。X 染色体标记在法医遗传学中的应用作为一个额外的研究工具，对于应对这一领域的一些挑战很重要。

参见

生物学/DNA：短串联重复序列；单核苷酸多态性

拓展阅读

Budowle, B. , Van Daal, A. , 2009. Extracting evidence from forensic DNA analyses: future molecular biology directions. *Biotechniques* 46（5）, 339–340, 342–350.

Edelmann, J. , Hering, S. , Augustin, C. , Szibor, R. , 2009. lndel polymorphisms—an additional set of markers on the X-chromosome. *Forensic Science International Genetic Supplement Series* 2（1）, 510–512.

Edelmann, J. , Hering, S. , Augustin, C. , Kalis, S. , Szibor, R. , 2010. Validation of six-closely linked STRs located in the chromosome X centromere region. *International Journal of Legal Medicine* 124（1）, 83–87.

Ge, J. , Budowle, B. , Planz, J. V. , Chakraborty, R. , 2010. Haplotype block: a new type of forensic DNA markers. *International Journal Legal Medicine* 124（5）, 353–361.

Kobold, D. C., Miller, R. D., Kwok, P. Y., 2006. Distribution of human SNPs and its effect on high-throughput genotyping. *Human Mutation* 27 (3). 249-254.

Krawczak, M., 2007. Kinship testing with X-chromosomal markers: mathematical and statistical issues. *Forensic Science International Genetics* 1 (2), 111-114.

Mills, R. E., Luttig, C. T., et al., 2006. An initial map of insertion and deletion (INDEL) variation in the human genome. *Genome Research* 16 (9). 1182-1190.

Pinto, N., Gusmao, L., Amorim, A., 2011. X-chromosome markers in kinship testing: a generalisation of the lBO approach identifying situations where their contribution is crucial. *Forensic Science International Genetics* 5 (1). 27-32.

Ribeiro-Rodrigues, E. M., dos Santos, N. P., et al., 2009. Assessing interethnic admixture using an X-linked insertion-deletion multiplex. *American Journal of Human Biology* 21 (5), 707-709.

Schaffner, S. F., 2004. The X chromosome in population genetics. *Nature Reviews Genetics* 5 (1), 43-51.

Szibor, R., 2007. X-chromosomal markers: past, present and future. *Forensic ScienceInternational Genetics* 1 (2), 93-99.

Szibor, R., Krawczak, M., Hering, S., Edelmann, J., Kuhlisch, E., Krause, D., 2003. Useof X-linked markers tor forensic purposes. *International Journal of Legal Medicine* 117 (2). 67-74.

Tomas, C., Sanchez, J. J., Castro, J. A., BOrsting, C., Marling, N., 2010. Forensicu sefulness of a 25X-chromosome single-nucleotide polymorphism marker set. *Transfusion* 50 (10). 2258-2265.

Weber, J. L., David, D., Heil, J., Fan, Y., Zhao, C., Marth, G., 2002. Human diallelicinsertion/deletion polymorphisms. *American Journal of Human Genetics* 71 (4), 854-862.

Zarrabeitia, M. T., Mijares, V., Riancho, J. A., 2007. Forensic efficiency of microsatellites and single nucleotide polymorphisms on the X chromosome. *International Journal of Legal Medicine* 121 (6). 433-437.

相关网站

www. 1000genomes. org-Catalog of Human Genetic Variation.

www. chrx-str. org-Database of X-chromosome STR Markers for Forensic Purposes.

www. hapmap. org-The International HapMap Project.

www. ncbi. nlm. nih. gov/-National Center tor Biotechnology Information.

www. cstl. nist. gov/strbase/-Short Tandem Repeat DNA Internet Database.

祖先信息标记

C. 菲利浦，西班牙，加利西亚，圣地亚哥联合大学

版权© 2013 爱思唯尔公司保留所有权利

术语

混合群体 两个或两个以上群体的组合所产生的影响导致了混合变异的模式，这种模式最初可能只在一个有贡献的群体中普遍存在。

等位基因 等位基因的变异产生了多态性。二元多态性，如单核苷酸多态性（SNP），显示两个等位基因。

常染色体 不决定性别的染色体。

基因型 位于母系和父系染色体上的两个等位基因的组合（或父或母遗传标记中的一个）。

多态性 一个基因、核苷酸序列或重复的基因片段存在变异，其中次要等位基因的频率至少为1%。

单亲遗传 存在于Y染色体或线粒体上的变异只能从父母一方遗传而来。

第一个法医祖先信息标记：早期使用的祖先信息蛋白多态性证明了其研究价值

早在20世纪60年代，达菲（Duffy）血型——基于对红细胞抗原等位基因FY*A和FY*B的血清学检测，作为多态性标记用于法医生物学实验室。非洲血统与达菲无/阴性表型（记为Fy［a-b-］，这两个等位基因由于一个独立的启动子变异而未表达）的强烈关联，表明Fy［a-b-］血样供体可能具有非洲血统。到20世纪70年代末，另外三种红细胞酶多态性被用来专门检测人群的变异，包括血红蛋白S变异体及酶系统中的肽酶A和碳酸酐酶。这些系统的关键特征是非洲人特有的等位基因频率分布，也就是说，尽管在非洲群体中的频率相对较低，只有8%至12%，但在其他大陆没有该等位基因。这意味着具有信息的基因型分别占非洲人的22%、21%和15%，三种检测方法共同为46%的案例提供了指示性信息，如图1（a）所示。肽酶A蛋白，在精液和红细胞中都有表达，它使这个系统能够成功地追踪活跃在伦敦南部的连

环强奸犯的活动，并帮助调查人员将犯罪联系起来。这个案例和其他案例向科学家和研究人员表明，尽管携带祖先信息的基因型的频率较低，但一些标记通常可以提供有效的祖先信息。在达菲血型系统中，超过 99% 的基因型携带非洲信息，进一步强调了当变异限于一个特定群体时祖先推断的法医价值。当然，这代表了祖先推断的一个过于简单的观点，原因有以下几个：很少有多态性表现出如此明显的群体差异；大多数群体的差异性（分歧程度）远低于非洲与非非洲人口比较所显示的程度；群体之间的遗传分化随着典型的城市人口和后殖民人口的混合而迅速消失；几乎没有标记可以完全存在或不存在于一个群体中——值得注意的是，在科伊桑非洲人身上没有达菲阴性基因型，如图 1（b）。既然法医学分析已经进入 DNA 时代，那么早期应用简单的多态性推断祖先的经历给我们的最重要的启示就是，在某些情况下，它们能够提供有价值的调查线索，例如在没有目击证人的情况下，或者在与今天的法医分析更为相关的，当没有 DNA 数据库条目存在时。

Y 染色体及线粒体 DNA 多样性

线粒体 DNA 测序的迅速引入，以及之后 Y 染色体变异（NRY）和短串联重复序列（STR）分型的应用，使这两种单倍型标记的祖先信息价值得到了早期认识。每一个都代表了未重组的单亲遗传的基因组部分，即从母亲遗传给后代（线粒体 DNA）或从父亲遗传给儿子。因此，定义了一个人的线粒体 DNA 和 Y 染色体变异谱系意味着此人与其他相同谱系的人拥有共同的祖先，并可以与全球人口进行比较。自移民首次离开非洲以来，全球人口的分布已经高度分化。此外，它可能有利于法医调查推断亲本的 DNA 来源，特别是当每个家系都不同时。

(a)

System name	Gene	SNP identifier	%informative genotypes	Cumulative% informative	Cumulative% uninformative	SNP	Africa (N=472)	Europe (N=223)	East asia (N=364)
Pap A	CNDP2	rs733062	20.97	20.97	79.03	ra733062	G:0.111 G A:0.889 A	G:0.000 G A:1.000 A	G:0.000 G A:1.000 A
Hb S	HBB	rs334	22.03	38.38	61.62	rs334	A:0.117 A T:0.883 T	A:0.000 A T:1.000 T	A:0.000 A T:1.000 T
CALL	CA2	rs2228063	15 54	47 96	52.04	rs2228063	A:0.919 A G:0.081 G	A:1.000 A G:0.000 G	A:1.000 A G:0.000 G
Fy	DARS	rs2814778	99.56	99.77	0.23	rs2814778	T:0.066 T C:0.934 C	T:0.990 T C:0.010 C	Not genotyped

(b)

	CEPH (Khoisan Africans)	CEPH AFR	African Americans	CEPH EUR	CEPH E ASN	1000 Genomes data	HapMap data
rs2814778	T:1.000 T C:0.000 C	T:0.034 T C:0.966 C	T:0.156 T C:0.844 C	T:1.000 T C:0.000 C	T:1.000 T C:0.000 C	EUR AME EAS AFR	EUR AME CSA EAS AFR

图1 （a）等位基因和基因型频率在三个人群中的分布，这三个人群来自之前使用

的四个法医祖先信息多态性人群。信息基因型表示非洲指示性杂合子和纯合子的组合。饼状图总结了国际人类基因组单倍型图计划（HapMap 计划）中的人群数据。（b）达菲 AIM–SNP rs2814778 的人群等位基因频率数据表示出科伊桑非洲人不寻常的频率，以及非洲–欧洲混合样本在非裔美国人中的影响。CSA＝中南亚（休斯敦的古吉拉特），EAS＝E-ASN

当试图将个体的单亲血统与特定人群相匹配时，出现了两个问题：第一，线粒体 DNA 和 NRY 基因组只是总基因组的一小部分，从而只能推断部分祖先信息。在近代历史上迁移或混合的人群中，发现非典型谱系的概率增加，如帕尔斯人表现出伊朗人 Y 染色体变异特有的谱系，与古吉拉特人更为典型的线粒体 DNA 谱系形成对比。由于几乎每个人都有来自不同地区的祖先，仅基于两种标记物的祖先分析就可能因集中于相对较小的基因组而产生错误的推断。第二，特定谱系人群特异性的基础取决于分析前的人群抽样程度。测量单倍型标记的分布，需要将所有相关的变异位点同时作为一个单位进行分型，因此，需要更多的数字来计算每一个单倍型，而不可避免的是，一个地区的大部分人群都缺乏调查。此外，某些谱系可能成为主导，并在相当广泛的地理区域内共享；值得注意的是，Y 染色体 C*（xC3c）亚群占全世界男性总数的 0.5%，因为它是中亚 Y 染色体变异的主要特征。

尽管有这些限制，线粒体 DNA 和 Y 染色体变异仍能推断供体 DNA 的祖先信息差异。因此，对于试图从单倍型数据中进行祖先推断的法医实验室来说，一种谨慎的措施是与常染色体祖先信息标记一起检查这种变异，以提供多个比较点，并降低祖先推断存在偏差的风险。

参考点：定义人种或祖先、祖先信息度量、常染色体祖先信息标记的类型和参考的人群多样性

定义人种或祖先可能是一个会触发情感的高度敏感的问题，特别是因为给人粗暴地贴上标签或对人进行分类，而忽视了每个人独特文化传承中的许多重要方面。伦理学家普遍关注的一个问题是，法医背景下的祖先推断可能会导致将目标瞄准特定群体，并将举证责任转嫁给该群体的成员，而 DNA 分析侧重于自愿参。许多专家主张用纯粹的地理学术语来定义祖先或原籍人口，避免集中描述"黑人"和"白人"等可见特征。其他常见的描述，如"高加索人"或"拉美裔"，虽然被广泛理解，但缺乏地理上的精确性。总的来说，没有地理标签的群体内部往往隐藏了大量异质性。本部分用了五个大陆板块的描述（这里采用缩写）：非洲撒哈拉以南地区（AFR）；欧亚（EUR），包括欧洲、中东–北非以及中南亚（印度次大陆）；东亚（E-ASN）；印第安（AME）；大洋洲（OCE）。这些描述遵循了一个广泛的人口多样性的大陆分布，大规模人口流动被地理障碍分隔，并一再被证明与遗传变异的分布相吻合。任何对群体多样性的关注都可能忽略人类遗传变异性的普遍特征：同一人群内个体之间的差异约为总的多样性的 85%，而人群之间的差异仅占 15%。尽管这个比例非常小，但仍有大量的遗传变异可以被选择并应用到法医鉴定中。

选择法医鉴定适用的祖先信息标记评估策略带来了一个问题，即如何根据特定的人群比较来衡量任何特定位点的祖先信息。在传统上，人群亚结构度量 F_{st} 是分析杂合度水平的方法，以衡量人群的分化程度；然而，F_{st} 在评估一个标记的个体信息量时效率较低。F_{st} 不能充分反映所比较的两群体之外的潜在多样性，而且也不能很好地从二元多态性（如 SNP）扩展到多等位基因的基因座（如 STR）。

非常简单的变量——等位基因频率差异 δ，用于快速评估二元祖先信息标记（δ：群体 1 中的等位基因频率减去群体 2 的），能提供出人意料的 F_{st} 近似值：$F_{st} \approx \delta^2$ 或 $F_{st} \approx \delta / (2-\delta)$。然而，人们对适当地评估任何标记的祖先信息已经达成共识，即使用更合适的散度度量或 In。通常用来表示 AFR-EUR-E-ASN 三组比较的是 $In3$，扩展到 AME，即 $In4$。尽管回顾祖先信息指标可能只是一个细节，但法医分析的主要约束是成功对 DNA 标记进行分型，因此，选择信息最丰富的位点组合成小规模的、可控的 PCR 多重复合体系是非常必要的。此外，对特定人群比较最具信息的标记还将更好地衡量这些人群之间的混合水平。图 2 展示了两个人群的 δ、F_{st} 以及 In 的关系。

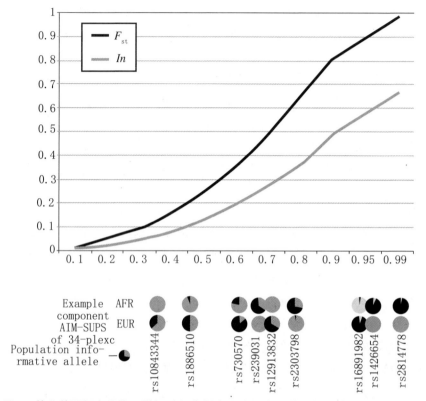

图 2 等位基因频率差值 δ 增加时，非洲人和欧洲人群体分化度量的 F_{st} 和 In。34 重复合扩增标记的 AIM-SNP 的例子排列 δ 值下面

对散度度量的研究继续比较了不同类型常染色体标记的平均信息量。意料之中的是，多重等位基因 STR 与二元位点（主要是 SNP，但包括 Indel：二等位基因插入/缺失多态性）相比，具有更高的 In 值。这强调了每个 STR 的平均等位基因数（之前研究为 12.4）的重要性。尽管绝大多数二元位点的信息量远远低于所有（377 个）STR，但约 1% 的 SNP 给出了超过任何标记的最高值。建立可行的法医祖先信息标记系统有什么意义？首先，大量的人类 SNP 数据为找到人群之间差异最大的位点提供了最好的机会，因此也是最佳的标记。其次，尽管与 SNP 相比，对插入/缺失多态性的研究较少，但它们自身的特点也为法医分析提供了类似的可能性，并为法医分析带来了有价值的特征。最后，用于个体识别的法医 STR 数据也可以提供一些祖先信息。法医

鉴定的 STR 通常表现出较低的种群分化，因此该数据为专门的祖先信息标记集增加了价值，而不是提供一个可行的替代方案。

全球分布的人口的 DNA 样本数据是选择祖先信息标记的最重要的资源，但其范围仍然有限。最广泛使用的数据和最全面的人口分布是由人类基因组多样性小组中心（HGDP-CEPH）提供的，其包括 52 个群体中的 949 个样本：7 个 AFR 群体，8 个 EUR 群体，17 个 E-ASN 群体，5 个 AME 群体和 2 个 OCE 群体（加 4 个中东群体和 9 个中南亚群体）。另外，国际人类基因组单倍型图计划以及千人基因组计划提供了丰富的 SNP 数据，对大陆和混合人群进行了分型，每个种群的全球覆盖范围可能会不断扩大。迄今为止，这两个计划还没有确定亲代 AME 或 OCE 群体的特征。从上述群体资源中获取和发现祖先信息标记最简单的方法是在线筛选等位基因频率数据。尽管个别项目网站提供逐条标记的访问信息，但比较多组 SNP、染色体跨度或群体差异基因（例如色素沉着基因）的高通量方法更为有效。幸运的是，可以使用 SPSmart 软件，并有机会将参考基因型直接加载到"祖先信息标记基因型数据的统计学分析"部分建议的所有人口统计分析中。

常染色体 AIM-SNP

常染色体 SNP 一直是构建最初独立法医祖先信息标记系统的主要焦点。尽管通常随机 STR 组合能提供更多的信息，但是寻找分化差异最大的 SNP 能够发现识别能力最好的祖先信息标记。首先，与其他标记相比，SNP 的数据要丰富得多，所有这些数据都允许对主要人群（AFR-EUR-E-ASN）之间的差异进行分析。最近的基因组测序将此目录扩展到具有 1% 次要等位基因频率的 SNP，值得注意的是，STR 和插入/缺失多态性在检测拷贝数变化方面效率较低。与 STR 相比，SNP 的扩增片段更短，因此有更多的完整 DNA 用于 PCR。与拥有 25 个至 30 个等位基因的的复杂 STR 相比，二元多态性短片段扩增效率高，有利于构建多重位点的体系。最后，一系列的平台可用于 SNP 分型，而且每个反应可检测多达百万个标记，这为更详细地分析人类群体差异提供了可能性。现有的高通量基因分型平台，通常被列为使 SNP 分析适合法医鉴定的一个有利因素。然而，这忽略了这些技术的一个关键缺陷，这一缺陷限制了它们在法医领域的潜在应用——所需 DNA 的模板量通常远远超过从法医检材中提取的 1 ng 至 20 ng 的量。由于祖先分析通常是 STR 鉴定的一个附带分析，在一个普通的 DNA 案例中反应的次数是受限的。此外，警方调查人员已经提高了预期，即纳克水平的 DNA 接触痕迹完全在法医实验室的敏感限度之内。由于这个原因，劳（Lao）等人研发的两个相对较小的 AIM-SNP 复合体系备受关注，其使用简单的 *SNaPshot* 引物延伸，在一个反应中对 34 个 SNP、在两个反应中对 24 个 SNP 进行分型。

第三项研究报告了由哈尔德（Halder）开发的含有 176 个 AIM-SNP 标记的系统，该系统提供了更多的亲缘信息。然而，哈尔德的这套系统是围绕已停产的基因分型化学试剂设计的：基于芯片贝克曼库尔特 *SNPstream* 系统。尽管 *SNPstream* 显示出良好的法医敏感性，并且每个反应可对多达 48 个 SNP 进行分型，但需要专用的耗材或设备，并需要将相同的 SNP 替换组合成独立的 PCR（例如 G/A，C/T，G/T，C/A），这使得该方法受到了限制。因此，反应的最小数目（还未公开报道）很可能是 6 至 8，包含 16 个 G/T-A/C SNP，16 个 G/C，以及 147 个 C/T-A/G。相比之下，*SNaPshot* 使用已有的法医 DNA 检测仪器，并且相对简单地适应不同的 SNP 组合，是目前最好的法医 SNP 分型系统。*SNaPshot* 的主要局限是由于四种染料终止的反应动力学特征不同而导致信号峰不平衡，使得混合 DNA 检测难以实现。具有不同祖先的供体组成的法医混合物可以轻松模仿具有混合血统的单一个体特征，这对于 AIM-SNP 分析尤其重要。即使缺乏多重设计或基于单一的 Taqman 基因分型，法医备选 AIM-SNP 也应考虑已发表的标记。已有两个 SNP 体系被建议应用于法医学：科索伊（Kosoy）筛选的 128 个 AIM-SNP、克斯伯格（Kersbergen）筛选的 47 个 AIM-SNP（包含劳等人开发的 24 个位点）。

表 1 列出了 *In3* 信息最丰富的 5 组 AIM-SNP，同时显示了 *In4* 的值，分别用千人基因组和 HGDP-CEPH 基因型进行了估计（因为没有 HGDP-CEPH 数据，劳和克斯伯格实验中的 *In4* 值缺失）。这些比较中出现了两个有趣的特征：标记共性，即多个研究选择的最佳 AIM-SNP 仅限于两个位点——rs2814778 或 rsl6891982；大多数的前 24—34 个 SNP 在祖先信息方面的 *In* 值大致相当。这些观察结果可能部分反映了所采用的选择策略。34 重复合体系（34-plex）和哈尔德开发的 AIM-SNP 是通过在在线数据库中搜索近年来发现的高分化等位基因频率而积累起来的，而劳、克斯伯格和科索伊的 AIM-SNP 则是分别通过从 1 万和 30 万个全基因组数据中筛选得到的。每个集合中最佳标记的可比性表明，不同的祖先信息标记选择方法可以各自提供信息进而构成

丰富的集合；因此，有足够多的祖先信息丰富的 SNP 可用于构建复合体系，这些 SNP 有足够广泛的基因组分布。极端分化的 AIM-SNP 数量极少，例如，$In3$ 0.75，在任何一个群体内几乎没有变异，通过全基因组筛选的方式很难找到，从而没有存在于劳、克斯伯格和科索伊开发的体系中。最后，34 重复合体系和两个大型 SNP 复合体系之间的累积 $In4$ 值存在差异，这表明标记选择上有不同的方法，34 重复合体系用于 3 个人群的区分，现在又补充了 28 重复合体系的 AIM-SNP 用于区分 AME 人群。在此之前，2008 年发布了超过 65 万个 SNP 基因型的 HGDP-CEPH 数据，这使得可在 AME 和 OCE 人群中选择更多的标记进行固定（即仅在一个或者多个人群中，等位基因频率接近 1）。综上所述，在法医分析中，AIM-SNP 具有良好的发展前景。

表1　4 个中小型祖先实验得到的前 20 个 AIM-SNP 以及大规模的 DNA print 数据中得到前 40 个 AIM-SNP

		$In3$	$In4$
菲利浦（Phillips）34 重复合体系			
1	**rs2814778**	0.865	0.783
2	rs1426654	0.783	0.562
3	**rs16891982**	0.781	0.55
4	rs3827760	0.759	0.468
5	rs881929	0.525	0.303
6	rs12913832	0.52	0.194
7	rs182549	0.515	0.157
8	rs239031	0.438	0.291
9	rs2303798	0.375	0.294
10	rs773658	0.367	0.394
11	rs2572307	0.366	0.206
12	rs722098	0.344	0.182
13	rs4540055	0.333	0.303
14	rs2065982	0.319	0.479

续表

		In3	In4
15	rs5997008	0.31	0.181
16	rs730570	0.307	0.217
17	rs2026721	0.305	0.275
18	rs1978806	0.304	0.218
19	rs1335873	0.297	0.289
20	rs3785181	0.26	0.212
34 SNP	**累计**	**11.176**	**8.562**

劳 24 重复合体系

1	**rs16891982**	0.781	
2	rs1369290	0.704	
3	rs1448484	0.654	
4	rs1478785	0.521	
5	rs2052760	0.429	
6	rs722869	0.426	
7	rs3843776	0.403	
8	rs1405467	0.388	
9	rs1876482	0.386	
10	rs1371048	0.369	
11	rs1907702	0.363	没有 AME 等位
12	rs952718	0.357	基因频率数据
13	rs714857	0.312	
14	rs721352	0.311	
15	rs1465648	0.296	
16	rs1858465	0.292	
17	rs1461227	0.284	
18	rs1048610	0.277	

		In3	*In4*
19	rs1391681	0. 268	
20	rs2179967	0. 195	
24 SNP	**累计**	**8. 276**	

克斯伯格 47 个 AIM-SNP

1	rs1369290	0. 704	
2	rs1478785	0. 521	
3	rs2052760	0. 429	
4	rs722869	0. 426	
5	rs153264	0. 407	
6	rs3843776	0. 403	
7	rs1405467	0. 388	
8	rs725667	0. 385	
9	rs1371048	0. 369	
10	rs721352	0. 311	
11	rs1465648	0. 296	没有 AME 等位基因
12	rs1461227	0. 284	频率数据
13	rs1048610	0. 277	
14	rs1391681	0. 268	
15	rs1000313	0. 221	
16	rs951378	0. 22	
17	rs2179967	0. 195	
18	rs1823718	0. 177	
19	rs950257	0. 153	
20	rs1363933	0. 15	

		*In*3	*In*4
47 SNP	累计	**8.343**	
科索伊 128 个 AIM−SNP			
1	rs4891825	0.68	0.54
2	rs11652805	0.554	0.477
3	rs3784230	0.547	0.416
4	rs10007810	0.542	0.424
5	rs9522149	0.511	0.428
6	rs260690	0.494	0.441
7	rs2416791	0.489	0.369
8	rs9845457	0.473	0.459
9	rs7554936	0.468	0.432
10	rs9530435	0.46	0.433
11	rs4908343	0.423	0.426
12	rs1040045	0.42	0.426
13	rs6548616	0.409	0.427
14	rs3745099	0.395	0.313
15	rs772262	0.39	0.334
16	rs798443	0.388	0.339
17	rs7657799	0.379	0.389
18	rs316598	0.377	0.335
19	rs7803075	0.361	0.284
20	rs4821004	0.356	0.275
128 SNP	累计	**38.759**	**41.362**
DNAprint 178 个 AIM−SNP			
1	**rs2814778**	0.865	0.783
2	rs590086	0.493	0.476

		In3	*In4*
3	rs236336	0. 475	0. 499
4	rs984654	0. 443	0. 361
5	rs212498	0. 422	0. 349
6	rs361055	0. 416	0. 365
7	rs361065	0. 415	0. 375
8	rs6003	0. 406	0. 3
9	rs1337038	0. 403	0. 405
10	rs662117	0. 402	0. 322
11	rs9032	0. 399	0. 31
12	rs593226	0. 394	0. 254
13	rs523200	0. 385	0. 301
14	rs2242480	0. 382	0. 438
15	rs1888952	0. 377	0. 259
16	rs595961	0. 371	0. 279
17	rs3176921	0. 371	0. 352
18	rs1800410	0. 364	0. 288
19	rs1415680	0. 363	0. 282
20	rs869337	0. 349	0. 405
21	rs830599	0. 344	0. 474
22	rs1426208	0. 342	0. 328
23	rs1399272	0. 335	0. 277
24	rs883055	0. 329	0. 254
25	rs1034290	0. 318	0. 256
26	rs913258	0. 318	0. 309
27	rs733563	0. 312	0. 226
28	rs730570	0. 307	0. 346

续表

		In3	In4
29	rs434504	0.3	0.321
30	rs67302	0.296	0.313
31	rs735050	0.295	0.245
32	rs1395579	0.29	0.237
33	rs553950	0.284	0.216
34	rs959858	0.279	0.225
35	rs285	0.278	0.21
36	rs3317	0.275	0.263
37	rs960709	0.272	0.176
38	rs721825	0.264	0.262
39	rs1375229	0.264	0.196
40	rs1528037	0.264	0.151
178 SNP	**累计**	**30.967**	**31.487**

本文列出了从千人基因组数据（*SPSmart*：http://spsmart.cesga.es/engines.php? dataSet=engines）中获得的非洲-欧洲-东亚或非洲-欧洲-东亚-美洲群体中每个标记的 *In3* 和 *In4* 差异。每个列表下的累计值表示完整 SNP 分型所能预期的最终差异。加粗的 SNP 标识表示在备选测试中仅有两个共同的位点。

插入/缺失多态性

短等位基因插入/缺失多态性（一般是 1 个至 5 个碱基的插入，25 个碱基以上很少发生），既有二元多态性——扩增产物短且突变率低，又有 STR 的优点。这一简单又可靠的法医标记类型最近引发了关注，可以通过带有不同染料的 PCR 引物扩增，来获得平衡的峰高比。插入/缺失多态性非常适合基于 PCR-毛细管电泳这一系统构建复合扩增体系。毛细管电泳检测比使用 *SNaPshot* 进行 SNP 分型更可靠。目前已经开发了两种应用于法医学的 AIM-Indel 体系：（1）佩雷拉（Pereira）的 46 重单个反应复合体系。（2）桑托斯（Santos）的 3 个 16 重复合体系。佩雷拉选择的 AIM-Indel 除了单次反应明显优于三次反应外，还因整体 *In*4 值高而被设计用于区分四个人群，而桑托斯的 AIM-Indel 则表现出较弱的 E-ASN 区分力。

短串联重复序列

可以预期，多等位基因的 STR 将比 SNP 或插入/缺失多态性显示更大的群体差异。然而，STR 等位基因与二元位点相比是高度不稳定的，因此新的 STR 等位基因不断产生，而滑脱大小限制导致了"等位基因共振"，即长等位基因的变短突变率高，而短等位基因的增加突变率高。因此，具有不同祖先的个体在状态上可能是相同的，而来自相同人群的个体则可能比来自同一祖先的个体表现出更大的 STR 差异。此外，除非 STR 等位基因非常罕见，否则它们通常不会在群体隔离后丢失。尽管初始群体数量非常少，但通过采样效应和人群扩张可以导致罕见等位基因的频率迅速上升。其中一个例子是 D9Sl120 的人群特异性等位基因 9，在东西伯利亚发现的频率非常低，但在 AME 人群中平均达到 0.3。值得注意的是，这是唯一一个常见的 STR 等位基因群体特异性的例子，强调了不同的群体倾向于共享其 STR 变异的大部分，而这些共享 STR 变异的等位基因频率差异较小。因此，法医用 STR 数据推断祖先的尝试往往显示，仅从 STR 数据进行推断的错误率过高。但这并不是说 STR 完全不能提供祖先信息，而是法医 STR 群体的差异非常大，将其与其他祖先信息标记相结合是使遗传数据整体价值最大化的理想途径。

祖先信息标记基因型数据的统计学分析

在祖先信息标记数据的统计学分析中，最重要的是要适当地考虑置信度——与祖先推断相关的不确定度水平。祖先分析的不确定度受四个因素影响：（1）人群多样性的分布；（2）使用的祖先信息标记；（3）使用的参考人群数据；（4）应用的统计学方法。如果全球人口抽样比目前更完整，就更容易衡量遗传多样性；然而，更重要的是，由城市化、移民、奴隶制和殖民化造成的人群复杂性远远超过了以未混合的祖先人群为目标建立的差异。同样的复杂性也适用于地理屏障薄弱的大陆边缘地区的人群。因此，对混合样本最敏感的统计检验方法最适合城市人口占主导地位的法医 DNA 样本。此外，法医 AIM-SNP 小组的开发人员已经努力评估从他们的标记中获得的祖先推断的准确性。这里的准确性指的是对标准参考样本进行错误推断的概率，但也可能包括对混合个体的测试。提高准确性的方法包括尽可能多地涵盖接近固定水平的祖先信息标记，最大化复合检测体系，以及平衡每一次两两群体比较的预测能力（E-ASN 和 EUR，E-ASN 和 AME，尤其难以提高）。人们对于使用基于贝叶斯方法的统计检验也达成了一些共识：要么使用不同人群间的直接似然比，要么作为普遍存在的基于模型的聚类算法 *Structure* 的分析基础。不幸的是，使用小型祖先信息标记体系进行祖先推断时，检测和评估混合个体是最大的统计问题。

　　图 3 概述了贝叶斯似然比系统，以 AIM-SNP rs12075 为例，通过将群体成员的似然比等同于每个群体中的等位基因频率来推断祖先。将祖先信息标记整合到贝叶斯分析中，或者使用 *Snipper*（参见相关网站）将单个数据与用户输入的相同基因座的参考数据（训练集）进行比较，或者使用 *Structure* 将未知个体和参考样本进行联合分析。另外，主成分分析可以将参考群体之间的离散程度进行可视化表示，检测未知样本所处的位置可以推断每个位置或簇之间的关系。*Structure* 软件可以用来估计个体水平上的共同祖先系数比值并将其作为混合祖先的指标，但这种方法无法区分群体水平上的混合。基德（Kidd）分析了科索伊开发的 AIM-SNP 体系，对 *Structure* 软件分析的缺陷进行了很好的评论，其中包括运行之间的随机效应、群体样本大小效应、不完全的地理覆盖和祖先信息标记体系缺陷（比如，科索伊的祖先信息标记缺乏 E-ASN 区分）。不幸的是，混合个体是常见的，但是，更有问题的是，*Structure* 软件可以给出来自大陆边缘的中间人群来模拟混合个体。例如，在一项不包括北非参考样本的五组比较分析中，对一个北非人进行分析，可能显示其祖先主要是欧洲人，但有非洲成分，表明这个人是混血儿，而不是来自所用大陆参考群体中间地区的祖先。有限的参考群体迫使 *Structure* 软件将未知因素纳入现有遗传差异分析的可用模式中。图 4 描述了与使用 34 重复合体系 SNP 部分数据及"插入/缺失多态性部分"小节中的 46 重复合体系插入/缺失多态性数据完全相同的情况。这些限制强调了收集尽可能多的遗传信息和投入更多资源来整合尽可能广范围的群体参考数据的重要性。最后，计算机功能的提高允许运行多次 *Structure*，通过达到稳定的标准偏差估计值来建立人群度量的置信极限，这通常需要 25 次至 30 次运行才能实现。

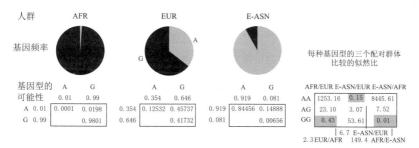

人群　　　　AFR　　　　　　EUR　　　　　　E-ASN

基因频率

每种基因型的三个配对群体
比较的似然比

基因型的
可能性

AFR 0.01 G 0.99

	A	G
A 0.01	0.0001	0.0198
G 0.99		0.9801

EUR A 0.354 G 0.646

	A	G
A 0.354	0.12532	0.45737
G 0.646		0.41732

E-ASN A 0.919 G 0.081

	A	G
A 0.919	0.84456	0.14888
G 0.081		0.00656

	AFR/EUR	E-ASN/EUR	E-ASN/AFR
AA	1253.16	0.15	8445.61
AG	23.10	3.07	7.52
GG	0.43	53.61	0.01

6.7 E-ASN/EUR
2.3 EUR/AFR　149.4 AFR/E-ASN

图3　展示了 AIM-SNP rs12075 的贝叶斯似然比计算原理。这种统计方法将群体关系的似然比等同于该群体中的等位基因频率分布，例如，A 等位基因在 AFR 人群中非常罕见，所以 AA 基因型似然比最高的两个群体是 E-ASN 和 EUR

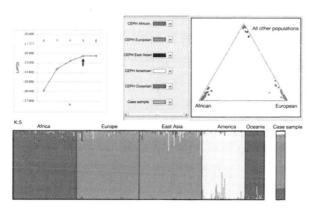

	成员比例					
参考人群	非洲人	欧洲人	东亚人	美洲人	大洋洲人	数量
CEPH 非洲人	0.974	0.005	0.008	0.005	0.008	93
CEPH 欧洲人	0.003	0.969	0.01	0.008	0.01	93
CEPH 东亚人	0.003	0.009	0.953	0.021	0.013	93
CEPH 美洲人	0.003	0.025	0.015	0.95	0.007	63
CEPH 大洋洲人	0.003	0.004	0.032	0.009	0.951	28
案例样本	0.157	0.751	0.046	0.041	0.005	1

样本的比例是：75.1% 欧洲人，15.7% 非洲人

图4　鉴定案件中法医 DNA 样本的 *Structure* 分析。*Structure* 识别基于独特的等位基因频率分布的样本组或簇。将一个未知的样本与从 HGDP-CEPH 数据中获得的 26 个 AIM-

SNP 和 46 个 AIM-Indel 的参考等位基因频率进行比较。多重分析确定了最优的群体数 K，在本例中为 5 个，其中概率值趋于稳定。三角形图将样本相对于 CEPH 样本进行定位，其中靠近顶点的位置对应着最高的成员概率（如表中每个群体的总体值所示）。对样本关系比例的检验可以被解释为个体或混合血统的共同祖先迹象。这表明主要是欧洲血统，有少量的非洲混合。事实上，样本是北非血统，没有作为本次分析的参考人群。此外，北非人与欧洲人的关系太过密切，无法通过分析中的 72 个祖先信息标记进行充分区分

下一步发展：扩展人类 SNP 目录、组合使用不同类型遗传标记、大陆人群进一步区分以及 X 染色体标记

在撰写本部分时，法医祖先推断正在加快步伐，并引起了调查人员的关注，这些调查人员通常在不可靠的目击者陈述的引导下开展工作。因此，应该强调已经在进行或即将引入的祖先遗传方面分析的发展。

首先，千人基因组计划扩展了人类的 SNP 目录，能够在不断扩大的种群范围内发现罕见变异（次要等位基因频率接近 1%）。随着全基因组测序变得更加常规，法医 DNA 分析可用的数据资源不断增加。值得注意的是，三等位基因 SNP 通常表现出较多的祖先信息（34 重复合体系中包含两个），而下一代测序方法无法检测到，因此失去了拓展其基因组分布和人群变异性知识的机会。

法医祖先推断极大地受益于所有可用的遗传数据，并且采用上述三个统计分析系统适当地接受和处理二元等位基因或更多等位基因数据。STR 数据极大地提高了即使是最好的二元基因座的信息量，而且，由于所有的常染色体标记都是独立的，它们的结合提高了祖先统计推断的可靠性。图 5 显示了四个不同标记体系的 In3 值非常相似。由于每种标记类型在分析相同的 DNA 时都具有独特的优势，它们的组合可以更全面地反映供体的祖先，从而弥补了任何一种多重标记的缺陷。为了在 Snipper 中允许不同标记的组合，用户现在可以上传基于等位基因频率的训练集以及基因型和它们的似然比，然后结合起来提供一个整体的值。

其次，除了小的 SNP 复合体系，使用大规模全基组测序（WGS）SNP 芯片可以大幅提高群体分辨率，与大陆规模的群体比较相比，有可能可以进行更深层次的群体间比较。2008 年的两项研究表明，欧洲内部的人口在 300 公

里至 1000 公里的地理范围内会有所分化。在不久的将来，改进解决办法的一个更现实的目标可能是区分欧亚大陆的欧洲、中东-北非和南亚的亚人口。虽然欧洲人和南亚人可以通过小规模增加额外的 AlM-SNP 复合体系进行区分，但北非-中东人与欧洲人的关系过于密切，无法进行可靠的区分。因此，在法医 SNP 分型中，次大陆区分有待发展，其复合体系的规模和检出限度有待提高。

最后，X 染色体变异对祖先分析的影响很大程度上被忽视了。3/4 的染色体大小和较少的重组在群体中的分化差异比同等常染色体更大。此外，男性的 X 染色体祖先信息标记可以与线粒体 DNA 一起提供母系血统的其他信息。

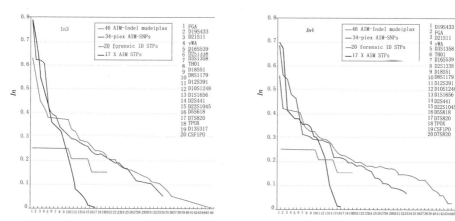

图 5　对 AIM-Indel 46 重复合体系、AIM-SNP 34 重复合体系、20 个法医鉴定核心 STR 以及笔者实验室正在开发的 X 染色体 AIM-SNP 17 重复合体系中的位点的 *In3* 和 *In4* 进行了排序。分别列出了 20 个 STR 的信息量。图中显示常染色体 SNP、X 染色体 SNP 和插入/缺失多态性在祖先推断中表现相当，AIM-Indel 系统某些位点在 AME 人群区分中表现略好。此外，常规用于法医鉴定的 STR 比其他体系中一半的位点具有更高的 *In4* 祖先信息。

致谢

作者想要向法医遗传学小组的卡拉·桑托斯（Carla Santos）、安东尼奥·萨拉斯（Antonio Salas）以及波尔图大学分子病理学和免疫学研究所的鲁伊·佩雷拉（Rui Pereira）表示感谢，谢谢他们启发性的讨论。

参见

生物学/DNA：DNA——统计概率；未来的分析技术：DNA 质谱；线粒体 DNA；短串联重复序列；单核苷酸多态性；X 染色体遗传标记

拓展阅读

Jobling, M. A., Hurles, M. E., Tyler-Smith, C., 2004. *Human Evolutionary Genetics*. Garland Science, New York.

Kersbergen, P., van Duijn, K., Kloosterman, A. D., den Dunnen, J. T., Kayser, M., deKnijff, P., 2009. Developing a set of ancestry-sensitive DNA markers reflecting continental origins of humans. *BMC Genetics* 10, 69.

Kidd, J. R., Friedlaender, F. R., Speed, W. C., Pakstis, A. J., De La Vega, F. M., Kidd, K. K., 2011. Analyses of a set of 128 ancestry informative single nucleotide polymorphisms in a global set of 119 population samples. *Investigative Genetics* 2, 1.

Kosoy, R., Nassir, R., Tian, C., et al., 2009. Ancestry informative marker sets for determining continental origin and admixture proportions in common populations in America. *Human Mutation* 30, 69-78.

Phillips, C., Prieto, L., Fondevila, M., et al., 2009. Ancestry analysis in the 11-M Madrid bomb attack investigation. PLoS One 4 e6583.

Phillips, C., Rodriguez, A., Mosquera-Miguel, A., et al., 2008. D9S1 120, a simple STR with a common Native American-specific allele: forensic optimization, locus characterization and allele frequency studies. Forensic Science *International Genetics* 3, 7-13.

Phillips, C., Salas, A., Sanchez, J. J., et al., 2007. Interring ancestral origin usinga single multiplex assay of ancestry-informative marker SNPs. *Forensic Science International Genetics* 1, 273-280.

Rosenberg, N. A., Li, L. M., Ward, R., Pritchard, J. K., 2003. Informativeness of genetic markers for inference of ancestry. *American Journal of Human Genetics* 73, 1402-1422.

Rosenberg, N. A., Pritchard, J. K., Weber, J. L., et al., 2002. Genetic structure of human populations. *Science* 298, 2381-2385.

相关网站

http://alfred. med. yale. edu/-ALFRED Extensive population variation coverage ofsubsets of SNPs and STRs.

http://spsmart. cesga. es-popSTR Forensic STR allele frequencies of HGDP-CEPHsamples.

http://mathgene. usc. es-Snipper classifier.

线粒体 DNA

W. 帕森，奥地利，因斯布鲁克，因斯布鲁克医科大学

版权© 2013 爱思唯尔公司保留所有权利

术语

控制区域 线粒体的控制区域（CR）是线粒体基因组中单一的、较大的非编码部分。核苷酸位置 16024—16576（相对于 rCRS）共有 1122 bp。这里进化压力较小，会更快地累积突变，这使控制区域成为线粒体 DNA 中最具鉴别力的区域，主要用于法医鉴定。

单倍群 单倍群是拥有共同祖先的类似单倍型的集群。线粒体 DNA 单倍群是用字母和数字交替排列来命名的，例如 H1b；以其标志性突变为特征，通过这些突变表明它们是相关的。对于 H1b，书写模式为 16189C 16356C 16362C 263G 315.1c（相对于控制区域的 rCRS）。有关线粒体单倍群名称和突变的信息，请参见系统树部分。

单倍型 单倍型由遗传标记（序列或单核苷酸）共同遗传而不发生重组。线粒体 DNA 单倍型通常由控制区的序列片段组成，在某些情况下包含来自编码区的单核苷酸信息。它们通常是相对于 rCRS 报道的。

突变 一般来说，突变是基因组序列上突然和自发的变化。将两个序列之间的差异称为突变已成为惯例。这样，线粒体 DNA 单倍型与 rCRS 之间的差异有时也被称为突变，但当序列与 rCRS 只有较远的亲缘关系时，它们并不是由突变直接联系在一起的。

系统发育学 系统发育学描述了生物体或个体之间在进化上的亲缘关系。由于其母系遗传模式，线粒体 DNA 是沿着系统发育过程遗传的。个体之间的亲缘关系在系统树以及网络中得到有效体现。

Quasi-median 网络（QMN） 表格形式的线粒体 DNA 单倍型的图形表示方法，用来描述种内系统发育。QMN 已被证明在精确定位数据特性方面有用，因此具有广泛的应用。

修订版剑桥参考序列（Revised Cambridge Reference Sequence，rCRS） 第一个人类线粒体 DNA 序列的修订版本。它代表了被报告为单倍型的线粒体 DNA 的标准参考序列。rCRS 可以在核苷酸序列数据库（GenBank）中查找，登录号为 NC_012920。

结构与基础

线粒体是一种细胞器，负责细胞的能量供给。它们是动物体内唯一含有染色体外 DNA 的细胞颗粒。线粒体 DNA 的大小、结构和遗传均与核 DNA 不同。线粒体 DNA 以环状结构存在，是超螺旋双链分子，具有"外部"富含嘌呤的 H 链（重链）和"内部"富含嘧啶的 L 链（轻链）。通常可以观察到，重链来源的序列的原始数据（使用反向序列引物生成）往往显示出更高的背景噪声，且对正向轻链序列较难测序，这在法医分析中具有重要意义，如下所述。

线粒体 DNA 的结构在 20 世纪 60 年代末被确定，最初的人类序列发布于 1981 年。12 年后，这个序列在 11 个位置上被修订，被称为 rCRS。rCRS 包含 16568bp，从控制区域的核苷酸位置（ntp）1 顺时针编号至 16569。这个编号来自第一个序列的早期版本，其中错误地在 ntp 3106 和 ntp 3107 之间引入了一个碱基。为了避免与已经生成的数据混淆，rCRS 通过在 ntp 3107 处引入一个 N 进行修正，这就是其他每个序列与 rCRS 相比都有 3107del 差异的原因。科学界已经同意将人类的线粒体 DNA 序列相对于 rCRS 进行命名，以便与阅读框（除了引物，序列片段的末端）的规范相一致，而不是报告整个核苷酸序列。例如，16069T 16126C（16024—16365）描述了一个序列，是指 ntp 16069 为 T，ntp 16126 为 C，位置 16024—16365 的其他序列信息与 rCRS 一致。这种切实可行的注释也被称为线粒体 DNA 单倍型或线粒体 DNA 分型，并可用于线粒体 DNA 的报告和数据库。由于不能在连续的相同碱基序列中确定插入和缺失的精确点（从进化的角度而言，以起源的形式），可能需要多个 rCRS 编码进行比对。在法医应用中，这可能会对报告和数据库查询产生影响（详见"mtDNA 比对——系统发育观点"部分）。

线粒体基因组包括 37 个基因，它们紧密地存在于编码区域中（577—16023），而控制区域（16024—16576）代表线粒体 DNA 的一个主要的非编码区域（图 1）。后者的跨度超过 1122 bp，由于进化压力较小，包含了绝大多数的核苷酸多态性。早期的序列研究使用的两种所谓的高变区，即 HVS-I（16024—16365）和 HVS-II（73-340），现已用于人群研究和法医样本分析。这种分段扩增和测序分析，除了与整个控制区域分析相比鉴别力降低，还存在样本间高变片段混合的固有问题。因此，应使用整个控制区域分析的方法替代 HVS-1 和 HVS-II 分析。

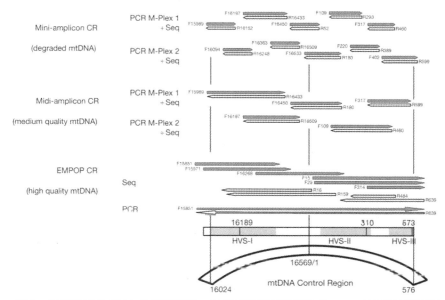

图1 根据线粒体 DNA 的降解程度，采用三种不同的线粒体 DNA 控制区域扩增和测序方案。这三种方案都会产生完全覆盖双链的一致序列。引物设计指 3' 端引物；引物序列可以在下面的参考文献中找到

Reproduced from Eichmann, C., Parson, W., 2007. Molecular characterization of the canine mitochondrial DNA control region for forensic applications. *International Journal of Legal Medicine* 121411-416；

Parson, W., Bandelt, H.J., 2007. Extended guidelines for mtDNA typing of population data in forensic science. *Forensic Science International*：*Genetics* 113 19；

Berger, C., Parson, W., 2009. Mini-midi-mito：sequencing strategy of mtDNA to the degradation state of crime scene samples. *Forensic Science International*：*Genetics* 3149-153.

生物遗传学

与在细胞核中以两个亲本拷贝的形式存在的染色体 DNA 不同的是，一个细胞含有数千个线粒体 DNA 拷贝。根据内共生理论，线粒体起源于古细菌，它与细胞建立了结构和功能上的联系。线粒体分子保留了古细菌的一些特征，如独立于核 DNA 的复制以及特殊的密码子翻译。然而，在整个进化过程中，线粒体 DNA 大量转移到细胞核中，而且这种转移仍在进行中，也就是所谓的线粒体 DNA 核元素。

人类线粒体 DNA 被认为仅通过母系遗传，尽管在一些动物物种中存在父系遗传和父母双方单独遗传模式。至少有两种机制可以阻止人类线粒体 DNA 的父系遗传。第一，精子中的线粒体数量比卵子中的少（精子中是 50 个至 100 个，而卵母细胞中是 10 万个至 20 万个）。第二，在哺乳动物中，精子线粒体被泛素标记，导致早期胚胎发育过程中的蛋白水解消化。单一母系遗传既可以缓解致死的线粒体基因突变，又可以防止被自由基破坏的精子线粒体 DNA 的遗传。迄今为止，大型系谱和母子对的分析证实了母系遗传模式。尽管有人提出了人类线粒体 DNA 存在少量的父系遗传和重组，但这些研究中应用的基础数据和/或方法受到了质疑。然而，在一项对一名患有肌肉疾病的男性患者的研究中，观察到线粒体 DNA 的父系遗传，目前尚无法反驳。患者的肌肉组织显示双亲线粒体 DNA 的混合。父系遗传的线粒体 DNA 有 2 bp 的缺失，这与疾病有关。患者的其他组织以及其他家族成员的组织均未显示父系单倍型。

假设线粒体 DNA 的父系少量遗传仍是非常罕见的个例，那么在人类线粒体 DNA 中观察到的变异只能用生殖细胞中的新生突变来解释，这些突变最终通过几代人遗传瓶颈的作用在后代个体中固定下来。一个个体中出现两种及以上线粒体 DNA 单倍型被描述，其被称为异质性。例如，在沙皇尼古拉斯二世线粒体 DNA 中观察到 ntp 16169 位置存在异质性，与他的兄弟耶奥伊·罗曼诺（Georgij Romanov）一致，证实了母系血缘关系，对罗曼诺夫家族遗骸鉴定起到了重要的作用。在医学遗传学中，点异质性在线粒体疾病的诊断中起着重要的作用，因为致病突变很少以同质形式出现，而且它们在与野生型等位基因混合时的比例必须超过一个临界阈值，才会出现疾病表型。最近证实非致病性点突变线粒体 DNA 异质性是普遍现象。对超过 5000 个群体样本的控制区域测序分析显示，6% 的个体存在异质性，但绝大多数只在单个位点存在混合型（表1）。只有 0.14% 的序列存在 2 个位置的异质性，0.02% 的序列存在 3 个位置的异质性。克隆分析表明，在这些案例中，组成的单倍型（分别为 3 个或者 4 个分子）仅在一个位置上存在差异。此外，在已知的进化热点中有明显的异质性倾向，如除 ntp 214 和 ntp 215 之外的其他位点：ntp 16093、ntp 152、ntp 146 和 ntp 204。当法医样本遇到异质性时，需要特别注意解释和证据报告（见"法医线粒体 DNA 检测的应用"部分）。

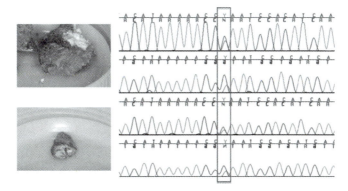

图2　沙皇尼古拉斯二世跟骨碎片（上方）、部分牙齿（下方）的照片和原始测序数据，在 ntp 16169 位置存在异质性

详见文章 Coble, M. D., Loreille, O. M., Wadhams, M. J., et al., 2009. Mystery solved: the identification of the two missing Romanov children using DNA analysis. *PLoS ONE* 4, e4838.

表1　在 5015 个被调查的单倍型中，在线粒体 DNA
控制区域多次观察到异质性的位置列表

位置	Trn	Trv	位置	Trn	Trv
16093	42	—	16182	—	3
152	20	—	228	2	1
146	18	—	16184	2	1
204	18	—	64	2	—
195	10	—	183	2	—
16189	9	—	198	2	—
150	8	—	207	2	—
215	8	—	227	2	—
16183	—	8	16129	2	—
214	7	—	16168	2	—
16192	7	—	16169	2	—
16519	7	—	16173	2	—
151	4	—	16256	2	—
16092	4	—	16278	2	—

位置	Trn	Trv	位置	Trn	Trv
16311	4	—	16290	2	—
16362	4	—	16291	2	—
153	3	—	16301	2	—
189	3	—	16309	2	—
194	3	—	16355	2	—
199	3	—	16399	2	—
234	3	—	16111	1	1
16261	3	—	16190	1	1
16294	3	—	16234	1	1
16390	3	—	16266	1	1

Trn，转换；Trv，颠换。

资料来源：转载自 Irwin, J., Saunier, J., Niederstatter, H., et al., 2009. Investigation of point heteroplasmy in the human mitochondrial DNA control region: A synthesis of observations from over 5000 global population samples. *Journal of Molecular Evolution* 68, 516-527.

系统发育在法医线粒体 DNA 检测中的作用

线粒体 DNA 系统发育学的基本知识

线粒体 DNA 的母系遗传模式决定了它在系统发育过程中的进化。突变沿着人类系统发育的谱系累积，留下的印记在当今的大陆之间仍然可以看到和辨别。共享特定突变的单倍型聚集在单倍群（hg）中，这些单倍群以字母和数字的交替顺序命名，并按降序排列。它们可以表现为离散的地理分布，例如 hg U5b3。这个单倍群是由 U5 特异基序（73G 263G 315.1C 16192T 16270T）上的控制区域突变 228A 和 16304C 决定的。虽然 hg U5 在欧亚大陆西部的人群中很典型，在欧洲和中亚频率也较高，但 hg U5b3 主要存在于撒丁岛，在地中海沿岸似乎也有踪迹。当对未知样本的地理来源进行调查时，这种类型的亲缘地理学信息在法医分析中是有用的。然而，请务必牢记，这些形式的亲缘地理学信息与线粒体 DNA 谱系有关，而与样本或个人无关。同样，基于单亲谱系的丰富程度来推断生物地理学祖先并不一定与可见表型相关，有时会被错误理解。

法医鉴定线粒体 DNA 检测中的错误率——系统发育的作用

近十年来线粒体 DNA 质量控制的发展表明，系统发育在线粒体 DNA 测序和转录错误的发现中起着重要的作用。在 21 世纪初，有许多证据表明，法医、医学和群体遗传学的线粒体 DNA 数据有一些模糊不清。这进而导致了对已发表的线粒体 DNA 数据的可信度的探讨，特别是对其在法医检测中的应用。问题并不局限于桑格法测序时代，随着新测序技术的引入，新问题也在不断浮出水面。在法医鉴定领域中，其他的基因标记错误没有如此明显。这是由于与 STR 相比，线粒体 DNA 进化的特点是缺乏重组和突变率相对较低，表现出独特的序列模式。错误会导致突出的单倍型。

为了评估线粒体 DNA 测序错误的常见程度，法医团体开展了能力测试，在测试中对相对较少的盲样进行分析。这些测试揭示了一个惊人的高达 30% 的线粒体 DNA 单倍型错误率。错误发生的主要原因是誊写错误、虚假突变以及人工重组。誊写错误包括：参考序列偏差（参考序列的引用，如 152T 而不是 152C）、数字颠倒（例如，16039 而不是 16093）、碱基识别错误（例如，152A 而不是 152C）以及碱基移位（例如，16279 而不是 16278）。虚假突变包括各种与实验室流程相关的模棱两可的碱基分型，例如，未掺入的染料、基线升高、压缩伪影、迁移率移位以及早期版本的测序聚合酶产生的信号，这些信号被软件或用户错误识别和应用。上述错误都可以通过生成满足法医需要的高质量的测序数据来识别和解决，也就是说，应用最佳的化学和设备条件，可以完全将冗余序列覆盖，最好但并非唯一地由正向和反向测序引物产生。通常来自不同引物的多个正向（或反向）测序反应也可用于确认序列数据。一般来说，原始序列数据的质量决定了覆盖深度，从而确保得到一致的明确的单倍型。只有混合分别扩增和测序的人工重组，无法通过适当的原始数据检测或避免。这些只能通过系统树来检测，因为人工重组会导致出现令人难以置信的单倍型。然而，在关键的处理步骤中采用适当的实验室策略加以监督，可以防止这种情况的发生。根据盲测结果，人们开发了针对整个控制区域的新扩增和测序流程，与 HVS-I 及 HVS-II 分析相比，不仅提高了线粒体 DNA 的识别能力，还可以防止由于长且基本重叠的测序链导致的人为重组和虚假突变（图 1）。盲测结果表明，数据的手动转移是数据处理中最容易出错的步骤，因此对于数据的电子传输和数据的后续质量控制至关重要。检测线粒体 DNA 数据特性的可靠方法是应用 QMN（有关解释和示例，请参阅本书的其他部分)。

　　线粒体 DNA 比对——系统发育观点

　　如上所述，线粒体 DNA 变异通常是相对于 rCRS 标识的。虽然这对于绝大多数的核苷酸位置来说是很简单的，但是对于显示长度变化的短序列延伸来说是困难的。通过一个简单的场景可以证明，一个核苷酸插入到一个相同的邻居中不能以明确的方式对齐，因为 5'端和 3'端对齐都是合理的。例如，ntp 310 处的 T，周围被 C 包围，额外添加的 T 可以被称为 309.1T 或者 310.1T。这个问题没有实验性的解决方案，因为测序分析不能捕获所需的信息。这就是早期指南推荐应用 3'端比对规则来统一命名的原因。然而，线粒体 DNA 序列可以进行不止一个单一的比对。以 16189T（rCRS）为例，它被两个小 C 延伸片段（C-stretch）包围（上游 5 个 C 碱基，下游 4 个 C 碱基）。ntp 16188 和 ntp 16189 位置的转换，可以被称为 16188T 16189C，与 16188del 16193.1C 是一样的。相同序列的不同表现形式可能导致数据库搜索中遗漏某些单倍型，因此相同序列的一致表达形式在法医鉴定中很重要。

　　为了实现所有线粒体 DNA 单倍型的唯一对齐，在最简化的 rCRS 二元对齐方式的基础上定义了规则，并使用分层优先级来解决。虽然旨在促进线粒体 DNA 比对和使其标准化，但这些规则并没有在实践中得到应用。然而，随着我们对世界范围内线粒体 DNA 多样性的了解增加，现在有许多情况可以确定之前的模糊序列的进化或起源（例如，16188T 16189C 与 16188del 16193C）。因此，线粒体 DNA 比对和命名的一种系统发育方法［至今仍被欧洲 DNA 分析小组的线粒体 DNA 数据库（EMPOP）使用，请参阅本书的其他部分］被提出，其中序列是基于线粒体 DNA 的系统发育的。突变事件是通过与最近已知的进化相关序列的比较来推断的，因此命名法是基于科学依据而不是基于规则的方法。此外，通过反映线粒体 DNA 分子的进化史，系统发育方法可以估算出该序列与其最近亲属之间的真实遗传距离。最重要的是，系统发育方法扩展了相关领域（如群体遗传学和医学遗传学）的线粒体 DNA 注释约定，这些领域的数据定期与法医届共享。

　　数据库搜索的一个缺点在于，法医需要了解数据库中使用的系统发育方法注释的细节。此外，不可避免的是，当获得了有关突变事件的系统发育知识时，特定序列的命名可能会随着时间的推移而改变。为了克服司法实践的这些限制，出现了两项重大进展。首先，在 EMPOP 中开发并实现了一个新的搜索引擎（SAM），它执行与单倍型对齐无关的序列查询，方法是将所有序列转换为未对齐的核苷酸字符串，然后对其进行比较。该方案保证了数据库序列不会因为不同的比对方式而丢失，这对于检索数据库是非常重要的。其次，建立了基于互联网的具有相应特征突变的线粒体 DNA 单倍群的系统树。它以已建立的系统发育推断方法为基础，并随着新的线粒体 DNA 数据的出现而定期更新。系统树对于确定所讨论的单倍型的单倍群状态是有用的，而这反过来又推进了线粒体 DNA 数据的质量检查和系统发育或地理学信息的推断。

法医线粒体 DNA 检测的应用

线粒体 DNA 在法医 DNA 检测中占据重要地位。它在细胞中的丰度（多达几千个拷贝）比核 DNA（PCR 中仅有 4 个模板拷贝）高得多，这使得它在高度降解的法医样本中存在的可能性更大。因此，在常规使用核 STR 无法获得分型时，线粒体 DNA 仍然可以对样本进行成功分型。此外，通过大型线粒体 DNA 标记的系谱，甚至母系远亲个体也可以提供样本检验亲缘关系，因此，线粒体 DNA 用于个体识别（主要是结合其他证据）是可行的。这些优点促进了犯罪案件中线粒体 DNA 的应用，这些案件中的降解样本通常没有足够的核 DNA 进行检测。线粒体 DNA 分析也有助于对人类遗骸进行鉴定，因为此时无法获得核 DNA 和缺乏直接的比较样本。这两种应用会在以下几部分简要讨论。

线粒体 DNA 在犯罪调查中的应用

头发是犯罪现场最常见的证据之一。虽然毛囊中活的角质细胞含有细胞核，因此可以进行 STR 分析，但毛干中的角质细胞的形成与细胞核及其 DNA 破坏有关。在 DNA 去除过程中，似乎存在着个体间的差异，但这些差异尚未被完全理解。因此，毛干中核 DNA 通常很难分型，而线粒体 DNA 分型的成功率高达 92%。

与群体调查样本类似，也可获取头发（其他犯罪现场检材）中覆盖全部控制区域的序列信息，但是在这些检材中完整的控制区域扩增不太可能成功。人们针对此问题开发了新的复合扩增体系，采用小的扩增产物，通过正向和反向引物捕获整个控制区域（图 1）。

了解从法医样本中提取的线粒体 DNA 的含量是很重要的。通常，提取的最大剂量的 DNA 用于扩增有挑战性的样本，或根据核 DNA 的量来估计线粒体 DNA 浓度，但这往往具有误导性。为了确定 DNA 的数量和质量（降解的程度），可以应用线粒体 DNA 特异性定量分析，遗憾的是，这种方法还没有商业化，需要由各个实验室建立。线粒体 DNA 的定量数据为后续的分析提供了重要信息（图1）。

点异质性

毛发中的点异质性（在 HVS-I 和 HVS-II 中为 12%）似乎比在血液和口腔细胞（全部控制区域中仅有 6%）中更常见。系统研究证实了早期的单个观察结果，即个体毛发之间的线粒体 DNA 序列可能不同。这些案例中所描述的头发之间的差异范围较大，从具有不同的异质混合比例和相对显性变异体的头发到具有明显的两种变异体状态的头发。有研究表明，毛发中的线粒体主要来源于角质形成细胞，少量来源于黑素细胞。黑素细胞缺乏有丝分裂，在生命周期中持续产生线粒体，因此异质性比率可以改变。这也解释了为什么毛干的异质比例变化是定期观察到的，而不是沿着头发长度逐渐变化的。另外，新生突变可能有助于异质性观察。事实上，大多数受影响的位置与那些被称为进化热点的位置一致，即受影响的位置（突变）常常与快速突变位点一致。此外，头发样本中突变的程度已被证明是可控的。任何一根毛发上的异质性都遵循可预测的模式，即随着异质和同质差异的增加，稀有性也会增加。

基于这些发现，我们建议，如果可能的话，对一根未知毛发的两个独立部分进行分析。这不仅可以解决沿头发长度的异质性问题，还可以减少由于污染造成的伪影。在证据和参考样本之间发现相似的单倍型时，分析多根参考毛发可能也有帮助。值得注意的是，对来自毛发的线粒体 DNA 证据的解释需要遵循与其他组织不同的规则（参见"线粒体 DNA 证据的解释"部分）。

长度异质性

长度异质性描述了一个样本中线粒体 DNA 多个序列长度的共存。至少在目前测序方法的检测限制下，观察到它的频率要比点异质性高得多。绝大多数长度异质性发生在同源多聚序列片段中，例如线粒体控制区域中 ntp 16189、ntp 310、ntp 573 周围的 C 延伸片段。在这三个位置上，长度异质性的形成机制似乎是不同的。HVS-I 中的 ntp 16189 T 残基分离出两个较短的 C 区（上下游各有 5 个和 4 个 C 残基），当 ntp 16189 T 出现转换时，两个较短的 C 区合并成一个不间断的 10 个 C 残基的延伸。根据系统发育背景的不同，这种情况的发生频率占分析样本的 20% 到 80%（例如，16189 C 是 hg B 的一个基本特征突变，在东亚和美洲土著人群中频率很高）。可以确定的是，在 C 残基中，长度异质性通常会伴随着超过 8 个连续的 C 残基出现，因为聚合酶似乎在该位置会产生额外的变异体。因此，显示 16189 C 的单倍型和在 16183 和 16193 之间没有其他转换的单倍型几乎总是与明显的长度异质性相关，并有很强的形成较长变异的倾向（多达 15 个 C 残基）。

相比之下，HVS-II 的 C 延伸片段在 ntp 310 附近的长度异质性通常是由 ntp 302 和 ntp 310 之间的 C 残基插入引起的，这会使连续 C 残基的数量增加到 8 个或更多（rCRS 在此段包含 7 个 C 残基）。与 HVS-I 相似，可以观察到较长的异质变异体。在这里，长度异质性的频率被发现在 40% 到 70% 之间。应该指出的是，许多研究根本没有报告这种现象。ntp 310 的转换相对较少（而且大多是单倍群特异性的，例如 hg U4a2）。然而，当它们发生时，伴随着长度异质变异体长度的减少，这与前面提到的滑脱事件形成对比，滑脱事件延长了 C 延伸片段的长度。ntp 310 的这种差异机制尚不清楚。HVS-III 的 ntp 573 位置附近形成长度异质性的情况很少见，而且通常是单倍群特异性的。这种机制与 ntp 302 和 ntp 310 之间的 C 延伸片段的机制相似，长度变异的形成是由 ntp 567 和 ntp 574 之间的 C 残基插入引起的。

一般来说，在其他方面相同的线粒体 DNA 单倍型之间的长度异质性差异不被视为排除的标准，因为众所周知，头发和其他组织，如血液、口腔细胞或骨骼，可以显示不同的模式。在一些实验室，甚至不记录都是常规做法。EMPOP 收集的"法医数据"报告了存在多个长度异质变异体时的主要类型。

人类识别中的线粒体 DNA 分析

失踪人员、自然灾害（例如海啸、地震和雷暴）的受害者、战争事件的受害者以及恐怖主义攻击和事故的受害者的调查，需要大规模的个体识别工作。常染色体的 STR 分析通常是人类个体识别的首选，因为核 DNA 标记的鉴定能力可以满足这一需求。然而，针对疑难检材，往往需要对线粒体 DNA 进行分析。当只有未知 DNA 样本的母系相关的个体可作为参考时，线粒体 DNA 数据是非常有用的。此外，据报道，从那些获取不了核 DNA 信息或核 DNA 信息不足的样本中获得有用的线粒体 DNA 单倍型的成功率高达 84%。点异质性与头发样本相似（10%）。

线粒体 DNA 证据的解释

典型的法医案件是对可疑样本和参考样本进行分析，然后确定从这些样本中提取的线粒体 DNA 单倍型是否一致。在这种情况下，一致性表明单倍型（可疑样本和参考样本）来自同一母系。如果是这样，将根据线粒体 DNA 数据库对所讨论的线粒体 DNA 单倍型进行搜索，以确定其相对稀有性，并评估线粒体 DNA 证据的统计权重。如前所述，提取现场组织样本如头发中的线粒体 DNA，与通常作为参考样本的组织（如血液或口腔细胞）相比，可能呈现出略微不同的线粒体 DNA 分子。因此，重要的是定义考虑到这种变化的解释规则。

以前的定义是，无论是什么组织来源，相同的线粒体 DNA 序列，以及仅因异质变异而不同的线粒体 DNA 序列，不能被排除来自同一母系。

目前倾向于认为，线粒体 DNA 序列之间的两个或多个差异（除同聚物序列延伸的差异外）排除了来自同一母系。仔细分析变异的位置是很重要的，特别是在毛发这样的显示出更多变异的组织中。

仅有单个突变的线粒体 DNA 序列差异更难评估，因此有时会导致不确定的结果。考虑到组织的变异性，两个线粒体 DNA 序列可能仍然属于同一个母系，特别是如果其中一个样本是头发。因此，对实际位置的评估是至关重要的，在快速进化的位置上的差异可能来自同一母系，而在稳定位置上的差异可能表明来自不同母系。如果可能的话，将分析范围扩展到控制区域的其他部分或编码区域进行验证。这已应用在很多案例中。

尽管在过去十年中，数据体量有巨大的增长，并且随着未来更快的测序技术的引入，数据可能还会增长，但是可能永远无法获得一种针对因单一变异而不同的序列的易于定义的解释系统，就像某些组织中的变化是不可预测的一样。但是，新的技术成就可能会在将来提供更全面的分析，从而将困难降到最低限度。

致谢

感谢乔迪·欧文（Jodi Irwin，军队 DAN 鉴定实验室）和哈罗德·尼德斯塔特（Harald Niederstatter，因斯布鲁克大学法医学研究所）对手稿作出的非常有帮助的评论。此外，作者还要感谢汉斯-尤尔根·班德尔特（Hans-Jiirgen Bandelt，汉堡大学）、阿恩·杜尔（Arne Dür，因斯布鲁克大学）、萨宾·鲁兹-邦登格尔（Sabine Lutz-Bonengel，弗莱堡大学）、托马斯·帕森斯（Thomas

Parsons，国际失踪人员委员会，萨拉热窝）、卢尔德·普列托（Lourdes Prieto，马德里警察局）和因斯布鲁克大学法医学研究所的科学人员对线粒体 DNA 研究的持续支持和讨论。

参见

生物学/ DNA：群体数据库：YHRD 和 EMPOP

拓展阅读

Banden, H.-J., Richards, M., Macauley, V. (Eds.), 2006. *Human Mitochondrial DNA and the Evolution of Homo sapiens (Nucleic Acids and Molecular Biology)*. Springer, Berlin, Heidelberg, New York.

Berger, C., Parson, W., 2009. Mini-midi-mito: adapting the amplification and sequencing strategy of mtDNA to the degradation state of crime scene samples. *Forensic Science International: Genetics* 3, 149−153.

Coble, M. D., Loreille, O. M., Wadhams, M. J., et al., 2009. Mystery solved: the identification of the two missing Romanov children using DNA analysis. *PLoS One* 4, e4838.

Eichmann, C., Parson, W., 2007. Molecular characterization of the canine mitochondrial DNA control region for forensic applications. *International Journal of Legal Medicine* 121, 411−416.

Forster, L., Forster, P., Gurney, S. M., et al., 2010. Evaluating length heteroplasmy in the human mitochondrial DNA control region. *International Journal of Legal Medicine* 124, 132−142. Erratum in: *International Journal of Legal Medicine* 124, 319.

Holland, M. M., Parsons, T. J., 1999. Mitochondrial DNA sequence analysis—validation and use for forensic casework. *Forensic Science Review* 11, 21−50.

Irwin, J., Saunier, J., Niederstatter, H., et al., 2009. Investigation of point heteroplasmy in the human mitochondrial DNA control region: a synthesis of observations from over 5000 global population samples. *Journal of Molecular Evolution* 68, 516−527.

Lutz-Bonengel, S., Sanger, T., Parson, W., et al., 2008. Single lymphocytes from two healthy individuals with mitochondrial point heteroplasmy are mainly homoplasmic. *International Journal of Legal Medicine* 1 22, 189−197.

Melton, T., Dimick, G., Higgins, 8., Lindstrom, L., Nelson, K., 2005. Forensic mitochondrial DNA analysis of 691 casework hairs. *Forensic Science International* 50, 73−80.

Niederstütter, H., Kochl, S., Grubwieser, P., Pavlic, M., Steinlechner, M., Parson, W., 2007. A modular real-time PCR concept for determining the quantity and quality of human nuclear and mitochondrial DNA. *Forensic Science International*：*Genetics* 1，29-34.

Pala, M., Achilli, A., Olivieri, A., et al., 2009. Mitochondrial haplogroup U5b3：a distant echo of the epipaleolithic in Italy and the legacy of the early Sardinians. *American Journal of Human Genetics* 84, 814-821.

Pala, M., Achilli, A., Olivieri, A., Kashani, B., Perego, U., Sanna, D., Metspalu, E., Tambets, et al., 2010. Mitochondrial haplogroup U5b3：a distant echo of the epipaleolithic in Italy and the legacy of the early Sardinians. *American Journal of Human Genetics* 84, 814-821.

Parson, W., Bandelt, H. J., 2007. Extended guidelines for mtDNA typing of population data in forensic science. *Forensic Science International*：*Genetics* 1, 13-19.

Szabo, S., Jaeger, K., Fischer, H., et al., 2012. In situ labeling of DNA reveals interindividual variation in nuclear DNA breakdown in hair and may be useful to predict success of forensic genotyping of hair. *International Journal of Legal Medicine* 126, 63-70.

Tully, G., Bar, W., Brinkmann, 8., et al., 2001. Considerations by the European DNA profiling (EDNAP) group on the working practices, nomenclature and interpretation of mitochondrial DNA profiles. *Forensic Science International* 124, 83-91.

Tully, G., Barritt, S. M., Bender, K., et al., 2004. Results of a collaborative study of the EDNAP group regarding mitochondrial DNA heteroplasmy and segregation in hair shafts. *Forensic Science International* 140, 1-11.

Underhill, P. A., Kivisild, T., 2007. Use of Y chromosome and mitochondrial DNA population structure in tracing human migrations. *Annual Review of Genetics* 41, 539-564.

van Oven, M., Kayser, M., 2008. Updated comprehensive phylogenetic tree of global human mitochondrial DNA variation. *Human Mutation* 2, E386-E394.

相关网站

http：／www. empop. org-EMPOP.

http：／www. ncbi. nlm. nih. gov-GenBank.

https：//www. mitomap. org-Mitomap. http：//www. phylotree. org-Phylotree.

微生物学以及生物恐怖主义

P. 罗菲，澳大利亚，堪培拉，澳大利亚联邦警察局法医和数据中心

版权© 2013 爱思唯尔公司保留所有权利

命名

炭疽杆菌　炭疽杆菌（属种），物种的双名命名法。

CFU　菌落形成单位，测量样品中细菌或真菌的存活数量。

术语

16S 分型　利用核糖体 RNA 16S 基因序列鉴定原核生物物种和菌株分离株的方法。

二分裂　原核生物无性繁殖的一种形式，其中一个细胞分裂，产生两个子细胞，每个子细胞都含有相同的遗传物质拷贝。

克隆　一个描述性的术语，指无性繁殖产生一个或多个细胞。

细胞病理效应　细胞被病毒感染后，尤其是在组织培养中，在显微镜下的外观发生变化。

酶联免疫吸附试验　一种使用化学方法将与抗体或抗原连接的酶作为标记的免疫分析法，用于检测和/或定量样品中的抗原或抗体。

真核生物　单细胞或多细胞生物，细胞核有核膜包被，其中携带着遗传物质。

水平基因转移　一个生物体从另一个不是其祖先的生物体那里获得遗传物质的过程。通常，新的遗传物质会产生一个或多个之前在原始受体中未观察到的特征。

免疫分析　利用抗原和其同源抗体特异性结合来识别和/或定量样本中的抗原或抗体的一种实验室技术。

免疫荧光技术　使用与荧光染料共价结合的抗体来检测和定量样品中的抗原或抗体的一种免疫分析方法。

基因座（基因位点）　生物体基因组中的位置。

法医微生物学　一门科学学科，专门用于分析微生物和/或毒素。

有丝分裂　真核生物中无性繁殖的一种形式，其中细胞核分裂，产生两个与原核相同的子核，通常发生在细胞分裂之前。

多位点序列分型　一种利用几个管家基因（即参与细胞基础功能的基因）的片段（长度为 400　500 个核苷酸）序列来鉴定分离的原核物种和菌株的方法。

多位点可变数量串联重复分析　利用生物体内几个可变数量串联重复位点的长度变化来鉴定分离的原核生物和菌株的方法。

突变　生物体遗传物质 DNA 序列的改变。通常情况下，这将产生一个在亲代中找不到的特征。

　　个人防护用品　一些特殊的衣服、设备或物品，用于保护工作人员，使其免受危险物质给健康或安全带来的影响。

　　聚合酶链式反应　一种生物化学技术，用于扩增短的 DNA（或 RNA）序列以供分析，甚至可以从仅包含少量 DNA 或 RNA 的样本中扩增。

　　原核生物　通常情况下个体较小的单细胞生物体，主要特征是缺乏核膜包裹的细胞核，以及不含其他膜系统的细胞器。

　　重组　原有遗传物质破坏并与其他遗传物质结合，产生新的遗传物质组合的过程。

　　单核苷酸多态性分析　鉴定生物遗传物质中单个核苷酸上发生的 DNA 序列变异的过程。

　　单核苷酸重复分型　由于一个核苷酸在一个位点上重复的次数不同而引起的基因组长度变化的一种鉴定方法。

　　可变数量串联重复基因座　基因组中的一个短的核苷酸序列以串联重复的形式存在的位置，在不同的分离株中，串联重复序列的重复次数往往不同。

引　言

　　2001 年，发生在美国的故意释放炭疽杆菌的事件表明了人类社会在生物恐怖主义行为面前是十分脆弱的。这个事件，当然还有对世界贸易中心的恐怖袭击，促使我们做了一系列努力，以提高我们在预防、应对、调查生物恐怖主义行为和从其中恢复的能力，并最大限度地降低我们的脆弱性。这种努力今天仍在继续。自那之后的 10 年里，人们主要致力于测试、改进、扩大和整合参与预防和应对生物恐怖主义威胁等突发公共事件的机构。

　　生物恐怖主义（以及它的影响）

　　根据定义，生物恐怖主义是国家、组织或个人使用或威胁使用生物制剂来恐吓或胁迫政府、平民或个人以实现政治或社会目标。这与生物犯罪不同，生物犯罪是指使用或威胁使用生物制剂来达到个人犯罪目的的行为。生物犯罪包括蓄意感染或使个人中毒以造成伤害、致残或恐吓等行为。生物战是指在军事上使用生物制剂。第四类生物事件有时被称为生物事故，指的是无意中释放生物制剂。生物犯罪和生物事故很难区分，即很难区分是无意排放还是与犯罪有关（例如，由于非法进口造成的疾病暴发）。本文着重介绍微生物学在预防和调查生物恐怖主义行为中的应用，大部分内容同样适用于生物犯罪、生物战和生物事故。

用于战争和其他恶意目的的生物制剂已存在数千年，但自从 2001 年美国发生炭疽杆菌事件以来，各国政府充分认识到生物制剂作为恐怖主义手段的潜力。毫不意外，生物恐怖主义的威胁引起了公众的巨大恐惧，毕竟，我们的历史记录中充斥着因天花、流感和鼠疫等流行病而造成大量人员伤亡的描述。这些病原体也有可能被恐怖分子利用。此外，针对农作物和牲畜的生物制剂造成的股票大跌，以及销售、出口限制引起的经济衰退，也是不能低估的。这方面的例子如口蹄疫、牛海绵状组织脑炎以及布氏杆菌病等动物疾病，锈病和黑穗病等植物疾病。

生物制剂

生物制剂一词是指任何可用于恶意目的的病原体和毒素。毫不奇怪，潜在的生物制剂名单是惊人的，涵盖了不同进化起源的病原体和毒素，包括真菌、原生动物、细菌、病毒、类病毒、朊病毒，以及来自植物、动物、真菌、藻类和细菌的毒素。值得庆幸的是，大多数生物制剂是低等或中等风险的。尽管如此，单是最高风险的生物制剂的名单就足以令人生畏。目前，美国的生物武器清单选择了大约 80 种不同的病原体和毒素，其被认为是高风险类别。仅在这一清单中所列的检测、识别和描述病原体和毒素所需的资源、知识、技能和技术就远远超出了单个微生物学家或实验室的正常运作范围。将微生物应用于法医学时，必须发挥来自执法部门、公共卫生部门、专家和研究实验室的微生物学家的技能，才能完成法律诉讼所需的全面调查。

法医微生物学

微生物学是一门历史悠久的科学学科，直到 21 世纪才应用于法医学。在传统上，微生物主要用于医学和公共卫生、兽医科学、农业、生物技术、工业和研究。对这些实验室的要求与那些涉及刑事调查的实验室有很大的不同，因此，同意参与法医调查的实验室必须在实践中进行相当大的改变，以满足调查和法律义务。例如，通常用于病原体识别的临床医学实验室的程序需要改变以适应法医样本，可能需要扩展以提供调查所需的信息，可能需要更广泛的验证以承受法律的严格审查，和/或可能需要调整以满足证据管理的法律要求。实验室设计、管理、安全和认证也可能需要改变、调整或扩展以满足相同的法律要求。执法机构和法医机构必须采用新的做法，以便从受污染的犯罪现场安全收集环境样本和传统法医证据，并在运输、分类、接收、储存和处理受污染证据方面采用新的程序。许多执法机构和法医机构专门建立了新的实验室以容纳受污染的证据，并雇用微生物学家建立法医程序，以便在现场和实验室中对生物制剂进行检测和鉴定。

与所有法医学科一样，微生物学开始对刑事调查做出贡献的时间点取决于案件的具体情况。与其他大多数法医学科不同，与微生物学有关的临床表现很可能是刑事调查的导火索。例如，在受害者之间建立联系、确定某种疾病模式、出现不寻常数量或类型的症状或进行回顾性流行病学调查之前，可能无法发现生物制剂的秘密释放。在这些情况下，在执法机构介入之前进行的临床、微生物和流行病学检查将对刑事调查至关重要，并可能成为调查和随后起诉的基础。话虽如此，生物恐怖主义的大多数威胁在本质上是公开的，比如当与恐吓信或电话联系在一起时。预定目标可以是特定的（如政府代表），也可以是随机的（如购物中心的市民）。可悲的是，在我们最近的历史中，这些不同的攻击模式都存在，但值得庆幸的是，绝大多数攻击都只取得了有限的成功、没有成功或者只是恶作剧。2001 年美国的炭疽杆菌事件是微生物学应用于调查恐怖主义行为的一个很好的例子。

2001 年美国炭疽杆菌事件

2001 年 10 月 4 日到 11 月 20 日之间，美国有 22 个人出现了炭疽热。其中 11 人感染了吸入性炭疽，其余 11 人感染了皮肤炭疽。5 名吸入性炭疽患者死于感染。这起初是一项公共卫生调查，但很快就变成了由联邦调查局牵头的刑事调查，因为人们怀疑感染最有可能是一次或多次蓄意邮寄被炭疽杆菌污染的信件导致的。随后，在纽约和华盛顿特区发现了含有炭疽杆菌的信件，收件人是《纽约时报》、美国全国广播公司新闻部的汤姆·布罗考（Tom Brokaw）和美国参议员汤姆·达施勒（Tom Daschle）、帕特里克·莱希（Patrick Leahy）。第五个信件寄给了美国媒体公司大楼，该公司位于佛罗里达州，然而，这个信件没有找到。根据感染模式推断，犯罪分子还向纽约的其他媒体组织邮寄了其他信件，然而，这些信件也没有找到。这项调查的核心科学分析需要 29 个政府部门、大学和商业实验室的参与。在调查过程中，被称为

"微生物法医学"的科学领域出现了。不出所料，它成了调查的渠道，结合物理化学分析，它缩小了对袭击中使用的炭疽粉末可能来源的搜索范围，而这反过来又提供了揭露潜在嫌疑人的关键线索。

有助于调查的主要微生物学发现如下：

1. 回收的 4 个信封中含有极高浓度的炭疽杆菌孢子（每克含有 4.6×10^{10} 至 2.1×10^{12} CFU）。在寄给《纽约时报》和美国全国广播公司新闻部的汤姆·布罗考的信件中，孢子制剂纯度很高，而寄给参议员汤姆·达施勒和帕特里克·莱希的信件中的孢子制剂纯度极高。这说明行为人对炭疽杆菌孢子生产规程有一定的了解。

2. 在孢子制剂生产过程中，高浓度的孢子会使操作人面临相当大的吸入炭疽的风险。行凶者极有可能使用了个人防护用品，拥有控制手段（例如生物安全柜），并且/或通过使用抗生素和/或接种疫苗实施了某种形式的预防。

3. 孢子制剂没有武器化。二氧化硅，一种添加到孢子制剂中以增强气溶胶化的物质，在该制剂中被发现，但后来被证明合并到孢子涂层中，因此它更像是一种自然现象，而不是武器化的一种形式。

4. 抽样调查了美国邮政服务投递到特伦顿邮件处理设施（即与信件中的邮戳相对应的设施）的 621 个邮箱，只有一个邮箱里发现了炭疽杆菌孢子。很可能所有已知攻击信件都是从那个邮箱寄出的。

5. 寄给参议员帕特里克·莱希的信件被发现后，从参议院大楼收集了 642 个未打开的垃圾袋，寄给汤姆·达施勒的信件就在其中。调查人员采用了一种创新的取样流程，避免了通过筛选每封邮件来发现是否被污染。对 642 个袋子分别进行一次取样，发现 20 个袋子的炭疽杆菌含量高于环境中的。这 20 个袋子中的每一个都进行了空气采样，结果发现其中一个袋子的污染程度比其他袋子高几个数量级。就是这个袋子装着寄给汤姆·达施勒的信，后来发现里面装了大量炭疽杆菌孢子。

6. 纽约信件中都含有少量的枯草芽孢杆菌，作为粉末的次要成分。华盛顿信件中没有枯草芽孢杆菌。从寄给《纽约时报》的信件中分离出来的菌株的全基因组测序与标准实验室枯草芽孢杆菌 168 的公布序列有很高的相似性（98%），但不完全一致。聚合酶链式反应检测了与对照菌株不同的 23 个基因座。从纽约信件中分离出的枯草芽孢杆菌菌株在 23 个基因座上都是相同的，表明它们是相同的菌株。华盛顿和纽约信件中材料理化性质的差异表明，华盛顿和纽约信件中含有来自两种不同孢子制剂的材料。

7. 从 4 个信封、17 个临床标本和 106 个环境标本中获得炭疽杆菌分离株，这些标本取自牵连信件的邮寄沿线。分离株被鉴定为艾姆斯（Ames）菌株。全基因组测序证实，它没有经过基因工程改变。虽然不足以确定来源，但确认信件中的炭疽杆菌为艾姆斯菌株，表明信件中菌株的来源可能是实验室。艾姆斯菌株在自然界中并不常见，因此，信件中使用的原始材料不太可能来自大自然。

8. 艾姆斯菌株最初在 1981 年从德克萨斯州的一头死牛身上分离出来，然后被运送到美国陆军传染病医学研究所（USAMRIID）——位于弗雷德里克的德特里克堡。随着时间的推移，艾姆斯菌株被国内外许多实验室共享。美国联邦调查局从 20 个实验室收集了 1070 个艾姆斯菌株样本，其中包括 3 个海外实验室。这些实验室在袭击之前就有艾姆斯菌株的库存。在这 1070 个样本中，有 1059 个是能独立生存的。工作人员将存储库样本的属性与证据样本的特征进行了比较。

9. 信封内的炭疽杆菌是多种不同的菌落形态的混合物。与这些形态类型有关的特定序列基因测序提供了一种方法，通过这种方法可以评估证据样本之间的关系。更具体地说，这些基因序列可以用来排除信件中发现的炭疽杆菌的潜在来源。

10. 针对这些特定序列的基因测序提供了强有力的证据，证明 4 个信封中的炭疽杆菌孢子来源相同。

11. 针对形态特征进行的基因测序只确定了存储库中与邮寄材料具有相同基因序列的 2 个样本。随后的调查显示，这两种炭疽杆菌孢子都来自一个装有炭疽杆菌孢子的烧瓶，编号为 RMR-1029，存放在德特里克堡的美国陆军传染病医学研究所实验室。理化测试表明，烧瓶 RMR-1029 内的材料不可能是信件中材料的直接来源，但它可能是用于生产信件中材料的种子材料。

12. 对实验室和烧瓶（种子材料的来源）的鉴定缩小了对犯罪者的搜索范围，限定了那些在德特里克堡的美国陆军传染病医学研究所实验室接触过烧瓶 RMR-1029 的人，最终导致调查人员确定布鲁斯·艾文斯（Bruce Ivins）博士为犯罪者。

布鲁斯·艾文斯博士是美国政府炭疽疫苗项目的高级微生物学家，工作地点在德特里克堡的美国陆军传染病医学研究所实验室，其在起诉前就结束了自己的生命。因此，调查背后的科学从未受到司法系统的审查。有趣的是，美国国家科学院对联邦调查局调查炭疽杆菌事件时所使用的科学方法进行的一项审查显示，其对微生物调查的某些组成部分和得出的一些结论都持批评态度。在权衡这些批评时，美国国家科学院承认，调查需要应用专门为调查而制定的新科学方法。尽管当时使用了最先进的方法，但在调查期间，技术的快速进步取代了早先在调查中使用的一些方法。

在 2001 年美国炭疽杆菌事件调查期间进行的微生物分析只是历史上规模最大、最复杂的刑事调查的一个组成部分。然而，微生物调查的重要性不可低估，因为它最终推动了调查的进行。这是微生物学在法医学领域的第一次综合应用，也是未来应用的一个模式。

微生物学在法医学中的应用

由于犯罪本身的性质，生物恐怖主义和生物犯罪对法医调查提出了特别的挑战。传染性或毒性物质的存在使法医程序的执行变得极为复杂。为了将风险降到最低，良好的微生物操作和微生物控制的基本原则必须覆盖所有法医程序，当然也包括所有法医证据。工作人员采取了一系列安全预防措施，以尽量减少个人接触和降低疾病风险。这些预防措施的例子如下：

- 远程操作（例如遥控机器人）。
- 个人防护用品（例如空气净化呼吸器、防护服以及一次性手套）。
- 隔离保护（例如隔离带、杂物箱、生物安全柜以及高度密闭的实验室）。
- 污染的物理去除（例如从 DNA 提取液中过滤孢子、人员净化淋浴）。
- 检查前的灭活（例如用 γ 射线对物品进行照射）。
- 尽量减少气溶胶（例如避免过度的交通、不必要的移动，以及避免使用高风险的程序，如离心、均质化和抽真空）；以液体而非粉末的方式处理样品可显著降低气溶胶风险。
- 使用一次性设备和耗材。
- 保持工作区域的整洁。
- 利用无菌技术转移和处理微生物。

- 工作区域的消毒（例如消毒、化学灭活以及蒸气过氧化氢灭菌）。
- 适当的废物处置（例如高压灭菌）。
- 实验室卫生标准（例如洗手）。
- 预防（例如疫苗和/或抗生素）。

虽然有必要，但这些原则的适用可能会对法医调查的各个方面构成重大障碍。例如，使用适当的个人防护用品会影响灵活性、运动能力、视野和舒适度，并会严重限制检查时间。看似简单的问题往往需要新颖的解决方案。一个典型的例子是在处理过的信封上拍摄邮政条形码。印在条码上的染料只有在紫外线（IN）照射下才可见。正常情况下，条形码是用安装有紫外线闪光灯的标准犯罪现场照相机拍摄的。一个被污染的信封装在一个三级生物安全柜内，对摄影造成了严重的阻碍。紫外线闪光灯无法穿透生物安全柜窗口，无法在生物安全柜外使用相机，但是，如果在生物安全柜内使用，相机和数据存储卡将被污染。解决方案是使用远程数据传输或远程闪存（flash）激活。事后看来，这些解决方案很简单，然而，当时间紧迫的时候，工作人员就会陷入两难的境地。在可能的情况下，应预先确定这些限制因素，并找出解决办法。

对法医微生物学家来说，上述原则是第二天性，然而，对其他法医科学家来说，这些都是必须学习和实践的。为应对生物恐怖主义和生物危机等罕见事件而配备训练有素的人员和设备是各国政府的主要负担，也是发达国家现代社会的期望。

生物恐怖主义的微生物学调查

可疑的生物恐怖主义事件同时引发公共卫生调查和执法部门法医调查。公共卫生调查的目的是确定病原体、来源和潜在的受害者，以便实施适当的治疗、控制和预防措施。执法部门法医调查寻求生物制剂更详细的特征，以便找到犯罪的生物制剂源头。两者对刑事调查都是必不可少的。

新闻"5个W，1个H"的信息收集概念同样适用于生物恐怖主义行为的法医调查。鲁德亚德·吉卜林（Rudyard Kipling）的儿童书《大象的孩子》（*the Elephant's Child*，1902年）将法医调查试图解决的6个基本问题拟人化：

我有六个忠实的仆人

（他们教会了所有我知道的）；

他们的名字是：什么、为什么和何时

以及如何、哪里、谁。

　　不出所料，对生物制剂的鉴定是法医调查的重中之重。有了这些知识，就可以采取一些策略，使法医人员面临的风险最小化，同时最大限度地收集相关证据。各种各样的现场检测可以帮助现场识别生物制剂。这包括检测生物分子的通用试验和检测特定病原体和毒素的专门试验。现场检测的目的通常是对数量非常有限的生物制剂进行快速且准确的鉴定，而且往往是由只受过最低限度微生物学培训的人员进行的。

　　基于实验室的确认级，开展这些分析的专业知识完全由公共卫生实验室掌握。一种生物制剂首先被分离出来，然后通过　系列传统的微生物技术进行鉴定。对于细菌来说，这些技术包括培养、菌落形态观察、显微镜检查（细胞形态和染色反应，如革兰氏染色、荚膜和孢子染色）、运动性观察、糖代谢测定、脂肪酸谱、挥发性有机酸分析、生化测试、血清学分型、噬菌体分型以及抗生素耐药性模式分析。对于病毒，这些技术包括细胞病变效应分析、宿主细胞易感性分析和免疫测定（如酶联免疫吸附试验和免疫荧光技术）。这种方法更加通用，相比于现场检测，给出了生物制剂更多的特征以及更广的范围。在病毒和细菌诊断实验室中，诸如聚合酶链式反应等种属特异性分子检测常被用来加强传统方法的诊断。总的来说，确认级的鉴定通常是物种级的。

　　公共卫生实验室的职责包括追踪疫情，因此，专业的公共卫生实验室有更多的方法来进一步鉴定病原体。16S分型、多位点可变数量串联重复分析、单核苷酸多态性分析、单核苷酸重复分型、多位点序列分型提供的数据可以用来评估证据样本和参考样本之间的进化关系。随着技术的进步和成本的降低，毫无疑问，全基因组测序也将被纳入专业公共卫生实验室的常规方法，然而，目前主要是研究和商业实验室具备这种能力。这些分子生物学方法为解决问题提供了一种途径。通过与参考样本的系统发育比较，得到证据样本的身份。这就是2001年美国炭疽信封中的炭疽杆菌能够被鉴定为艾姆斯菌株的原因。即使证据样本与参考样本不完全匹配，它们与参考样本之间的相似度也可以用来预测它们之间祖先关系的接近程度。反过来，祖先关系提供了关于起源的信息。以美国的炭疽杆菌事件为例，确认炭疽杆菌为艾姆斯菌株，为确认它是实验室菌株提供了强有力的证据。

细菌是原核生物，在本质上是无性繁殖的。它们通过一种被称为二分裂的过程进行复制，这个过程相当于真核生物的有丝分裂，在这个过程中，每个子细胞都得到一份相同的基因组拷贝。菌株间的变异是由突变、水平基因转移和重组引起的。这些生物过程使细菌能够适应改变的或新的环境。推断进化关系时利用了细菌的克隆性，然而，正是这些差异提供了个性的特征。在生物恐怖主义事件中使用的材料很可能包含许多动态的和适应性的克隆体，这些克隆体在制备过程中是独特的，因此可以用来追踪特定制备过程中的证据材料。这就体现了美国炭疽信件中的物质如何被溯源到美国陆军传染病医学研究所实验室的 RMR-1029 号烧瓶。病毒也有类似的进化模式，因此可以使用类似的过程来追溯特定制剂或宿主。

回到"5 个 W、1 个 H"的信息收集概念（什么、为什么、何时、如何、哪里、谁），微生物学指导刑事调查的重要性是显而易见的。生物制剂的身份（什么）及其用于追踪起源的独特特征（哪里和谁），可提供机会和证据（谁和为什么）。它还可以提供线索，说明什么时候获得、什么时候准备、什么时候传播、如何准备、如何储存、如何传播以及它的产地。制备过程的知识揭示了在生产过程中使用的设备和消耗品的类型（什么），这些设备和消耗品可能在哪里获得资源，以及开发者（谁）的技能和经验。它还可以表明为避免感染可能需要的预防类型（什么）或犯罪者在准备或传播期间可能的疾病类型（谁）。

结束语

将微生物学纳入刑事调查一直是而且仍然是一项艰巨的任务。传统的法医科学，如指纹鉴定、弹道学、DNA 分析以及犯罪现场检查的目的是协助刑事调查，而在目前，微生物学的法医应用在涉及的大多数实验室的主要功能中是次要的。这是因为分析微生物标本所需的设施和专业知识在很大程度上超出了"普通"法医实验室和"普通"法医的能力范围。相反，微生物学调查在很大程度上依赖于非法医实验室的合作，特别是公共卫生和研究实验室。强加的程序义务、资源分配、提供服务所需的准备工作是这些实验室的主要负担，但如果要将生物恐怖主义等事件的肇事者绳之以法，这是绝对必要的。

参见

生物学/ DNA：未来的分析技术：DNA 质谱；非人源 DNA 分型介绍；下一代测序技术；短串联重复序列；单核苷酸多态性

化学/痕迹/法医地理科学：犯罪现场注意事项；调查：污染；犯罪现场分析与重建；重大事故现场管理；包装；保存

法医学的管理/质量：健康与安全；方法：分析光学显微镜；显微镜（电子）

拓展阅读

Beecher, D. J. , 2006. Forensic application of microbiological culture analysis to identify mail intentionally contaminated with Bacillus anthracis spores. *Applied and Environmental Microbiology* 72, 5304–5310.

Budowle, B. , Beaudry, J. A. , Barnaby, N. G. , Giusti, A. M. , Bannon, J. D. , Keim, P. , 2008. The role of law enforcement response and microbial forensics in investigation of bioterrorism. *Creation Medical Journal* 48, 437–449.

Budowle, B. , Schutzer, S. E. , Breeze, R. G. , Keim, P. S. , Morse, S. A. （Eds.), 2011. *Microbial Forensics*, second ed. Academic Press, Burlington.

Cummings, C. A. , Bormann Chung, C. A. , Fang, R. , et al. , 2010. Accurate, rapid and high-throughput detection of strain-specific polymorphisms in Bacillus anthracis and Yersinia pestis by next-generation sequencing. *Investigative Genetics* 1 , 5.

Jones, S. W. , Dobson, M. E. , Francesconi, S. C. , Schoske, R. , Crawford, R. , 2005. DNA assays for detection, identification, and individualization of select agent micro organisms. *Creation Medical Journal* 46, 522–529.

Keim, P. , Pearson, T. , Okinaka, R. , 2008. Microbial forensics: DNA fingerprinting of Bacillus anthracis （anthrax). *Analytical Chemistry* 80, 4791–4800.

Popovic, T. , Glass, M. , 2003. Laboratory aspects of bioterrorism-related-anthrax—from identification to molecular subtyping to microbial forensics. *Croatian Medical Journal* 44, 336–341.

Rasko, D. A. , Worsham, P. L. , Abshire, T. G. , et al. , 2011. Bacillus anthracis comparative genome analysis in support of the Amerrthrax investigation. *Proceedings of the National Academy of Sciences of the United States of America* 108, 5027–5032.

Van Ert, M. N. , Easterday, W. R. , Simonson, T. S. , et al. , 2007. Strain-specific single-nucleotide polymorphism assays for Bacillus anthracis Ames strain. *Journal of Clinical Microbiology* 45, 47–53.

相关网站

http://www.justice.gov-Amerithrax Investigative Summary. United States Department of Justice. (2010).

http://www.nap.edu-Review of the Scientific Approaches Used during the FBI's Investigation on the Anthrax Letters. National Research Council (2011).

http://www.selectagents.gov-National Select Agent Registry. Select Agent and Toxins List (2011).

关键词

混合物，AIM，祖先，祖先信息标记，炭疽，细菌，生物犯罪，生物恐怖主义，分歧，DNA技术，达菲，法庭科学，法医学，单倍型，单倍群，异质性，HGDP-CEPH，插入，插入/缺失多态性，亲缘关系分析，法医微生物学，微生物学，线粒体DNA，亲子鉴定，病原体，系统发育，群体遗传学，公共卫生，序列，短串联重复序列，单核苷酸多态性，*SPSmart*，STR，*Structure*，毒素，微量样本，病毒，X染色体

思考题

1. 为什么定量对DNA质量程序很重要？

2. DNA提取的主要方法是什么？

3. 从骨骼和牙齿中提取DNA与从液体或软组织中提取有何不同？

4. 如何选择STR用于法医鉴定？

5. 列举和描述DNA提取的一些不寻常之处和相关操作方法。

6. 列出STR和SNP的优缺点。哪种方法更好，为什么？

7. 什么是"选择的生物试剂和毒素"？

8. 什么是miniSTR，使用它们有什么好处？

9. 什么是一致性测试，为什么它很重要？

10. 定义低模板DNA检测。为什么难以说出它是什么或不是？

11. 低模板DNA检测中有哪些问题？这些问题是如何解决的？

12. 低模板DNA检测中需要考虑的统计学因素是什么？等位基因的加入和缺失如何处理？

13. 阅读关于低模板DNA的案例，有哪些共同的主题和关注点？

14. 除了它们的起源，X染色体和Y染色体之间的结构差异是什么？这些差异对分析和解释它们会产生什么影响？

15. 多态性的定义是什么？
16. 祖先信息标记在法医分析和调查中有作用吗？如果有，是什么？
17. 什么是插入/缺失标记？它们在法医生物学中可能扮演什么角色？
18. 描述线粒体基因组和结构。是什么让它适用于法医学分析？
19. 什么是异质性？鉴于异质性，线粒体 DNA 的法医解释存在哪些问题？
20. 传统法医学如何协助进行生物威胁调查？

问题讨论

1. 法医 DNA 方法是复杂的，需要一系列技术才能完成一个案件。决定一个分析工作流程的质量和科学问题是什么？基于其他实验室的做法、文献和法律要求，科学家如何才能朝着科学上有效的"更好的做法"努力？

2. 在位于洛杉矶的国家司法研究所资助的一项研究中，确定男性 DNA 存在的 Y 染色体检测和传统血清学实验在 STR 阳性结果中成功率相当，在考虑时间、人员、成本和特殊性的情况下，在个案工作中使用其中一种方法的优缺点是什么？

3. 与低模板 DNA 检测相关的问题是什么？设施的布局如何影响这些问题？实验室如何决定其是否应该做低模板 DNA 的实验？

4. 线粒体 DNA 在法医工作中有什么作用？什么是其他方法做不到的？这些信息可以通过其他方式产生吗？或者线粒体 DNA 是获取这些信息的唯一途径吗？

5. 大多数法医实验室不具备应对炭疽杆菌或鼠疫耶尔森菌等生物威胁的设施。法医实验室如何为偶然暴露于诸如此类的生物威胁做好准备？如何与公共卫生实验室或联邦机构合作支持这些准备工作？

拓展阅读

Butler, J. M., Coble, M. D., Vallone, P. M., 2007. STRs vs SNPs: thoughts on the future of forensic DNA testing. *Forensic Science, Medicine, and Pathology* 3, 200-205.

Kidd, K. K., Speed, W. C., Pakstis, A. J., Furtado, M. R., Fang, R., Madbouly, A., Maiers, M., Middha, M., Friedlaender, F. R., Kidd, J. R., 2014. Progress toward an efficient panel of SNPs for ancestry inference. *Forensic Science International: Genetics* 10, 23-32.

Linch, C. A., Whrring, D. A., Holland, M. M., 2001. Human hair histogenesis for the mrtochondrial DNA forensic scientist. *Journal of Forensic Sciences* 46, 844-853.

Markotic, A., Le Due, J., Smrth, J., 2014. Bioterrorism and forensic microbiology. In: Primorac, D., Shanfield, M. (Eds.), 2014. *Forensic DNA Applications: An Interdisciplinary Perspective*, val. 293. CRC Press, Boca Raton, FL.

第四部分

解　释

　　理解 DNA 分析结果从来都不是一件简单的事情。DNA 分析方法复杂，统计深奥，而实际的生物学证据——分子、等位基因、基因座——却看不见。对陪审团来说，这是一个教学的时刻，法庭科学家必须善于举例、类比和解释，使陪审团理解鉴定过程和结果。DNA 解释的统计学和概率性质使它变得非常强大，并使其成为法庭科学的支柱。DNA 解释也不能避免偏见，或者正因为如此，DNA 解释才必须准确，并恰当地传达给事实审判者。

DNA——统计概率

B. S. 威尔，美国，华盛顿州，西雅图，华盛顿大学
版权© 2013 爱思唯尔公司保留所有权利

引　言

　　基于基因组的人类个体化利用了这样一个事实：除同卵双胞胎之外，每个人的基因都是可以区分的。此外，人体内每一个有核细胞都含有人类遗传物质，并且可以从骨骼、血迹、耳垢或剃须刀屑等样本中提取。DNA 可以从保存完好的陈旧样本中提取，甚至可以世世代代保存。

DNA 证据的遗传特性使其对于法庭科学具有重要价值，但也带来了解释上的特殊问题。一个问题是，随着越来越多的基因位点被检测，一个群体中可能共同拥有特定分型的个体越来越少。总有一天，任何将看到一种 DNA 图谱的可能性量化的尝试都会令人难以置信。当然，像万亿分之一这样的数字就属于这个范围。另一个问题是群体的遗传结构取决于前几代人。直系亲属可能具有相似的 DNA 分型，但即使是明显无关的群体成员也有共同的进化史。因此，描述匹配 DNA 图谱的证明强度需要同时使用概率和遗传学知识。

概率

尽管概率一词在描述 DNA 证据时具有显著特征，但它的意思常常含糊不清。实际上，有几种可能的方法来定义概率，经典定义是某一事件在重复出现的事件中发生的次数比例。当一副洗好的纸牌上面有一张 A 牌的概率是 1/13 时，就有一种含蓄的理解，即这一事件在所有的洗牌中出现的概率是 1/13。当天气预报员说当天下雨的概率为 70% 时，其意思就不那么清楚了。也许是从先前的情况来看，目前这样的条件导致 70% 的场合下过雨。但是听众需要根据他们对这个数字的理解来做出是否带伞的决定。在法庭上，当检察官因为被告人有罪的可能性高到超出合理怀疑范围而要求陪审团对被告人定罪时，个人因素就更加明显了。当 DNA 图谱的概率比群体规模的倒数小得多时，它不能被解释为群体比例。它们可能被解释为个人对不确定性的测量，也可能被解释为一系列特定计算的结果。然而，即使是这样的计算，执行计算的人也必然有一些主观性。

概率法则

无论概率是如何定义的，它都必须遵循一套规则才能有用。假设在某些事件中可能发生 H：一副洗好的纸牌最上面一张是 A 牌，或者今天会下雨，或者被告人有罪。这里有一些关于事件的信息 I：在 52 张牌中有 4 张 A 牌，或者天气预报员很好，或者对被告人不利的证据非常有力。在给定信息 I 的前提下，H 发生的概率被写为 $\Pr(H \mid I)$，并且它满足三个概率定律。

第一定律指出概率是介于 0 和 1 之间（包含）的数字，一个确定事件的概率是 1。用符号表示为

$$0 \leqslant \Pr(H \mid I) \leqslant 1$$

$$Pr\ (H\,|\,H) = 1$$

第二定律是，两种互斥事件 G 或 H 发生的概率是 G 和 H 分别发生的概率之和。在纸牌示例中，事件 G "最上面一张牌是国王" 与事件 H "最上面一张牌是 A 牌" 是互斥的，因为它们不能同时发生。同样，"下雨" 和 "不下雨"，或 "DNA 源自被告人" 和 "DNA 不源自被告人"，也是互斥的事件。用符号表示：

$$Pr\ (G\ 或\ H\,|\,I) = Pr\ (G\,|\,I) + Pr\ (H\,|\,I)$$

从第一定律来看，这意味着被告人要么是 DNA 样本的来源，要么不是其来源，给出的证据概率是 1。

第三定律给出了两个事件 G 和 H 同时发生的概率。联合概率是第一个事件发生的概率乘以在第一个事件发生条件下的第二个事件发生的概率。"第一" 和 "第二" 标签是随意的。因此，用符号表示：

$$Pr\ (G\ 和\ H\,|\,I) = Pr\ (G\,|\,I)\ Pr\ (H\,|\,G,\ I)$$
$$= Pr\ (H\,|\,I)\ Pr\ (G\,|\,H,\ I)$$

对于纸牌的例子，假设 G 为 "最上面的牌是面孔牌"，而 H 为 "最上面的牌是 A 牌"。对于标准扑克牌，

$$Pr\ (G\,|\,I) = 16/52 \quad Pr\ (H\,|\,G,\ I) = 1/4 \quad Pr\ (G\ 和\ H\,|\,I) = 1/13$$
$$Pr\ (H\,|\,I) = 1/13 \quad Pr\ (G\,|\,H,\ I) = 1 \quad Pr\ (H\ 和\ G\,|\,I) = 1/13$$

如果某个事件的发生不会影响另一个事件的发生概率，则说这两个事件是独立的。当事件 G、H 独立的时候，

$$Pr\ (G\ 和\ H\,|\,I) = Pr\ (G\,|\,I)\ Pr\ (H\,|\,I)$$

贝叶斯定理

概率定律可以用来推导对于 DNA 证据解释至关重要的结果。根据第三定律，对于任何两个事件 G 和 H，

$$\mathrm{Pr}\ (H\mid G,\ I) = \frac{\mathrm{Pr}\ (H\,\text{和}\,G\mid I)}{\mathrm{Pr}\ (G\mid I)}$$

$$= \frac{\mathrm{Pr}\ (G\mid H,\ I)\ \mathrm{Pr}\ (H\mid I)}{\mathrm{Pr}\ (G\mid I)}$$

第二个表达式是贝叶斯定理的最简单形式，它允许将给定第二个事件时第一个事件发生的概率来表示为给定第一个事件时第二个事件发生的概率。换句话说，有一个从 $H\mid G$ 到 $G\mid H$ 的条件转换。这种转换需要知道 G 和 H 的单独概率。

这个规则可以通过重写为事件 $\overline{H}$（"非 H"）写成一个"概率形式"，即

$$\mathrm{Pr}\ (\overline{H}\mid G,\ I) = \frac{\mathrm{Pr}\ (G\mid \overline{H},\ I)\ \mathrm{Pr}\ (\overline{H}\mid I)}{\mathrm{Pr}\ (G\mid I)}$$

然后将第一个表达式除以第二个表达式，

$$\frac{\mathrm{Pr}\ (H\mid G,\ I)}{\mathrm{Pr}\ (\overline{H}\mid G,\ I)} = \frac{\mathrm{Pr}\ (G\mid H,\ I)}{\mathrm{Pr}\ (G\mid \overline{H},\ I)} \times \frac{\mathrm{Pr}\ (H\mid I)}{\mathrm{Pr}\ (\overline{H}\mid I)}$$

一个事件发生的概率除以不发生该事件的概率称为比率，$\mathrm{Pr}\ (H\mid I)\ /\mathrm{Pr}\ (\overline{H}\mid I)$ 是 H 的先验概率（即知道事件 G 之前的概率）。在获知发生事件 G 之后，比率 $\mathrm{Pr}\ (H\mid G,\ I)\ /\ \mathrm{Pr}\ (\overline{H}\mid G,\ I)$ 是 H 的后验概率。用等式表示为

后验概率 = LR × 先验概率

其中两个条件概率 $\mathrm{Pr}\ (G\mid H,\ I)$ 与 $\mathrm{Pr}\ (G\mid \overline{H},\ I)$ 的比率被称为似然比（LR）。

法庭科学概率

概率论的这种正式语言可以直接应用于 DNA 证据的解释。虽然审判中的最终问题涉及被告人是有罪还是无罪，但这里的注意力只集中在 DNA 证据上。常见的情况是，DNA 从犯罪现场留下的生物检材中提取，并且有理由相

信它来自于嫌疑人。同时也从嫌疑人的血液或唾液样本中提取 DNA，经检验发现与犯罪现场的犯罪样本具有相同的分型。事件 G 和 H 如下：

事件 G：嫌疑人和犯罪样本的 DNA 分型（是相同的）；

事件 H：样本来自嫌疑人；

事件 $\overline{H}$：犯罪样本不是来自嫌疑人；

事件 I：与事件 G 和 H 的概率有关的其他信息。

如果嫌疑人被指控为罪犯并成为审判中的被告人，因为有 DNA 证据，法庭就会对被告人是罪犯的概率感兴趣。贝叶斯定理表明，只有在先验概率能够被赋值的情况下，这个概率才能被计算出来。一个极端的观点可能是，在有 DNA 证据之前，被告人与群体中的任何一个人成为凶手的可能性是相同的 $(1 / N)$。对于规模为 N 的群体，先验概率为 $(1/N)$ / $[1-(1/N)]$ = $1/(N-1)$ $\approx 1/N$。后验概率将为 LR/N。

尽管在民事亲子关系纠纷中通常使用先验概率，但在刑事审判中并没有惯例。在这种情况下，在收集 DNA 证据之前，通常（如果不合逻辑的话）假定被检父有 50% 的概率成为其生父。当先验概率为 1 时，后验概率与似然比相同。这就是所谓的"父权指数"。在刑事审判中，只需要给出似然比来避免赋值概率的问题。如果被告人是犯罪样本的来源（事件 H），那么法庭科学家可以证明，犯罪样本来自嫌疑人（事件 H）的可能性是来自其他人的（事件 $\overline{H}$）可能性的 LR 倍，这就是 DNA 证据（G）。

DNA 的似然比

似然比的计算通过更详细地考虑 DNA 证据的性质来阐明。证据可以被认为是犯罪样本分型 G_C 和嫌疑人分型 G_S 都是 A 型。

$$G : Gc = A \text{ 且 } Gs = A$$

根据概率的第三定律，

$\mathrm{Pr}\ (G \mid H,\ I) = \mathrm{Pr}\ (Gc = A \text{ 且 } Gs = A \mid H,\ I) = \mathrm{Pr}\ (Gc = A \mid Gs = A,\ H,\ I)\ \mathrm{Pr}\ (Gs = A \mid H,\ I)\ \mathrm{Pr}\ (G \mid \overline{H},\ I) = \mathrm{Pr}\ (Gc = A \mid Gs = A,\ \overline{H},\ I)\ \mathrm{Pr}\ (Gs = A \mid \overline{H},\ I)$

因此，

$$LR = \frac{Pr\ (Gc=A\mid Gs=A,\ H,\ I)}{Pr\ (Gc=A\mid Gs=A,\ \overline{H},\ I)} \times \frac{Pr\ (Gs=A\mid H,\ I)}{Pr\ (Gs=A\mid \overline{H},\ I)}$$

嫌疑人的 DNA 分型自从他母亲怀孕受精卵形成的那一刻就被确定下来，并且犯罪现场样本 DNA 不会因为该人离开而发生改变，因此，$Pr\ (Gs=A\mid H,\ I)$ = $Pr\ (Gs=A\mid \overline{H},\ I)$ = $Pr\ (Gs=A\mid I)$。LR 则可简写为：

$$LR = Pr \frac{(Gc=A\mid Gs=A,\ H,\ I)}{Pr\ (Gc=A\mid Gs=A,\ \overline{H},\ I)}$$

假定 DNA 分型系统足够可靠并且来自同一个人的两个样本匹配，则公式可进行简化。当嫌疑人是罪犯（事件 H）时，如果知道嫌疑人属于 A 型，犯罪样本必须是 A 型；因此，$Pr\ (Gc = A\mid Gs = A, H, I)$ = 1 且

$$LR = \frac{1}{Pr\ (Gc=A\mid Gs=A,\ \overline{H},\ I)}$$

假设来自两个不同的人（行凶者和嫌疑人，当 $\overline{H}$ 为真时）的 DNA 分型是独立的，公式还可进一步简化为：$Pr\ (Gc = A\mid Gs = A\mid \overline{H}, I)$ = $Pr\ (Gc =A\mid I)$ 且

$$LR = \frac{1}{Pr\ (Gc=A\mid I)}$$

最后一个公式是 DNA 证据最初的呈现方式。利用这个公式，只需要知道一个未知个体拥有这种分型的概率。信息 I 包含这个人所属的群体信息。百万分之一的分型概率可以视为似然比为 100 万。DNA 来源于嫌疑人的可能性比其他人高 100 万倍。

需要强调的是，本节的结果仅适用于以下情况：DNA 证据是指罪犯在犯罪现场留下的生物样本，而且没有和嫌疑人分型不匹配。例如，如果证据指

的是在嫌疑人的衣服上发现的血迹，而该血迹的 DNA 图谱与受害人相符，那么还需要考虑其他因素：在犯罪期间，受害人的血液被转移的可能性是多少？嫌疑人在自己衣服上留有非本人血迹的可能性是多少？嫌疑人衣服上的非本人血迹与被害人血液分型相匹配的概率有多大？

DNA 分型性质

为了量化匹配的 DNA 图谱的证据强度，需要将该分型按照其具体基因座进行分解。DNA 分型检测每个基因座上的 2 个等位基因，其中 1 个来自父亲，另 1 个来自母亲。在每个短串联重复序列（STR）基因座上有几种可能的等位基因分型，当一个人有两个相同的等位基因时，该基因座为纯合子；当有两个不同的等位基因时，则是杂合子。举个例子，DNA 检测体系一般包含 CODIS 核心基因座，在基因座 TPOX 上，"9，10"基因型在人群中的比例为 $2p_{9_{\text{TPOX}}}p_{10_{\text{TPOX}}}$，其中 $p_{9_{\text{TPOX}}}$ 和 $p_{10_{\text{TPOX}}}$ 分别是基因座 TPOX 等位基因 9、10 的频率。在基因座 FGA 上，"19，19"基因型在人群中的比例是 $p_{19_{\text{FGA}}}^2$，其中 $p_{19_{\text{FGA}}}$ 是基因座 FGA 等位基因 19 的频率。在每个基因座上，假设两个等位基因遗传是独立的，则等位基因频率的乘积是人群中随机个体在该基因座上具有这种基因型的概率。为了联合多个基因座的信息，进一步假设不同基因座的等位基因是独立的，则可以将每个基因座的乘积相乘在一起。对于本例中的 2 个基因座分型结果，乘法规则计算公式如下：

$$\Pr\left(Gc = A \mid I\right) = 2p_{9_{\text{TPOX}}}p_{10_{\text{TPOX}}}p_{19_{\text{FGA}}}^2$$

相关分型

对于已知罪犯必须具有 A 型 DNA 特征的犯罪，因为证据样本具有该类型，自然要考虑这种分型的概率（即群体中随机个体具有该分型的概率）。这是上一部分末尾给出的数值 $\Pr\left(Gc = A \mid I\right)$。但是，样本的证据价值需要考虑到有一个人（被告人）已经被视为具有该分型的事实。法医感兴趣的数字是匹配概率（即条件概率）$\Pr\left(Gc = A \mid Gs = A, \overline{H}, I\right)$，并且这与 $\Pr\left(Gc = A \mid I\right)$ 完全不同。

亲属的影响

对于判断，最大的影响因素是有亲属关系的两个人。亲属有可能从他们共同的祖先那里获得相同的遗传物质，因此具有相同的 DNA 分型。表 1 显示了条件概率的一些常见值，其中 p_i 是等位基因 Ai 在人群中的频率。为了更直观地理解，我们给出了所有等位基因频率为 0.1 的情况下 LR = 1/Pr（$Gc = A$ | $Gs = A$, $\overline{H}$, I）的数值。对于较大的等位基因频率，亲属的影响较小。然而，在所有情况下，当 DNA 来源系嫌疑人或者其亲属时，似然比就减小了。

表 1　亲属的影响

基因型 A	关系	Pr（$Gc = A$ ∣ $Gs = A$, $\overline{H}$, I）	似然比
$A_i A_j$	全同胞	$(1+p_i+p_j+2p_ip_j)$ /4	3.3
	父母和孩子	$(p_i + p_j)$ /2	10.0
	半同胞	$(p_i + p_j + 4 p_i p_j)$ /4	16.7
	叔侄	$(p_i + p_j + 4 p_i p_j)$ /4	16.7
	堂兄弟姐妹	$(p_i + p_j + 12 p_i p_j)$ /8	25.0
	不相关	$2 p_i p_j$	50.0
$A_i A_i$	全同胞	p_i	3.3
	父母和孩子	$(1+p_i)^2/4$	10.0
	半同胞	$p_i (1+ p_i)$ /2	18.2
	叔侄	$p_i (1+ p_i)$ /2	18.2
	堂兄弟姐妹	$p_i (1+3 p_i)$ /4	30.8
	不相关	p_i^2	100.0

人群结构的影响

如果一个基因座有 5 个等位基因，那么在该基因座上可能有 15 对等位基因组合或基因型。对于 10 个这样的基因座，可能出现的基因型数量是 5760 亿，大大超过世界人口规模，因此相同 DNA 分型出现的概率极小。但是，当这种 DNA 分型被发现一次之后，匹配概率要大于通过简单的乘法规则计算的结果。这是因为人类进化加强了 DNA 图谱之间的相关性。个体 C 和个体 S 可能仅仅因为它们属于一个有限的人群而共享一种DNA图谱。虽然他们可能不在同一个家庭，但他们在 n 代之前（至多）都有 2^n 位祖先，并且这个数字很快超过了该人群规模。任何两个人可能有一些共同的祖先，这导致了共享DNA图谱的概率并非为零。对于较小的人群规模来说这个概率更大。

目前，法庭科学家考虑这种进化论的观点是基于以下理由：如果亚群中的等位基因频率是已知的，就可以使用这些等位基因频率通过乘法规则来估计具有某种 DNA 分型的未知个体 C 的概率。这个计算不使用已知事实：S 拥有这种 DNA 分型。但是，通常的情况是等位基因频率不可用于亚群。从这个群体中抽取样本可能会有实际困难，或者可能是因为亚群没有被明确定义。相反，等位基因频率可用于（或可估计）整个人群。在亚群中，对条件概率 Pr（$Gc = A$ | $Gs = A$, $\overline{H}$, I）取平均值得出以下纯合子 A_iA_i 或杂合子 A_iA_j 单基因座结果：

$$\Pr\,(Gc = A_iA_i \mid Gs = A_iA_i,\ \overline{H},\ I)$$
$$= \frac{[2\theta + (1-\theta)\ p_i]\ [3\theta + (1-\theta)\ p_i]}{(1+\theta)\ (1+2\theta)}$$

$$\Pr\,(Gc = A_iA_j \mid Gs = A_iA_j,\ \overline{H},\ I)$$
$$= \frac{2\ [\theta + (1-\theta)\ p_i]\ [\theta + (1-\theta)\ p_i]}{(1+\theta)\ (1+2\theta)}$$

在这些方程中，θ 是衡量人群结构的指标，可以将其视为亚群中等位基因频率变异性的指标：A_i 在亚群中的频率改变为 θp_i（$1-p_i$）。它也是衡量同一亚群中两个等位基因的相关性的一个指标，即亚群中两个等位基因具有一个祖先等位基因的概率。表 2 列出了涉及人群结构的一些数值结果，其中所有等位基因具有相同的频率 p。

表 2　人群结构的影响

		似然比			
		$\theta = 0$	$\theta = 0.001$	$\theta = 0.01$	$\theta = 0.03$
$p = 0.01$	杂合子	5 000	4 152	1 295	346
	纯合子	10 000	6 439	863	157

		似然比			
		$\theta = 0$	$\theta = 0.001$	$\theta = 0.01$	$\theta = 0.03$
$p = 0.05$	杂合子	200	193	145	89
	纯合子	400	364	186	73
$p = 0.10$	杂合子	50	49	43	34
	纯合子	100	96	67	37

这个理论的难点之一是给 θ 赋值。如果可以从群体内的一系列亚群获得观察结果，则可以估计 $(\theta-\Phi)/(1-\Phi)$，其中 Φ 是整个人群中两个等位基因具有单个祖先等位基因的概率。Φ 的值通常被假定为零，因此根据亚群数据来估计 θ 值。然而，正是因为缺乏亚群数据，才使得"θ 公式"的确定至关重要，而通常的步骤是给 θ 赋值（例如0.03）。需要强调的是，这些公式基本上适用于人群中的任何一个亚群。

数据库搜索

现在有许多大型的法医 DNA 数据库，包括 CODIS。在没有嫌疑人的情况下，DNA 数据库可用于搜寻可能的肇事者或其亲属，或寻找不同罪行之间产生联系的证据。它们也可以用于验证本部分使用的统计程序。

数据库内的比对

一个拥有2000条（或200万条）DNA 分型数据的数据库允许在100万对（或1万亿）DNA 图谱之间进行比较。因此，可能会发现罕见事件，包括发现两个 DNA 图谱匹配的事件。匹配适用于任何 DNA 分型，而不是预先指定的特定分型，这是"生日问题"的一个例子，该问题指出，一旦小组中人员数量超过 23 人，那么该组中有两个人拥有相同生日的概率将大于 50%。但是两个人有某一个特定生日的概率要小很多。基于这一逻辑，我们可以预测，甚至几乎可以肯定，在美国有两个人在 13 个基因座上具有相同的 STR 分型。

冷命中解释

有人被确定为犯罪嫌疑人是因为发现他在数据库中的 DNA 分型与犯罪现

场样本相匹配。此时，有人建议降低 DNA 证据的权重。如果数据库中有 100 万条 DNA 分型数据，似然比为 10 亿，则应降至 1000（10 亿除以 100 万）。随着数据库规模增大，成功匹配的概率肯定会增加，而且一旦数据库包含每个人的 DNA 分型数据，肯定能找到匹配分型。尽管数据库检索发现嫌疑人的先验概率随着数据库大小而变化，但是确定嫌疑人的 DNA 证据强度的似然率并未因数据库大小而改变。

家族搜索

如果数据库中一个 DNA 分型与犯罪现场样本非常相似，但又不完全相同，那么它非常有可能来源于与凶手关系很近的亲戚。这种家族搜索已经在个案、父母后代和全同胞关系中获得了成功。家族搜索可以由似然比引导。似然比比较数据库图谱来源于所查询 DNA 分型的特定的某个亲戚的概率（如果已经达到可疑图谱来源的指定程度）和来源于不相关者的概率。出现困难的原因是，对于那些无亲戚关系的人来说，似然比可能会比真正亲戚的似然比高，并且为了避免调查产生大量假阳性，需要较高的严格性标准。家族搜索类似于遗体鉴定（例如，世界贸易中心爆炸等大规模灾难发生之后）。

结　论

DNA 分型匹配的解释通常依赖于一些概率的陈述。这些陈述指的是一个未知的样本和一个已知个体拥有相同分型的概率。一个简单的方法是忽略对已知人员的限制，并使用该分型的群体频率的估计值。但是，这忽略了已知人员和未知人员在同一家庭或在同一群体中有亲属关系的可能性。

拓展阅读

Beecham, G. W., Weir, B. S., 2011. Confidence intervals for DNA evidence likelihood ratios. *Journal of Forensic Science S1*, S166–S171.

Bieber, F., Brenner, C., Lazer, D., 2006. Finding criminals through DNA of the irrelatives. *Science* 312, 1315–1316.

Brenner, C. H., Weir, B. S., 2003. Issues and strategies in the DNA identification of World Trade Center victims. *Theoretical Population Biology* 63, 173–178.

Buckleton, J. S., Krawczak, M., Weir, B. S., 2011. The interpretation of lineage markers in forensic DNA testing. *Forensic Science International*：*Genetics* 5，78-83.

Evett，I. W.，Weir，B. S.，1998. *Interpreting DNA Evidence*：*Statistical Genetics for Forensic Science*. Sinauer，Sunderland，MA.

Laurie，C.，Weir，B. S.，2003. Dependency effects in multi-locus match probabilities. *Theoretical Population Biology* 63，207-219.

National Research Council，2009. *Strengthening Forensic Science in the United States*：*A Path Forward*. National Academy Press，Washington，DC.

Weir，B. S.，1996. *Genetic Data Analysis II*. Sinauer，Sunderland，MA.

Weir，B. S.，2004. Matching and partially-matching DNA profiles. *Journal of Forensic Science* 49，1009-1014.

Weir，B. S.，2007. Therarity of DNA profiles. *Annals of Applied Sttistics* 1，358-370.

相关网站

http://www.fbi.gov-The Federal Bureau of Investigation：Laboratory Services，Combined DNA Index System.

显著性

S. J. 沃尔什，澳大利亚，堪培拉，澳大利亚联邦警察局
版权© 2013 爱思唯尔公司保留所有权利

术语表

等位基因频率　特定人群数据中，某一 STR 等位基因的出现频率，用于估计 DNA 分型匹配显著性。

F_{st}　一个参数，有时称为共同祖先系数，用于亚群模型，以适用于亚群对 DNA 分型匹配显著性的影响。

哈迪-温伯格平衡　描述基因座上的等位基因关联的理论，它假定基因座内部和基因座之间的等位基因是相互独立的。

似然比　由两个条件概率之比构成的一种评估，用来介绍贝叶斯定理下的科学证据。

人口数据库　从根据种族或生物地理学祖先分组的个人中收集的 DNA 分型数据集。

乘法规则　估计 DNA 分型匹配显著性的一种简单的方法，该方法依赖于哈迪-温伯格平衡和连锁平衡的假设。

STR　短串联重复序列或微卫星。

亚群模型　评估适应亚群效应的 DNA 分型匹配显著性的方法。

引　言

使用常规的常染色体 STR 遗传标记进行法医 DNA 分析，通常是将来源于犯罪现场的证据及与此事件有关联的个体的 DNA 分型进行对比。当分型一致时，表明已知样本的供体可能是现场 DNA 的来源。但问题仍然在于，这一特定的科学观察显著性如何，或该证据的权重如何？尤为重要的是，针对一个特定个体在被调查事件中的参与情况，可以得出怎样的推论？这个问题非常复杂，需要法医生物学家应用基于一系列学科（包括群体遗传学和统计学）的解读技巧。当 DNA 图谱本身很复杂时，如混合、不完整或低模板，这种挑战会加剧。法医 DNA 分析在这方面的固有困难意味着，在某些情况下，解决显著性问题的尝试一直是而且仍然是持续的科学辩论的来源。此外，法医 DNA 分析的这一问题在法律体系中引起了相当大的混乱，并且充满各种猜想。尽管存在这些背景挑战，但是准确评估 DNA 证据的证明力对于其在法庭上的可采性至关重要。

评估 DNA 证据显著性的方法小结

纵观其应用的历史，法医 DNA 分析以具有高度多态性（或高变）的基因座组合为对象，由此获得的 DNA 分型可以将个体予以区分。要证明分析技术对个体的识别能力（本质上是 DNA 证据的显著性），首先要调查群体样本中观察到的等位基因和基因型分布。在早期的法医 DNA 分析中，这些群体样本一般为 100 人至 200 人，这些人多属于主要的种群，如白种人。种群的划分通常根据他们的自我声明或外表。在这些群体样本中使用基础的群体遗传学方法检测等位基因和基因型频率，比如对基因座内和基因座间独立性的检验。基因座内和基因座间独立性分析的结果通常分别用于推断是否符合哈迪-温伯格平衡和连锁平衡等。如在检验中很少观察到哈迪-温伯格平衡和连锁平衡的偏离，可认为等位基因和基因型是独立的。这样与某一 DNA 分型相匹配的概率可以通过乘法规则来评价，这种方法是在哈迪-温伯格平衡和连锁平衡的假设下，将 DNA 分型包含的基因座等位基因频率相乘。这种方法早已应用于血型分析，在很多方面是法医 DNA 分析的先行者，并且它们的使用情况也是非常相似的。

使用乘法规则评估 DNA 证据的显著性是有争议的，并导致这种统计解释方法的可接受性受到挑战。在一些非常重要的法律案例中，这些争议被认为是合理的，并且运用统计解释的证据被排除在外。挑战来自群体遗传学观点，以及认为不能通过乘法规则充分解决已知的人类群体遗传效应的观点。因此，对 DNA 证据的显著性评价是有缺陷的，并且可能存在为了有利于起诉的固有偏见。科学辩论的激烈程度足以被称为"DNA 战争"，这意味着 DNA 证据的这一方面不符合科学证据的普遍可接受标准，并被排除在外。有人试图不评价 DNA 证据的显著性或证明强度而直接引入科学数据本身（即 DNA 图谱）。但是，这种做法也不成功，因为法院认为，如果不评价其证明力，陪审员就没有良好的基础来衡量证据的强度，这会导致出现投机和偏见的可能性超过其实际证据价值。同样重要的是，要记住，在刑事司法系统中引入 DNA 分析（或当时所知的 DNA 指纹）的同时，人们也大张旗鼓地宣扬其作为证据具有革命性潜力。

这一时期的一些做法产生了持久的实际影响。首先，一些国家的高等法院裁定，用于评估 DNA 证据显著性的最初方法是不可接受的。这导致全世界做出重大努力，以确定一种更全面的方法来处理这一问题，从而解决更广泛的科学界提出的问题。其次，法院还明确表示，如果没有对观察到的 DNA 结果的证明力或显著性进行相应估计，DNA 证据将不被采纳。这突出了解决科学问题的必要性，但也确立了在所有需要将结果作为证据提交的事项中评估 DNA 证据的显著性的要求。

现在，由于要求估计 DNA 结果的显著性（或权重）是证据可采性的核心，发展更精确和更灵活的方法开始受到法庭科学、群体遗传学和统计学的极大关注。这一问题也是高级别审查的主题，审查的目的是建立标准和基准，以稳定该领域的实践并使法律部门放心。这一时期的发展成果是出现了基于贝叶斯定理的概率模型。总之，贝叶斯定理允许人们考虑已经知道的信息，看看新证据在多大程度上改变了对整个证据的评估。它依赖于通过确定某个给定命题的先验概率（或可能性）测量新证据的影响，以得出该假设的后验概率（或可能性）。新证据以似然比的形式出现，它对先验概率有乘法效应。

贝叶斯定理在法庭科学证据解释中的应用已被国际法庭科学界广泛接受。法院对以下问题比较关心：科学证据在多大程度上改变了被告人有罪或无罪的可能性？在这种情况下，贝叶斯定理与其他评价方法相比具有明显优势，如果没有其他原因，它迫使科学家在法律程序的框架内思考，并回答基于作为重要证据的 DNA 分型功能的问题。

这一领域常用的统计方法基础如下：

考虑到被告人已被起诉，法院现在必须根据在法庭上出示的证据 E，评估他有罪的概率 $\Pr(G)$。科学家只能提供与证据 E 的可能性有关的信息。在本讨论中，E 指的是需要评估的 DNA 分型结果，即被告人的 DNA 分型与犯罪现场提取到的 DNA 分型相匹配。

在已知两个假设可解释某种 DNA 分型结果的前提下，通过评估观察到 DNA 分型的可能性来评价 DNA 证据的显著性。通常，它们被称为控方假设（H_p）和辩方假设（H_d）。控方假设的一个典型例子是被告人是犯罪现场样本的来源。相反，辩方假设的一个典型例子是，被告人不是犯罪现场样本的来源，并且它来源于一个无关个体，巧合的是，该个体与被告人拥有相同的 DNA 分型。这些假设是通用的，这种方法的显著优点是可以更改假设以更好地反映案件的情况。这使该方法具有极大的灵活性。

这两个概率的比率被称为似然比，用数学方式表示为：

$$\mathrm{LR} = \frac{\Pr\,(E \mid Gcs,\ Gs,\ H_p)}{\Pr\,(E \mid Gcs,\ Gs,\ H_d)}$$

其中 E 是 DNA 分型结果，Gcs 是罪犯的 DNA 型，Gs 是被告人的 DNA 型，H_p 是控方假设，H_d 是辩方假设。

遵循上述原则的应用最广泛的方法是 D. J. 鲍尔丁（D. J. Balding）和 R. A. 尼克尔斯（R. A. Nichols）的亚群模型。这方法的一个优点是，它包含了一种适应由于遗传漂移而发生的群体遗传效应的方法。亚群模型弥补了在早期法律争议中的乘法规则的许多缺陷。例如，亚群模型明确地拒绝哈迪-温伯格平衡假设和连锁平衡（在种群水平上），因此不依赖于独立假设。采用亚群模型需要评估和使用一个参数，有时被称为共同祖先系数或 F_{st}。估计 F_{st} 需要收集和分析亚群数据，并了解这些群体内部和群体之间存在的群体遗传关系。因此，亚群模型的一个固有优势是将对群体遗传学的理解融入方法论中，因为它需要对群体遗传学有更深层次的认识和应用，从而成为法医 DNA 分析领域的常规方面。在贝叶斯框架内嵌入一个适应群体遗传学的模型，允许对相关假设进行灵活评估，这是一个强大的解释模型，通常被认为是法庭科学中的黄金标准。

为了推导在这个框架下计算 DNA 似然比（或匹配概率，如果取倒数）的公式，鲍尔丁和尼克尔斯提出了休厄尔·赖特（Sewall Wright）的抽样公式的一种改编形式。该公式可以用于所有常见案例，以估计在检验的基因型中观察到下一个等位基因的概率。在数学上表示为：

$$\frac{(x\theta + (1-\theta) \ p_a)}{(1 + (n-1) \ \theta)}$$

其中 x 是等位基因 a 被观察到的次数，n 是观察到的等位基因的总数，p_a 是相关群体中等位基因 a 的频率，θ 是共同祖先系数（或 F_{st}）。

根据抽样公式，可以推导出法医 DNA 案件中遇到的绝大多数常见情况的似然比方程，例如单一来源斑迹、混合图谱以及有争议的亲子关系和亲缘关系调查。因此，这种方法构成了个案中所采用的统计方法的基础。

DNA 证据显著性评估的实际应用

评估 DNA 证据显著性的基本方法的演变，例如亚群模型，为证据解释奠定了基础，解决了早期主要的法律问题，从而减少了对该证据可采性的质疑。但是，鉴于 DNA 分析是一个动态且迅速变化的领域，证据解释方法也经历了不断的修改、完善和发展，并且在此之后，自然会受到进一步的法律审查。以下总结了该领域的变化和审查的主要内容，表明这一复杂领域的演变。

群体数据来源及了解群体遗传学的影响

在评估 DNA 分型结果时，解释犯罪现场斑迹的 DNA 分型和一个采样个体分型匹配时的一个假设是，存在另一个人，该人尚未被采样，但也与犯罪现场斑迹的分型匹配。这涉及更广泛的群体，鉴于我们对现代人类遗传学的理解，不能将该群体视为单一的同质群体，而是随着时间的推移和基因漂移而分化的亚群，从而在亚群水平上形成了可区分的遗传分布。从这两个起点（人群中的某个人也可能具有匹配的分型并且该人群由亚群组成）产生的一个自然问题是哪些亚群最相关且需要考虑，以及选择错误的亚群会产生什么样的影响。显然，这一问题需要结合目前已知的要素，而不是法医 DNA 实验室中可以单方面决定的问题。有时，此类问题在刑事审判中具有重大意义，法庭科学家可能需要远程收集群体数据。幸运的是，由于这些问题具有广泛的适用性，大量的群体数据已经由法庭科学机构进行了汇编和测试。解决这些问题的另一种方法是通过评估赋予共同祖先系数一个更合适的值。该参数可以表示由于遗传漂移而偏离的两个种群之间的遗传距离，因此，在评估显著性的方程中，增加共同祖先系数的值可以弥补所选亚群与未知的真正罪犯所属亚群之间的潜在差距。在标准报告方案中，对居住在该地区的主要亚群进行采样、测试，并作为产生显著性评价的例行事项加以应用。估计值还包含共同祖先系数的值，该值反映了对这些组合数据集的群体遗传测试以及对现代人类遗传学的理解所产生的其他信息。

使用亚群模型等方法评估显著性，旨在适应可能影响评估的现代人类遗传学的各个方面。这可以通过多种方法实现。首先，为评估 DNA 证据的显著性而选择的假设应反映任何可能有助于法庭理解或调查的相关考虑因素。例如，如果有理由认为犯罪现场的斑迹是由匹配成功个体的亲戚留下的，这一考虑会彻底改变最终估计值，但可以通过相应地改变假设来直接评估。其次，在计算中所依赖的群体数据必须已经被收集、分析并达到法庭科学界认可的标准。该过程旨在确保数据的重要群体遗传特征被观察到，因此，可以通过对模型的合理应用加以调整。最后，由于认识到我们对与法庭科学相关的现代人类遗传学的理解仍在不断发展，科学家必须确保收集、分析是一个持续的过程，特别是在考虑或引进新的标记时。

复杂图谱——混合斑

随着现代 DNA 分析技术灵敏度和稳定性的不断提高，其在执法领域中的应用也在不断增加。有可能从仅有 50 个细胞的物证中提取出具有证明作用的 DNA 数据，这是 DNA 证据的先天优势之一。然而，这也可能导致观察到混合 DNA 图谱或来自多个个体的图谱。在通常情况下，混合 DNA 图谱增加了图谱解释和证明力评估的复杂性。混合 DNA 图谱降低了针对匹配被告人的整体证据强度，因为额外 DNA 的存在增加了可疑人员的数量，他们可能参与了混合斑的形成。混合 DNA 图谱的复杂程度可能会有很大差异，因此可以采用多种方式进行处理。一些方法试图通过对分型结果作出某些假设来简化对 DNA 分型的解释，例如二元方法，该方法通常需要对混合斑贡献者的数量进行假设。这些方法有时因具有主观性或意见偏向而受到批评，这些方面的极端可能导致非保守的估计。有些方法试图通过不做任何假设来简化解释，例如包含概率或不排除随机个体法。这些方法忽略了大量可用的科学数据，因此可能不太准确。国际法医遗传学会等代表性机构就如何处理混合斑等复杂分型提出了建议，为科学家提供了帮助。

复杂图谱——部分分型或低模板 DNA 分型图谱

法医案件中经常出现部分或不完整的 DNA 分型图谱，因为不完整，其显著性降低。此外，由于现场检材中缺少高质量的 DNA，DNA 图谱通常不完整，与高质量样本相比，此时 DNA 图谱中可能出现随机扩增或非特异性峰。当个别基因座的基因型不明确时，部分分型只会使显著性的估计复杂化。人们已经扩展标准方法，以适应包含不完整基因座的总体估计。

从低模板样本获得的 DNA 图谱在法庭科学中也很常见，通常可以代表案件中可用的最关键的证据。例如，一个冷门案件，其证据来自被重新审查的历史性事件，DNA 样本在过去已经遭受严重的降解和腐败，这反过来降低了重新获得分型的能力，并且通常会产生随机扩增和非特异性峰。由于这些证据的重要性，人们已经开发了进一步提高 DNA 图谱分析方法的灵敏度和增加基因座分型可能性的技术（例如低拷贝 DNA 分析）。这些技术的缺点是它们可能增加非特异性峰出现的可能性和数量，因此，它们的解释需要开发先进的方法，对 DNA 图谱组成进行建模，并在显著性评价中考虑这些附加变量。

非常染色体遗传标记

对非常染色体遗传标记（如线粒体 DNA 或 Y 染色体 STR）的 DNA 分型结果进行显著性评估的方法，通常比应用常染色体 STR 分型的方法发展得慢。非常染色体遗传标记由于其特殊遗传特征，无法直接应用常染色体 STR 的统计方法，但也一些相似之处。虽然非常染色体遗传标记（或单倍型）在母源（线粒体 DNA）或父系（Y 染色体 STR）成员之间几乎没有变化，但仍有必要了解在相关亚群中观察到的单倍型出现的频率。事实上，采集和分析亚群数据对于利用非常染色体遗传标记的法医实验室来说更为必要，因为它们在亚群水平上更易发生微分化，作为评估显著性的组成元素，这需要去研究和考虑。可以查询线粒体 DNA 或 Y 染色体 STR 单倍型的群体数据，以确定证据单倍型出现的次数。在大多数情况下，由于应用更高级的概率方法或贝叶斯方法非常复杂，观测值本身就被直接用于估计显著性。

在 DNA 数据库中进行的显著性评估

通过检索 DNA 数据库产生匹配的证据，其呈现过程通常没有提及匹配结果最初是从数据库获得的。让陪审团知道一个人在 DNA 数据库中有样本通常不符合被告人的利益，因为可能会得出否定性的推论。相关文献对检索 DNA 数据库进行匹配是否影响证据显著性的问题进行了广泛而有力的讨论。这个问题也影响到对嫌疑人的搜索，无论他们是否在 DNA 数据库中。不幸的是，有很多模糊的观点，法院常常很难在面对复杂多样的科学观点时做出合理的决定。关于这个问题的一个学派建议，如果被告人的身份是根据 DNA 数据库搜索得以确定的，则需对其显著性评估进行调整，即通过除以 DNA 数据库人数来降低似然比（或增加 DNA 分型匹配概率）。举一个简单的例子，一个 DNA 数据库包含 100 000 个人的 DNA 分型数据，其中一个 DNA 证据似然比为 1 000 000，这将导致向法院报告调整后的似然比 10。这种方法通常被称为 Np 规则，其中 Np 表示随机匹配概率 p 乘以数据库的大小 N。此方法的保守性随着 N 的增加而增加，并且该提议失去合乎逻辑的吸引力。例如，如果 DNA 数据库保存了整个人类的 DNA 分型数据，并且只有一个匹配的个体，则它在逻辑上会提供一个无可辩驳的关联；但是如果使用 Np，则匹配的识别能力将降低 70 亿倍，并且将被报告为完全不能令人信服的东西。另一个学派用贝叶斯定理来证明，在进行 DNA 数据库检索之后，匹配分型的确认实际上增强了其显著性。这是因为在进行这种检索时，DNA 数据库中的所有不匹配个体都被排除在外，从而增加了不利于剩余匹配个体的证据的显著性（相对于在不使用 DNA 数据库搜索时直接进行比较的情况）。

参见

行为： 解释；DNA 统计概率；低模板 DNA 的检测；混合斑解释（仅针对 STR 的混合 DNA 图谱进行解释）；亲子鉴定与亲缘关系分析

基础： 鉴定/个体化的概述和意义

证据的统计学解释： 贝叶斯分析；法庭科学证据解释的频率论方法

进一步阅读：

Aitken, C. G. G., Taroni, F., 2004. *Statistics and the Evaluation of Evidence for Forensic Scientists*, second ed. Wiley, Chichester.

Balding, D. J. , 2005. *Weight of Evidence for Forensic DNA Profiles*. Wiley, Chichester.

Balding, D. J. , Donnelly, P. , 1995. Evaluating DNA profile evidence when the suspect is identified through a database search. *Journal of Forensic Sciences* 41, 603-607.

Balding, D. J. , Nichols, R. A. , 1994. DNA profile match probability calculation: how to allow for population stratification, relatedness, database selection and single bands. *Forensic Science International* 64, 125-140.

Buckleton, J. S. , Curran, J. M. , Walsh, S. J. , 2006. How reliable is the sub-population-model in DNA testimony? *Forensic Science International* 15, 144-148.

Buckleton, J. S. , Krawczak, M. , Weir, B. S. , 2011. The interpretation of lineage markers in forensic DNA testing. *Forensic Science International: Genetics* 5, 78-83.

Buckleton, J. S. , Triggs, C. M. , Walsh, S. J. , 2005. *Forensic DNA Evidence Interpretation*. CRC, Boca Raton, FL.

Curran, J. M. , Walsh, S. J. , Buckleton, J. S. , 2007. Empirical testing of estimated DNA frequencies. *Forensic Science International: Genetics* 1, 267-272.

Evett, I. W. , Jackson, G. , Lambert, J. A. , 2000. More on the hierarchy of propositions: exploring the distinction between explanations and propositions. *Science & Justice* 40, 3-10.

Evett, I. W. , Weir, B. S. , 1998. *Interpreting DNA Evidence*. Sinauer Associates, Sunderland, MA.

Gill, P. , Brenner, C. H. , Buckleton, J. S. , etal. , 2006. DNA Commission of the International Society of Forensic Genetics: recommendations on the interpretation of mixtures. *Forensic Science International* 160, 9D-101.

Gusmiio, L. , Butler, J. M. , Garracedo, A. , etal. , 2006. DNA Commission of the International Society of Forensic Genetics (ISFG): an update of the recommendations on the use of Y-STRs in forensic analysis. *Forensic Science International* 157, 187-197.

Kaye, D. H. , 2010. *The Double Helix and the Law of Evidence*. Harvard University Press, Cambridge, MA.

NRC, 1992. *National Research Council Report: DNA Technology in Forensic Science*. Report of the National Academy Press, Washington, DC.

NRC_ II, 1996. *National Research Council Report: The Evaluation of Forensic DNA Evidence*. Report of the National Academy Press, Washington, DC.

Robertson, B. , Vignaux, G. A. , 1997. *Interpreting Evidence: Evaluating Forensic Science in the Courtroom*. Wiley, Chichester.

Weir, B. S. , 2004. Matching and partially matching profiles. *Journal of Forensic Sciences* 49, 1009-1014.

Weir, B.S., Cockerham, C.C., 1984. Estimating F- statistics for the analysis of populations tructure. *Evolution* 38, 1358−1370.

相关网站

http://www.strdna-db.org-AutosomalSTRDNA（database）.
http://www.empop.org-EMPOP（EuropeanmtDNAPopulationDatabase）.
http：//www.isfg.org-lnternationalSocietyforForensicGenetics.
http://www.mitomap.org-MITOMAP（AhumanmitochondrialDNAdatabase）.
http://www.cstl.nist.gov-ShortTandemRepeatDNAInternetDatabase.
http://www.yhrd.org-Y-STRHaplotypeReferenceDatabase（YHRD）.

法庭科学证据解释的频率论方法

J.M. 柯伦，新西兰，奥克兰，奥克兰大学
版权© 2013 爱思唯尔公司保留所有权利

术语表

　　概率　一个介于 0 和 1 之间的数值，表示一个事件发生的可能性。概率有时可以表示为百分比或比率，而不会丢失信息。概率也可以用来表达对某事件将会发生的确信程度。这样的概率通常被称为"主观的"。

　　概率密度函数　描述与离散随机变量的值相关的概率。若随机变量是连续的度量，例如时间或长度，则概率密度函数描述与特定结果相关联的密度。密度是指曲线的高度。对于连续随机变量，事件的概率是由概率密度曲线下的面积得出的。

　　随机试验　事先不知道结果的一种情况。人们也许知道可能的结果是什么，但确切的结果直到实验进行仍是未知的。

　　随机变量　测量随机实验结果的变量。人们也许知道一个随机变量可能的取值范围，但需到实验完成才知道实际值。

　　样本　统计意义上的样本是指从较大的总体中抽取的一套或一组物体或测量值。在本部分，样本是指从犯罪现场获取或从嫌疑人身上提取的一组（有代表性的）物品。

　　检材　检材用于避免与样本相混淆。本部分的检材是指证据来源的较小部分或子样本，例如现场油漆检材。这体现了一个事实，即在提取检材时人们没有选择的余地，因此，无法确定检材是否能代表来源。

　　法庭科学中常见的问题是"这个证据来自犯罪现场吗?"或"这些血痕来自那个人吗?"当情况变得不那么确定时,这些问题的答案就变得概率化了。统计推断提供了确定概率的工具和框架。上述问题通常被称为"共同来源的问题",并且已通过各种统计频率方法加以解决。这些方法最好通过一个例子来说明。

示例

　　下面的例子来自法庭科学玻璃证据解释领域。

　　在犯罪过程中,一扇窗户被打破了。几个小时后,一名嫌疑人被捕。在搜查嫌疑人衣服、鞋子和帽子时发现了 6 块玻璃碎片。从犯罪现场的窗户中随机抽取了 6 块玻璃碎片。从嫌疑人身上采集的玻璃称为提取(或有疑问)样本(或检材),从现场取得的玻璃称为对照样本。测定每个样本中每个片段的折射率(RI),如表 1 所示。

表 1　对照样本和提取样本的折射率

对照样本	提取样本
1. 529077	1. 529049
1. 529085	1. 529108
1. 52912	1. 529118
1. 529133	1. 529141
1. 529135	1. 529146
1. 529189	1. 529153

　　在随后的几部分,从表 1 数据推导出的统计数据将很有用。

范围测试

　　范围测试广泛地描述了将从嫌疑人处获得的证据的测量值与控制源的范围进行比较的一类方法。一组测量值的范围是指从最小值到最大值的区间。例如,范围可以表示为一个间隔,或由最大值和最小值之差(例如,0.000112)所给出的长度。此条目中使用了区间定义。

　　最简单的范围测试是将提取样本的测量值按顺序与控制范围进行比较。

如果提取样本的测量值超出控制范围，则认为其不是来自控制源。在玻璃一例中，6块玻璃碎片中最小一块的折射率测量值（1.529049）低于最小的对照样本测量值，因此可以认定此碎片不是来自现场。余下提取样本的测量值都位于对照样本最小值到最大值的区间内，因此，这些碎片被认为来自控制源。也就是说，在这个例子中，在嫌疑人上发现的6个被提取碎片中的5个被认为来自犯罪现场。在这个例子中，使用简单的语言来说明该方法，而不提供有关证据强度的全面说明。一个较弱的说法可能是，对照样本和现场提取的玻璃碎片具有共同的物理特性。

这种类型的范围测试很容易扩展到多变量的情况。在对同一对象的不同属性进行多次测量的情况下，需要进行这种扩展。例如，元素分析技术常用于法庭科学中。这些技术同时测量检材中多种化学元素的浓度。认定具有同一来源或类似特征的标准是，提取样本的所有测量值必须落在对照样本中观察到的范围内。表2给出了一个示例。提取的锆（99）样本测量值超出了对照样本中观察到的范围，因此，可以说该提取样本并非来自控制源。

表2 使用元素浓度数据进行范围测试的示例

	铁	锰	钡	锶	锆	铬
对照样本最小值	1978	53	166	143	70	1494
对照样本最大值	2322	62	200	169	90	1771
提取样本测量值	2320	62	192	166	99	1766

上文所描述的范围测试实施起来非常简单，不需要任何形式的复杂计算。然而，它们非常容易受到离群值的影响。在统计意义上，离群值与大部分测量值有很大不同。离群值可能产生于测量误差、分类错误、污染，或是偶然。

除了简单的描述外，大多数统计学家不会使用这个范围来估计一组测量值的分布或变异性。大多数需要测量变异性的正规统计程序都使用样本标准差。这种想法催生了一套改进的范围测试，有时被称为 2σ 或 3σ 规则。

在简单范围测试中，将现场提取样本的测量值与由对照样本中最小值和最大值定义的区间进行比较。2σ 规则将对照区间修改为对照样本均值加上或减去其标准差的2倍这一区间，即 $(\bar{x}_c - 2s_c, \ \bar{x}_c + 2s_c)$，$\bar{x}_c$ 和 s_c 分别是对照样本的均值和标准差。如果使用 3σ 规则，那么区间由 $\bar{x}_c \pm 3s_c$ 决定。使用表3中的汇总统计数据，2σ 对照区间表示为：

$$\bar{x}_c \pm 2s_c = （1.529123-2\times4.04\times10^{-5}, 1.529123+2\times4.04\times10^{-5}）$$
$$= （1.529042, 1.529204）$$

表3 对照样本和提取样本测量的汇总统计数据

统计数值	对照样本	提取样本
最小值	1.529077	1.529049
均值	1.529123	1.529119
最大值	1.529189	1.529153
标准差	4.04×10^{-5}	3.84×10^{-5}

选择 2σ 或 3σ 规则取决于在统计中什么是可知的，如 68-95 99.7，σ-2σ-3σ，或经验法则，该法则规定，对于正态分布的数据，大约 68% 的测量值位于均值的 1 个标准差范围内，大约 95% 的测量值位于均值的 2 个标准差范围内，而大约 99.7% 的测量值位于均值的 3 个标准差范围内。在玻璃取证示例中，所有的测量值都在均值的 2 个标准差范围内，即 2σ 区间内。尽管 2σ 规则具有很好的统计特性，但是将提取样本的测量值与对照区间相比有一个高得令人无法接受的错误排除率。在一组 n_r 测量值中至少有一个测量值被判断有不同来源，但实际上有相同来源的概率是

$$P = 1- （1-\alpha）^{n_r}$$

α 的值是 0.05 或 0.003，取决于使用了 2σ 还是 3σ 规则。这个问题被称为多重比较的问题，在统计中的许多情况下都会出现。一些业内人士声称错误包含比起错误排除问题更严重。也就是说，如果一个提取样本被认为与对照样本有共同来源，但实际上来源并不相同，那么该证据可能使得被告人卷入其没有犯过的罪行之中。理论上，对照样本和提取样本的测量值越不同，得出错误包含结论的可能性越小。但法庭科学实践中普遍存在的小样本量问题会严重影响各种方法的统计特性。从统计学的角度来说，这种测试被认为是低效能的。这意味着，当存在一个差异时，它们检测到真正差异的概率很低。这两个观点都有一定的道理，但都不重要，因为频率论方法不考虑与替

代假设相关的证据。

2σ 规则可以用于多变量数据。通过为对照样本测量每一个变量来计算 2σ 或 3σ 区间，可以很容易地扩展这一想法。如果提取样本的测量值落在对照区间之外，则不做共同来源陈述。对每个项目进行额外的测量而导致的额外比较，使多重比较问题复杂化。从理论上讲，这可以通过计算对照样本的置信椭圆（即区间的多元等价）来克服。然而，在实践中，几乎从未实现过。

范围测试的缺点可以通过使用样本的汇总统计数据来解决，如样本均值，而不是使用单独的测量值。这种方法的优点是不容易受到离群值影响，不容易受到（但不是不受）多个比较问题的影响，并且它在一个步骤中使用尽可能多的数据信息。这种方法通常属于统计假设检验框架。

假设检验

频率论假设检验框架在科学文献中经常使用，它已被应用于法庭科学，从统计上解决共同来源的问题。该方法通常围绕两个样本均值与样本中观察到的变化进行比较。

然而，大多数统计假设检验一般遵循相同的步骤：

1. 提出一个问题。

2. 从统计学上阐述你的问题，也就是说，找到一个你认为可以回答你问题的统计数据。

3. 提出一种零假设。

4. 提出替代假设。

5. 计算你的检验统计量。

6. 计算 P 值。

7. 解释 P 值。

这些步骤使用的术语需要一个简短的定义。零假设通常是指没有差异或没有变化的假设。这意味着任何差异或变化都可以很容易地用随机机会来解释。这是一个假设，代表"这些测量结果（在统计上）难以区分"或"这些测量数据来自同一来源"。值得注意的是，零假设不能准确地反映第二个陈述。虽然没有被正式纳入计算，但替代假设是关于差异或变化的假设。检验统计量是可以根据观察数据计算的汇总数字。P 值的定义是"观察到的检验统计量等于或大于零假设成立时所观察到的统计量的概率"。如果 X 是任何检验统计量，而 X_0 是某一特定情况下所观察到的统计量的值，则 P 值可以在统计上表示为：

$$P = \Pr\ (X \geqslant X_0 \mid H_0\,\text{true})$$

如果 P 值很小，则正确的解释是：如果零假设成立，则检验统计量不太可能是随机发生的。在这种情况下，通常会说"零假设被拒绝"。如果 P 值很小，则"若替代假设为真的话，则结果更有可能出现"的假设是不正确的。做出这种假设是不正确的，因为计算的任何部分都没有提到替代假设；在替代假设下，结果可能同样不太可能。如果 P 值很大，则正确的解释是：如果零假设为真，那么检验统计量很可能只是随机发生的。同样，在替代假设下，任何推断出结果不太可能的解释都是不正确的。P 值不是零假设成立的概率。

显著性水平与大小值

显著性水平的大小值的定义是随意的，但是当零假设为真时，它与拒绝零假设的可接受风险有关。这种类型的错误被称作 I 型错误。在实践中，如果 P 值小于 0.05 或 0.01，则认为它很小。这些数字的选择是任意的，但可以粗略地解释为做出错误决定的"概率小于 1/20（或 1/100）"（平均而言，如果零假设成立）。前一句括号中的注意事项非常重要，但常常被忽略。

在内曼-皮尔逊（Neyman-Pearson）的正统理论中，临界值 0.05、0.01 等被称为检验显著性，通常表示为 α。具体而言，显著性是指用户愿意接受发生 I 型错误的概率。这个概率不是由试验决定的，而是由做出错误决定的相关成本决定的。在科学中，通常使用 $\alpha = 0.05$。然而，在法律情景中，最好使用 $\alpha \leqslant 0.01$。这通常被视为符合布莱克斯通比率（Blackstone's ratio）。英国法学家威廉·布莱克斯通（William Blackstone）说过："10 个有罪的人逃脱比一个无辜的人受苦好。" 尽管如果 $\alpha = 0.01$，那么两者的比率是 100∶1，而不是布莱克斯通比率的 10∶1，但是，减小 α 值并不是没有后果的。在零假设为假的情况下，α 值越小，就越难拒绝零假设。同样，当差异确实存在时，也就更难检测出差异。也就是说，检验显著性与产生 II 型错误的概率（β）具有互补关系。β 是指接受错误的概率，或者是当替代假设实际上是真的情况下判定零假设为真的概率。1-β的值被称为检验力。当 α 减小时，β 增大，检验力降低。

检验显著性通常以多种不同的方式表述，人们可以选择使用 α、1-α、100×α% 和 100×（1-α）%。也就是说，在科学文献中，诸如"在 0.05、0.95、5% 和 95% 水平上是显著的"的表述都是常见的。最初的内曼-皮尔逊框架将 α 定义为显著性水平，但是，通常可以理解上文给出的替代假设的意图。如果 P 值小于显著性水平，那么检验常常被认为在 α 水平上是显著的。相应地，如果 P 值大于显著性水平，那么检验常常被认为在 α 水平上是不显著的。

当涉及特定的检验而不是一般的检验时，假设检验更容易理解。双样本 t 检验在科学文献中有着悠久的传统，并在法庭科学中得到了广泛应用。下一部分将讨论这一问题。

双样本 t 检验

通常使用双样本 t 检验来检验对照样本和提取样本来自均值和方差相同的分布的假设。这种情况下的推论是，如果碎片确实来自具有相同均值和方差的分布，那么它们无法区分，因此可能有共同的来源。这经常被错误地解释为"从犯罪现场找到的碎片"。

双样本 t 检验将样本均值的差异与随机变化或偶然性差异进行比较，其目的是对样本来源的真实但未知的均值差异做出概率陈述。如果均值相同，则可以说"无法将提取样本与对照样本区分开"。

将对照样本的 n_c 测量值表示为 x_i，$i=1,\ldots,n_c$；将提取样本的 n_r 测量值表示为 y_j，$j=1,\ldots,n_r$。假定对照样本来自均值 μ_c 和标准差 σ_c 的正态分布。同样，假定提取样本来自于均值 μ_r 和标准差 σ_r 的正态分布。这被表示为 $x_i \sim N(\mu_c,\sigma_c)$ 和 $y_j \sim N(\mu_r,\sigma_r)$。传统的（合并）双样本 t 检验通常检验"当 $\sigma_c = \sigma_r = \sigma$（因此样本标准差均为公共标准差 σ 的估计值）时，均值分布是相同的"的零假设：

$$H_0 : \mu_c = \mu_r \text{ 或 } H_0 : \mu_c - \mu_r = 0$$

另一个假设是均值分布不同：

$$H_1 : \mu_c \neq \mu_r \text{ 或 } H_0 : \mu_c - \mu_r \neq 0$$

为了检验零假设，将检验统计量与零假设为真的情况下人们期待观察到的分布值相比较。对于双样本 t 检验，检验统计量为

$$T_0 = \frac{\overline{x} - \overline{y}}{\sqrt{\left(\frac{1}{n_c} + \frac{1}{n_r}\right) \frac{(n_c-1)\, s_c^2 + (n_r-1)\, s_r^2}{n_c + n_r - 2}}}$$

其中 $\overline{x}$、$\overline{y}$、s_c 和 s_r 分别是对照样本和提取样本的均值和标准差。通过将 T_0 测量值与零假设为真时测量值的分布进行比较来评价检验显著性。对于双样本 t 检验，这是学生氏 t 分布，通过其自由度进行参数化。自由度 df $= n_c + n_r - 2$，反映了样本量，并且在某种意义上反映了可用的信息量。P 值总结了观测到的检验统计量与零分布的比较。

对于双样本 t 检验，这将变成

$$P = \Pr(T \geq T_0 \mid H_0 \text{ true})$$

之所以使用检验统计量的绝对值，是因为提取样本的均值小于或大于对照样本的均值没有区别，只是事实上它是不同的。需注意的是，等方差假设可以放宽。在某些情况下，这是一个明智的选择。这种 t 检验被称为韦尔奇（Welch's）t 检验。检验统计量的公式有一个不同的分母，而且自由度的公式要复杂得多，但是以最小值 (n_c, n_r) -1 和 $n_c + n_r - 2$ 为界。

合并的双样本 t 检验可以用玻璃的例子来说明。所观察到的检验统计量为：

$$T_0 = \frac{\overline{x} - \overline{y}}{\sqrt{\left(\frac{1}{n_c} + \frac{1}{n_r}\right) \frac{(n_c-1)\, s_c^2 + (n_r-1)\, s_r^2}{n_c + n_r - 2}}}$$

$$= \frac{1.529123 - 1.529119}{\sqrt{\left(\frac{1}{6} + \frac{1}{6}\right) \frac{(6-1)\,(4.04 \times 10^{-5})^2 + (6-1)\,(3.84 \times 10^{-5})^2}{6 + 6 - 2}}}$$

$$=\frac{4\times10^{-6}}{2.278\times10^{-5}}$$
$$=0.1756$$

H_0，即 P 值，使用 $n_c+n_r-2=6+6-2=10$ 自由度的 t 分布来计算。在微软 Excel 中使用 TDIST 函数或在 R 语言中使用 PT 函数很容易做到这一点。P 值是 0.86。这是一个很大的 P 值，"平均而言，100 次中大约有 86 次是随机得到这样的结果"。也就是说，这个结果极有可能是偶然发生的，因此 H_0 不能被拒绝。注意，与范围测试不同，这个过程不会忽略提取样本的最小折射率。这些信息都包含在提取样本均值中，更重要的是，包含在提取样本标准差中。包含此碎片会增加提取样本的可变性，并使其（稍微）更难拒绝零假设。一些业内人士对此感到不安，他们使用类似范围测试将观察结果排除在证据评估范围之外。如果不考虑省略的信息，这种做法可能导致危险的误导性结论。

在此示例中，并不需要计算 P 值，因为这个检验统计量可以解释为："当零假设成立时，观察到的差异与均值之差约为 0.18 个标准差。如果观察到的差异大于 2 个标准差，我们就会开始怀疑，它不可能是偶然发生的。鉴于 0.18 远小于 2，我们凭直觉认为观察到的差异可以归因于随机变化。"

双样本 t 检验有一种被称为霍特林（Hotelling）T^2 的多元模拟运算。这个检验已经在法庭科学中使用，但相对较少见。更常见的是对每个变量进行检验，这种方法容易遇到前面讨论的多个检验问题。霍特林 T^2 不仅避免了这样的问题，还考虑到了测量之间的潜在相关性。然而，它需要很大的样本量，很难在传统法庭科学样本中实现。

置信区间

假设检验具有非常严格的解释，用户可以根据 P 值做出接受或拒绝零假设的决定。这种方法导致了肯·斯莫尔登（Ken Smalldon）所称的"跌落悬崖效应"。考虑这样一种情况，即 P 值是 0.049 时，拒绝的标准是 0.05。在这种情况下，科学家会拒绝零假设。然而，如果 P 值是 0.051，那么科学家会接受零假设。也就是说，数量的微小变化会导致完全逆转的决定。很难向法庭证明这种逻辑是正当的。在某些情况下，另一种方法是提供一个置信区间。

为了形成一个置信区间，科学家必须选择一个置信水平。置信水平类似于（双尾）假设检验的显著性水平。置信水平通常以百分数的形式呈现，即 $100 \times (1-\alpha)\%$。例如，如果 $\alpha = 0.05$，那么置信水平为 95%，并由此产生 95% 的置信区间。置信区间还附有一个置信声明，也就是说，科学家可能表示他们 $100 \times (1-\alpha)\%$ 相信这个区间包含了真实值。注意，这不是概率陈述。置信指的是反复抽样或无限群体的观念，这是统计学的频率主义哲学基础。置信水平是指区间的随机性，而不是特定区间的行为。

一般来说，置信区间表示为：

$$\hat{\theta} \pm z_\alpha^* \, \mathrm{se} \, (\hat{\theta})$$

数量 θ 是指相关的数值。它可以是均值、均值差、比例、比例差、概率比或似然比。它不是一个限制性列表，是根据具体情况而定的。量 $\mathrm{se}(\hat{\theta})$ 被称为估计的标准误差，是相关量的估计标准差。z_α^* 是从特定应用的统计分布中选择的乘数，它反映了置信度。一般来说，α 值越小，z_α^* 值越大。许多标准情况下的置信区间可以在大多数本科生统计教材中找到。

此处以玻璃例子的置信区间来说明。一般来说，两种均值差的 $100(1-\alpha)\%$ 置信区间是由以下公式给出的：

$$\overline{x} - \overline{y} \pm t_{df}^* \, (1-\alpha/2) \, \mathrm{se} \, (\overline{x} - \overline{y})$$

假设样本来自方差相同的总体，则均值差的标准误差由以下公式给出：

$$\mathrm{se} \, (\overline{x} - \overline{y}) = \sqrt{\left(\frac{1}{n_c} + \frac{1}{n_r}\right) \frac{(n_c - 1) \, s_c^2 + (n_r - 1) \, s_r^2}{n_c + n_r - 2}}$$

这是双样本 t 检验中检验统计量的分母。当考虑到该假设实质上是将观察到的差异与差异的估计变异性进行比较时，这就说得通了。当去掉等方差假设时，这个公式更为简单：

$$\mathrm{se} \, (\overline{x} - \overline{y}) = \sqrt{\frac{s_c^2}{n_c} + \frac{s_r^2}{n_r}}$$

然而，由韦尔奇近似给出的自由度公式更为复杂（此处没有给出）。临界

值是具有 n_c+n_r-2 自由度的学生氏 t 分布的 100（$1-a/2$）%百分位数（假设两个群体的方差相等）。这可以通过使用统计表手册、微软 Excel 中的函数 TINV 或 R 预言中的函数 QT 计算得出。

因此，玻璃一例中95%的置信区间由下式给出：

$$4\times10^{-6}\pm2.228\times2.277\times10^{-5} = （-4.7\times10^{-5}, 5.5\times10^{-5}）$$

置信区间包含0，即假设的差异（H_0：$\mu_c-\mu=0$）。这意味着如果计算出一个 P 值，那么它将大于 0.05。一般来说，如果 100×（$1-\alpha$）%的置信区间包含相关的假设值，那么假设检验相关的 P 值将大于 α（双尾检验），如果置信区间不包含相关的假设值，那么 P 值要小于 α（双尾检验）。

争议和问题

在过去的 30 年里，针对证据解释的频率论方法的适当性，以及频率论方法在法律程序中的相关性，法庭科学和法律文献提出了相当多的批评。这样的讨论似乎与过去 100 年左右在许多科学领域的争论是不一致的，在这些领域中，通常频率论方法是判断实验是否成功的公认标准。

B. 罗伯逊（B. Robertson）和 G. A. 维尼奥（G. A. Vignaux）发表的一份声明总结了大多数争议，即一个显著性的假设检验并不能回答法院感兴趣的问题。法院想知道"这一证据证明被告人有罪的可能性增加了（或减少了）多少？"显著性检验告诉法院"我仅靠偶然机会观察到这个结果（匹配）的概率是多少？"罗伯逊和维尼奥简洁地称之为"错误问题的正确答案"。贝叶斯方法（也被称为似然比方法或逻辑方法）的支持者认为，必须针对至少两个相互竞争的假设对证据进行评价。这种观点实际上与内曼-皮尔逊假设检验并不矛盾，但在贝叶斯方法中，替代假设明确地进入了概率计算。

还有一些针对概率如何定义的更基本的批评。在统计学领域，有两个推理学派，即贝叶斯学派和频率论学派。这些学派的名字通常与贝叶斯和频率论对概率的定义有关。

顾名思义，概率的频率论定义取决于事件的长期频率。

在频率论推理中，推理依赖于无限的群体或反复抽样的概念。此外，一个模型的参数，或科学家希望进行推断的值，通常被认为是固定但未知的。

这些数据被认为是随机的。这意味着声明是就数据的随机性质做出的，而不是关于未知参数的。这样做的实际结果是，它防止科学家对假设为真的概率或包含具有一定概率的真实值的置信区间进行陈述。但是在实践中，这样的陈述仍然存在。

相比之下，概率的贝叶斯定义是：它是对信念的一种度量。

在贝叶斯推理中，相关的参数被视为随机的、不可知的，并且数据是固定的。在贝叶斯框架中，关于未知参数的假设由先验概率或信念表示，并用其他信息（数据生成后验概率）进行更新。这意味着科学家使用贝叶斯方法可以对假设的概率或包含真实值的可信区间的概率做出陈述。可信区间是置信区间的贝叶斯等效形式。

可能有人感兴趣的是，使用贝叶斯方法并不完全有必要接受概率的贝叶斯定义。

参见

基础：证据的统计学解释：贝叶斯分析

扩展阅读

Aitken, C. G. G. , Taroni, F. , 2004. *Statistics and the Evaluation of Evidence for Forensic Scientists*, second ed. Wiley, Chichester.

Balding, D. J. , 2005. *Weight-of-Evidence for Forensic DNA Profiles*. Wiley, Hoboken, NJ.

Curran, J. M. , 2010. *Introduction to Data Analysis with R for Forensic Scientists*. CRC Press, Boca Raton, FL.

Curran, J. M. , Hicks, T. N. , Buckleton, J. S. , 2000. *Forensic Interpretation of Glass Evidence*. CRC Press, Boca Raton, FL.

Evett, I. W. , Weir, B. S. , 1998. *Interpreting DNA Evidence*：*Statistical Genetics for Forensic Scientists*. Sinauer Associates, Sunderland, MA.

Hair, J. F. , Black, W. C. , Babin, B. J. , Anderson, R. E. , 2009. *Multivariate Data Analysis*, seventh ed. Pearson Prentice Hall, Upper Saddle River, NJ.

Lucy, D. , 2005. *Introduction to Statistics for Forensic Scientists*. Wiley, Chichester.

Moore, D. S. , McCabe, G. P. , 2006. *Introduction to the Practice of Statistics*, fifth ed. W. H. Freeman, New York.

Robertson, B. , Vignaux, G. A. , 1995. *Interpreting Evidence*：*Evaluating Forensic Science in the Court Room*. Wiley, Chichester.

Wild, C. J., Seber, G. A. F., 2000. *Chance Encounters: A First Course in Data Analysis and Inference*. Wiley, New York.

证据的统计学解释：贝叶斯分析

C. G. G. 艾特肯，英国，爱丁堡，爱丁堡大学

F. 塔罗尼和 A. 比德尔曼，瑞士，洛桑德里格，洛桑大学

版权© 2013 爱思唯尔公司保留所有权利

术语表

贝叶斯定理　贝叶斯定理是概率基本定律的体现，可以根据新的证据修正不确定命题。在司法环境中，根据贝叶斯定理进行推理，以检验特定证据是否增强或削弱了案件。更普遍地说，贝叶斯定理为不确定条件下的正确逻辑推理提供了标准。

似然比　似然比由两个条件概率之比定义：两个相互排斥、相互竞争的命题中每一个给出证据的概率。在法庭科学应用中，似然比被用来表示科学证据的意义，并被用来衡量其证明价值。

概率　概率是测量不确定度的一种手段。一个最广泛的解释是，它的目的是表达一个人对不确定命题的信任程度。概率受几项公理定律支配，而这些公理定律构成归纳推理的基本框架。

引　言

布鲁诺·德·芬内蒂（Bruno de Finite）是一位主观概率论的开创者，他认为概率论在归纳推理中的作用是根据观察到的事件来评估未来事件的发生概率，在归纳的数学公式中，这句话的意思是"从经验中学习"。举一个说明性的例子：当法庭科学家试图评价和解释科学证据的意义时，通常会面对归纳推理。这导致人们把注意力转向了贝叶斯定理，后者在本质上使归纳形式化。

在贝叶斯分析中，使用所有可用信息以减少与推理问题相关的不确定性。当获得新信息时，它将与任何先前的信息结合起来，这构成了统计的基础。将新信息与先前可用信息相结合的形式化机制通常被称为贝叶斯定理。贝叶

斯定理涉及概率的使用，因为概率可以被认为是连续的不确定性。在任何给定的时间点，科学家拥有的关于某些不确定事件（或数量）的信息的状态都可以用一组概率来表示。当获得新信息时，这些概率会被修改，以便它们可以代表所有可用的信息。"修正"概率的概念不应该被解释为校正。更新的概率不是对初始概率的校正或更好的评估，而是完全不同的概率，因为它受新的（扩展的）信息状态的约束。

因此，证据的统计评价和解释依赖于一个规则，该规则通过条件概率将不确定事件之间的依赖性联系起来。这一规则使人们能够根据证据对关于某一问题的信念（例如被告人有罪或无罪）的影响来明确证据的价值，其基本思想可以应用于分类和连续数据。它们也可以用于没有数据或具有有限数据但存在主观意见的情况。它们被用来确保对证据的评价具有一个合乎逻辑和连贯的结构。

贝叶斯规则

贝叶斯规则是以 18 世纪一位不墨守成规的牧师托马斯·贝叶斯（Thomas Bayes）的名字命名的。他提出了一个重要规则，这个规则显示了某个事件（如 R）的不确定性是如何被另一个事件（如 S）改变的：

$$\mathrm{Pr}\ (R \mid S) = \mathrm{Pr}\ (S \mid R)\ \mathrm{Pr}\ (R)\ / \mathrm{Pr}\ (S)$$

其中 Pr 表示概率，| 表示条件。因此，假定 S 已经发生，$\mathrm{Pr}\ (R \mid S)$ 是 R 发生的概率。概率是介于 0 和 1 之间的值。0 对应于不可能发生的事件，1 对应于肯定会发生的事件。概率最恰当的解释是主观的——在"个人的"意义上——个人确信程度的表达。因此，它们反映了个人知识的不完善程度。这种确信是渐进的：随着证据的积累，人们可以比以前或多或少地相信某一事件的真相；相比于另一事件的真相，人们更多地相信给定事件的真相等。这个解释的基本原则是，理性个体的确信程度服从概率规则。因此，概率代表了一个特定个体的量化判断。因为概率是一种确信程度的度量，而不是一个长期频率的度量（正如其他概率解释所建议的那样），所以将概率分配给一个涉及非重复性情况的事件是完全合理的。这使得基于确信程度的概率解释对司法环境特别有用。

贝叶斯规则的另一个版本是它的概率形式，其中 $\bar{R}$ 表示 R 的补数，所以 $\text{Pr}(\bar{R})=1-\text{Pr}(R)$。那么支持 R 的概率为 $\text{Pr}(R)\,/\,\text{Pr}(\bar{R})$，表示为 $O(R)$，在 S 发生的条件下支持 R 的概率被表示为 $O(R\mid S)$。贝叶斯规则的概率形式是：

$$O(R\mid S)=\frac{\text{Pr}(S\mid R)}{\text{Pr}(S\mid \bar{R})}\times O(R)$$

在法庭科学中，S、R 和 $\bar{R}$ 通常被贝叶斯规则的概率形式替换为 E、H_p 和 H_d，其中 E 是科学证据，H_p 是控方假设，H_d 是辩方假设。因此，

$$O(H_p\mid E)=\frac{\text{Pr}(E\mid H_p)}{\text{Pr}(E\mid H_d)}\times O(H_p)$$

等式的左侧是在提出科学证据后，支持控方假设的概率。这被称为后验概率。比率 $O(H_p)$ 是先验概率（也就是在证据呈现之前的概率）。将先验概率转换为后验概率的系数是贝叶斯因子：

$$\frac{\text{Pr}(E\mid H_p)}{\text{Pr}(E\mid H_d)}$$

在法庭上，它通常被称为似然比并且缩写为 V（是 value 的缩写）。它可以取 0 和 ∞ 之间的值。如果这个值超过 1，那么控方假设 H_p 会得到支持。如果小于 1，那么辩方假设 H_d 会得到支持。似然比为 1 的证据是中性的，因为证据与区分两个相关假设无关。注意，如果使用对数，则关系变成了加法。这对于在正义的天平上衡量证据有一个令人非常愉快的直观解释。在统计学家 I. J. 古德（I. J. Good）的著作之后，贝叶斯因子的对数被称为"证据的权重"。上面提到的 $O(R)$ 和 $O(R\mid S)$ 项中的命题不一定是互补的，这条规则仍然适用。因此，控方假设和辩方假设不需要互补。

通过确定贝叶斯因子的值来评估科学证据的证明价值。法庭科学家真正的任务是确定这个值。法官和陪审团的作用是评估先验概率和后验概率。法庭科学家可以告诉专家信息的接收者，他们的先验概率是如何被证据改变的，

但是法庭科学家不能自己给先验概率或后验概率赋值。为了赋予这个值，必须考虑案件中的所有其他证据。

评价和解释两词有时被认为是同义词，但区分两者是有帮助的。评价是确定贝叶斯因子的一个值。解释是指其值所附加的含义。

证据价值

对科学证据的评价可以被看作对比较的评价。这种比较是在犯罪相关（提取）材料和对照（潜在来源）材料的质量（如遗传特性）或测量结果（如玻璃碎片的折射率）之间进行的。为了评价科学证据，人们普遍认为，在通常所指的 H_p 和 H_d 背景下，法庭科学家至少应考虑两个相互竞争的假设，来说明它们对所检查事实的描述。这些假设是环境框架的形式化表现。它们的表述是评价证据的逻辑方法的重要基础。一种主要由英国研究人员在 20 世纪 90 年代后期发展起来的分类，被称为"命题的层次结构"，考虑了三个主要范畴或层面，即所谓的来源、活动和犯罪层面。

分类数据和离散假设

来源层面评价

来源层面评价取决于对提取（未知来源）样本和对照（已知来源）样本的分析和测量。在来源层面命题下的痕迹（或斑迹）的似然比，例如"X 先生的套头衫是提取纤维的来源"，"X 先生的套头衫不是提取纤维的来源"（纤维来源于另一件衣服），不需要考虑在实验室检验中获得的分析信息之外的任何东西。假设两个样本有同一来源，则可以通过比较两个样本（提取样本和对照样本）来考虑第一个假设（贝叶斯因子的分子）下证据的概率。通过比较在相关替代来源中对照样本和提取样本的特征，可以考虑第二假设（贝叶斯因子的分母）下的证据概率。可能被认定为源头的群体称为相关群体。

设想这样一个场景：罪犯在犯罪现场遗留了 n 条织物纤维。嫌疑人已被逮捕，调查人员希望能在嫌疑人与犯罪之间建立强有力的联系。一位法庭科学家对被怀疑的纤维的物理和化学特征的测量结果与从嫌疑人的套头衫上提取的样本的测量结果进行了比较。两个相关的假设分别是：H_p，纤维来自嫌疑人套头衫；H_d，纤维来源于嫌疑人以外的人的衣服。证据 E 具有两部分：y 是提取纤维的特征 Γ，x 是嫌疑人套头衫的特征 Γ。如果提取纤维和嫌疑人套头衫具有不同的（矛盾的）特征，那么对嫌疑人套头衫将不会进一步详细调查。

用 I 表示背景信息。这可以包括（目击者）关于罪犯穿着的衣服类型的证据。那么证据价值就是：

$$\frac{\Pr(E \mid H_p, I)}{\Pr(E \mid H_d, I)} = \frac{\Pr(x, y \mid H_p, I)}{\Pr(x, y \mid H_d, I)} = \frac{\Pr(y \mid x, H_p, I)}{\Pr(y \mid x, H_d, I)} \times \frac{\Pr(x \mid H_p, I)}{\Pr(x \mid H_d, I)}$$

考虑两个假设：

如果嫌疑人套头衫的特征是独立的，与他的套头衫是否为提取纤维来源的假设（H_p 或 H_d）无关，则 $\Pr(x \mid H_p, I) = \Pr(x \mid H_d, I)$。

如果嫌疑人套头衫不是提取纤维的来源（H_d），那么关于犯罪现场（y）的纤维的证据与关于嫌疑人套头衫特征的证据（x）无关，因此 $\Pr(y \mid x, H_p, I) = \Pr(y \mid H_d, I)$。

因此

$$V = \frac{\Pr(y \mid x, H_p, I)}{\Pr(y \mid H_d, I)}$$

此外，根据以前收集的数据（群体研究），科学家知道，纤维特征 Γ 出现在一些相关群体中的概率为 $100\gamma\%$，记为 Ψ。

假设嫌疑人套头衫是提取纤维的来源，并且具有特征 Γ，则提取纤维具有特征 Γ 的概率是 1。因此，V 的分子是 1。或者，假设嫌疑人套头衫不是提取纤维的来源。相关群体被认为是 Ψ，提取纤维来自相关群体 Ψ 的某个未知成员。y 表示与犯罪有关的提取纤维具有特征 Γ。这就是说，Ψ 的未知成员具有特征 Γ。Ψ 随机抽取的纤维供体具有特征 Γ 的概率为 γ。从而

$$V = \frac{1}{\gamma}$$

该值表示当衣服供体是 Ψ 的成员时，提取纤维特征的证据价值。给定 γ 是 0 和 1 之间的值，贝叶斯因子大于 1；因此，如果嫌疑人套头衫是提取纤维的来源，那么其证据价值就比不是该来源的证据价值高 $1/\gamma$ 倍。有人已经提

出了定性量表，其目的是更容易地传达证据价值的意义。但是，目前正在讨论这一目标的实现程度。

活动层面评价

这一层面与活动相关。它要求对相关假设的定义包括一个行为。这种假设可以是"X 先生坐在汽车驾驶员座位上"，也可以是"X 先生从未坐在汽车驾驶员座位上"。这种行为（即坐在驾驶座上）的结果是驾驶员和座椅之间存在接触。因此，可以预见物质的转移（即本例中的纤维）。法庭科学家需要考虑关于审查中案件的更详细的信息，它涉及纤维在汽车驾驶员座位上的转移和持久性。这表明，如果没有一个环境框架，活动层面假设就无法被解决。

为了便于说明，请考虑以下场景。在犯罪过程中，受害者的血已经流了出来。一名嫌疑人已被逮捕。在嫌疑人的一件衣服上发现了基因型为 Γ 的血迹。嫌疑人的基因型不是 Γ。受害者的基因型是 Γ。有两种可能性：

T_0：血迹来自某种背景来源；

T_1：血迹是在犯罪期间转移的。

如前所述，有两个假设要考虑：

H_p：嫌疑人攻击了受害者；

H_d：嫌疑人没有攻击受害者（举例，但是被理解为他与受害者没有任何关系）。

证据 E 是在嫌疑人的衣服上发现的单一血迹，并且基因型是 Γ。受害者的基因型为 Γ 的信息被认为是相关背景信息的一部分。证据价值一般表达为 $V = \Pr(E \mid H_p, I) / \Pr(E \mid H_d, I)$。

首先，考虑分子和事件 T_0。这意味着嫌疑人和受害者之间存在"接触"，但没有血迹转移到嫌疑人身上。这是一个概率为 $\Pr(T_0 \mid H_p, I)$ 的事件。同时，一个基因型为 Γ 的血迹必须是通过其他方式转移的，这样的事件具有概率 $\Pr(B, \Gamma)$，其中 B 指从犯罪现场以外的来源（即背景来源）而不是从犯罪现场（这里是受害者）转移血迹。

接下来，考虑 T_1，即血迹转移到嫌疑人的事件，具有概率 $\Pr(T_1 \mid H_p, I)$。给定 T_1、H_p 和受害者的基因型 Γ，那么可以肯定转移的血迹具有基因型 Γ。这还假设没有血迹从背景来源转移。

用 $t_0 = \Pr(T_0 \mid H_p, I)$ 和 $t_1 = \Pr(T_1 \mid H_p, I)$ 分别表示在犯罪过程中没有血迹和有一个血迹转移的概率。令 b_0 和 b_1 分别表示来自相关人群的人衣服上没有血迹和有一个血迹的概率。令 γ 表示来自相关人群的人衣服上无辜获得基因型为 Γ 的血迹的概率。该概率可以不同于一般群体中具有基因型 Γ 的个体的比例。然后 $\Pr(B, \Gamma) = \gamma b_1$，分子可以写为 $t_0\gamma b_1 + t_1 b_0$。这表示基因型为 Γ 的血迹的存在取决于没有转移的概率（t_0），乘以事先有这样一个血迹作为背景的概率（γb_1），再加上这种血迹的转移概率（t_1）乘以事先没有这种血迹的概率（b_0）。

现在，考虑一下假定嫌疑人和受害者没有接触的分母。那么，血迹的存在纯粹是偶然。分母取值 $\Pr(B, \Gamma)$，等于 γb_1。总之，证据的似然比是这样的：

$$V = \frac{t_0\gamma b_1 + t_1 b_0}{\gamma b_1}$$

涉及其他方向转移的案件（例如，从罪犯向现场或受害者转移，而不是从现场或受害者转移给罪犯），或涉及 n 个痕迹和 k 个群体的归纳，都可以在关于该主题的专门文献中找到。

犯罪层面评价

犯罪层面假设与陪审团感兴趣的假设最接近。犯罪层面假设下似然比的形式发展表明，还需要关注另外两个参数：一个与可能"相关"的材料有关，这意味着它来自罪犯（相关嫌疑人可能成为罪犯）。另一个与以下认识有关，即如果材料与案件无关，那么它可能是由于无关的原因从嫌疑人转移到现场的。

考虑以下两个相关的假设：

H_p：嫌疑人是罪犯；

H_d：嫌疑人不是罪犯。

请注意，这些假设与前面关于来源或活动层面的假设不同。在来源层面，假设指的是嫌疑人是否为从犯罪现场提取的样本的供体。现在，假设变得更有说服力了，因为它们把嫌疑人指定为可能的罪犯。

在似然比的形式发展过程中，需要在所观察到的（即犯罪现场的痕迹）与嫌疑人是或不是罪犯的假设之间建立联系。联系分两步进行。第一步，考虑犯罪现场的痕迹来自罪犯的假设以及犯罪现场的痕迹不是来自罪犯的替代假设。如果假设犯罪现场的痕迹来自罪犯，则第二步是考虑犯罪现场的痕迹来自嫌疑人的假设以及犯罪现场的痕迹不是来自嫌疑人的替代假设。

鉴于这两对假设，展开似然比引入了"关联概率"（通常表示为 r）、"无辜获取概率"（通常表示为 a）。证据价值的结果表达形式如下：

$$V = \frac{r + \gamma'(1 - r)}{\gamma r[a + (1 - a)\gamma'](1 - r)}$$

注意对应特征的稀有性的两个可能表达 γ 和 γ' 之间的差异。事实上，γ' 是指犯罪现场的痕迹由与犯罪无关的未知人员留下的概率。可能留下痕迹的人群不一定与假定罪犯来自的人群相同。然而，对于 DNA 证据，假设 $\gamma = \gamma'$ 是可以接受的。

连续数据和离散假设

丹尼斯·林德利（Dennis Lindley）于 1977 年发表了一篇开创性论文，该论文展示了如何利用贝叶斯因子来评估以测量形式的连续性数据给出的证据。林德利用玻璃折射率的测量作为例证，在这种测量中存在两个来源的变量，即一个窗户内的变化和不同窗户之间的变量。林德利展示了如何在一个统计数据中解释这两个变量来源。他还能够解释对法庭科学家来说很重要的两个因素：提取样本和对照样本之间的相似性；任何相似性的典型性。当数据采用连续测量的形式时，贝叶斯因子是概率密度函数的比值，而不是概率的比值。

考虑特定特性（例如玻璃折射率）的一组对照样本测量值 x 和一组提取样本测量值 y。在这个例子中，x 是犯罪现场的窗户玻璃碎片的折射率的一组测量值，而 y 则是在嫌疑人身上发现的玻璃碎片的折射率的一组测量值。如果嫌疑人在犯罪现场，那么在他身上发现的碎片可能来自犯罪现场的窗户。如果他不在那里，那么碎片来自其他未知来源。

在这种情况下，关于玻璃碎片的证据的定量部分可以表示为 $E = (x, y)$。然后贝叶斯因子写成：

$$V = \frac{f(x, y \mid H_p, I)}{(x, y \mid H_{d,} I)}$$

贝叶斯定理和条件概率规则适用于概率密度函数和概率。证据价值 V 可以按照在离散假设部分提出的观点改写为：

$$V = \frac{f(y \mid x,\ H_p,\ I)}{f(y \mid H_d,\ I)}$$

V 的这个表达式表明，对于分子，考虑了以对照样本测量值和 I 为条件的提取样本测量值的分布；对于分母，提取样本测量值的分布在整个相关总体的分布上被考虑。分母被称为在相关群体中提取样本测量值的"边际分布"。

在贝叶斯方法中，相关特征是参数化的，例如，通过均值。用 θ 表示参数。此参数可能在源（窗户）和源（另一扇窗户）之间有所不同。

考虑要比较的两个命题：

H_p：提取样本与对照样本来自同一来源；

H_d：提取样本与对照样本有不同的来源。

例如，测量值 x 来自参数为 θ_1 的分布，测量值 y 来自参数为 θ_2 的分布。如果 x 和 y 来自同一来源，则 $\theta_1 = \theta_2$，否则 $\theta_1 \neq \theta_2$。实践中，参数 θ 是未知的，并且用 x 和 y 的边际概率密度来进行分析。上述 V 的等式可以修改为：

$$V = \frac{\int f(y \mid \theta) f(x \mid \theta)\, \pi(\theta)\, \mathrm{d}\theta}{\int f(x \mid \theta)\, \pi(\theta)\, \mathrm{d}\theta \int f(y \mid \theta)\, \pi(\theta)\, \mathrm{d}\theta}$$

对于那些不熟悉这些操作的人来说，可以将应用于条件概率分布的贝叶斯定理 $f(\theta \mid x)$ 写成 $f(x \mid \theta)\, \pi(\theta)/f(x)$。用积分替代求和的总概率公式把 $f(x)$ 写为 $\int f(x \mid \theta)\, \pi(\theta)\, \mathrm{d}\theta$。注意 $\pi(\theta)$ 表示未知参数的先验分布。因此，贝叶斯因子并不仅仅依赖于样本数据，它是两个加权概率的比值。

通常，$(x \mid \theta)$ 和 $(y \mid \theta)$ 的分布被假定为正态的，用 θ 表示均值，可因来源不同而不同，假设不同来源的方差是恒定的。这些假设可以放宽，可以为 $(x \mid \theta)$、$(y \mid \theta)$ 和 θ 的分布假设各种可能性，并且可以考虑三级层面模型（假设方差不恒定）。此外，多元数据的开发也是可能的。

证据评价原则

到目前为止，从以上概述的思想的应用中产生了三个原则。

第一个原则是，只有在至少提出一个替代假设时，评价才有意义。因此，必须根据（至少）两个假设来考虑数据的分布，通常是控方假设和辩方假设。

第二个原则是，评价基于对证据概率的考虑，假设一个特定的问题是真实的，既 Pr（$E \mid H_p$）和 Pr（$E \mid H_d$）。

第三个原则是，对证据的评价和解释是在特定情况下进行的。必须以背景信息 I 为条件。

这些原则的应用保证了法庭科学家在评价和提供证据时的一些要求，如平衡、透明度、稳健性和附加价值。法庭科学家达到这些要求的程度主要取决于所选择的推理框架，该框架可以通过灵活性和逻辑性标准来判断。

解释

连续数据和连续假设

到目前为止，分析主要集中在分类（或连续）数据和离散假设，但贝叶斯分析也处理涉及连续假设的情况。特别是，科学家可能会遇到连续的命题。这方面的典型例子是需要估计参数（例如均值）的情况。举一个例子：假设有一个随机样本 $x = (x_1, \ldots, x_n)$。在这种情况下，科学家可能对一个被交警逮捕的人的血液酒精浓度感兴趣，而这个人的血液酒精浓度是基于对其进行的 n 次测量得出的。

进一步假设数据遵循正态分布，具有未知均值 θ 和已知方差 σ^2。还假设有一些背景信息可用，使得 θ 的一些值似乎更可能是先验的。然后，假设相关参数存在共轭正态先验分布（均值 θ 以 μ 为均值，以 τ^2 为方差），那么后验密度仍然是正态分布的 $N(\mu(x), \tau^2(x))$，其中

$$均值\ \mu(x) = \frac{\frac{\sigma^2}{n}}{\frac{\sigma^2}{n} + \tau^2}\mu + \frac{\tau^2}{\frac{\sigma^2}{n} + \tau^2}\bar{x}$$

$$方差\ \tau^2(x) = \cfrac{\cfrac{\sigma^2}{n}\tau^2}{\cfrac{\sigma^2}{n} + \tau^2}$$

后验均值是先验均值 μ 和样本均值 $\bar{x}$ 的加权均值，其权重与先验分布和抽样分布相对应的方差成正比。可以调用可比较的推理方法来处理涉及未知方差、替代分布和数据分布的情况。

直觉的陷阱

贝叶斯的证据解释方法使得各种错误和谬误暴露出来，其中最著名的是检察官和辩护人的谬误。举个例子，假设在犯罪现场发现血迹，并确定其来自罪犯。仅出于说明目的，假定该血迹的分型在相关群体中出现的比率是1%。假定相关群体的规模是 20 万人。通过其他方式认定了嫌疑人，发现他的血液与在犯罪现场发现的血迹具有相同分型。

检察官认为，由于只有 1% 的人具有这种血型，犯罪嫌疑人无罪的概率只有 1%。他有 99% 的可能是有罪的。辩护人认为，由于 20 万的 1% 是 2000，嫌疑人只是 2000 人中的一个，他有罪的可能性是 1/2000。因此，这被用来辩称血型在本案中几乎没有证据价值，也没有多大帮助。

贝叶斯规则的概率形式解释了这些谬误。用 E 来表示血迹证据，用 H_p 表示嫌疑人有罪的假设，而 H_d 表示嫌疑人无辜的假设。那么贝叶斯规则的概率形式是（从符号中省略 I）：

$$\frac{\mathrm{Pr}\,(H_p \mid E)}{\mathrm{Pr}\,(H_d \mid E)} = \frac{\mathrm{Pr}\,(E \mid H_p)}{\mathrm{Pr}\,(E \mid H_d)} \times \frac{\mathrm{Pr}\,(H_p)}{\mathrm{Pr}\,(H_d)}$$

贝叶斯因子是 $\mathrm{Pr}\,(E \mid H_p)\,/\mathrm{Pr}\,(E \mid H_d) = 1/0.01 = 100$。后验概率增加了 100 倍。

考虑一下检察官的陈述：出示证据后，嫌疑人有罪的可能性是 0.99。在形式上，这对应于 $\mathrm{Pr}\,(H_p \mid E) = 0.99$，因此，$\mathrm{Pr}\,(H_d \mid E) = 0.01$。后验概率是 99，接近 100。似然比也是 100。因此，先验概率是 1，$\mathrm{Pr}\,(H_p) = \mathrm{Pr}\,(H_d) = 0.5$。如果检察官的谬误是正确的，那么先前的看法就是嫌疑人有罪或者无罪的可能性是相等的。

辩护人认为有罪的后验概率 Pr（H_p ｜ E）等于 1/2000，因此 Pr（H_d ｜ E）等于 1999 / 2000。后验概率是 1/1999，约为 1/2000。由于后验概率比先验概率大 100 倍，先验概率是 1/200 000，或者是群体大小的倒数。辩护人辩称，先前认为嫌疑人有罪的概率是 1/200 000。这可以表达为一种信念，即嫌疑人与相关群体中的其他人一样有可能有罪。谬误之所以出现，是因为辩护人认为证据是不相关的。然而，在证据被发现之前，嫌疑人是 20 万人中的一个，在证据被发现之后，他只是 2000 人中的一个。将潜在嫌疑人的人数减少 100 倍的证据无疑是相关的。

人们还发现了其他错误。"最终问题错误"是检察官谬误的另一个名称，它混淆了嫌疑人无罪时证据出现的概率和在目前给定证据下，嫌疑人无罪的概率。最终的问题是检察官提出的，其要求法院做出支持其假设的判决。所谓"来源概率误差"，就是主张嫌疑人是证据的来源。这将把嫌疑人置于犯罪现场，但其本身不足以证明嫌疑人有罪。"概率（另一匹配）错误"包括将特征的稀有性等同于另一个人具有该特征的概率。"数字转换错误"将相应特征的稀有性的倒数等同于在找到具有相同特征的另一个人之前必须检查的人数。

一般而言，较高的证据价值为案件公诉提供了有力的支持。然而，它们本身还不足以宣布嫌疑人有罪。之前的可能性也必须考虑。非常高的证据价值，当与非常小的先验概率结合时，可能会产生很小的后验概率。当通过数据库搜索出嫌疑人，或者针对嫌疑人的证据很少或没有其他证据时，则可能出现这种情况。

参见

生物学/DNA：贝叶斯网络；DNA——统计概率
基础：鉴定/个体识别的概述和意义

扩展阅读

Aitken, C. G. G., Lucy, D., 2004. Evaluation of trace evidence in the form of multi variate data. *Journal of the Royal Statistical Society*: *Series C* (*Applied Statistics*) 53, 109-122.

Aitken, C. G. G., Taroni, F., 2004. *Statistics and the Evaluation of Evidence for Forensic Scientists*. John Wiley & Sons, Chichester.

Bozza, S., Taroni, F., Raymond, R., Schmittbuhl, M., 2008. Probabilistic evaluation of handwriting evidence: likelihood ratio for authorship. *Journal of the Royal Statistical Society: Series C (Applied Statistics)* 57 (3), 329–341.

Evett, I. W., 1984. A quantitative theory for interpreting transfer evidence in criminal cases. *Journal of the Royal Statistical Society: Series C (Applied Statistics)* 33, 25–32.

Evett, I. W., 1987. Bayesian inference and forensic science: problems and perspectives. *The Statistician* 36, 99–105.

Evett, I. W., Lambert, J. A., Buckleton, J. S., 1998. A Bayesian approach to interpreting footwear marks in forensic casework. *Science & Justice* 38, 241–247.

Evett, I. W., Weir, B. S., 1998. *Interpreting DNA Evidence*. Sinauer, Sunderland, MA.

Good, I. J., 1991. Weight of evidence and the Bayesian likelihood ratio. In: Aitken, C. G. G., Stoney, D. A. (Eds.), *The Use of Statistics in Forensic Science*. John Wiley & Sons, Chichester, pp. 85–106.

Koehler, J. J., Chia, A., Lindsey, S., 1995. The random match probability in DNA evidence: irrelevant and prejudicial? *Jurimetrics Journal* 35, 201–219.

Lindley, D. V., 1997. A problem in forensic science. *Biometrika* 64, 207–213.

Robertson, B., Vignaux, G. A., 1995. *Interpreting Evidence: Evaluating Forensic Science in the Courtroom*. John Wiley & Sons, Chichester.

Schum, D. A., 2001. *Evidential Foundations of Probabilistic Reasoning*. Northwestern University Press, Evanston.

Taroni, F., Bozza, S., Biedermann, A., Garbolino, P., Aitken, C. G. G., 2010. *Data Analysis in Forensic Science: A Bayesian Decision Perspective*. John Wiley & Sons, Chichester.

Taroni, F., Champod, C., Margot, P., 1998. Forerunners of Bayesianism in early forensic science. *Jurimetrics Journal* 38, 183–200.

Thompson, W. C., Schumann, E. L., 1987. Interpretation of statistical evidence in criminal trials: the prosecutor's fallacy and the defence attorney's fallacy. *Law and Human Behaviour* 11, 167–187.

Thompson, W. C., Taroni, F., Aitken, C. G. G., 2003. How the probability of a false positive affects the value of DNA evidence. *Journal of Forensic Sciences* 38, 47–54.

亲子鉴定与亲缘关系分析

R. W. 艾伦，美国，图尔萨，俄克拉荷马州立大学

版权© 2013 爱思唯尔公司保留所有权利

术语表

　　条件概率　使用贝叶斯定理进行概率计算所需的术语之一，通常是根据基因检测结果计算出来的似然比。

　　缺陷案例　用于描述缺乏一个已知亲本的亲子鉴定的术语。

　　似然比　支持被检验的父母是孩子生物学父母这一观点的证据分量的数字陈述。

　　母权指数　在一个被质疑的母子关系案例中计算出的似然比的名称。

　　必需等位基因　在一个孩子身上观察到的一种等位基因，必须从被质疑的父母那里遗传。

　　父权指数　在一个被质疑的父子关系案例中计算出的似然比的名称。

　　后验概率　用贝叶斯定理计算出来的概率，表示被检父（母）为孩子生父（母）的确定程度。

　　先验概率　贝叶斯定理的一个术语，表示在进行基因检测前确定存在亲子关系
的概率。

　　可变串联重复序列　用于描述染色体 DNA 中串联重复短核苷酸序列组成的高变遗传标记的术语。

亲子鉴定的历史

　　第一个有争议的亲子关系案例可以在《旧约全书》国王一世第三章，所罗门王的故事第 16—27 节中找到。一户人家有两名家庭妇女大约在同一时间生下了孩子，其中一个孩子死了。那个死了孩子的母亲，在另一个母亲睡觉的时候，把自己死了的孩子换成了活着的孩子，并称那个活着的孩子是自己的孩子。在宣判的时候，所罗门下令把活着的孩子劈成两半，分给每个母亲各一半。孩子的亲生母亲听到国王的裁决后，恳求国王不要杀她的孩子，并且要国王命令偷孩子的母亲成为自己孩子的母亲，从而保住自己孩子的性命。所罗门接受了这个女人的恳求，但是裁定这个女人为孩子的生母，并命令将偷孩子的女人处死。

　　自所罗门王时代以来，亲子鉴定已发生重大变化。法官不需要命令将孩子劈成两半，也不下令将假父母处死，取而代之的是，用孟德尔遗传定律的

遗传标记检测结果来确定谁是孩子的亲生父母。

亲子鉴定始于 20 世纪 50、60 年代，那时对红细胞抗原进行分析的遗传系统已经研究得很透彻，可以使用现成的血清学试剂进行检验，并且在全国各地的血库中进行常规检验。由于 ABO、MN 和 Rh 系统中红细胞抗原的检测具有相当弱的识别能力，当时血型鉴定的目标是将被错误指控的父亲排除在外。

在 20 世纪 60、70 年代，由于非婚生子女数量急剧增加，基因检测在有争议的亲子关系鉴定中得到了广泛的使用。在这期间，约有 170 万非婚生子女出生。除了这一时期出生的非婚生子女的绝对数目之外，非婚生子女的比例也在增加，从而使问题进一步恶化。非婚生子女增多的一个重要社会后果是福利项目抚养未成年子女家庭援助计划的资金紧张。该计划旨在为战争寡妇提供额外收入，以帮助她们抚养子女。由于父亲犯罪，单亲家庭数量急剧增加，再加上人们普遍认为儿童有必要和有权与父亲建立法律关系，美国国会于 1974 年颁布了《儿童抚养费执行法》，该法旨在通过向犯罪父母收取家庭抚养费并要求其承担家庭责任来降低福利成本。

在 20 世纪 70 年代，伴随着围绕有争议的亲子关系案件的社会和立法发展，人类白细胞抗原（HLA）系统和常规组织分型方法出现了。人们第一次可以高比例地排除被错误指控的男子（约为 98%），而且 HLA 系统的识别能力使实验室可以计算在父权诉讼中不能被排除在外的男性为父亲的概率。随着检验的广泛应用，美国医学会和美国律师协会正式承认亲子鉴定领域对标准化的需求。美国血库协会——代表进行了大量亲子鉴定血库和输血服务机构的组织，也认识到了这一领域标准化的必要性。一个亲子鉴定委员会于 1978 年成立，其任务是在专家之间建立共识，从而为认证计划奠定基础。1984 年，美国血库协会发起一项亲子鉴定实验室的认证计划。2009 年，美国血库协会发布了第 9 版《亲子鉴定实验室标准》，反映了与该领域相关的不断变化的技术。

技术考虑

两项技术进步对亲子鉴定领域产生了巨大影响：第一个进步是与 HLA 检测相关的统计计算的技术发展。第二个进步是在 20 世纪 80 年代中期发现了高度多态性的 DNA 遗传标记，可以通过限制性片段长度多态性分析来揭示这一点。可变数量串联重复序列，用限制性片段长度多态性分析方法可视化，表现出与 HLA 系统相当的多态性水平，并且还具有其他优势。可变数量串联重复序列的优点之一是扩大了可接受的样本类型范围。像 HLA 分型一样，新鲜血液不再是进行检测的绝对必要条件。血迹、组织样本甚至口腔拭子现在都可以作为检测的材料来源。可变数量串联重复序列的优点之二是，对具有亲缘关系的三联体进行分析，单个萨瑟恩（Southern）印迹可以与多个探针序列杂交检测不同的可变数量串联重复序列基因座，从而为有争议的亲子关系案件提供强大的支撑。这种优于其他基因检测技术的特点或许是让实验室使用 DNA 分型的主要驱动力。

1992 年，随着《亲子鉴定实验室标准》第 2 版的出版，美国血库协会正式承认了 DNA 分型在该领域的价值和广泛应用，第一批实验室获得了此项技术的认证。因此，在有争议的亲子关系案件中，限制性片段长度多态性分析是第一个被纳入认证程序的 DNA 分型技术。不久，对 STR 基因座的分析也被标准化和认证。到 2002 年，90%的实验室使用 STR 分型作为其主要技术，这证明了，与限制性片段长度多态性分析相比，STR 分型更为经济高效。

用于亲子鉴定的方法

在亲子鉴定实验室中广泛使用的 STR 分型方法，本质上是由法医 DNA 鉴定实验室用来从参考或已定罪的重罪犯样本中获得分型的方法。最常见的样本是口腔拭子，不过，在某些情况下，"法医分析样本"必须作为 DNA 分析的来源，包括强奸案中的胎儿和用于人类遗骸鉴定的实验室的骨头。法医 DNA 鉴定实验室偶尔也会被要求通过家族亲缘关系分析来确定在失踪案件中找到的证据样本来源。

典型亲子鉴定样本 DNA 提取遵循了法医实验室中广泛使用的提取方法。特殊的样本类型，如骨骼，需要额外的粉碎和脱钙步骤，之后标准的 DNA 提取方法被应用于预处理样本，以释放和提取 DNA。DNA 被提取后，可能需要定量，但是，当处理从正常健康个体中采集的口腔拭子时，通常不需要定量，这样提取的 DNA 通常具有可预测性。

然后，对提取的 DNA 进行 STR 基因座扩增。目前可用的多重 STR 分型试剂盒（mutiplex STR）有 Identifiler（应用生物系统公司生产）和 Powerplex 16（普洛麦格公司生产）。这些试剂盒在亲子鉴定中具有非常高的识别能力（表 1）。

表 1　Identifiler 试剂盒中的 STR 基因座的识别能力[a]

基因座	一致性概率[b]	排除概率[c]
C5F1PO	0.119	0.475
D251338	0.033	0.636
D351358	0.111	0.557
D55818	0.119	0.518
D75820	0.078	0.56
D851179	0.083	0.615
D135317	0.081	0.47
D165539	0.087	0.553
D18551	0.035	0.647
D195433	0.056	0.543
D21511	0.051	0.608
FGA	0.033	0.644
TH01	0.105	0.581
TPOX	0.151	0.482
VWA	0.079	0.604
累积值	$\sim 2\times 10^{-18}$	>99.99%

　　a 显示的数字代表主要群体的均值（即白人、黑人、西班牙人、美洲原住民）。下面显示的 15 个 STR 基因座与牙釉质蛋白基因座一起扩增，作为 Identifiler 试剂盒的一部分。

　　b 从群体中随机选择的两个无关个体在所讨论的基因座中具有相同的 STR 分型的可能性。

　　c 当对已知父母已经进行检测时，排除一个随机个体是孩子父母的可能性。在单亲情况下，排除概率将显著下降。

　　C. R. 希尔（C. R. Hill）等人的文章描述了能同时扩增 26 个 STR 基因座的复合扩增体系，虽然乍一看这似乎是杀鸡用宰牛刀，但当唯一可用于检测的个体是远亲时，建立或反驳亲缘关系可能是有问题的，此时需要对更多的基因座进行检测。

　　扩增的 STR 产物通常用毛细管电泳分离，这是基因分析的一部分。亲子鉴定中电泳图的产生过程与法医 DNA 鉴定过程相同，这里不作讨论。有争议的亲子关系的数据分析是本次讨论的重点，与法医 DNA 鉴定实验室进行的典型分析有很大不同。

标准三联体亲子鉴定

　　亲子鉴定中最常遇到的情况涉及三个人，即孩子的已知母（父）、孩子、可疑父（母）。常见的是有争议的父权关系，而鉴定将由母亲或者政府启动，双方都想要求父亲为孩子提供经济上和情感上的帮助。

　　由于每个成员都经过了检测，可以直接比较遗传标记，标准三联体亲子鉴定也是最容易进行统计分析的。根据孟德尔遗传定律，孩子有一半的等位基因可以分别追溯到其亲生父亲和母亲。因此，在孩子给定基因座的分型图谱中，一个等位基因必须与已知亲本的一个等位基因一致，这使得在做鉴定时孩子另一个等位基因可以直接与检测到的可疑父 DNA 等位基因进行比较。已知亲本这个概念还定义了在结果统计分析中使用的假设，计算似然比（LR）的结果反映了支持可疑父（母）为孩子生父（母）的证据的分量。似然比可以有很多称谓，包括父权指数（在父亲被质疑的案件中）、母权指数（在母亲被质疑的案件中）、兄弟姐妹指数（在兄弟姐妹被质疑的案例中）等。然而，读者应该明白，在每种情况下，似然比是指被质疑关系的权重的数字陈述。

　　在有争议的亲子鉴定中，思考以下系谱图和 STR 检测结果：

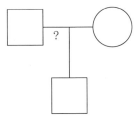

基因座	表型		
	可疑父	孩子	母亲
D8S1179	12, 14	10, 12	10, 13

续表

基因座	表型		
	可疑父	孩子	母亲
D21S11	29, 32.2	29	29, 30
D7S820	12	10, 12	10, 12

　　上表显示了三个基因座的 STR 分型结果，反映了不同合子状态（配型）和等位基因共享信息。在每个基因座中，被指控的亲本与孩子共享至少一个等位基因，而且这个共享等位基因对每个标记来说是可能的必需等位基因之一。例如，在 D8S1179 基因座上，已知亲本（本例中是母亲）与孩子共享等位基因 10。假设已知的母亲是孩子的生母，那么，孩子的等位基因 12 必须是从其生父那里遗传的。可疑父在他的样本中有等位基因 12，因此他可能是孩子的生父。在分配权重的过程中，通过比较两个假设来计算似然比：H_0 和 H_1。如果可疑父为孩子的生父，那么 H_0 表示可疑父、孩子和已知母亲三个个体组合的似然比或者概率（通过可疑父与母亲配对生出的孩子与此处的孩子基因型一致的机会）。由于母亲是杂合子，她将等位基因 10 遗传给孩子的机会是 50% 或 0.5。同样，由于可疑父是杂合子，他将等位基因 12 遗传给孩子的机会也是 0.5。如果可疑父或母亲对于在孩子中的必需等位基因是纯合子，那么他们的等位基因遗传的概率将从 0.5 倍增加到 1 倍。母亲遗传给下一代等位基因 12 的概率为零，可疑父遗传给下一代等位基因 10 的概率也是零。因此，

$$
\begin{aligned}
H_0 &= (0.50_{\text{已知母亲的等位基因 10}}) \\
&\quad \times (0.50_{\text{可疑父的等位基因 12}}) \\
&\quad + (0_{\text{已知母亲的等位基因 12}}) \\
&\quad \times (0_{\text{可疑父的等位基因 10}}) \\
&= 0.25
\end{aligned}
$$

　　如果可疑父不是孩子的生父，那么替代假设 H_1 预测了结果的似然比（即将母亲与一个未知的、未经检测的、随机的、与可疑父具有相同种族的人配对，生出的孩子与这个孩子基因型一致的概率）。这个随机男子的样本中包含等位基因 12（因为等位基因 12 是必需等位基因），并且他将等位基因 12 遗传给该孩子的概率由其群体频率来确定。如果等位基因 12 的群体频率为 0.097，

且等位基因 10 的群体频率为 0.140，则

$$H_1 = (0.50_{已知母亲的等位基因10})(0.097_{随机男性的等位基因12})$$
$$+ (0_{已知母亲的等位基因12})(0.140_{随机男性的等位基因10})$$
$$= 0.0485$$

因此，D8S1179 检测结果的似然比是 H_0 与 H_1 的概率比。

$$LR = H_0/H_1 = 0.25/0.0485 = 5.16$$

鉴于在 D8S1179 基因座观察到的检测结果，如果可疑父为孩子的生父，相比于某个与可疑父不相关、有相同种族、在群体中随机的个体而言，检测结果超过其 5 倍。也许更有意义的说法是，已知母亲与可疑父配对生出具有等位基因 10 和 12 的孩子的概率，比与随机的、未经检测的、与可疑父具有相同种族的不相关个体配对生出这样孩子的概率高 5.16 倍。

思考 D21S11 基因座的检测结果：

基因座	D21S11 表型		
	可疑父	孩子	母亲
D21S11	29, 32.2	29	29, 30

母亲与孩子（等位基因 29 是纯合子）共享等位基因 29，将该孩子的纯合子等位基因 29 的另一拷贝定义为该基因座的必需等位基因。D21S11 基因座的两个相互比较的假设与上述母亲与可疑父等位基因 29 都是杂合子的情况是相同的。事实上，孩子必需等位基因是纯合子对计算没有影响。因此，似然比的计算为（假设等位基因 29 的群体频率为 0.205）：

$$LR = H_0/H_1$$
$$LR = [(P_{M-29})(P_{AF-29})] / [(P_{M-29})(P_{RM-29})]$$
$$LR = (0.5×0.5) / (0.5×0.205)$$
$$LR = 0.25/0.1025 = 2.44$$

基因座	D7S820　表型		
	可疑父	孩子	母亲
D7S820	12	10, 12	10, 12

D7S820 的检测结果让我们认识到新的复杂性，也就是说，孩子从母亲那里遗传的等位基因不清楚。另外，可疑父等位基因 12 是纯合的，这意味着其遗传它的可能性翻倍至 100%。

为了计算 D7S820 的似然比，其一，必须考虑到母亲可能遗传给孩子的等位基因；其二，必须考虑到母亲与能够将等位基因 10 或等位基因 12 遗传给孩子的随机男性配对的可能性（即 H_1 假设）。因此，似然比的计算为（假设等位基因 12 的群体频率为 0.140，等位基因 10 的群体频率为 0.291）：

$$LR = [(0.5_{M-10})(1.0_{AF-12}) + (0.5_{M-12})(0_{AF-10})] / [(0.5_{M-10}) \times (0.140_{RM-12}) + (0.5_{M-12})(0.291_{RM-10})]$$

$$LR = 0.5/0.2155 = 2.32$$

计算出每个基因座的似然比之后需要整合所有数据，因为要用整合的数据来判断可疑父是否可以通过配子将所有必需等位基因遗传给孩子。由于分析的每个 STR 基因座是独立遗传的，所有似然比可以相乘，从而得到一个组合值，其目的是在有争议的亲子关系案件中得出一个确定值。美国血库协会的第 9 版《亲子鉴定认证标准》规定，除了特殊情况外，似然比作为必须达到的确定性阈值，至少要大于 100。

除了计算似然比，通常还可以从法医 DNA 鉴定实验室计算的随机匹配概率的角度来评估检验结果。计算出来的统计信息被称为不排除随机个体（RMNE），仅反映了从人群中随机选择某个人，并且无法排除其为给定孩子的父亲（母亲）的概率。除了 RMNE 之外，还可以计算一个基因座或基因座组合的排除概率（PEx），这反映了给定基因座或一组基因座的识别能力。简单地说，排除概率是可疑父（母）被错误指控时被排除在外的概率。要计算排除概率，必须首先计算 RMNE 值。正如预期的那样，这与孩子的必需等位基因的群体频率成正比。例如，对于 D8S1179 基因座，必需等位基因是 12，其群体频率为 0.097。为了计算包含等位基因 12 的群体中孩子潜在父（母）的比例，使用哈迪-温伯格方程估计包含等位基因 12 的纯合子和杂合子表型：

$$p^2 + 2pq = 0.097^2 + 2[0.097 \times (1-0.097)] = 0.185$$

（"1-0.097"代表除了等位基因 12，所有其他等位基因在 D8S1179 基因座的组合频率）

因此，预计将有 18.5% 的人携带等位基因 12，这些人可能是孩子的生父（母）。将此逻辑进行扩展，100% 的人减去那些将被认为可能为孩子生父

（母）的人，留下来那些在基因型中没有等位基因12的人。在本例中，81.5%的人将被排除在外，这表示本例中D8S1179基因座的排除概率。特别值得注意的是，排除概率的计算不考虑可疑父（母）的基因型。计算排除概率所需的唯一信息是孩子的必需等位基因——通过比较孩子和已知亲本的样本推断出来。

在使用包含性统计数据进行亲子关系检验的早期，一些州仅用排除概率来确定亲子关系。例如，在某些州，支持儿童抚养执法活动的立法规定，用非父排除概率超过95%的检测体系进行检验，任何未被排除的人将被视为儿童的真正父亲。尽管这种方法乍一看似乎是可以接受的，但它并没有考虑到孩子父亲可能的表型。当一个可疑父是杂合子时，与可疑父为纯合子相比，前者将必需等位基因遗传给下一代的概率是后者的2倍，尽管在这一基因座上二者具有相同的排除概率。除了在亲子鉴定案例中报告似然比，必须在认可实验室的报告中显示亲权概率。亲权概率是表示支持亲权意见的证据权重的另一种方式，用贝叶斯定理计算。简单地说，贝叶斯定理在被质疑的亲权关系中，结合遗传信息和非遗传信息，以最终的概率陈述。贝叶斯公式中包括三项：先验概率、条件概率和后验概率。对于被质疑的亲缘关系，在进行基因检测之前，关系的确定程度代表了先验概率。已有证据可包括可疑父（母）与已知母（父）曾经生活在一起，且公开承认在怀孕期间发生过性行为。然而，经过基因检测之后（代表条件概率），如果可疑父（母）被排除在外，则亲子关系的确定性水平将向下修改［即不太确信可疑父（母）是孩子的生父（母）］。先验概率和条件概率（由似然比表示）的组合产生后验概率，反映了合并新信息后关系的修正确定性水平。后验概率的计算涉及创建一个比率，该比率将有利于亲子关系的证据（在给定的先验概率下）与支持和反对亲子关系的概率进行比较。在这个讨论中，假设可疑父让法官相信其在受孕期间与已知的母亲没有接触。法官可以赋值10%的先验概率。换句话说，基于非遗传信息，可疑父是孩子生父的概率很低。然而，基因检测并未排除可疑父，且似然比为100，这肯定会改变10%的确定性水平。采用以下方式计算后验概率：

$$W_{10} = [(0.10_{先验概率支持})(100_{LR})] / [(0.10_{先验概率支持})(100_{LR}) + (0.90_{先验概率反对})]$$

$$= 10/10.9 = 0.917 \text{ 或 } 91.7\%$$

W_{10}是用10%的先验概率来计算的。

因此，91.7%的概率表示目前可疑父为孩子生父的确定性水平。必须强调的是，所报告的概率代表了一种观点，这一事实证明，无论进行多少次包含性基因检测，都不可能产生100%的可疑父亲权概率。如果法官知道怀孕期间可疑父与已知的母亲在几乎无人居住的岛屿上曾经生活在一起，赋值先验概率为90%，再来看看后验概率会发生什么情况：

$$W_{90} = (0.90 \times 100) / (0.90 \times 100 + 0.10) = 90/90.1$$
$$= 0.9989，或 99.89\%$$

很明显，在似然比同样为100的情况下，先验概率为90%时，孩子父亲身份的确定性要高得多。除非法院指示，否则大多数实验室会为先验概率赋值50%。选择50%的原因主要是实验室要保持中立，而后验概率严格基于基因检测结果。亲子关系概率和似然比可用曲线图表示（横坐标表示似然比，纵坐标表示亲子关系的后验概率，见图1）。

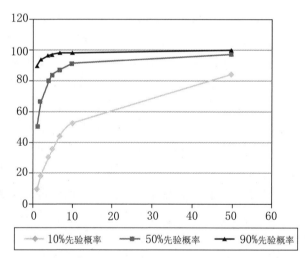

图1　在三个不同的先验概率下后验概率（y坐标）和似然比（x坐标）之间的关系

缺少已知亲本的案例

有些人经常会要求实验室在已知亲本无法提供样本的情况下进行相关性检测。在没有已知亲本的情况下进行分析，一般会导致每个检测系统的似然

比降低，实验室通常会做更多的检测以获得令人信服的结果。思考以下系谱
图和 STR 检测结果：

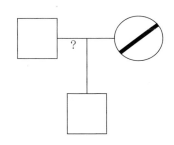

基因座	表型		
	可疑父	孩子	母亲
D8S1179	12, 14	10, 12	没有检测
D21S11	29, 32.2	29	没有检测
D7S820	12	10, 12	没有检测

在这种情况下，已知亲本（母亲）没有经过基因分析，但是，可疑父与
孩子在每个基因座至少共享一个等位基因才有可能是孩子的生父。要计算似
然比，必须将孩子的两个等位基因都考虑为可能的必需等位基因。

在似然比中比较的假设是 H_0（由可疑父和未知、随机的母亲配对生出孩
子的概率）与 H_1（由两个不相关的且随机的父母配对生出孩子的概率）。对
于每次计算，必须分配一个与孩子表型相关的随机母亲，并且必须考虑她将
任一必需等位基因传递给孩子的概率。

基因座	D8S1179 表型		
	可疑父	孩子	母亲
D8S1179	12, 14	10, 12	没有检测

例如，对于 D8S1179 基因座（等位基因 10 和 12 的频率分别是 0.097 和
0.140，RM 代表随机男性，RMom 代表随机女性），

$$LR = [(P_{AF-12})(P_{RMom-10}) + (P_{AF-10})(P_{RMom-12})]/[(P_{RM-12})(P_{RMom-10}) + (P_{RM-10})(P_{RMom-12})]$$

LR = （0.5×0.097+ 0×0.140）／（0.140×0.097+（0.097×0.140）

LR = （0.0485 + 0）／（2×0.140×0.097）= 0.0485/0.0272

=1.78（有母亲参与时 LR =5.16）

似然比计算考虑了可疑父与随机母亲之间的两种可能配对方式，以分子中的加号分隔。

算式的分母反映了孩子由一对父母配对产生的机会，父母双方都是相同逻辑下的随机个体。

注意 H_1 可以降低到 2×0.097×0.140，这与预测孩子杂合表型频率的哈迪–温伯格方程的 $2pq$ 相同。

基因座	D21S11 表型		
	可疑父	孩子	母亲
D21S11	29, 32.2	29	没有检测

对于 D21S11 基因座，孩子的等位基因 29 是纯合子。在母亲参与检测时，孩子的基因杂合度对似然比计算没有影响，但在缺少母亲时，杂合度确实会影响似然比。对于 D21S11 基因座（假设等位基因 29 的基因频率为 0.205），

H_0 = （0.50_{AF-29}）（$0.205_{RMom-29}$）= 0.103

H_1 =0.205^2 = 0.042

LR = 0.166/0.042 = 2.44

此处，将母亲没有参与和母亲参与检测的两个似然比进行比较，就会发现两者是相同的。这似乎与母亲没有参与会降低似然比的说法相矛盾。但是，细想一下，这些值之所以低，是因为孩子基因型中的等位基因来源不明确。在 D21S11 结果中，等位基因的来源是明确的，孩子的等位基因 29 是纯合的，一份拷贝来源于未经检测的母亲，另一份拷贝来源于父亲。

基因座	D7S820 表型		
	可疑父	孩子	母亲
D7S820	12	10, 12	没有检测

在 D7S820 基因座上，可疑父给他孩子的必需等位基因是纯合子，因此，

父亲把等位基因 12 遗传给孩子的频率从 0.5 翻倍到 1：

LR = [（1.0_{AF-12}）（$0.291_{RMom-10}$）+（0_{AF-10}）（$0.140_{RMom-12}$）]／（2×0.291×0.140）

LR =（0.291+0）／0.082 = 3.55（有母亲参与时 LR = 2.32）

亲子鉴定也可以帮助确定罪犯或事故中的无名受害者。假设在一个孤立的区域发现遗骸，死者身份未知。从遗骸中提取 DNA 进行 STR 分型，并将结果与幸存的家庭成员进行比较。考虑以下分型，其中涉及一个未知的"简·多伊"遗骸，以及一对有失踪女儿的夫妻：

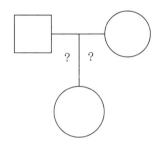

基因座	表型		
	可疑父	孩子	可疑母
D8S1179	12, 14	10, 12	10, 13
D21S11	29, 32.2	29	29, 30
D7S820	12	10, 12	10, 12

在这种情况下，父母都是可疑的。因此，在分析中没有围绕已知父（母）的假设。H_0 假设变成"若可疑父母为孩子的亲生父母，那么根据 STR 分型，可疑父母是简·多伊亲生父母的概率是多少？" H_1 假设变成"若可疑父母与简·多伊没有亲子关系，则他们的 STR 分型出现的概率是多少？可疑父和可疑母在群体中是随机的吗？"对于 D8S1179 基因座上的检测结果，

LR = [（0.5_{AM-10}）（0.5_{AF-12}）]／（2×0.097×0.140）

LR = 0.25／0.0272 = 9.19

请注意，上述公式的分子与母亲参与检测的亲子鉴定没有什么不同。发生变化的是 H_1 假设，它要求遗骸与可疑母、可疑父都不相关，并且在人群中

是随机的,用基因座的表型频率表示。

基因座	D7S820 表型		
	可疑父	孩子	可疑母
D7S820	12	10, 12	10, 12

与之前讨论的 D7S820 结果一样,可疑母和孩子在表型上是相同的。因此,在计算时必须考虑所有可能的生育情况。用以下方式计算似然比:

$$LR = \left[(0.5_{AM-10})(1.0_{AF-12}) + (0.5_{AM-12})(0_{AF-10}) \right] / (2 \times 0.291 \times 0.140)$$

$$LR = 0.5/0.082 = 6.10$$

图 2 表示三种情况下亲子鉴定的似然比:有已知母亲的亲子关系(标记为 w/M)、没有已知母亲的亲子关系(标记为 wo/M)以及父母都可疑的亲子关系(标记为 AF 和 AM)。请注意,由于似然比计算中的 H_1 假设发生变化,在遗骸鉴定案件中双亲皆可疑的似然比通常较大(图 2)。

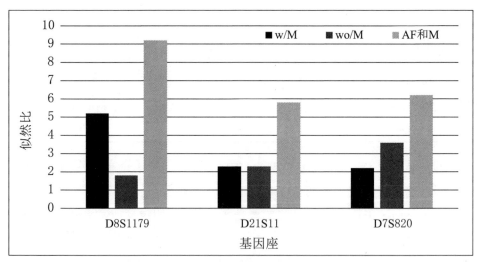

图 2　不同亲子鉴定情况下似然比的大小

特殊类型的 DNA 检验

在某些情况下,常染色体 STR 遗传标记在有争议的亲缘关系中不能产生

令人信服的似然比。在这种情况下，更好的方法是分析具有特殊遗传规律的
DNA 遗传标记。利用位于 Y 染色体上的 STR 标记（Y-STR）或线粒体 DNA
上的单核苷酸多态性（SNP），实验室可以调查一个所谓的家庭成员与男性或
女性家族的关系。与常染色体 STR 遗传标记的变异性类似，Y 染色体 STR 在
男性成员中也表现出一定水平的变异性。市场上出售复合 Y 染色体 STR 分型
试剂盒，可在 Y 染色体上扩增多达 17 个 STR 基因座。男性 DNA 扩增的产物
与用于电泳分离和等位基因检测的毛细管或凝胶平台是兼容的，且共同表现
出很高的区分能力。但是，必须记住，所比较的样本必须全部来自男性供体，
以获得检测结果。而且，该男性供体必须属于常见的男性家族。例如，思考
以下 Y 染色体 STR 分型的系谱图：

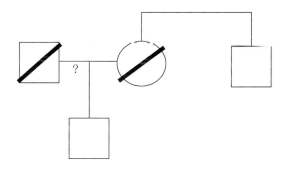

在这个系谱图中，尽管男性是被检测的 Y 染色体 DNA 的来源，但参考男
性是母亲的兄弟，其 Y 染色体 STR 分型不同于被指控为孩子父亲的男性。在
这种情况下，孩子可能会表现出与其舅舅不同的 Y 染色体 STR 等位基因（称
为单倍型）的线性排列。因此，结果不应解释为排他性的。思考以下系谱图：

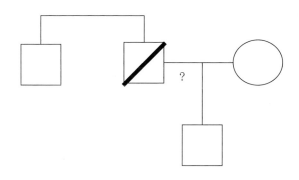

在这个案例中，叔叔将是合适的检测供体。

涉及 Y 染色体 STR 的计算需用单倍型频率而不是单个等位基因频率，因为遗传标记紧密连锁在单个 Y 染色体上。单倍型频率数据库可以从几个来源获得，其中似然比按 $1/n$ 计算，n 等于群体中特定单倍型的频率。

Y 染色体 STR 系男性伴性遗传，而线粒体 DNA 多态性是通过母系遗传的。无论性别如何，你的线粒体 DNA 标记都是从你母亲那里遗传的。线粒体 DNA 多态性是典型的单核苷酸替换，位于线粒体基因组的两个特定区域被称为 D 环，其中含有 SNP 变异的热点。

与 Y 染色体 STR 一样，线粒体 DNA 多态性被定义为包含 SNP 多态性的单倍型，在某个位置上，与最初在英国剑桥大学获得的参考序列不同。该参考序列通常被当作基准序列与其他所有序列进行比较。类似于 Y 染色体 STR，必须考虑选择母系中的个体作为参考样本。与 Y 染色体和常染色体上的 STR 基因座相比，线粒体 DNA 在亲子鉴定上作用要弱很多。

突变及如何处理

在每 500 个至 1000 个亲子鉴定案例中，大约会出现一个与亲子关系不一致的孤立结果。当这种不一致发生时，需增加检测，以令人信服的概率证明可疑父（母）为孩子的生父（母）。STR 基因座表现出的高度变异性来源于遗传不稳定性以及在减数分裂过程中被错误复制的倾向。最终，这样的错误复制产生的配子含有不同于其亲本的 STR 等位基因，通常是串联阵列中增加或减少一个重复单位。如果这些配子参与受孕，后代将产生与其亲生父母不同的 STR 分型图谱。

亲子鉴定中若发生突变，必须以某种方式将其纳入整体统计结果。STR 突变是罕见的，因此，可疑父（母）与孩子基因不匹配更有可能是没有亲子关系的证据。有几个方法可以将不一致的结果公平地纳入总体似然比计算。一个简单的方法是将突变率指定为似然比。因此，如果一个基因座上观察到错误匹配且突变率为 0.001，则简单地将该值合并入基因座的似然比。这符合似然比中两个假设进行比较的典型方法。更合适的方法是，比较假设 H_0 [即被检男子是孩子的父亲，并且发生基因突变，产生遗传给孩子的不匹配等位基因的机会（由突变率 μ 定义）] 与替代假设 H_1 [即被检男子不是孩子的父亲的机会（它的定义是将被错误指控的人排除在外的概率）]。因此，似然比

计算如下:

$$LR = \mu / PEx$$

通常 STR 基因座的突变率为 0.001,排除概率为 60%,因此,似然比均值约为 0.002,这种情况下一般会要求实验室进行额外的检测,以获得 ≥100 的累积似然比。虽然这种方法更接近于典型的似然比计算方法,但它不考虑父母遗传给孩子的等位基因。计算似然比的第三种方法确实考虑了遗传的概率。

思考以下系谱图和 STR 检测结果:

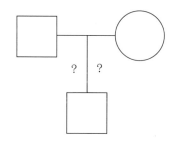

位点	被指控亲本	孩子	已知亲本
D3S1358	17, 19	17, 22	16, 22
D21S11	32, 32.2	32, 33.2	30, 33.2
FGA	24, 28	24, 30	29, 30
D8S1179	10, 12	10, 14	14, 16
D5S818	10, 12	9, 13	9, 10

分型结果显示,除 D5S818 基因座外,被指控亲本存在必需等位基因。在这个基因座上,必需等位基因是 13,而被指控亲本等位基因 12 是最接近必需等位基因大小的。研究表明,90% 至 95% 的 STR 突变表现为增加或减少一个重复单位。因此,等位基因 12 是被指控亲本中最可能的突变前候选等位基因,其在孩子中突变成等位基因 13。如有学者(参见 http://www.dna-view.com)所述,对这种不一致结果的统计处理是最适当的,正如以下计算所显示的(假设 D5S818 基因座的等位基因 13 的频率为 0.1,突变率为 0.00116):

等位基因 13 来自可疑父的概率

$= \left[\left(0.5_{\text{等位基因 12 而不是等位基因 10}} \right) \left(\mu_{\text{突变率}} \right) \times \left(0.5_{\text{长度增加而不是长度减少}} \right) \right.$

$= \left(\mu/4 \right) \left(0.5_{\text{从已知亲本中遗传等位基因 9}} \right) = H_0$

在计算似然比时，H_1 反映孩子由已知亲本与一个随机的、不相关、具有相同种族背景的人交配所生的概率。因此，

$H1 = \left(0.5_{\text{从已知亲本中遗传等位基因 9}} \right) \times \left(0.1_{\text{从随机亲本中遗传等位基因 13}} \right)$

$LR = \left[\left(\mu/4 \right) \left(0.5_{\text{从已知亲本中遗传等位基因 9}} \right) \right] / \left(0.5 \times 0.1 \right)$

$\quad = \left(0.00116/4 \times 0.5 \right) / 0.05$

$\quad = 0.000145/0.05 = 0.0029$

一旦计算出似然比，它就以常规方式纳入所有基因座的组合似然比中（即它与所有其他基因座的似然比相乘）。当发生突变时，通常要求实验室做额外的检测，以产生 ≥100 的组合似然比。

展 望

虽然亲子鉴定历来都是在私立实验室进行的，而且都是为民事目的，但法医界逐渐意识到家庭亲缘关系检验对传统和非传统犯罪调查的作用。在洛杉矶，一宗长期悬而未决的连环凶杀案终于通过使用 CODIS 的家族搜索得以解决。凶手是一名重罪犯的父亲，这名重罪犯的 DNA 分型由于非暴力犯罪而出现在数据库中。许多州正在考虑立法，即允许将在当地数据库中搜索罪犯的亲属作为调查过程的一部分。对于进行此类搜索的实验室来说，很重要的一点是要充分了解潜在匹配产生的似然比的相关性。同样，在人类遗骸识别的案件中，对家庭关系分析的了解也至关重要。只有对这类案件的统计方法有了很好的理解，人们才能有机会确定那些没有 DNA 检测时可能永远无法与家人团聚的受害者的身份。

参见

生物学/DNA：灾难受害者的识别；DNA 提取和定量；线粒体 DNA；短串联重复序列；全国失踪和身份不明人口系统（NamUs）；生物学/DNA/方法/分析技术；法医遗传学中的毛细管电泳

进一步阅读

Edwards, M., Allen, R. W., 2004. Characteristics of mutations at the D5S818 locus studied using a tightly linked marker. *Transfusion* 44，83-90.

Hill，C. R.，Butler，J. M.，Vallone，P. M.，2009. A 26-plex autosomal STR assay to aid human identity testing. *Journal of Forest Science* 54，1008-1015.

相关网站

http://www. nas. edu-National Academies of Science.

混合斑解释（仅针对 STR 的混合 DNA 图谱进行解释)

B. J. 海德布里奇，美国，马里兰州，派克斯维尔，马里兰州警察局法庭科学部
版权© 2013 爱思唯尔公司保留所有权利

术语表

分析阈值 rfu（相对荧光单位）值，高于此值的峰可以被视为等位基因峰，低于此 rfu 值的峰可能是真等位基因峰，也可能为杂峰。

反褶积 基于定量峰值信息和任何解释假设，确定混合 DNA 图谱供体的合理基因图谱。

丢失 由于 DNA 检材降解或低模板量，在指定的基因座上不能检测到 1 个或多个供体的等位基因。

与影子峰难以区分 在主要贡献者等位基因峰的影子峰位置上出现的峰与次要贡献者的等位基因峰难以区分的情况。在这种情况下，该峰是主要贡献者的影子峰还是次要贡献者的分型峰存在争议。

最小期望峰高比阈值 由实验室确定的，期望的单一来源样本杂合子等位基因的最小相对比。该值因扩增试剂盒、模板 DNA 数量、热循环参数、电动进样参数以及 PCR 后的纯化程序的不同而有所不同。

混合比 多个体对混合 DNA 图谱的贡献的相对比例或百分比，由定量峰值信息决定。

聚合酶链式反应 酶促反应过程，其中 DNA 的一个特定区域以指数方式复制以产生大量模板序列的拷贝。

概率基因型解释 不考虑统计、随机效应、影子峰阈值的遗传数据分析。这种分析需要基于计算机的定量解释，分析贡献者数目、贡献者的混合比例、DNA 存在的总体数量、聚合酶链式反应影子峰、相对扩增、DNA 降解、荧光分离和背景噪音。此种解释模型最终是为了确定哪一种基因型更可能或更不可能存在于证据数据中。

> **随机阈值** rfu 值，在该值之上，可以合理地将表面上的纯合子宣布为真正纯合子。低于此值的表面上的纯合子可能丢失了检测到的等位基因的姐妹等位基因。
>
> **明确的等位基因** 分析人员将某一种峰确定为混合斑中的真正等位基因；该等位基因峰不是影子峰或拔起峰等伪峰。

引　言

在法庭科学领域，使用定义阈值很常见，虽然不是理想的做法，但它很实用。但是，应当记住，应用这样的阈值有些武断，因为它是基于定义阈值时希望应用的置信度，在某些情况下，真实数据会超出这个阈值。因此，基于使用定义阈值的模型，这里列出的原则适用于分析人员就 DNA 混合物的解释做出"合理"决定的情况。

混合斑解释的一般方法应包括以下要素：

1. 在进行单个基因座的分析前应先进行总体分析，确认检测到的贡献者个数，判断贡献者在混合斑中的可能比例，确认是否存在不同的主要贡献者。

2. 识别低于随机阈值（stochastic threshold）的等位基因，可能在该基因座存在等位基因丢失。

3. 识别高于随机阈值的等位基因，该基因座可能仍存在相关杂合子等位基因丢失的情况。

4. 检查没有明确的次要等位基因的基因座，以确定次要贡献者的分型峰是否被主要贡献者的分型峰掩盖，或者可能完全没有被检测到。

5. 分析混合斑中难以与影子峰区分的等位基因峰（IFS）。

6. 某个体与混合斑的形成有关时，重新评估除该个体以外贡献者对混合斑的贡献，可能有等位基因丢失或等位基因峰的存在。

7. 尝试使用混合斑反褶积将混合斑分型分离成单个基因型对。

8. 与任何被认为对混合物有证明作用的参考标准进行比较，以确定是否包含、排除或不确定。

确定贡献者数目

如果在 1 个或多个基因座（三等位基因座除外）上存在 3 个或更多个明

确的等位基因，和/或仅具有两个明确等位基因的基因座中的峰高比（PHRS）低于实验室的最小期望峰高比（MEPHR）阈值（引物位点突变除外），则通常认为 DNA 检材来自 1 个以上的贡献者。

一般来说，混合样本的最小贡献者数量可以根据显示最大数量明确等位基因的基因座来确定。例如，如果每个基因座检测到的等位基因不超过 4 个，则分析人员可以合理地确信证据仅来源于 2 个贡献者。然而，必须注意的是存在这样一种可能性，即在 3 个贡献者的混合斑中也有所有基因座不超过 4 个等位基因的可能。必须进一步检查可能的基因型组合，计算峰高比并与实验室的最小期望峰高比阈值进行对比，以降低有 3 个或更多贡献者的可能性（图 1）。

根据明确等位基因的数量和等位基因的峰高变化，有可能无法合理地确定贡献者数量。在这种情况下，可利用明确等位基因数量最多的基因座来确定存在的最小贡献者数量。例如，如果在给定的基因座中检测到最多 6 个等位基因，则分析人员可以合理地确信该证据来自至少 3 个贡献者。

确定贡献者比例

如果可以对贡献者的数量做出合理的假设，则可以使用定量的峰值信息来确定混合斑中每个贡献者的相对比例或百分比。定量强度通常表示为混合斑中 DNA 分型结果的 rfu 值，一般与每个贡献者对混合生物样本的相对贡献成正比。因此，检测到的等位基因 rfu 值可用来计算个体对混合斑 DNA 贡献的近似比例。

如果混合斑仅包含 2 个贡献者，则可以使用具有 4 个明确等位基因的任何基因座确定 2 个贡献者的比例。利用 2 个贡献者都是杂合子的假设，所有潜在的基因型组合都可以根据实验室的最小期望峰高比阈值进行测试。如果超过一种基因型组合符合实验室的最小期望峰高比阈值，那么混合斑的贡献者比例为 1:1。如果只有一个基因型组合满足实验室的最小期望峰高比阈值，那么该基因座的贡献者比例可以估计为 2 个主要等位基因 rfu 值的总和与 2 个次要等位基因 rfu 值的总和之比（图 2）。应该考虑影子峰影响次要等位基因的 rfu 值、影响次要贡献者的峰高比和混合斑贡献比例。

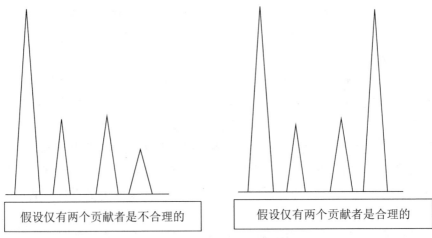

假设仅有两个贡献者是不合理的

假设仅有两个贡献者是合理的

图1　确定供体数目

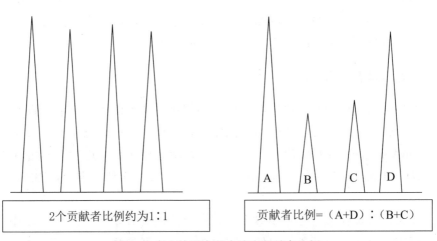

2个贡献者比例约为1：1

贡献者比例=（A+D）：（B+C）

图2　2个人的混合斑中确定贡献者比例

如果混合斑仅包含 2 个贡献者，那么任何具有 3 个明确等位基因的基因座都可能被用来进一步确定 2 个贡献者的比例。因为在由 2 个贡献者组成的混合斑中仅检测到 3 个等位基因时，可能存在有 1 个等位基因丢失的情况，所以必须先调查是否存在等位基因丢失的可能性，然后才能确定 3 个等位基因的基因座是否适合用于确定贡献者比例。如果其中一个等位基因等于或低于随机阈值，则该基因座上的一个等位基因可能无法被检测到的等位基因表示。鉴于这种可能性，不能用该基因座来计算贡献者比例。如果所有等位基因都高于随机阈值，则应考虑来自主要等位基因的影子峰导致次要等位基因高于随机阈值的可能性（关于随机阈值的更多讨论，请参见下文）。如果次要等位基因与主要等位基因的影子峰有相似的定量值，则该影子峰的位置可能是等位基因峰（关于等位基因峰的更多讨论，请参见下文）。因为无法准确确定次要贡献者的贡献比例，这样的基因座也不能用于计算贡献者比例。如果考虑到随机阈值和次要等位基因处于影子峰位置且是等位基因峰，仍然可以得出这 3 个明确的等位基因完全代表 2 个贡献者的混合 DNA 图谱，然后基因型组合可以是纯合子/杂合子（无共享等位基因）或杂合子/杂合子（1 个共享等位基因）。所有基因型组合都可以根据实验室的最小期望峰高比阈值和通过 4 个等位基座确定的贡献者原始比例来检测。

也可以对检出 2 个等位基因的基因座进行类似的分析，包括 2 个等位基因可以共享、1 个等位基因可以共享或 2 个贡献者均为纯合子的可能性。另外，考虑仅检测到 2 个等位基因的事实，在确定基因座是否合适用于确定贡献者比例前，还必须考虑某一贡献者仅检测出部分等位基因或完全未检测出等位基因的可能性。

利用部分基因座计算贡献者比例之后，必须考虑其中一个贡献者 DNA 降解的可能性，以此确定是否继续使用贡献者比例进行后续分析。如果低分子量基因座表明贡献者比例接近 1:1，但高分子量基因座表明贡献者比例接近 10:1，则其中一个贡献者 DNA 发生降解，以此来确定整体混合斑的贡献者比例可能不合适。如果一个贡献者是低分子量基因座的主要贡献者，但是在高分子量基因座上贡献较小，那么问题将变得更加复杂。

尽管上述信息针对的是仅包含 2 个贡献者的混合斑，但是可以对含有 3 个贡献者的混合斑进行类似的分析。

如果不能合理确定混合斑中的贡献者数量，仍然可以从混合斑中确定单个主要贡献者，或者贡献者的混合，这些与许多次要贡献者不同。主要和次要贡献者的分离应该建立在主要和次要贡献者的等位基因 rfu 值的明确区分之上，以降低次要贡献者之间共享等位基因造成虚假主要分型的可能性。随着在混合物中可能的贡献者数量的增加，这种分离应该更加明显，因为等位基因共享可能会导致出现一个错误的主要分型的可能性增加。

随机阈值以下的等位基因

随机阈值的目的是定义一个点，在该点上，一个被检测到的等位基因在低于分析阈值的情况下，其杂合姐妹等位基因丢失的可能性必须被认为是合理的。因此，若没有关于混合斑的额外信息，任何 rfu 值低于随机阈值的基因座，其上数据均不能完全代表混合斑中的所有贡献者。若有额外信息，分析人员可以改变原始假设，并潜在地定义一个合理的基因座，这个基因座上具有可完全代表该混合斑所有贡献者的数据。

如果可以做出合理的决定来确定一个混合物的贡献者的数量，则可以使用在某个基因座上检测到的等位基因数量来推断是否有等位基因丢失。例如，如果该混合斑仅有两个贡献者，并且在一个基因座上检测出 4 个等位基因，则可以合理地得出结论：2 个贡献者都被完全表示了，而不用考虑随机阈值。此外，可以利用实验室的最小期望峰高比阈值来判断是否应该考虑等位基因丢失。例如，如果混合斑来自 2 个贡献者，并且在一个基因座上检测到 3 个等位基因，则将检测到的等位基因中的一个与未检测到的姐妹等位基因配对，留下 2 个等位基因作为基因型对，利用最小期望峰高比阈值确定等位基因组合的合理性。

随机阈值以上的等位基因

随机阈值的定义基于单一来源样本。在检验单一来源样本时，不需要考虑共享等位基因和影子峰的影响。但是，在分析混合斑时，这些问题可能会影响等位基因的 rfu 值，使检测到的等位基因 rfu 值高于随机阈值，然而事实上可能存在一个未被检测到的等位基因。分析人员对贡献者数量、贡献者比例和实验室最小期望峰高比阈值的解释应该被用于进一步研究这个问题。如果分析人员不能解释为什么影子峰和等位基因共享不会显著影响高于随机阈值的等位基因的 rfu 值，那么需要考虑等位基因丢失的可能性（图 3）。

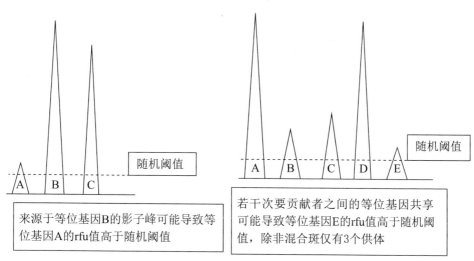

图3 关于影子峰和等位基因共享对随机阈值影响的注意事项

没有明确次要等位基因的基因座

有2个贡献者的混合斑，在1个基因座上可表现出1个至4个等位基因。当检测到4个等位基因时，可以假设没有发生等位基因丢失。当检测到3个等位基因时，可以基于上面列出的有关随机阈值的信息，假设1个等位基因可能未被检测到。然而，当仅检测到1个或2个等位基因时，必须检查是否存在有一个完整基因型未检出的情况。

如果混合斑在各个基因座显示出一致的比例，则可以在解释中使用此信息。rfu值高和贡献者比例高的基因座不太可能发生等位基因丢失，更可能发生的是等位基因共享。rfu值适中且贡献者比例不同的基因座更容易出现等位基因丢失。贡献者的比例可能表明，次要贡献者的等位基因预计将低于随机阈值，因此可能无法可靠地扩增（图4）。

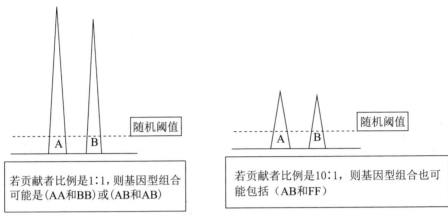

若贡献者比例是1:1，则基因型组合可能是（AA和BB）或（AB和AB）

若贡献者比例是10:1，则基因型组合也可能包括（AB和FF）

图4　用贡献者比例来确定是否存在未被检测到的等位基因

实验室的最小期望峰高比阈值也应该用于确定一个次要贡献者是否存在等位基因丢失。如果检测到的等位基因符合实验室的最小期望峰高比阈值，那么次要贡献者可能与主要贡献者共享等位基因，或者可能存在一定程度的等位基因丢失。但是，如果检测到的等位基因不符合实验室的最小期望峰高比阈值，那么假设检测到的等位基因完全不代表次要贡献者是不合理的；一定程度的等位基因共享会导致主要贡献者的峰高比不平衡（图5）。

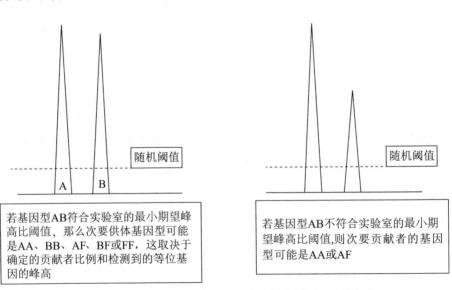

若基因型AB符合实验室的最小期望峰高比阈值，那么次要供体基因型可能是AA、BB、AF、BF或FF，这取决于确定的贡献者比例和检测到的等位基因的峰高

若基因型AB不符合实验室的最小期望峰高比阈值,则次要贡献者的基因型可能是AA或AF

图5　用贡献者比例来确定是否存在未被检测到的等位基因

此外，应考虑次要贡献者的总体 rfu 值。如果次要贡献者几个基因座上的 rfu 值均低于随机阈值，则等位基因丢失的可能性更大。如果次要贡献者的 rfu 值显著高于随机阈值，则不大可能发生等位基因丢失；此时更可能发生等位基因共享。在使用该信息时应该考虑次要贡献者的 DNA 降解，因为这种情况可能会导致混合斑解释错误。

对没有明确次要贡献者等位基因的基因座的最终挑战是，一条信息可能表明等位基因共享是更合理的假设，而另一条信息可能表明等位基因丢失是更合理的假设。当被检测到的等位基因全部指向被告人时，存在等位基因丢失的假设在统计学上是保守的。但是，该决定也不会排除某些可能的基因型，如果认为检测到的等位基因代表了所有的贡献者，则可能会排除某些基因型。

尽管上述信息针对的是仅由 2 个贡献者组成的混合斑，但是可以对包含 3 个或 3 个以上贡献者的混合斑进行类似的检验。

与影子峰难以区分

在混合斑样本中，次要贡献者的等位基因可能比主要贡献者的等位基因少一个重复单位。如果这个等位基因的强度也恰好使得 rfu 值低于该基因座的影子峰期望值，则可能错误解释混合斑的真实组成。证据样本中次要贡献者等位基因与主要贡献者等位基因的影子峰（阴影峰）具有类似 rfu 值时，应该在其他设置不变的情况下不使用影子峰阈值，进行重新分析。然后可以将新数据与混合斑的其他次要峰进行比较，以将可疑数据分类为影子峰或将该名称保持为等位基因峰。

如果与基因座中单个（可能为纯合子）明确的次要贡献者等位基因相比，一个可疑峰的 rfu 值等于或高于实验室的最小期望峰高比阈值，则该峰既可能是阴影峰，因为其峰高符合影子峰期望值，也可能是某个次要贡献者等位基因的杂合等位基因，因为它也符合次要贡献者杂合子的预期。在这种特定的扩增反应及基因座中出现的影子峰真实数量无法确定，不能确定该峰的真实组成，因此，必须指定该峰为等位基因峰。

当将可疑峰与次要贡献者等位基因进行对比，计算其是否满足实验室最小期望峰高比阈值时，应当注意峰高比计算并不是较小的 rfu 除以较大的 rfu。计算必须是可疑峰的 rfu 值除以明确的次要等位基因的 rfu 值。以这种方式进行计算可能会产生大于100%的结果，并且将阻止不符合最小期望峰高比阈值的峰高比计算，但是这种计算结果可以被解释为该峰同时具有影子峰和一个次要贡献者等位基因的 rfu 值。

如果可以确定混合斑的贡献者数量，则可以利用该信息来减少等位基因峰，并可将可疑峰识别为影子峰。如果混合斑中存在的明确等位基因的数量已达到该贡献者数量下可得到的最多等位基因数目，那么影子峰位置的峰是次要贡献者的真正等位基因只可能发生在次要贡献者为三等位基因个体的情况下。因为这种情况很少发生，更合理的解释是该可疑峰只是影子峰。如果无法推断出混合斑的贡献者数量，那么影子峰位置中高于分析阈值的每个峰都可能是次要贡献者的杂合子或纯合子等位基因。

必须注意的是，一旦确定某个基因座可能存在等位基因丢失，对峰是等位基因峰的可能性的研究就是不相关的。应用于包括未检测到的等位基因的统计数据，也包括处于影子峰位置的被掩盖的等位基因（图6）。

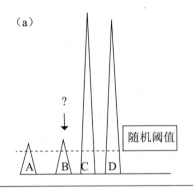
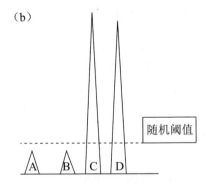

（a）

B峰符合等位基因C的影子峰期望值，因此该峰可能只是影子峰；同时，B峰也符合等位基因A的最小期望峰高比，该峰可能代表等位基因A的姐妹等位基因。如果B的峰高大于等位基因A，则可能是影子峰和等位基因的组合。B峰是否为分型峰是不确定的

（b）

等位基因A已经被确定低于随机阈值，任何杂合子姐妹等位基因都可能检测不到，因此B峰满足影子峰期望值是无关紧要的

图6　（a）检测影子峰位置的峰，识别为影子峰或定义为等位基因峰。（b）根据随机阈值检测等位基因峰。（a）改编自 Gill, P., et al, 2006. DNA commission of the International society of Forensic Genetics：recommendation on the interpretation of mixtures. *Forensic Science International* 160，90−101，已获得许可

假设个人与样本关系密切时进行的解释

可以合理地假设，从关系密切的样本中获得的 DNA 分型结果将包含样本来源个体的 DNA。在已知贡献者假设的基础上，可对混合斑的解释进行改进，考虑到等位基因丢失的可能性，可将峰指定为等位基因峰。只有当已知贡献者的假设对证据的调查不起证明作用时，才适用。

根据已知贡献者的存在对等位基因峰进行评估

考虑到等位基因峰的问题完全属于次要贡献者，如果已知贡献者与混合斑中的主要贡献者等位基因一致，则不能对等位基因峰的解释进行任何改进。但是，如果已知贡献者与次要贡献者一致，则可以将已知贡献者的 DNA 图谱与可疑峰进行比较。

混合斑中次要贡献者分型与已知贡献者一致

如果将可疑峰看作次要贡献者的潜在等位基因，将会导致次要贡献者的基因型与已知贡献者不一致，拒绝假定已知贡献者为次要贡献者。这样，可以将可疑峰合理确定为影子峰。在拒绝指定等位基因峰之前，分析人员应确信他们的假设是合理的。

具有确定数目次要贡献者的混合斑，其中包括一名已知贡献者

如果将一个可疑峰看作次要贡献者的潜在等位基因，则会产生超过预期最大等位基因数量的次要贡献者的混合斑（在已知贡献者存在的情况下），这将拒绝已知贡献者是次要贡献者之一的假设和/或拒绝已确定的次要贡献者数量的假设。因此，可疑峰可以被确认为影子峰。在拒绝特定等位基因峰之前，分析人员应该确信他们的假设是合理的。

根据已知贡献者评估等位基因丢失

考虑到等位基因丢失与 DNA 图谱的低 rfu 值有关，如果已知贡献者与检出的主要等位基因一致，则不必对等位基因丢失作进一步解释。然而，如果已知贡献者的峰高与随机阈值一致，那么已知贡献者的 DNA 图谱可以与可能发生等位基因丢失的基因座相比较。

单个次要贡献者与已知贡献者一致的混合斑

如果声称"在次要贡献者中存在等位基因丢失是合理的"会产生一个与已知贡献者不一致的次要贡献者图谱，那么这将拒绝已知贡献者是次要贡献者的假设。因此，认为存在等位基因丢失的可能性是不合理的；次要贡献者

的分型均存在于被检测到的等位基因中。在拒绝存在等位基因丢失的可能性之前，分析人员应该相信他们的假设是合理的。

具有确定数量的次要贡献者的混合斑，包括与已知贡献者一致的次要贡献者

如果声称"在次要贡献者中存在等位基因丢失是合理的"会造成超过预期等位基因最大数目的次要贡献者的混合，在已知贡献者存在的情况下，这将拒绝已知贡献者作为次要贡献者之一的假设，和/或拒绝关于被定义的次要贡献者数量的假设。因此，等位基因丢失可以是不合理的；次要贡献者的分型完全由检测到的等位基因表示。在拒绝存在等位基因丢失的可能性之前，分析人员应该确信他们的假设是合理的（图7）

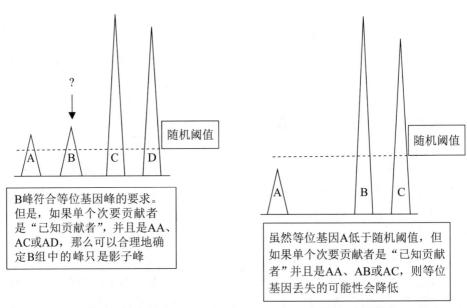

图7 用已知贡献者的图谱来完善对等位基因丢失以及识别影子峰的解释。改编自 Gill, P. et al. 2006. DNA commission of the International Society of Forensic Genetics: recommendations on the interpretation of mixtures. *Forensic Science International* **160**，90–101，经许可

混合斑反褶积

一旦通过 DNA 图谱解释了供体的数量、供体的比例、"已知供体"的存

在、等位基因丢失的可能性和 IFS 的存在，就可以利用这些信息合理确定可能供体的遗传分型。混合斑反褶积是检查所有可能配对在一起以产生检测结果的不同基因型组合，然后消除不合理的基因型组合，直到仅保留单个基因型组合作为证据的合理解释。

　　为了将一个基因型组合定义为不合理，分析人员必须首先确定与理想模型之间的合理差异。例如，如果混合斑中供体的平均比例被确定为 3:1，那么要求供体比例为 4:1 才能产生证据的基因型组合会被认为是合理的吗？

　　当供体比例接近时，混合斑反褶积效果最佳。在供体比例不同的情况下，它可能无法区分等位基因共享和仍然符合实验室最小期望峰高比阈值的杂合子失衡。当其中一个供体是已知供体时，混合斑反褶积也可能更有用，因为这将进一步消除不合理的基因型组合，而若没有这种假设，这些基因型组合会被认为是合理的（表 1）。

表 1　以具有 4 个等位基因的基因座为例，假设仅存在 2 个供体

等位基因	rfu
1	1000
2	500
3	980
4	475

第一个供体				第二个供体			
基因型	rfu	峰高比（%）	贡献（%）	基因型	rfu	峰高比（%）	贡献（%）
(1, 3)	(1000, 980)	98	67	(2, 4)	(500, 475)	95	33
(2, 4)	(500, 475)	95	33	(1, 3)	(1000, 980)	98	67
(1, 2)	(1000, 500)	50	51	(3, 4)	(980, 475)	48	49
(2, 3)	(500, 980)	51	50	(1, 4)	(1000, 475)	48	50
(1, 4)	(1000, 475)	48	50	(2, 3)	(500, 980)	51	50
(3, 4)	(980, 475)	48	49	(1, 2)	(1000, 500)	50	51

续表

等位基因	rfu

根据实验室最小期望峰高比阈值，最可能的组合是一个供体具有等位基因 1 和 3，另一个供体具有等位基因 2 和 4。

供体等位基因 1 和 3 总的 rfu 值是（1000+980）= 1980

供体等位基因 2 和 4 总的 rfu 值是（500+475）= 975

因此，混合斑中第一个供体提供 DNA 的量大约是第二个供体的 2 倍（1980/975 = 2.03）

以具有 2 个等位基因的基因座为例，假设仅有两个供体，供体比大约为 2：1

等位基因	rfu
1	749
2	1414

第一个供体				第二个供体			
基因型	rfu	峰高比（%）	贡献（%）	基因型	rfu	峰高比（%）	贡献（%）
(2, 2)	(707, 707)	100	65	(1, 1)	(374, 374)	100	35
(1, 2)	(749, 707)	94	67	(2, 2)	(353, 353)	100	33
(1, 1)	(374, 374)	100	35	(2, 2)	(707, 707)	100	65
(2, 2)	(565, 565)	100	52	(1, 2)	(749, 282)	38	48
(1, 2)	(499, 942)	53	67	(1, 2)	(249, 471)	53	33
(1, 2)	(374, 1414)	26	83	(1, 1)	(187, 187)	100	17
(1, 1)	(299, 299)	100	28	(1, 2)	(149, 1414)	11	72

以实验室最小期望峰高比为基础，与供体的平均比例进行比较，最可能的组合是一个供体是纯合子（2，2），另一个供体是纯合子（1，1）。但是，一个供体是纯合子（1，2），另一个供体是纯合子（2，2），也是合理的。

两个供体都是杂合子（1，2），或一个供体是纯合子（1，2），另一个供体是纯合子（1，1），可能不符合实验室最小期望峰高比和/或超出了供体预期比例的合理范围，因此，这样的基因型组合是不合理的。

包括未被检测到的等位基因在内的额外的基因型组合未在该示例中显示，但是在评价时也应该考虑

证明性比较

尽管可能在解释证据图谱之前已经生成并分析了证明性参考标准品的

DNA 图谱，但必须注意的是，对混合斑 DNA 图谱的解释完全独立于任何与已知个体的 DNA 分型的比较。由于仅指控混合斑 DNA 图谱中存在证明个体，用证明个体在场的假设来解释证据是不恰当的。

通过将证明性参考标准品与解释性 DNA 混合斑进行比较，可以得出以下结论之一：（1）混合斑包含的信息不足以得出关于证据来源的结论；（2）混合斑至少在 1 个基因座上包含足够的信息，可以得出结论——可以排除被检验的个体为混合斑 DNA 来源之一；（3）混合斑至少在 1 个基因座上包含足够的信息，以得出结论——没有足够的信息排除（即也可以包括）被检验个体作为检测到的 DNA 来源之一。

对 DNA 混合斑解释的未来展望

这里讨论的是一个基于阈值使用的解释过程。关于这一过程是否恰当的讨论很多，因为它基于将毛细管电泳仪检测到的信号定义为等位基因（分析阈值）和真正纯合子（随机阈值）时确定是/不是决策点。因为这样的决策点是基于人们希望在定义阈值时应用的置信度，所以更完整的过程应包括数据置信度的滑动比例。在某个 rfu 点上的峰值不会被宣布为不可解释的，但是可以用概率基因型解释来模拟该峰为等位基因的置信度。在某个 rfu 点的单个等位基因不会被宣布为 100% 可能存在姐妹等位基因丢失，但是可以用概率基因型解释来模拟对单个等位基因为合子型的置信度。尽管可以使用适当的软件应用程序进行此类计算，但是仍然可能会出现这样的情况：证据中包含过多的贡献者、证据质量过低或者模板量有限，最终无法用于起诉犯罪分子。

参见

生物学/DNA：DNA——统计概率；短串联重复序列
生物学/DNA/方法/分析技术：法医遗传学中的毛细管电泳

拓展阅读

Budowle, B., Chakraborty, R., Van Daal, A., 2010. Authors' response. *Journal of Forensic Sciences* 55（1），269-272.

Gill, P., Buckleton, J., 2010. Commentary on Budowle et al. mixture interpretation：defining the relevant features for guideline for the assessment of mixed DNA profiles in forensic casework. *Journal of Forensic Sciences* 55（1），265-268.

Gill, P. , Brenner, C. H. , Buckleton, J. S. , et al. , 2006. DNA commission of the International Society of Forensic Genetics: recommendations on the interpretation of mixtures. *Forensic Science International* 160, 9Q-101.

Paoletti, D. R. , Doom, T. , Crane, C. , Raymer, M. , Crane, D. , 2005. Empirical analysis of the STR profiles resulting from conceptual mixtures. *Journal of Forensic Sciences* 50, 1361-1366.

Perlin, M. W. , Sinelnikov, A. , 2009. An information gap in DNA evidence interpretation. PLoS One 4 (12), e8327.

SWGDAM, 2010. SWGDAM Interpretation Guidelines for Autosomal STR Typing by Forensic DNA Testing Laboratories. http://www. lbi. gov/hq/lab/htmVcodis_ swgdam. pdf.

相关网站

http://www. cstl. nist. gov-Short Tandem Repeat DNA Internet DataBase.

关键术语

等位基因频率，贝叶斯因子，贝叶斯规则，贝叶斯定理，贝叶斯推理，分类数据，条件概率，置信区间，连续数据，堂兄弟，数据库，反褶积，置信度，DNA，DNA 概率，DNA 分型，证据评价，证据解释，谬误，频率推理，F_{st}，人类遗骸识别，假设检验，与影子峰难以区分，解释，概率定律，似然比，主要贡献者，混合斑，混合比例，贡献者数量，亲子鉴定，峰高比，群体遗传学，人群结构，后验概率，先验概率，概率，概率论，乘法规则，范围测试，相关性，亲缘关系鉴定，同胞，统计，随机阈值，STR 主观概率，亚群模型，θ

复习题

1. 什么是频率推理？

2. 什么是范围测试？它是如何使用的？什么是"悬崖问题"？

3. 什么是经验法则？什么时候使用？什么时候不使用？

4. α 的值何时变化？这是如何确定的？

5. 零假设是什么？什么是替代假设？

6. 如果 P 值很小，可以说明什么？不能说明什么？为什么？

7. 使用双样本 t 检验有哪些问题？如果霍特林 T^2 避免了这些问题，那么为什么它在法医学中没有得到更多的应用呢？

8. 什么是 θ？在置信区间中它起什么作用？

9. 贝叶斯规则是什么？它基于什么？

10. 如果贝叶斯规则是基于"个人置信程度的主观表达",那么在科学领域应用这种方法是否合适呢?为什么合适?为什么不合适?

11. 什么是似然比?它与贝叶斯规则有何不同?

12. 如果不知道背景群体频率(background population frequencies),仍然能用似然比吗?

13. 什么是先验概率?什么是后验概率?

14. 什么是"检察官谬误"?什么是"辩护人谬误"?这些与法庭科学家有什么关系?

15. 法医 DNA 检测如何用于亲子鉴定?为什么要做法医分析?

16. 什么是三联体?如何使用似然比来确定亲子关系?

17. 没有父亲或母亲的情况下还能做亲子鉴定吗?怎样做?

18. 混合斑的贡献者数目怎样确定?如何确定贡献者比例?

19. 如何将贡献者分型峰与影子区分开?在这个过程中有哪些潜在问题?

20. 从混合斑的 DNA 解释与参考标准品的对比中能得出什么结论?

讨论问题

1. 为什么法医学更需要统计?

2. 你将如何向陪审团解释频率论方法?你如何向陪审团解释贝叶斯方法?

3. 如果频率论方法"不能回答法庭感兴趣的问题",即有罪还是无罪,那么贝叶斯方法能回答这个问题吗?法医学中的任何统计学方法都应该回答这个问题吗?这是实验室的责任吗?

4. 数学方法能够用于非常具体的分类,人工智能也已经进入了软件应用阶段。有没有可能某些混合斑永远无法从统计学上分类?为什么有可能?为什么没可能?

5. 绘制一个决策树,概述如何解决混合斑问题以及以什么顺序提出什么问题?

额外阅读

Bright, J. A.. Curran, J. M., Buckleton, J. S., 2014. The effect of the uncertainty in the number of contributors to mixed DNA profiles on profile interpretation. *Forensic Science International Genetics* 12, 208-214.

Carboni, 1., Iolli, S., Nutini, A. L., Torricelli, F., Ricci, U., 2014. Improving complex Kinship Analyses with additional STR loci. Electrophoresis. http://dx. doi. org/10. 1002/elps. 2014 00080.

Christensen, A. M., Crowder, C. M., Ousley, S. D., Houck, M. M., 2014. Error and its meaning in forensic science. *Journal of Forensic Sciences* 59 (1), 123-126.

Kelly, H. , Bright, J. A. , Buckleton, J. S. , Curran, J. M. , 2014. A comparison of statistical models for the analysis of complex forensic DNA profiles. *Science and Justice* 54 (1) , 66-70.

Steele, C. D. , Balding, D. J. , 2014. Statistical evaluation of forensic DNA profile evidence. *Annual Review of Statistics and Its Application* 1 , 361-384.

第五部分

专业论题

　　美国社会犯罪实验室董事会前任主席迪恩·贾拉马斯
（Dean Gialamas）说："道德标准对我来说毫无意义。道德是用
来分辨是非的，监狱里的罪犯都知道这一点，但他们的选择很
糟糕。我们需要的是诚信，是做正确事情的意愿。"头版新闻
已经因为某些组织或个人的失败，宣告了法庭科学的末日，因
为他们选择了错事，比如偷窃药品、伪造报告、提供虚假证词、
篡改科学数据。列举出他们的所作所为让人沮丧且毫无意义，
因为在贾拉马斯看来：我们已经知道他们的选择很糟糕。真正
的问题是，如何让人做好选择，做正确的事。这始于教育和理
解科学家在实验室所做的工作与其对社会和个人的影响之间的
联系。在欺诈调查中，使用缩写的 ABC，意思是欺诈可以源自
一个坏苹果（A），或一桶坏苹果（B），或一批坏苹果（C）。
同样，从贾拉马斯的观点来看，欺诈也可以意味着一个坏的农
场主，一个传达错误信息的经理，没有做对于组织或雇员来说
是正确的事，并让不良行为下滑。那么哪个是最坏的呢？很难
说，因为它们每个都可能导致实验室或科学的垮台。

　　法医 DNA 分析肩负着一项特殊的责任，就是它可以用于免
除错误的定罪。事实上，在刑事调查中首次使用 DNA 指纹分析
获得免罪的是英国人理查德·巴克兰（Richard Buckland，2009 年
英国广播公司新闻）。无罪计划，一个致力于审查和测试声称无

罪的法庭科学证据的网络组织，已经实现了数百人的免罪。道德的影响是惊人的，并且随着法庭科学的发展，这些经验教训必须纳入我们的实践和专业中。

法庭科学作为一个专业，需要从其历史局限的视角之外进行观察，寻找其他专业的见解、建议和模型，以提高其地位和声誉。"我们一直是这样做的"已经不再有效了，并且这对法庭科学困境来说是一个不充分的答案。如果法庭科学本身不认真对待这个学科，怎么会有别人认真对待呢？本章列举了每一个法医科学家都需要面临的基本问题，无论是其作为个人、组织的员工还是法庭科学界的一员。

"DNA 先驱者的'灵光乍现'时刻"，2009 年 9 月 9 日，BBC 新闻网。网址：http://news.bbc.co.uk/2/hi/programmes/newsnight/8245312.stm。

犯罪现场到法庭

K. 拉姆齐、E. 波顿，英国，曼彻斯特，大曼彻斯特警察局法医服务部
版权© 2013 爱思唯尔公司保留所有权利

术语表

CBRN　化学、生物、放射性和核事故。

CCTV　闭路电视（摄像机或证据来源）。

CPD　持续职业发展。

CPS　皇家检控署（英国）。

HTCU　高科技犯罪单位（检测来自任何系统或设备的硬件、软件、数据、图像）。

L2　2 级调查，需要特殊技能，例如隐蔽操作、部署和替换物品以及法庭科学标记。

LCH　本地结算所（火器）。

NaBIS　国家弹道情报服务（英国）。

NCA　国家打击犯罪局（英国）。

NOS　国家职业标准。

T1/2/3　犯罪现场调查技能等级是为犯罪现场调查员规定的技能等级，其中 T1 是最基本的培训层次（通常仅针对多发案件），T2 培训适用于多发、严重的和重大的犯罪调查，T3 是针对犯罪现场管理、复杂调查协调进行的培训。

VSC/ESDA　视频光谱比较：油墨分析，主要用于欺诈性文件；静电检测分析，检测纸上的（书写）压痕。

引 言

20 世纪，在法庭科学领域发展了许多学科，使证据工作高度专业化，以支持刑事调查。许多更为传统的学科，例如足迹分析和血迹形态分析，其成熟的原则和方法已经在刑事司法背景下得到了证明，这些领域的发展主要局限于技术支持系统和数据库信息共享。20 世纪 80 年代和 90 年代高速发展的 DNA 分析技术导致了许多国家级和国际的 DNA 数据库的出现，然而，变革的步伐现已明显减慢。在 20 世纪末和 21 世纪早期，此前几乎未确立的法庭学科证据类型出现了爆炸式增长，如闭路电视、手机、计算机分析、数字图像和社交媒体，它们被统称为电子物证。

由于每个学科高度专业化的性质和不同的发展速度，法庭科学有效地代表了一种相互关联的（通常也是独特的）支持刑事调查的条件组合。

目前提供法庭科学服务的大多数模式，尤其作为更广泛组织的一部分，例如执法机构，随着时间的推移，通过锚定附加元素和聚集相关领域而出现。如果将法庭科学目前的能力从零开始设计为一个有效的实体，那么可以肯定的是将会提出一个更为综合、更加有效的结构。

此外，现场法庭科学已经专业化，对规范的要求也不断提高。例如，早在 20 世纪 80 年代，犯罪现场调查已被警察广泛开展，主要限于记录、回收可见证据；在有限的能力范围内它被用来支持特定的调查，而没有更广泛的情报发展空间。现在，犯罪现场调查主要由专门从事这些工作的专业人员进行。

要从事法庭学科实践，需要专业培训、资质和能力。能够支持调查的证据种类已明显增加。一些学科倾向于形成交叉技能。

公众对法庭科学可以提供什么的期望已经被广受欢迎的主流电视节目提高，包括纪录片和虚构片。通常，对可提供的事物的期望超出了其可能性或者经济上的合理性，这就要求服务提供者和用户在做出知情（证据和财务）决定时，考虑对支持调查的法庭科学证据进行最佳利用。

本部分根据刑事司法系统可采用的不同模式，优化了从犯罪现场回收的法庭科学证据的使用方法，概述和讨论了综合案件管理的概念。

任务

任务是汇集所有潜在的法庭科学机会，全面审查其对于调查的意义，确定工作进展的优先级，向法院提供最好的证据进行检测（遵守所有关于连续性、完整性和质量的要求），并确保在决定对法庭科学证据的投入时的最佳性价比。

在国际上，由于地区、州和国家层面不同的刑事司法模式和商业市场状况，存在各种限制和机会。

模式

（a）所有的法庭科学证据均来自一个机构，比如一个警察实验室。

（b）所有法庭科学证据都由与此执法机构签约的外部专家提供。

（b）（a）和（b）的综合。

法庭科学策略

从犯罪现场回收证据只是法庭科学鉴定过程的开始。一旦证据被提取、处理、包装和保存，就需要对其进行分析，以便为调查和随后的法院审理提供有意义的信息。

进行法庭科学鉴定是为了确定或排除嫌疑人，并确定在犯罪或事件发生期间的情况。

决定需要做什么分析可能是一个复杂的过程。需要考虑以下问题：

- 是否有必要检查所有回收证据？
- 是否每个可能的检测都要进行？

在理想情况下，最好进行一切可能的分析。然而，在现实中，这可能既不可行，也不经济。此外，进行每一个可能的分析将使法庭科学实验室负担过重。在做出关于应该进行什么法庭科学分析的决定时，至关重要的是同时考虑到潜在的起诉和辩护案件。必须采取公正的方法来评估检查要求。通常没有必要对所收回的每一项证据进行检查，但检查应该针对可能增加调查价值的地方。

法庭科学策略应当围绕法庭科学证据起作用的每一个案件制定，这可能涉及整个案件或个别证据。法庭科学策略应当以考虑所有潜在证据类型的整体方式制定，并应指导和协调所需的法庭科学检查、分析。

法庭科学策略可以由以下一个或多个不同的人员通过不同的方式制定：

- 调查人员；
- 犯罪现场调查员或犯罪现场管理员；
- 法庭科学家、法庭科学专家；
- 法庭科学意见提交官（这是一个可以有不同命名的角色，如法庭科学顾问、科学支持经理等；这个角色是警察部门或执法机构内知识广博的人，他们利用知识和专业为法庭科学分析提供建议，并拥有决策权和预算支出的控制权）；
- 法定代理人；
- 病理学家。

法庭科学策略最初通常由参与犯罪起诉的人员制定和应用。虽然情况确实如此，但至关重要的是，在制定策略和考虑可能支持辩方或控方的信息时，需采取平衡和公正的办法。应该进行可能为调查增加价值或提供信息的检查（不论是否支持或削弱起诉），所有结果必须向辩方公开。辩方也应该有机会对他们所需的策略、检查过程和/或结果进行审查，并获得自行检查证据的机会以提供充实辩护。

为了制定法庭科学策略，并就哪些法庭科学检查对调查有价值做出适当决定，必须做到以下几点：

- 收集尽可能多的有关案件情况的信息：
  ○ 取证情况；
  ○ 受害人、证人、嫌疑人等的陈述。
- 了解法庭科学及其在调查中的应用。

法庭科学策略会议是确保所有相关方了解案件全部情况的有用方式，并且能够就所有证据的处理进行"多机构"讨论，以便以全面和协调的方式提高证据潜力。

通常情况下，警察对法庭科学没有充分的理解或认识，法庭科学专家对警方和调查过程的了解通常也相对较差。这可能导致应用法庭学科以满足调查需要时的误解和混乱。制定法庭科学策略的联合方法有助于在个案基础上增进沟通和理解。

只有在更严重的案件中才需要正式的法庭科学策略会议，一般方法可以

法医生物学

应用于任何调查。即便在最简单的案件中，调查人员、犯罪现场调查员、法庭科学顾问（预算负责人、决策者）和检察官之间的讨论也是有益的。或者，可以对犯罪类型或作案手法实施通用策略。

在对物品实施可能的检查，评估和制定法庭科学策略时，调查的要求是主要关注的问题。应考虑以下问题：

- 物品或证据的类型和性质。
- 物品所处的环境：
  - 究竟在何时何地被提取；
  - 物品的状况（湿度、损坏等）。
- 物品的完整性：
  - 是否已经被适当提取、处理、包装和保存？
  - 物品的安全性和连续性是否完好？
- 可从该物品获得的潜在证据，例如 DNA、指纹、纤维、鞋印。
- 这些证据类型可能为调查提供的信息。
- 这种潜在信息是否可能为调查增加价值？
  - 是否可能提供新的信息？
  - 证人、受害人或嫌疑人的陈述是否可能得到支持？
  - 这些信息是否有助于确定发生了什么？
- 在潜在证据类型之间是否存在冲突？如果是，在该情况下哪种证据类型将是最有价值的？
  - 例如，用拭子或胶带提取 DNA 可能破坏指纹，但当 DNA 可能处于低水平并需要专门的低模板 DNA 分析时，DNA 的存在可能不一定证明嫌疑人与物品有接触，而指纹总是能证明该接触已发生。
- 成功的机会，即获得对调查有价值的结果或信息（这可能有包容性或排他性）。

历史上已经完成了许多与提高和理解 DNA 分析成功率相关的工作。然而，在充分了解与其他法庭科学证据相关的成功率方面，开展的工作相对较少。这主要是因为其他证据类型，例如纤维、射击残留物、鞋印等，通常比 DNA 解释更复杂。关于 DNA 分析，成功率通常取决于获得 DNA 图谱的机会；

对于其他证据类型，结果的价值在很大程度上取决于调查的情况。例如，当在嫌疑人的衣服上搜索玻璃时，根据情况，玻璃的缺乏和存在都可能对调查有价值。当衣服上存在与来自犯罪现场的对照样本匹配的玻璃时，只有其存在不能以任何合法的方式予以解释时，这种情况才是有价值的；相反，当衣服上没有玻璃时，可能得出嫌疑人没有参与犯罪的结论，这取决于犯罪和逮捕的情况。

除了理解和评估能获得有意义结果的机会，理解对整个案件的总体贡献的价值也是至关重要的。这涉及法庭科学检查对犯罪侦查以及法院程序的结果的价值和贡献。与获得法庭科学检验结果的机会相比，这是一个更难以评估和理解的问题。

法庭科学证据的价值取决于个案的情况，因此必须根据个案的基础做出检查决定。一些机构和警察部门最近的一些发展可以让我们更好地了解不同类型的法庭科学证据的成功机会和对调查的价值，这将有助于更好地熟悉关于证据潜力和检查可行性的决定以及帮助实现资金效益。这最好被描述为法庭科学效用。

法庭科学策略还应考虑与调查过程和刑事司法系统相关的时间尺度，应确保法庭科学分析能够满足刑事司法程序的要求，包括开庭日期和披露适当信息给辩方的要求。

每个警察部门或执法机构用自己的方法提交证据，用于法庭科学检查或分析。无论该分析是在内部的警察实验室内进行，还是在外部的商业公司或政府所有的实验室内进行，这些方法都可应用于所有检查和所有证据类型。

这些方法有助于确保决策是基于科学知识、可行性和证据价值的。这些方法有助于确保在考虑性价比的同时获得最好的证据，并且其可适用于任何调查，无论犯罪的严重性或调查的规模如何。

综合案件管理

在指导调查方面，法庭科学策略的概念和使用并不新鲜，但往往受到调查机构内部法庭科学学科结构演变的限制。通常，大量犯罪中的 DNA 和指纹证据是通过不同的路径同时独立提交的，这往往导致精力或金钱的浪费和重复的结果。法庭科学情报的发展和运用一直不断变化。新出现的想法包括对法庭科学重新进行组织设计，以便更好地与相关职能结合，例如收集情报、有针对性地资源部署以及优先提交法庭科学文件。

综合案件管理概念将知情操作部署结合起来（例如犯罪现场调查员的部署），然后采取了更全面的方法进行检测。该策略更多地考虑了对情报的支持和期望结果。定期审查和触发点用于分阶段提交潜在证据，并加强与调查人员的沟通，以便进行更有针对性和直接的调查。

最终，通过将优先执行事项、可用资源、潜在证据、情报和检察官要求联系起来的综合过程，可以更好地得到智能识别的产物。这种模式可灵活应对不断变化的需求，并增加了高效率和有成效地为调查提供法庭科学支持的可能性。没有单一的方法来实现这一点，但是图 1 给出了重新思考一些传统的独立法庭科学学科问题的说明。

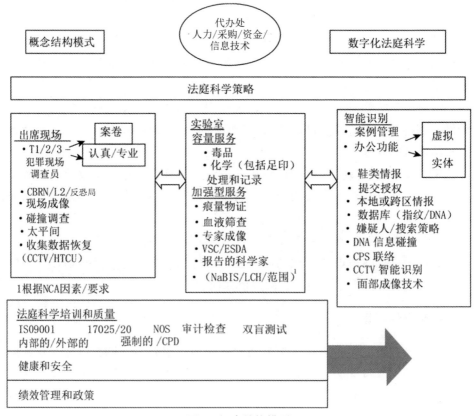

图1　概念结构模型

总结

在 21 世纪，法庭科学界面临的最大挑战是实现综合服务的现代化，以支持调查。这必须：

- 在各学科发展的基础上再接再厉；
- 适应新的技术学科；
- 满足监管要求；
- 反映不断变化的劳动力和技能；
- 向法院提供最好的证据以支持调查。

参见

基础：法庭科学情报；法庭科学的历史；法庭科学的基本原则

扩展阅读

Faigman, et al. , 2006. *Modern Scientific Evidence：The Law and Science of Expert Testimony*. Thomson Reuters.

Fisher, B. A. J. , Fisher, D. R. , 2012. *Techniques of Crime Scene Investigation*, eighth ed. CRC, Boca Raton, FL.

Houck, M. , Crispino, F. , McAdam, T. , 2013. The Science of Crime Scenes. Elsevier. Innocence Project, 2011. http：//www. innocenceproject. org/Content/Facts_ on_ PostConviction_ DNA_ Exonerations. php（accessed 10. 03. 11）.

Kirk, P. L. , 1974. Ln：Thornton, J. L. （Ed. ）, *Crime Investigation*, second ed. Wiley, New York（1985 reprint edn. Malabar, FL：Krieger Publishing Company）.

NAS, 2009. *Strengthening Forensic Science in the United States：A Path Forward*. NAS Report：Committee on Identifying the Needs of the Forensic Sciences Community. National Academies Press, Washington, DC.

White, P. , 2010. *Crime Scene to Court：The Essentials of Forensic Science*. Royal Society of Chemistry, Cambridge, ISBN 978-1-84755-882-4.

法庭科学实验室报告

J. 爱泼斯坦，美国，特拉华州，威明顿，威德纳大学法学院

版权© 2013 爱思唯尔公司保留所有权利

没有法律或科学规定的精确公式可以说明法庭科学实验室在报告检查结果或分析结果时必须包含哪些内容，其内容可能取决于个别检查员的偏好、实验室内部政策、法律规定、认证组织标准或制作原因。可以肯定地说，通过了解目前对制作法庭科学实验室报告的做法和报告标准的趋势的批评，并通过考虑报告在法庭程序中的使用、关于报告的法律和道德运用以及法庭科学家的职责，可以确定法庭科学实验室报告的模式。

在讨论这些因素之前，值得一提的是，报告一词本身缺乏清晰性，因为它可能指的是记录检查的完整案例文件或者仅仅是检查结果的汇编。在这里，报告表示后者——为消费者（指示进行检查和测试的调查人员、律师或法院官员）准备的文件。这份报告在详细程度上可能有所不同，因为可能有向请求方通报结果的摘要报告；准备向法院或律师披露的作为审前发现一部分的更正式的报告；确定专家实际将作证时，扩充了所述初始发现的报告；将代替实际的证词提交的报告。附加文件可能包括一份管理或处分报告，详细说明送检项目的收到或退回情况。

还必须承认的是，专家在裁决过程中的角色在某种程度上取决于判决制度是否是对抗性的：有的专家是由寻求观点支持的一方请来的，如在美国；而询问式或"普通法"中的专家是法庭证人，其被推定为中立的，不倾向于某一方，如在法国、比利时和德国。这些划分并不总是得到遵守，正如美国法律允许初审法官根据《联邦证据规则》第 706 条任命"法庭"专家并听取其证词，在某些涉及欺诈和伪造犯罪的案件中，法国允许引入竞争专家。然而，这些不同的角色不能改变实验室报告的必要组成部分，并且如下文所述，道德和法律两方面考虑以及对科学角色的承诺可能需要报告是中立的，并且承认任何限制和/或弱点。

报告的内容——"科学"标准

至少在美国，对法庭科学实验室报告有大量的批评，这可以在美国国家研究委员会 2009 年的一份名为"美国法庭科学的加强之路"的报告中找到。在指出法庭科学实验室报告缺乏确切的术语后，该报告得出结论，即大多数法庭科学实验室报告不符合其提出的标准。

一般来说，作为科学分析结果的实验室报告应该是完整和缜密的。它们应至少描述方法、材料、程序、结果和结论，并且应酌情确定程序和结论中不确定性的来源以及估计其比例（以表明对结果的置信水平）。尽管提供如研究论文一般的尽可能多的细节既不适当，也不切实际，但实验室报告应提供足够的内容，以便非科学家读者能够理解已经完成的工作，并对结论进行一定知识水平的和公正的审查。

这种批评并不是孤例。2011 年英国法院的一项判决还对法医（潜在指纹）指控中的细节和证据是否充足表示关切。在注意到检查员未同时记录"检查的详细记录及其结论的原因"之后，法院补充说：诺丁汉郡指纹局为审判提供的报告的质量，反映了多年前法庭科学其他领域中的标准，而不是当前法庭科学预期的大大改进的标准。

美国国家研究委员会标准比各种法庭科学组织的标准更加详细。例如，美国犯罪实验室主任协会/实验室认可委员会（ASCLD/LAB）要求只为"所有分析工作"编写书面报告，而且必须包含结论和意见，并明确传达"协会的重要性"。

其他标准提出了对完整文档的需求，但不区分实验室的工作笔记和最终产物。例如，国际标准化组织（ISO）的 ISO/IEC 标准 5.10.5 要求"实验室记录提出意见和解释的依据"，而不指定记录信息的位置。类似语言也用于弹道学报告，根据火器科学工作组（SWGGUN）的建议，"当包括意见和解释时，实验室应记录提出意见和解释的依据。意见和解释在检测报告中应清楚标明"。

然而，美国国家研究委员会报告更详细的要求不是唯一的。学者和机构提出了类似的或至少是实质性的标准。英国皇家化学学会 2004 年的出版物建议酌情将以下信息纳入专家报告：

- 科学检测的事件概要；
- 开展科学工作的纲要；
- 检测项目列表；
- 执行工作的描述；
- 解释结果的陈述；
- 总体结论。

英国皇家化学学会还敦促报告确定测试中的助手和他们各自的角色，并且包括具有表格或类似测试结果的附录。

对于 DNA 分析，美国联邦调查局的 DNA 实验室标准要求报告包括一个对所检查的证据、技术、结果和/或结论的描述以及"定量或定性的解释性声明"。

关于报告内容的最后一个科学问题是对偏见的关注。研究表明，分析师收到的不相关信息会影响其判断，例如指纹正被检查的嫌疑人"供认了犯罪"，或验证不是"盲测"。法庭科学实验室报告（或实验室记录）中的这种信息的记录是一种响应动作，是实验室内部政策，以减少分析师或检查员暴露于潜在偏差信息的机会。

报告内容：法律标准

科学所需要的内容在某种程度上反映在对专家报告的法律要求中。这些因国而异，也因国家内部不同地区有刑事立法权而有所不同。

在英国，2010 年《刑事诉讼程序规则》第 33.3 条规定了一份完整报告的内容，即向法院提交报告的内容如下：

1. 做出报告或声明时所依据的调查结果；

2. 报告或声明中所述的调查结果的细节在他们自己的知识范围内，这些调查结果是由别人进行检查、测量、测试所得，以及这些检查、测量、测试等是否是在专家监督下进行的；

3. 执行检查、测量、测试等的人员的身份、资格、相关经验和任何证明；

4. 他们所依赖的任何事实陈述、文献或其他信息的详细情况，这些情况要么是为了确定检查或测试要求，要么对报告或陈述中表达的意见或这些意见的依据具有重要意义；

5. 所得结论和意见及其理由的概述；

6. 如果一项声明的结论或意见所依赖的任何信息发生变化，则此结论或意见必须接受审查；

7. 如果对报告或声明中处理的事项有一系列意见，概述意见的范围以及专家提出自己意见的理由；

8. 任何可能引起对其解释或意见的怀疑的信息；

9. 如果专家因没有资格而无法提出意见，那么资格是什么。

美国联邦刑事起诉的立法授权就不那么具体了。根据《联邦刑事诉讼规则》第 16 条之规定，政府必须允许辩方检查、复制或拍摄任何科学测试或实验的结果或报告，并且必须在审判前对所有专家证词进行书面总结，说明证人的意见、提出这些意见的依据以及证人的资格。刑事案件中的辩护律师有相互披露的要求。尽管这些术语看起来很笼统，但美国法院有时会对其进行解释以要求报告包含更多细节，例如基础文档。

在美国，来自宪法保障正当法律程序条款的额外要求可能影响警察部门或其他政府机构发布的实验室报告所必须包括的内容。控方必须披露对被告人有利的信息和对定罪或量刑有重大影响的信息，以及"辩方可能通过展示偏见或利益来弹劾政府证人的证据"。这扩展到"影响可信度的证据"。这一信息通常被命名为布莱迪材料。

这些规则对官方（警察或州）实验室的适用性问题已得到解决。美国联邦最高法院认为，披露义务可以扩展到与检察机关合作的警察部门，并且已扩展到法庭科学鉴定人。因此，在报告或其他交流中，政府雇用的法庭科学检查员必须确保披露布莱迪材料。

还有待定义的术语是"辩解"或"弹劾"信息。每个术语的核心都很容易描述。如果证据倾向于降低有罪程度或质疑罪责证明，那么它就是"辩解"；"弹劾"信息是偏见或利益的证明，或者是可用于反驳或攻击分析师或报告可信性的信息。这种类型的披露与英国法律所规定的法庭科学实验室报告要求相似，其要求在报告中包括对一系列意见的概述和专家提出自己意见的理由；任何可能引起对其解释或意见的怀疑的信息；如果专家因没有资格而无法提出意见，那么资格是什么。

报告：独立的证据或支持作证的专家

法庭科学实验室报告是否可以在审判中作为证据独立存在，或者必须伴随分析师的证词，取决于法律规定。在美国，控方专家报告不能单独被接纳，因为这被认为侵犯了被告人与不利证人对质的权利。美国联邦最高法院在梅伦德斯-迪亚斯诉美国政府案（Melendez-Diaz v. U.S.，以下简称"梅伦德斯-迪亚斯案"）中认为，分析证书属于核心证言，因为它是为确立或证明某种事实而做出的庄严的"声明或确认"。在该案的后续判决中，法院进一步认为，另一个分析师不能参与证明报告的内容，至少在其他分析师既没有监督也没有观察到初步测试的情况下如此。（这只适用于控方专家报告，因为在美国只有被告人有与证人对质的权利保障。在没有分析师证词的情况下，辩方法庭科学报告的可采性将由州的证据规则决定，但一般不会出现此种情况。）同时，对质权并不意味着分析师必须作证。国家可以创建通知和要求法规，根据该法规，控方通知被告人其在庭审中使用专家报告作为证据的目的，然后被告人在规定时间内要求专家现场作证。被告人未能"要求"，意味着放弃要求专家出庭的权利，并允许使用该报告。此外，被告人可能总是同意对报告的内容做出规定，而不需要任何现场证词。

梅伦德斯-迪亚斯案的做法并没有在国际上得到统一遵循。加拿大允许在没有现场证词的情况下，通过专家报告提供证据，报告的提议者将其提供给对方当事人，审判法院认定报告作者是合法专家。法院保留自由裁量权，以要求专家出庭接受交叉询问。1995年《澳大利亚证据法》同样授权通过证书提供专家证言，但对方可以要求提供方"传唤签署证书的人提供证据"。在英国，专家报告本身可以作为证据，但必须符合法官的自由裁量权，以要求分析师或检查员出庭。

道德考量与法庭科学实验室报告

除了法律或科学的要求，决定在法庭科学实验室报告中列入什么内容，可能要考虑道德因素。法庭科学组织通常有道德规范，但它们可能对报告写作的细节保持沉默。美国刑法学委员会的准则是说明性的，它只规定了一般义务，例如"向提交机构全面彻底地披露调查结果"。其他法规可能根本没有提到报告，而是只提到信息的提供，且不区分书面报告和法庭提出的证据。一个例外是澳大利亚和新西兰法庭科学学会，它要求当结果不明确时报告是无倾向的。"在检测结果或结论能被解释为对法律诉讼中任何一方有利时，则应根据其优点对每一结果或结论给予权重。"

法律也可以规定道德考量。在英国，独立专家被认为只效忠于法庭，不论谁雇用了他。英国对书面报告规定了具体的道德义务：第一，如果有一系列意见，专家必须总结各种立场；第二，如果意见不能无保留地提出，专家必须披露这一点，并说明限定的方面或关切。

结论

在国家内部和国家之间，除法律规定的情况外，提交法院的法庭科学报告没有明确的标准。应当说明的是，报告越详细，越能由独立评估员进行严格评估，结果和鉴定的可信度就越高。

参见

法律：法庭科学的法律接受史；法庭科学的法律观；法律体系：对抗制和审问制
法庭科学质量管理：顺序揭露：尽量减少法庭科学中的目击者的影响
专业：道德

扩展阅读

Code of Practice and Conduct for Forensic Science Providers and Practitioners in the Criminal Justice System 44-45（United Kingdom），December 2011. http://www. homeoffice. gov. uk/publications/police/forensic-science-regulator1/quality-standards-codes-practice？view=Binary.

Dror，I. E.，Cole，S.，2010. The vision in "blind" justice：expert perception，judgment and visual cognition in forensic pattern recognition. *Psychonomic Bulletin and Review* 17（2），161-167.

Dror，I. E.，Rosenthal，R.，2008. Meta-analytically quantifying the reliability and bias ability of forensic experts. *Journal of Forensic Science* 53（4），900-903.

National Research Council，2009. *Strengthening Forensic Science in the United States：A Path Forward*. National Academies Press，Washington，DC. http://www. ncjrs. gov/pdffiles1/nij/grants/228091. pdf.

Quality Assurance Standards Forensic DNA Testing Laboratories，2009. Standard11. 2. http://www. cstl. nist. gov/strbase/QAS/Final-FBI-Director-Forensic-Standard. pdf.

Reviewing Historical Practices of Forensic Science Laboratories，September 29，2010. http://www. ascld. org/.

Rothwell，T.，2004. Presentation of expert forensic evidence. ch. 15. In：White，P.（Ed.），*Crime Scene to Court：The Essentials of Forensic Science*，second ed. RSC，Cambridge，pp. 430-432.

Spencer，J. R.，2002. *Evidence European Criminal Procedures*. Ch. 15. Cambridge University Press，New York，pp. 632-635.

相关网站

http://www. criminalistics. com/ethics. cfm：American Board of Criminalistics，Rules of Professional Conduct.

http://www. ascld. org/：The American Society of Crime Laboratory Directors.

http://www.ascld-lab.org/：The American Society of Crime Laboratory Directors Laboratory Accreditation Board.

http://www.afte.org/AssociationInfo/a_codeofethics.htm：Association of Firearms and Tool-marks Examiners，AFTE Code of Ethics.

http://www.anzfss.org.au/code_of_ethics.htm：Australian and New Zealand Forensic Science Society.

http://www.forensicdna.com/Media/Bias_FS.htm：An extended list of articles on the issue of bias in forensic examinations.

http://www.iso.org/iso/home.html：international Organization for Standardization.

http://www.swggun.org/swg/index.php? option = com_ content&view = article&id = 25：transition-from-ascldlab - legacy - toisoiec - 17025&catid = 10：guidelines - adopted&itemld = 6：SWGGUN，Transition from ASCLD/LAB Legacy to ISO/IEC 17025.

http://webarchive.nationalarchives.gov.uk/+/http://www.justice.gov.uk/criminal/procrules_fin/contents/rules/part_ 33.htm：United Kingdom，Criminal Procedure Rules 2010.

健康与安全

N. 斯卡德、B. 索，澳大利亚，堪培拉，澳大利亚联邦警察

版权© 2013 爱思唯尔公司保留所有权利

术语表

地下实验室 安装设备或用品，用于制造非法化合物，如毒品或爆炸物。

密闭空间 一个封闭或部分封闭的空间，其主要目的不是让人居住，其中存在以下一种或多种风险：（1）超出安全浓度范围的氧气浓度；（2）可能引起损伤、意识丧失或窒息的空气污染物浓度；（3）可能造成火灾或爆炸伤害的易燃气体浓度；（4）被储存的自由流动的固体或上升的液体淹没，可能导致窒息或溺水。

动态风险管理 在迅速变化的操作背景中，持续评估风险，以实施必要的控制措施，确保一个可接受的安全水平。

危害 物质造成不良反应的可能性。

分级控制措施 根据有效性对预防或减少危险暴露的措施进行排序，从消除危害的最有效措施到仅实现有限保护的最低有效性措施。

职业健康与安全政策 表明一个组织对职业健康和安全的意图、目标和优先事项的承诺，并确定其作用和责任的政策文件。

风险 由于接触任何危害而导致伤害或疾病的可能性和不良影响的严重程度。

职业健康与安全政策

许多国家的立法规定，雇主有责任在职业健康安全法和普通法规定下，提供一个健康和安全的工作环境。雇主应确保所有经理、主管和工作人员都知道他们的职业健康与安全职责。管理层领导能够对组织的职业健康与安全结果产生积极影响。

工作场所的健康和安全是持续性的。根据每个司法辖区的立法要求，在大多数情况下，需要一个书面的职业健康与安全政策。制定此政策需要工作人员和管理层的共同承诺。一旦实现承诺，职业健康与安全政策就应该在所有利益相关者的参与下制定并颁布。

职业健康与安全政策应该：

- 阐明组织刘职业健康与安全的承诺；
- 表明将提供足够的资源（包括资金和人员）来促进和保持职业健康安全标准并满足要求；
- 概述组织（对职业健康与安全）的意图、目标和优先事项；
- 从广义上描述实现目标的方法；
- 确定管理层、主管和工作人员在满足职业健康与安全要求方面的角色和职责；
- 由该组织的最高管理人员签发，以反映该政策的重要性。

职业健康与安全政策应定期审核，以确保其可行。

然而，职业健康与安全政策只是法庭科学组织适当职业健康与安全战略中的一部分。职业健康与安全政策必须以风险评估和事故报告为基础，使组织能够评估其职业健康与安全风险，履行报告义务，以及恰当应对风险。

组织可以利用职业健康报告、事故报告和以前的风险评估，列出其工作人员在履行职责过程中可能面临的主要危害的清单。优先考虑主要的健康与安全问题，使组织能够做出适当的行动计划，以实现其职业健康与安全政策的目标。

法庭科学组织可以考虑将某些职业健康与安全要求与其质量保证体系相

结合。许多实验室有效地利用其质量体系，从而将职业健康与安全要求纳入其规范文件，并将职业健康与安全风险作为定期审核计划的一部分，或通过其修正的行为规范来管理职业健康与安全行为计划中的各个要素。职业健康与安全就像质量一样，可以被视为有效管理系统的一个重要又完整的组成部分。

风险评估

一旦确定了潜在的职业健康与安全危害，法庭科学组织就应评估危害相互作用造成伤害的可能性和不良影响的严重程度。风险评估的过程对于处理室内和可预期的外界工作环境存在的潜在职业健康与安全危害非常有用。风险评估的目的是确保所有工作场所的危害已被确定、记录、评估、控制和审查。这一过程的预期结果是尽可能消除人员受伤或得病、财产损失和环境破坏的风险。风险评估通常更适合已知的工作环境。对办公室或实验室的职业健康与安全评估能够快速识别可能需要注意的具体危害。显然，这适用于办公室和实验室这种可控的内部环境。但是，外部的情形就不同了。

重要的是要考虑外部犯罪现场和工作环境中潜在危害的范围。虽然一些危害可以集中分组和管理，但具体的危害减轻及控制因现场情况而异。鉴于此，法庭科学从业人员应该具有进行动态风险评估的能力，或具有一些司法辖区所周知的"不断变化的风险"的评估能力。

动态风险评估

动态风险评估作为出勤和检查过程的一部分，由法庭科学从业人员执行。在某些情况下，例如到一个地下实验室去，可以指定一名人员为现场安全员，负责动态风险评估以及现场所有人的健康和安全。考虑到犯罪现场存在的实际危害，法庭科学从业人员应该接受培训以评估当时情况下的风险。

指定的法庭科学从业人员或现场安全员应迅速开展犯罪现场检查，以确保法庭科学从业人员以及在现场工作的其他人员的安全。当现场情况发生变化时，应该对现场进行重新检查。这个过程可能涉及不进入犯罪现场的视觉检查以及询问一系列问题，例如：

● 犯罪现场是否存在现在仍不稳定的建筑物？

●是否已经从消防队或其他应急人员处确认通往现场的电、燃气和水已经关闭?

●是否有足够的场所让工作人员休息,以免受高温、寒冷、狂风、骤雨这样的环境压力?

在职业健康与安全政策和规划中,建立闭环并将动态风险评估的任何战略要素纳入其中是很重要的。每次事件发生后,在动态风险评估期间获得的任何相关信息都应被记录和整理,以进行战略分析。

分级控制措施

在职业健康与安全体系中,存在一个旨在减轻或解决被认为不可接受的高风险的分级控制措施。分级控制措施是一系列选项,这些选项提供了许多方法进行风险控制。在有多种控制措施可供使用的情况下,选择最有效地消除危害或将风险降到最低的控制措施是很重要的。这可能涉及单个控制措施或不同控制措施的组合,它们共同作用,提供合理可行的最高级别的保护。

1. 消除危害。如果不可行,那么:
2. 代之以较小的危害。如果不可行,那么:
3. 隔离危害。如果不可行,那么:
4. 使用工程控制。如果不可行,那么:
5. 使用管理控制,如安全工作实践、指导和培训。如果不可行,那么:
6. 使用个人防护装备(PPE),如手套、护目用具、靴子和口罩。

重要的是,在可能的情况下,管理层和员工应在危害识别、风险评估和风险控制过程的所有阶段进行讨论和协商。

示 例

1. 如果一个机构正在考虑购买一台分析设备,两种产品在运行过程中具有相同的功能,但噪音水平相当不同,则该机构在采购过程中应该考虑设备的噪音水平,并选择购买更安静的设备。本例说明了与培训和提供个人防护装备(如听力保护)相比,从源头消除危害是最有效的控制措施。

2. 对于建筑物的火灾现场，当应用分级控制措施时，首先有必要考虑消除危害或代之以较小的危害。在火灾现场，这通常不可行。然而，隔离现场是可行的，它不仅可以防止公共危害，还可以保持现场的完整性。在进入现场之前，应切断输送到建筑物的电、水和燃气。在进入建筑物之前，听取建筑工程师的意见可能是必要的。可以设立进出现场的安全入口和出口。其他行政管制措施，例如向工作人员介绍情况及保存人员出入记录等，可予实施。最后，除非使用恰当的个人防护用品，否则应阻止工作人员进入火场。

实验室具体危害

实验室环境中可能存在的危害包括以下内容。

化学品

化学品接触可以通过吸入、皮肤吸收或直接摄入发生，并且一旦被吸收，就储存在特定器官或组织中，或被代谢、排泄。化学品对人的影响取决于许多因素，例如接触的持续时间、暴露频率、化学品的浓度和个体的新陈代谢。当一种物质的不良影响加强时，如果接触到另一种物质，则可能产生协同效应。

一些纳米材料与它们在宏观尺度上相比表现出不同的化学性质。这是一个相对较新的领域，关于纳米材料造成的危害的认识仍不足。与纳米材料相关的潜在危害可能包括，由于纳米材料的表面积与体积比增加，反应活性增加，增强了穿过一些机体保护机制的能力，以及机体缺乏对这些小颗粒的免疫力。由于缺乏这方面的知识，在使用纳米材料时所建议的控制策略应该是"尽量、可合理实现的"，以减少接触。

化学品对身体的影响可以分类为：

● 有毒或毒性化学物质被吸收到体内，可以产生急性或短期影响，如头痛、恶心或意识丧失，也可以产生长期影响，如肝或肾损伤、癌症或慢性肺病；

● 腐蚀性化学品会灼伤皮肤、眼睛或呼吸道；

● 刺激性化学品会使皮肤或肺部发炎，引起诸如皮炎或支气管炎等病症；

● 致敏物质可通过诱导过敏反应而产生长期影响，特别是对皮肤（如接触性皮炎）和呼吸道（如职业性哮喘）产生影响；

●易燃易爆物质有引起火灾和爆炸的直接危险，通过直接燃烧或燃烧过程中释放的有毒气体对人体造成伤害。

安全数据表（SDS），也被称为物质安全数据表（MSDS），旨在提供工作场所处理物质的认定、物理特性、安全存储、用途、处置、急救处理和泄漏管理的相关信息。此类信息包括该物质是否被认为是有危险的。在实验室首次使用化学品或其他物质之前，或者工作人员不熟悉该产品时，都应查询安全数据表。应根据立法要求保留安全数据表副本。在一些司法辖区，电子安全数据表管理系统提供了访问最新安全数据表信息的一个有效方式。

锐器

锐器是具有尖锐边缘或尖端的物体，其具有切割、划伤或刺穿皮肤的可能。锐器可导致身体伤害，并有可能通过皮肤伤口引入感染性和有毒化学品。实例包括皮下注射器和针头、刀具或碎玻璃器皿。

所有法庭科学从业人员都有责任安全地处理和包装锐器。应特别注意在包装锐器时有适当的标记。诸如刀具的锐器，可以被包装在透明塑料管中，使得打开包装的人更容易识别其内容和锋利物品方向。应鼓励法庭科学实验室制定政策，以鼓励法庭科学从业人员和其他提交物品的人员开发安全包装程序。

生物材料

法庭科学检查中通常遇到的生物材料包括人体组织、血液和体液（尿液、唾液、呕吐物、脓液、精液、阴道液和排泄物）。生物材料具有潜在的危险性，因为它可能含有导致各种传染病的传染源，例如病毒、细菌、真菌和寄生虫。

与人或动物密切接触的头发、毛皮和衣物也可能携带寄生虫，如跳蚤或虱卵。

在检查植物材料（如大麻）时，应考虑可能存在曲霉菌。如果曲霉菌孢子被吸入肺部，可导致严重的慢性呼吸道感染或鼻窦感染。如果曲霉菌可见，大麻应作为一种生物性和呼吸道性危险物被处理。

不可能确定法庭科学从业人员工作环境中传染病的流行程度。因此，法庭科学从业人员应遵守处理生物材料的推荐程序，并采取一种被称为"标准预防"的方法。这种方法要求法庭科学从业人员假设所有生物材料都是潜在的传染源，与诊断或潜在风险的感知水平无关。

应为法庭科学从业人员接种疫苗。所提供的疫苗类型可能取决于法庭科学从业人员是在实验室内工作还是在现场工作，以及其是否可能被部署到其他疾病更为流行的海外地区。

火器

法庭科学从业人员可能从犯罪现场取回火器。所有在室外、实验室或辅助地点（如房屋或展品库）可能需要处理火器的人员都应接受火器安全知识培训。正如"标准预防"要求的那样，应认为所有火器都可能已经填装子弹，即使已经将其调整为安全状态，也不能将其对准另一人。

负责射击测试和子弹收集等任务的火器检验人员进行火器调查时，将面临诸如噪音和铅等危害。应该定期对他们的听力和血铅水平进行检测，以确保他们佩戴正常工作的听力保护装置，并确保因接触火器而铅中毒的情况被快进识别和应对。

电子物证实验室

电子物证检查员专门获取、分析和报告储存在计算机和其他电子设备上的电子证据。涉及计算机的犯罪行为有多种类型，从儿童色情相关犯罪到盗窃个人数据，再到侵害知识产权。潜在的危害包括不变的坐姿、职业工作过度和观看图形图像的压力。

一些可以将观察图形图像的压力最小化的建议如下：

- 观看图形图像前后定期进行心理评估；
- 只接触一种媒介，例如仅接触视觉材料，而不是同时检查声音和视觉材料；
- 规定在一天内审查具体材料的时间限度；
- 在换班结束时，停止一切具体材料的检查，让他们有时间将注意力重新转移到压力源之外。

电气和机械设备

法庭科学实验室使用各种电气和机械设备。工作人员需要确保减轻任何固有的电击风险。使用漏电保护器（安全开关）是一种合理策略，有资质的人员可以根据管辖区现行法律，进行目视检查、定期测试、电源线标记，检测出明显的损坏、磨损和其他不安全的情况。

通风橱

通风橱是使暴露于化学和生物危害的风险降至最低的必备设备。并非所有通风橱都可以防范所有的风险。通风橱应定期维护和检查。维护时应注意：

- 通风橱本身，包括流速和吸收剂或过滤器的更换；
- 对于外排风式通风橱，（应注意）管道系统和外部通风口位置。这在建筑物维护或翻新过程中很重要。

通风橱必须被用于排放有害气体、烟雾和灰尘的所有操作。

- 开始工作前，确保通风橱干净且无污染；
- 确保将最少的设备储存在通风橱中，并放置在通风橱的后部，以减少对流入通风橱空气的干扰；
- 在使用过程中尽可能降低窗扇以改善容烟量。

循环通风橱在废气排放回实验室之前，依靠过滤或吸收去除通风橱中释放的空气污染物。它们适用于轻度到中等密度、范围已知的物质。每个通风橱适用物质的范围是有限的，其受到使用中的化学品以及通风橱内特定类型的吸收剂或过滤器的兼容性的限制。

机器人

自动化机器人平台的引入，显著提高了法庭科学分析的效率。机器人的使用变得越来越普遍，并且对于一系列重复的实验室工作非常有用。机器人承担移液等重复性工作，除了节省时间，还可以消除法庭科学从业人员的肌肉、骨骼损伤。

与机器人相关的危害包括，接触工作中使用的化学品的风险、触电以及机器人可移动部件所产生的切割、刺伤或剪伤。因此不能忽视机器人的联锁装置。

X 射线

X 射线用于分析和成像仪器。X 射线的接触局限于身体的特定部位，通常是手或手指。根据 X 射线所传递的能量，后果包括接触点出现红斑（发红）、血液变化、癌症直至死亡。根据每个国家的立法要求，使用 X 射线设备的工作人员可能需要使用剂量计来评估辐射剂量。

激光

激光跨越可见和不可见的电磁波谱，并且在法庭科学中有许多应用，包括拉曼光谱。激光一般根据其代表的风险级别进行分类。激光束的损伤可以是热损伤或光化学损伤。主要损伤部位是眼睛和皮肤。与激光相关的危害可能包括：

- 火灾；
- 爆炸；
- 触电；
- 吸入激光相互作用产生的污染物。

使用激光的注意事项包括：

- 显示所使用激光的类别；
- 必须佩戴适当的防护眼罩，且带有侧面保护功能和减弱射线的功能；
- 激光器上的联锁装置不应被忽略；
- 无论是坐着还是站着，保持激光束路径远离眼睛所处高度。

高强度光源

高强度光源（Polilight）提供的一系列彩色光带和白光，可以用于法庭科学工作。

● 应注意，高强度白光不应照到距离光导末端较近的任何物体上，因为这会使物体产生严重的热损坏，并可能导致火灾；

● 光束永远不能直射眼睛，因为会造成永久性伤害。

人工操作

人工操作是指涉及举起、放下、搬运、推、拉、握、限制或施加力的任何活动。只有极少数的人工操作伤害是由举起重物单独造成的。诸如伸展、扭转、弯曲或保持不变的姿势等动作都会造成影响身体肌肉或骨骼系统的损伤。这些损伤主要涉及颈部、背部、肩部、手臂、肌腱、韧带或关节。

损伤可能是由在通风橱边工作时保持不变的姿势、重复键盘和鼠标操作、移液以及长期使用比较显微镜等活动引起的。

一些预防策略包括：

● 寻求进一步的帮助以进行活动评估，使活动中固有的人工操作风险最小化；

● 规划任务，以便安排休息时间；

● 为任务选择最好的工具；

● 使用鼠标时，如果可能，双手交替使用。

为了便于犯罪现场使用，制作更小更便捷的工具是一种趋势。虽然这具有显著的益处，包括可能减少收集物证的数量，但移动设备会引起涉及人工操作的问题。

实验室综合管理

内务管理在实验室中是很重要的。保持通道清洁、给化学品贴上正确的标签、清洁整理工作区域以及适当储备是非常重要的。粉尘处理是一个潜在的危险操作，良好的内务管理可以帮助使溢出物造成的空气污染最小化。拥有周密的预防性维护程序，以及定期检查工作场所、工厂和设备，对于实验室的顺利运行至关重要。

法庭物证处理

如果不是已经完结的案件，每件物证在法庭上出示之前，都必须被适当包装和密封。通常储存在纸内的衣服等物品可能需要用透明塑料重新包装，使其保持密封，并将在法庭上处理时的交叉污染的风险最小化。在法庭上打开物证时应小心谨慎，以免诸如霉菌或刺激性烟雾的危险物质被释放。

现场危害

法庭科学从业人员经常需要到现场实地工作或训练。应考虑管理可能影响法庭科学从业人员的危害，包括：

- 环境危害，比如现场的高温、寒冷、潮湿、下雨的天气、地形以及动植物群落；
- 操作类型，例如在地下实验室工作，往往涉及相当特殊的危害；
- 可能存在罪犯或其他安全风险，比如现场的诱杀陷阱；
- 国内外急救和应急反应的有效性。

这些危害的风险应在实践或操作的范围内加以考虑。在动态风险评估中，一些可能用于应对危害的策略包括：

- 指定一个存放应急设备的地点，如犯罪现场车辆，并且确保消毒剂、防腐剂和急救箱都易于获取。
- 选定现场紧急出口，并确保将此传达给现场所有人员。
- 如果接触化学或生物材料，则建立一个去污点。
- 在户外工作时使用适当的个人防护用品，包括太阳镜、防晒霜和帽子；
- 根据外部温度、工作量、持续时间和穿戴的个人防护设备，在炎热天气中，工作人员应该可以在树荫下休息，并有所需的足够水分，以防热应激。穿戴包括防化服和口罩在内的个人防护用品需要更长和更频繁的休息，以便在高温和潮湿环境中恢复。
- 在寒冷天气中，应该有足够的保暖衣物和避寒处。
- 在犯罪现场被动物咬伤的风险不应被忽视。如果工作人员在植被覆盖区进行搜索，应考虑被蛇或蜱叮咬的风险，以及可能接触的植物，例如毒葛或刺人的荨麻。

密闭空间

法庭科学从业人员可能必须进入密闭空间。由于进入密闭空间具有很高的风险，许多司法辖区规定在取得密闭空间许可证之前，任何人不得进入。在工作或进入密闭空间前，法庭科学从业人员必须接受特定培训。

化学、生物、放射性和核事故

法庭科学从业人员可能需要参与处置化学、生物、放射性和核事故。法庭科学从业人员可能参与处置和进行检查的化学、生物、放射性和核事故包括：

- 化学事故（军用毒剂、有毒工业化学品）；
- 生物事故（武器化制剂、自然疾病）；
- 放射性事故（离散或广域污染）；
- 核事故。

根据相应的应急机构协议，法庭科学从业人员可能会与消防队和其他应急人员密切合作。在没有与其他应急人员协商的情况下，不得进入现场的"暖"或"热"区。

地下实验室

地下实验室对警察、法庭科学从业人员、公众的健康和安全以及环境均构成重大威胁。与地下实验室相关的危险有很多，包括：

- 易燃材料和/或爆炸性气体；
- 剧毒气体；
- 泄漏或损坏的压缩气瓶；
- 故意造成警察和其他应急人员受伤或死亡的陷阱和危害。

考虑到面临地下实验室的频率之高和调查相关风险的严峻性和多变性，许多司法辖区制定了有关地下实验室调查的具体政策和程序。

法庭科学从业人员应对地下实验室时，需要高水平的身体素质以及专业技术。其必须熟悉：

- 非法药物化学组成；
- 如何消除爆炸、火灾、化学灼伤和有毒烟雾的危害；
- 如何处理、存储和处置危险物质；
- 如何应对由接触引起的医疗状况。

工作人员还必须穿戴包括口罩在内的全套防护设备，在地下实验室收集证据过程中还可能要移动设备。还应考虑储存和处理来自地下实验室的或没收的未知化学品。应在保存或处置之前，对物品进行初步鉴定。

当在现场遇到一些未知物品时，例如"白色粉末"、化学品（液态、固态或气态）或生物材料，需要十分谨慎并且获得最新情报，以更清楚地了解现场的物品。它可能是爆炸性物质，或含炭疽孢子、蓖麻毒素，或是与滑石粉一样无害的东西。

一些预防措施包括：

- 穿戴适当级别的防护装备进行活动；
- 避免与物质直接接触，即使只有少量；
- 不闻或不尝现场的任何东西；
- 注意物理特性，例如颜色、形状和黏稠度；
- 在安全的情况下，在包装或标签上寻找危险品标志；
- 如果无法识别物品，寻求专家意见。

海外部署期间的潜在危害

法庭科学从业人员可能被要求在海外作业，以协助处理大规模的灾难。举一个例子，在泰国海啸受害者身份查验过程中，有来自 30 个国家的法庭科学从业人员进行尸体的收集和识别。法庭科学从业人员在海外部署期间，要根据地点、操作规模以及人员数量，留心可能遇到的危害。需要考虑的一些危害包括：

- 气候要求；
- 偏远且有时危险的地形；
- 不同文化敏感性；
- 安全要求；

- 当地基础设施的不同水平；
- 物流，包括大量设备的运输、人工搬运、装配和包装；
- 不同的卫生水平；
- 可以通过昆虫和/或动物媒介传播的疾病；
- 传染病的可能性；
- 建筑物中的石棉和其他危险物质。

工作相关压力

工作中的法庭科学从业人员可能会遇到与工作有关的压力。法庭科学工作中有一些特定的压力源。法庭科学从业人员可能由于进入停尸房或暴力犯罪现场、识别灾难受害者身份或观看叙述性或图形类的材料或图片而承受相关压力。压力指标包括饮食习惯变化、睡眠模式变化引起的疲劳，频繁的工作缺勤，工作效率、注意力、动力和精神面貌的下降。身体症状可能包括头痛、腹痛、腹泻、便秘、高血压、失眠、焦虑和抑郁。

许多组织都有为员工提供帮助的方案，包括帮助员工处理工作压力的咨询或者恢复工作生活平衡的弹性训练。

参见

法庭科学质量管理：质量保证的原则；风险管理；实验室组织原则

扩展阅读

Clancy, D. , Billinghurst, A. , Cater, H. , 2009. Hazard Identification and Risk Assessment—Understanding the Transition from the Documented Plan to Assessing Dynamic Risk in Bio Security Emergencies. World Conference on Disaster Management, Sydney, Australia. http://www. humansafety. com. au/getattachment/da338cb7-29b0-4d3a-8a06-d7dc0b569a87/C20. aspx.

Furr, K. , 2000. *Handbook of Laboratory Safety*, fifth ed. CRC Press, Florida.

Green-McKenzie, J. , Watkins, M. , 2005. Occupational hazards: law enforcement officers are at risk of body fluid exposure. Here's what to expect if it happens to you. *Law Enforcement Magazine* 29 (9), 52-54. 56, 58.

Hanson, D. , 2007. Hazardous duty training officers to tackle hazmat emergencies. *Law Enforcement Technology* 34 (4), 80-85.

Haski, R. , Cardilini, G. , Bartolo, W. , 2011. *Laboratory Safety Manual.* CCH Australia Ltd, Sydney.

Horswell, J. , 2000. *The Practice of Crime Scene Investigation.* CRC Press, Florida.

Jackel, G. , 2004. *The High Cost of Stress*, vol. 1. AUSPOL: The Official Publication of the Australian Federal Police Association and ALAJA, pp. 4–37.

Mayhew, C. , 2001a. Occupational health and safety risks faced by police officers. Australian Institute of Criminology. *Trends and Issues in Crime and Criminal Justice* 196, 1–6.

Mayhew, C. , 2001b. Protecting the occupational health and safety of police officers. Australian Institute of Criminology. *Trends and Issues in Crime and Criminal Justice* 197, 1–6.

Rothernbaum, D. , 2010. Exposed: an officer's story. *Clandestine Laboratory Safety Alert* 7 (2), 1–2.

Smith, D. , 2005. Psychosocial occupational health issues in contemporary police work: a review of research evidence. *Journal of Occupational Health and Safety*, *Australia and New Zealand* 21 (3), 217–228.

Tillman, C. , 2007. *Principles of Occupational Health and Hygiene: An Introduction.* Crows Nest. Allen & Unwin.

Whitman, M. , Smith, C. , 2005. The culture of safety: no one gets hurt today. *Police Chief* LXXII (11), 2024–2627.

Winder, C. , 2011. *Hazard Alert: Managing Workplace Hazardous Substances.* CCH Australia Ltd, Sydney.

Witter, R. , Martyny, J. , Mueller, K. , Gottschall, B. , Newman, L. , 2007. Symptoms experienced by law enforcement personnel during methamphetamine lab investigation. *Journal of Occupational and Environmental Hygiene* 4, 895–902.

相关网站

http://www. ccohs. ca/oshanswers/occup_ workplace/labtech. html: Canadian Centre for Occupational Health and Safety (CCOHS).

http://www. ccohs. ca/oshanswers/occup_ workplace/police. html: What do Police do?

http://www. cdc. gov/niosh/: Centers for Disease Control and Prevention (CDC).

http://www. forensic. gov. uk/html/company/foi/publication – scheme/health – and – safety/: Forensic Science Service, Health and Safety.

http://www. hse. gov. uk/services/police/index. htm: Health and Safety Executive (HSE).

http://www. londonhealthandsafetygroup. org/archive. html: London Health and Safety Group.

http：//www. osha. gov/：Occupational Safety & Health Administration.

http：//www. police. qld. gov. au/Resources/Internet/rti/policies/documents/QPSForensicSer-vicesHealth_SafetyManual. pdf：Health and Safety Manual，Police Forensic Services，Queensland Police.

法医 DNA 分析的认可

R. 德特 ，比利时，鲁汶，鲁汶大学；比利时，鲁汶，鲁汶大学医院
版权© 2013 爱思唯尔公司保留所有权利

术语表

认可　外部机构正式承认实验室或个人有能力执行特定任务的程序。

准确度　测量值与可接受的参考值或由先前方法得到的值之间的相关程度。

审核　进行系统和独立的审查，以确定活动和结果是否符合既定标准。

校准　在特定条件下进行一系列试验，以证明仪器或设备得出的结果与以可追溯的标准得出的结果相比，在特定的限度范围内。

认证　第三方提供产品、流程或服务满足特定要求的书面证明程序。

精确度　单个测量的可重复性或再现性表示为标准差或相对标准差。

探针　一条短单链 DNA 片段，用报告分子（放射性磷或非放射性生物素）标记并与给定的靶向基因互补。

能力测试　评估技术人员能力和实验室表现的测试；测试可以是盲测，即实验室不知道它正在被测试，也可以是明测，即技术人员知道他们正在被测试；内部能力测试由实验室自己组织，外部能力测试由独立于实验室的外部机构组织。

质量保证　实验室实施的系统程序，以确保所进行检测的准确性和可靠性。

质量控制　用以监测所进行检测的质量的内部程序；外部标准或已知的测试试剂（阳性对照和阴性对照）可用作对照。

参考材料　一种物质或材料的通用术语，其属性值是已知且不变的，并且已由外部组织认证。

重复性　在不同条件或不同时间点，某种方法产生结果的精确度。

灵敏度　检测少量物质的能力。

特异性　对所讨论物质反应的一致程度。

> **验证** 进行一系列测试，以检查方法或仪器是否符合实验室或提供测试或仪器的公司预先设定的某些标准。

引 言

2010 年，距离杰弗里斯发表关于在移民案件中使用 DNA 分析的论文已有 25 年了。（当时被称为）DNA 指纹是法庭科学鉴定向前迈出的重要一步，几十年来，法庭科学 DNA 技术已成为打击犯罪的主要工具。与引入法庭科学证据分析中的任何新技术一样，DNA 指纹或（我们现在称之为）分型在引入法庭的早期受到质疑，特别是在美国。美国法律最基本的一个方面是对抗制，即控方和辩方在陪审团和法官面前，用证据反对或支持被告人。这种司法系统使用若干标准来评判法庭上新出现的或者新的科学证据的可采性。在美国第一个提交 DNA 分型的刑事案件［加利福尼亚州诉安德鲁斯案（California v. Andrews, 1988）］中，生命密码（Lifecodes）公司的 DNA 分析结果被采纳，但统计证据被排除，因为控方无法验证它。在重审中（陪审团未做出决定），法院采纳了两条适用于"702 规则可靠性测试"和"下降相关性测试"的证据。后一个标准设立于 1985 年，使法院在面对关于证据可靠性的严重问题时，有进行审前听证的可能。在另一个案子［纽约州诉卡斯特罗案（State of New York v. Castro, 1989）］中，DNA 证据的可采性受到严重质疑。生命密码公司分析了被告人卡斯特罗手表上的血迹，受害者的 DNA 分型与该血迹相符。被告人发誓称此血迹是他自己的，检察官希望用 DNA 证据来反驳这一说法。在审前听证中，控方和辩方不同的专家证人均提交了对 DNA 证据的评论，之后纽约州最高法院裁定，DNA 鉴定理论和实践在科学界被普遍接受，并且 DNA 证据符合"弗莱伊标准"。然而，法院却裁定此 DNA 证据不被采纳，因为生命密码公司没有使用被普遍接受的科学技术来得出结论。在其步骤中观察到一些缺陷，包括探针污染、不当对照和不一致的匹配规则。这一案例强调了对标准化操作和一致接受的质量保证（QA）方法的需要。

加利福尼亚州犯罪实验室主任协会在 1987 年和 1988 年进行的能力研究进一步强调了对质量保证的需要，其中报告的很高比例的假阳性（不正确的加样和样品混合）和假阴性（不能鉴别混合物）都是源于实验室错误。作为回应，联邦调查局于 1988 年成立了 DNA 分析方法技术工作组（TWGDAM），于 1999 年成立了 DNA 分析方法科学工作组（SWGDAM），以建立同行公认的法庭科学 DNA 检测标准。多年来，工作组已经建立了质量保证、能力测试和解释的指南，并赞助了多项实验室间研究。到 1989 年，关于法庭科学 DNA 分型的问题（例如法律、伦理和可靠性）已经数不胜数，以至于美国国家研究委员会自愿解决法庭科学中 DNA 技术的普遍适用性问题，包括标准化和数据管理问题。第一份报告出现于 1992 年，其中包括 6 个不同领域的建议：技术方面考虑事项、统计解释、实验室标准、数据库和隐私、法律方面注意事项以及社会和伦理问题。美国国家研究委员会关于实验室错误的建议是："实验室错误应该由适当的能力测试来衡量，并且应该在解释法庭科学 DNA 分型结果时发挥作用。"此外，针对《纽约时报》发表的关于这份报告的文章，美国国家研究委员会回应称："我们认为 DNA 分型实验室的资格认可和能力测试，对于未来 DNA 分型证据的科学准确性、可靠性和可接受性至关重要。法庭科学 DNA 分型实验室应迅速采取行动，建立质量保证计划。"直到 1998 年，DNA 咨询委员会（DAB，由美国联邦调查局在 1994 年国会通过《DNA 鉴定法》后成立）为法庭科学 DNA 分型实验室和前科人员 DNA 数据库实验室提供了独立但重叠的质量保证标准。DNA 咨询委员会亦表示需要有一个机制，以确保遵守这些标准，其建议开展法庭科学 DNA 分析的实验室寻求资格认可，以证明符合标准，从而确保质量控制（QC）。

法庭科学 DNA 分型实验室资格认可的要求已被纳入许多国家的法庭科学 DNA 分析的专项立法，这是这些国家刑事案件中开展法庭科学 DNA 分析的要求之一。然而，许多国家，如美国，没有强制性制度，而是依靠自愿认可。2009 年 2 月，美国国家研究委员会发布了一份报告——《美国法庭科学的加强之路》，这是对美国法庭科学系统的批评。报告指出，除了 DNA 分析，在指纹、枪支鉴定、咬痕、血液喷溅模式（blood spatter）、头发和笔迹分析等领域，程序标准、培训、资格认可以及整体研究缺乏一致性。报告还提出了一些建议，特别是对法庭科学实验室及其工作人员的强制性资格认可和证明。

认可与认证？

在实验室建立质量保证体系应有助于确保实验室及其工作人员提供的结果可靠和准确。这可以通过实施和维护质量管理系统来实现，该系统详细描述了实验室为获得可靠结果和减少错误所做的努力，也可以使实验室和工作人员得到提升。如果该质量体系符合执行、能力和专业的既定标准，那么公正的权威机构对该质量体系进行外部评估后可给予认可或认证。法庭科学专家只有符合教育、培训和能力的标准时才能获得认证，这些标准可以通过文件和考试证明。个人认证对法律体系有一定的好处，因为它证明了报告 DNA 分型结果或者出庭陈述和讨论这些结果的能力。然而，这对于评估提供结果的实验室的能力是不充分的。个人认证可以是自愿的（例如美国刑事侦查学委员会）或强制性的（例如荷兰登记法庭专家）。

如果实验室符合预定标准，则可以获得认可或认证。根据欧洲法庭科学研究所联盟（ENFSI）2004 年的一项调查，53 个国家中有 17 个已获得认可，其中大多数（14 个）符合 ISO/IEC 17025 或"国家法规"。ISO/IEC 是国际标准化组织（ISO）和国际电工委员会（IEC）的一个联合倡议。国际标准化组织是 162 个国家的国家标准机构组成的网络。两个欧洲法庭科学研究所联盟成员报告说，它们是根据 ISO 9001 和 ISO 被认可的。这些欧洲法庭科学研究所联盟实验室显然不知道其没有得到认可，而是"根据 ISO 9001 被认证"（ISO 9002 在 2000 年被 ISO 9001 取代）。ISO 9001（当前版本 2008）是一个国际标准，其提供了一套质量管理体系的要求，目的是满足客户的需要。由经认证的外部机构成功审核后，申请者可以获得一份证书。

ISO/IEC 17025 是一项标准，它规定了对实验室或机构进行检测和/或校准（包括采样）能力的一般要求。它适用于任何进行检测或校准活动的实验室，与实验室从事的科学活动无关。关于实验室操作的监管和安全要求（如实验室安全）不在 ISO/IEC 17025 的范围内、符合这些要求是本地规定。符合 ISO/IEC 17025 的实验室也将按照 ISO 9001 进行操作。然而，仅有 ISO 9001 认证并不能证明实验室有能力产生可靠和可重复的结果。根据 ISO/IEC 17025，认可是一个更全面的方法，以确保检测结果的可靠性，这一标准也被视为法庭科学实验室的国际标准。鉴于 DNA 法规的具体要求，世界上一些国家对法庭科学 DNA 检测的认可是强制性的。2009 年 11 月 30 日，欧洲理事会司法和内政部达成框架协议（理事会框架决定 2009/905/JHA），要求进行指纹识别和 DNA 分型操作的法庭科学服务提供者进行强制性资格认可。此框架协议的目的是，确保任何一个欧盟成员国得到的法庭科学实验室结果都能被欧盟所有其他成员国的执法当局承认。该框架协议还意味着为欧盟的法庭科学服务提供者引入了通用的国际标准（ISO/IEC 17025），但这个标准不适用于实验室外采取的任何措施（例如在犯罪现场采样）。欧盟成员国应在其立法中实现这些决定，关于 DNA 分型的决定应在 2013 年 11 月 30 日之前写入法律，关于指纹鉴定数据的决定应在 2015 年 11 月 30 日前写入。

在美国，除了一些州（纽约州、德克萨斯州和俄克拉荷马州），认可大多是自愿的。1982 年，美国犯罪实验室主任协会/实验室认可委员会（ASCLD/LAB）提供了一个被称为"遗留计划"的法庭科学实验室自愿认可计划。该计划包括描述可接受表现水平的原则和评估标准的声明。这些标准分为必要的（91 个标准，对实验室或处理的证据有直接和根本影响）、重要的（45 个标准，是实验室整体质量的关键指标，但不直接影响结果或证据）和可取的（16 个标准，对结果或被处理过的证据有最小影响并将提高实验室的专业性）。法庭科学实验室如果满足 100% 的必要标准、75% 的重要标准和 50% 的可取标准，将由美国犯罪实验室主任协会/实验室认可委员会的董事会认可。2009 年，美国犯罪实验室主任协会/实验室认可委员会宣布它将不再通过其"遗留计划"认可法庭科学实验室。相反，ISO/IEC 17025（美国犯罪实验室主任协会/实验室认可委员会国际）被认可，所有以前获得美国犯罪实验室主任协会/实验室认可委员会认可的实验室必须在 2014 年 3 月 31 日之前达到国际标准。"遗留计划"的标准评级系统已被美国犯罪实验室主任协会/实验室认可委员会放弃，每个实验室现在应符合 ISO/IEC 17025：2005 的要求。截至 2012 年 6 月 7 日，美国犯罪实验室主任协会/实验室认可委员已认可了 390 家法庭科学实验室，包括 17 家国际实验室（新加坡、加拿大、新西兰、马来西亚和中国香港）和 24 家私人实验室，其中 216 家实验室通过"国际检测计划"认可。法庭质量服务协会（FQS）是美国另一家认可机构，自 2004 年以来提供 ISO/IEC 17025 标准认可。截至 2012 年 6 月，已有 60 家实验室获得法庭质量服务协会认可。

除了美国犯罪实验室主任协会/实验室认可委员会的补充标准，联邦调查局实验室的质量体系还依赖于 ISO/IEC 17025 中描述的要求。这些标准在法庭科学实验室建立质量保证体系的过程中很有帮助，因为 ISO/IEC 17025 中的要求都是用一般术语表述的。美国犯罪实验室主任协会/实验室认可委员会不能为 ISO/IEC 17025 创建额外的标准，但可以提供解释这些要求的指南。其他法庭科学实验室使用"法庭科学实验室指南"（ILAC 指南 19：2002）指导实施 ISO/IEC 17025 质量体系。除了这些指南外，法庭科学实验室还可以使用国际法医遗传学会（ISFG）的亲子鉴定委员会（PTC）的建议、后者于 2002 年为亲子鉴定实验室就 ISO/IEC 17025 的某些要求做出了解释和建议。

ISO/IEC 17025 认可的简短指南

认可是对一个（法庭科学）实验室的操作与要求（例如 ISO/IEC 17025：2005；表 1）进行比较和评价的过程。它依赖于质量控制和质量保证。质量控制是指为确保实验室分析和解释符合规定的标准所采取的措施。质量保证是指组织（实验室）为监测、验证、记录其表现并尽量减少错误发生所采取的措施。质量保证体系包括内部程序（例如冗余测试）、定期的外部能力测试，以及对实验室操作的定期内部和外部审核。实验室审核是对某些程序（内部）或实验室整体操作（外部）的评估。评估记录描述了审核结果，并可能导致必须采取纠正措施，以解决审核期间观察到的标准要求中的任何问题或不足。对审核结果进行评级，反映了实验室为解决问题而必须采取的行动类型（立即、在一定时间内或无）。实验室必须提出一个"行动计划"，其中规定了解决这些问题的截止日期，并且只有在审核小组批准该计划后才能获得认可。认可时间有限（3 年至 5 年），每年由与进行首次认可检查时相同的审核小组负责。实验室可以扩展其认可范围，通常由新的评估团队进行全面检查。

在实验室建立质量保证体系是获得认可的第一步。欧洲法庭科学研究所联盟 2004 年的一项调查表明，在欧洲法庭科学机构中，只有 17.3% 的机构根据 ISO/IEC 17025 进行认可，50% 的机构有可用的质量保证体系，另有 44.2% 的机构正在发展过程中。质量保证体系应至少具有实验室所有流程的良好记录，包括经过验证和证明的程序（标准操作程序）、检测试剂、校准设备、适当对照样本，以及操作、结果和解释的详细文档。特别是，良好的质量保证体系专注于将错误风险最小化并建立检测错误的方法。ISO/IEC 17025 要求的许多方面可能已经涵盖（表 1），所以建立质量保证体系是认可的一个良好开端。其中有一些方面是不重要的，但其他方面需要更多的解释，特别是关于法庭科学领域。这些项目包括记录控制（4.12）、工作人员（5.2）、办公和环境条件（5.3）、检测和校准方法及方法验证（5.4），以及保证检测和校准结果的质量（5.9）。

表 1　ISO/IEC 17025（2008 年版）中要求的主要类别

1. 范围——实验室进行检测和/或校准（包括采样）能力的一般要求

2. 标准参考文献——关于标准的参考文献

3. 术语和定义——术语和定义的说明

4. 管理要求

4.1 组织——实验室必须符合 ISO/IEC 17015、客户、监管当局或提供认可的组织等方面的要求

4.2 质量体系——实验室应建立、实施和维持适合实验室活动的质量体系

4.3 文件控制——实验室应建立和维持控制文件（设计、批准和变更）的程序，此文件是质量体系的一部分（质量手册、操作手册、标准操作程序等）

4.4 审查请求、投标和合同——实验室应制定程序和政策，以便客户和实验室都了解要求，且实验室有能力执行工作

4.5 分包检测和校准——任何分包都应由有资质的分包商在通知客户后进行

4.6 采购服务和用品——实验室应制定程序和政策，以选择和采购可能影响实验室检测结果质量的用品和服务

4.7 客户服务——请求客户给出反馈（正面和负面），以改善质量体系和对客户的服务

4.8 投诉——实验室应制定程序和政策，以解决收到的内部（工作人员）和外部（客户）投诉

4.9 不合格检测和/或校准的控制——实验室应制定程序和政策，以处理不符合实验室标准操作程序或客户同意的要求的检测和/或校准

4.10 纠正措施——实验室应建立程序和政策（包括指定适当的机构），以在发现问题（不合格的工作或偏离质量体系的政策）时实施纠正措施；程序应包括对纠正措施的原因、选择和实施情况的分析，对纠正措施的监测以及对额外内部审核的需要

4.11 预防措施——必须制定程序以指导针对不符合项的预防措施，要么是技术不符，要么是质量体系不符；任何预防措施都应包括行动实施计划，并进行监测，以减少这种不符合项发生的可能性，并利用机会

4.12 记录控制——实验室应建立和维持关于记录（质量和技术）的程序，包括识别、收集、获取、储存、维护和处置

4.13 内部审核——实验室应有预定的时间表和程序，以进行定期内部审核；应涵盖质量体系的所有要素，包括所有检测活动

4.14 管理审查——实验室最高管理层需根据预定的时间表定期审查质量体系和检测系统的表现，以确保系统的适用性和有效性，并引入必要的更改和改进措施；ISO/IEC 17025 指导了一些审查必须涵盖的主题

5. 技术要求

5.1 一般——实验室应考虑的可能影响所进行或将要开发的检测的正确性和可靠性的因素

5.2 工作人员——实验室的管理应确保操作设备、执行检测或撰写报告的工作人员的能力；应建立与所开展工作相关的培训计划

5.3 办公和环境条件——实验室必须提供有助于检测正确进行的环境

5.4 检测和校准方法及方法验证——实验室必须使用适当的方法和程序，包括采样方法，

以确保结果正确；推荐已被适当验证和公布的方法

5.5 设备——实验室必须有必要的设备来完成正确的采样和测量，并确保检测的正确表现和准确性

5.6 测量的可追溯性——用于检测的设备应进行校准；校准或测量应可追溯到国际标准；参考材料必须可追溯到经认证的参考材料（如果可能）

5.7 采样——当部分物质或样品用于检测时，实验室应有采样计划和程序

5.8 处理检测和校准项目——实验室应建立检测项目的运输、接收、处理、保护、储存、保留和处置程序，包括确保检测完整和保护实验室及客户利益的规定

5.9 保证检测和校准结果的质量——实验室应有质量控制程序，用于检查和监测检测的有效性

5.10 报告结果——实验室应报告所有检测结果，包括客户要求的和解释检测结果所需的全部信息；结果应准确、清晰、明确和客观地报告，并且意见和解释必须在报告中清楚标明

记录控制

在质量体系中，必须记录从收到样品到报告检测结果的所有程序。应记录实验室流程中的任何操作，以便这些操作可追溯到实施人（分析师、检验员或报告科学家）。在适当情况下，观察或检测结果必须以照相（例如检查证据对象）、打印或电子扫描（例如 DNA 图谱的电泳图）等方式保留。手动更正应通过解释指南记录和存档。一般来说，这些记录中的信息应使另一个有能力的人，在做此分析的检验员或分析师缺席的情况下，能够评估和解释数据。这种对结果的独立评价已经在大多数法庭科学实验室中实施，以确保结果解释的有效性。这个过程应被记录在案，记录应该指明由谁负责。这些方面都与证据对象的保管链相似，并且必须确保对实验室记录的任何审查都允许重建每个证据对象在实验室中的经历。

工作人员

ISO/IEC 17025 要求，实验室必须规定不同工作人员的最低条件，包括资格证书（如教育）、工作说明和对新员工的书面培训计划。地方法规可能要求负责报告结果的工作人员必须根据一定的标准进行认证。对于有权签署报告的实验室主管、技术经理或科学家，DNA 咨询委员会和国际法医遗传学会的亲子鉴定委员会都对其提出了一些建议：（1）教育程度至少应达到相关领域

的硕士学位水平（例如生物学或人类遗传学的 DNA 分析）。（2）必须证明，至少有 3 年合格的法庭科学（或亲子鉴定）DNA 检测实验室经验。国际法医遗传学会的亲子鉴定委员会还要求，该经验必须由至少 100 份涵盖亲子鉴定所有主要方面的报告证明。此外，DNA 咨询委员会建议检验员或分析师最低具有学士学位，至少有 6 个月的法庭科学 DNA 检测实验室经验，并成功完成资格考试；而技术人员需要一个关于他们的工作职责的培训计划并成功完成相关资格考试。

此外，实验室必须有培训和教育政策，以确保工作人员的能力处在当前和未来的发展水平上。应监测这些行动的效率。欧洲法庭科学研究所联盟的DNA 工作组还发布了一份概念培训文件，其中包含对工作人员培训和能力测试的最低限度的建议。

办公和环境条件

由于法庭科学证据分析涉及敏感信息，实验室的设施和证据存储必须妥善保护，它们的接触也会受到限制。需要特别注意防止交叉污染，这可以通过物理分离不同活动或分离分析过程来进行，例如，参考样本由不检查证据对象的分析人员处理（DNA 分析）。此外，在单个法庭科学案件中对证据对象的检查可能需要在空间或时间上单独进行（例如，来自嫌疑人的证据对象与来自受害者的证据对象）。由于当前法庭科学 DNA 分析方法依赖于 DNA 扩增（PCR），有必要采取将实验室分成至少三个不同的工作区域的方式，来防止 PCR 产物污染：检查证据对象和 DNA 分离区域（预 PCR 区）、PCR 装置的工作区域（预 PCR 区）和处理 PCR 产物的工作区域（后 PCR 区）。必须特别注意避免从后 PCR 区到预 PCR 区的污染。这可以通过使用严格程序组织管理实验室工作来完成：在后 PCR 区开始一天工作的分析人员不能于同一天在预PCR 区进行任何工作，而相反情况是可以的，分析人员在预 PCR 区工作后可以继续在后 PCR 区工作。国际法医遗传学会的亲子鉴定委员会认为实验室应有监测 PCR 产物潜在污染的程序，其中还包括经过验证的净化程序。关于污染，还必须关注在监测（和净化）分析过程中使用一次性塑料制品和试剂的程序。

检测和校准方法及方法验证

进行法庭科学 DNA 检测的实验室应使用适合分析的方法，包括取样方法。国际法医遗传学会的亲子鉴定委员会建议使用能进行能力测试并且能提供人口分布数据的 DNA 系统。实验室开发的方法和非标准方法，包括设备和软件（市售或内部开发），应在其可用于常规案件工作之前进行验证。这并不意味着已经由制造商验证（开发）的商业开发的测试试剂盒可以在没有进一步验证的情况下被法庭科学实验室使用。实验室应始终对这些试剂盒进行内部验证，以确保实验室能够重现制造商对实验室使用设备设定的规格（例如灵敏度和特异性）。验证过程应从分析的书面程序（草案版本标准操作程序）开始，设定验证目标，并定义接受验证的要求。在实验程序后必须适当地分析结果（包括统计评价），并且正式报告有关验证的结论（例如，接受、拒绝和必要的附加验证）。在法庭科学检测中对 DNA 系统（短串联重复序列或 STR）内部验证的典型研究包括，确定可重复性，确定等位基因大小的精度，灵敏度和混合物研究。国际法医遗传学会的亲子鉴定委员会建议使用以下措施进行方法验证：（1）使用参考标准或参考材料；（2）与用其他方法取得的结果比较；（3）实验室间的比较；（4）系统评估影响结果的因素；（5）基于对方法的理论原理和实践经验的科学理解，对结果不确定性进行评估。欧洲法庭科学研究所联盟的 DNA 工作组还发布了一份最低标准清单，可用作 DNA 分型各个方面验证的指南。

保证检测和校准结果的质量

实验室必须有程序来监测程序和检测结果的质量，包括校准分析程序中使用的设备。校准应可追溯到国际标准或使用经认证的参考材料。实验室应在其分析程序中使用适当的阳性和阴性对照，其中阳性对照应（倾向于）可追溯到国际标准或经认证的参考材料。美国国家标准与技术研究所为 DNA 分型（STR 和线粒体 DNA）和 DNA 定量提供参考材料，可用于验证或监测实验室的工作情况。实验室应参加实验室间的比较或能力测试活动。如果这些外部程序未涵盖某些方法或 DNA 系统，实验室应建立内部质量控制或测试程序。这还包括实验室获得认证的样本类型。骨骼、组织和头发样本是典型的不包括在外部能力测试中的样本。实验室每年至少应对这些样本进行一次分析，以评估实验室的性能。通常，先前已经分析的一些样本，在分析人员不知道这些样本先前的分析结果的情况下，由分析人员再次进行分析。

DNA 咨询委员会和国际法医遗传学会的亲子鉴定委员会建议每年至少参

加两次能力测试。盲测通常被认为是评估实验室性能的最佳方式。但是，如果实验室不知道这是测试项目的一部分，就很难开展。在这种情况下，需要官方机构（警察和/或司法）的合作，将该测试伪装成"例行"检测，这可能导致道德和法律问题。出于这个原因，目前盲测基于将标准材料分发给测试项目的所有参与者，还基于测试结果的分级系统。有几个法庭科学能力测试项目的提供商，其中协作测试服务公司（CTS）和德国 DNA 分析小组（GEDNAP）的服务分别被美国和欧洲的大多数法庭科学实验室使用。自 1978 年以来，协作测试服务公司是多个法庭科学检测领域能力测试项目的提供商，并得到了美国犯罪实验室主任协会/实验室认可委员会的认可。DNA 检测样本通常是两个参考血痕和两个可疑斑迹。实验室要报告检测结果，包括 DNA 图谱和体液鉴定（仅当样本提供的信息不包括细胞材料的来源时），并根据检测结果给出解释（包含、排除或不确定）。在对参与实验室的结果进行评估后，会提供一份包括所有参与者结果的详尽报告。德国 DNA 分析小组是欧洲 DNA 分析小组的德语分支，成立于 1989 年，旨整合欧洲的 DNA 分型。德国 DNA 分析小组的盲测是由位于明斯特（德国）的法庭科学研究所组织的，其目的如下：（1）方法和程序标准化；（2）命名标准化；（3）评价实验室获得正确结果的能力；（4）消除分型时的错误。能力测试的每个参与者收到两个系列的样本，每个系列由三个参考样本和四个可疑样本组成。可疑样本的设计用来反映真实案件样本的类型、尺寸和材料。实验室要提供关于使用的分析程序和获得的 DNA 图谱的信息，包括原始数据。实验室将收到一份报告，其中每个等位基因都已经被分级：（1）没有错误；（2）未检测到混合物；（3）分型错误，但不会被报告；（4）分型错误，将被报告。第四类错误被认为是最终评估中的真实错误。得到正确分型的实验室获得一份 DNA 体系的证书。实验室必须分析内部质量控制和能力测试的结果，以报告实验室的工作情况。任何观察到的问题或错误都应引发有计划的行动，以纠正问题或防止其再次发生。

扩展阅读

Budowle, B., M. C., Bunch, S. G., et al., 2009. A perspective on errors, bias, and interpretation in the forensic sciences and direction for continuing advancement. *Journal of Forensic Sciences* 54, 798-809.

Butler, J. M., 2009. *Fundamentals of Forensic DNA Typing*. Elsevier Academic Press, San

Diego.

Committee on DNA Technology in Forensic Science, National Research Council, 1992. *DNA Technology in Forensic Science*. National Academy Press, Washington.

Committee on DNA Forensic Science: An update, National Research Council, 1996. *The Evaluation of Forensic DNA Evidence*. National Academy Press, Washington.

Committee on identifying the Needs of the Forensic Science Community, Committee on Science, Technology, and Law Policy and Global Affairs, Committee on Applied and Theoretical Statistics, Division on Engineering and Physical Sciences, 2009. *Strengthening Forensic Science in the United States: A Path Forward*. National Academy Press, Washington.

Gill, P., Rowlands, D., Tully, G., et al., 2010. Manufacturer contamination of disposable plastic-ware and other reagents—an agreed position statement by ENFSI, SWGDAM and BSAG. *Forensic Science International: Genetics* 4, 269-270.

Malkoc, E., Neuteboom, W., 2007. The current status of forensic science laboratory accreditation in Europe. *Forensic science international* 167, 121-126.

Morling, N., Allen, R., Carracedo, A., et al., 2002. Paternity Testing Commission of the International Society of Forensic Genetics. Recommendations on genetic investigations in paternity cases. *International Journal of Legal Medicine* 117, 51-61.

Rand, S., Schurenkamp, M., Brinkmann, B., 2002. The GEDNAP (German DNA profiling group) blind trial concept. *International Journal of Legal Medicine* 116, 199-206.

Rand, S., Schurenkamp, M., Hohoff, C., Brinkmann, B., 2004. The GEDNAP blind trial concept part II. Trends and developments. *International Journal of Legal Medicine* 116, 199-206.

相关网站

www. ctsforensios. com: Collaborative Testing Services, Inc. —Proficiency testing.

www. dna. gov/lab_ services/: DNA initiative—Service for Laboratories.

www. enfsi. org: European Network of Forensic Science Institutes—Documents concerning training and validation.

www. gednap. de: German DNA Profiling Group—Stain Commission & GEDNAP Proficiency Tests.

www. ilac. org: International Laboratory Accreditation Cooperation—Accreditation Bodies.

www. iso. org: Internatinal Organization for Standardization—ISO/IEC 17025: 2005.

www. cstl. nist. gov/strbase/: National Institute of Standards and Technology—Lab Resources.

www. nist. gov: National Institute of Standards and Technology—Standard Reference Material.

测量不确定度

泰德·沃斯科，美国，华盛顿州，柯克兰市，刑事辩护律师事务所

版权所有© 2013 爱思唯尔公司保留所有权利

术语表

偏差 系统误差的定量表征。

合成不确定度 与最终测量结果相关的标准不确定度，把与每个不确定度来源相关的标准不确定度相加而确定。

包含因子 包含因子是一个正实数，当乘以一个测量的合成不确定度时，就会产生扩展不确定度。包含因子确定与包含区间相关的置信度。

包含区间 关于被测量的"真实"值的最佳估值区间，其将包含具有特定置信水平的测量值。

扩展不确定度 将测量的合成不确定度乘以包含因子得到的测量不确定度。它定义了包含区间的半宽度。

置信水平 被定义为置信度，即被测量的"真实"值处在包含区间特定范围内的概率。

被测量 通过测量来确定其值的量。

测量函数 描述测量值与确定它所需的量之间关系的函数。

量 测量的物理性质，如长度、时间、重量和浓度。

随机误差 固定条件下测量值固有的不可预测的波动。

灵敏度系数 测量函数的偏导数，描述测量值如何随输入量的值的变化而变化。

标准不确定度 测量不确定度表示为基于频率或置信度概率分布的标准差。

系统误差 一组测量值一致（平均）低估或高估被测量的"真实"值的倾向，由给定值或百分比表示。

不确定度 基于测量的信息领域，测量值的离散程度的定量表征。

缩写

b_{ias} 偏差

$\overline{\gamma}_c$ 偏差校正平均测量值

Y_b "真实" 测量值的最佳估值

μ_c 合成不确定度

k 包含因子

U 扩展不确定度

X 输入量

ε_m 最大总误差

$\bar{\gamma}$ 平均测量值

$f(X_1, X_2, \cdots, X_N)$ 测量函数

ε 误差

γ 测量值

$Y_{99\%}$ 具有 99% 置信水平的测量值

ε_{ran} 随机误差

μ_r 相对标准不确定度

$\partial f/\partial x_i$ 灵敏度系数

σ 标准差

μ 标准不确定度

ε_{sys} 系统误差

Y "真实" 值

⊞ 组合系统误差和随机误差的不特定方法

测量

测量是科学调查的特定类别。这是一个经验过程，研究人员试图确定一些物理或现象学相关的量——被称为被测量——的数值。许多人天真地认为测量是一个机械过程，相关的量是由测量仪器感测或探测得到的，可以直接产生被测量的值。这种机械活动只是整个测量过程中的一步。只此一项，并不会告诉我们被测量的值。测量不是被动的机械探索和发现过程，它可以被理解为一个基于经验、基于信息的推断过程，需要研究人员在任何值可以归因于被测量之前的主动输入。测量不确定度以明确的、数量上严格的方式确定对基于测量结果的可归因于被测量的值的合理推断的限制。

测量的意义

测量误差和误差分析

测量结果是什么意思？换句话说，给定测量值 γ，什么值实际上可以归因于被测量？外行人常常将测量报告的值解释为可归因于被测量的单个"真实"值（图1）：

$$Y = \gamma \qquad [1]$$

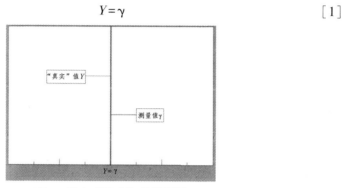

图1 单个"真实"值的测量

然而，科学早就认识到，误差是将测量值与寻求确定的"真实"值区别开的测量的固有特性（图2）。

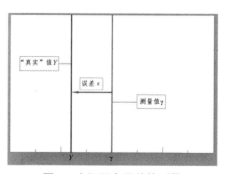

图2 实际固有误差的测量

误差分析是解释测量结果的传统方法，其基于一个前提，即如果可以确定与测量相关联的误差，则也可以确定被测量的"真实"值：

$$Y = \gamma - \varepsilon \qquad [2]$$

有两种类型的误差与每个测量相关：随机误差和系统误差。系统误差是方法或仪器产生相对于被测量的"真实"值的一致的（平均）人为增加或减少的值的趋势，其定量表征为偏差（图3）。

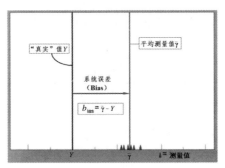

图 3　系统误差和偏差

系统误差的识别可能是测量过程最困难的方面之一。原因是，如果测量未知量，测量值本身不提供断定它们系统地偏离被测量的"真实"值的基础。因此，人们永远不知道与测量相关的所有系统误差是否都已被识别。一些系统误差源可以通过对参考材料的测量来识别和量化。然而，即使以这种方式严格确定，也永远不能准确知道偏差的大小。

随机误差是固定条件下测量值的不可预测或随机波动。它在测量过程中引入了固有可变性，对测量结果的重复性设置了基本限制。对于许多常见情况，测量结果中的随机误差和变化可以近似地由高斯（正态）分布表征（图4）。

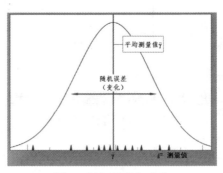

图 4　随机误差和变化

随机误差由一组测量的标准差定量表征：

$$\sigma_{\gamma} = \sqrt{\frac{\sum_{i=1}^{n} (\gamma_i - \overline{\gamma})^2}{n-1}} \qquad [3]$$

标准差提供了关于单独测量值相对于平均值的可变性的量度。如果存在显著的变异，标准差就会很大。如果变异很小，标准差就会很小。

系统误差和随机误差描述了测量的物理状态的各个方面。一个误差应该被归类为系统的还是随机的，并不总是清楚，可以依赖背景情况做决定。综上所述，它们构成被正式称为测量误差的东西（图5）。

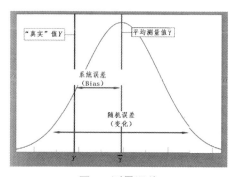

图5 测量误差

与测量相关联的总误差永远无法绝对确定，也就是说，它是不可知的。因此，误差分析永远不可能提供被测量的"真实"值。相反，误差分析的目的是尽可能地识别、最小化和消除所有可识别的误差源，以便提供尽可能接近被测量的"真实"值的估计值（图6）。

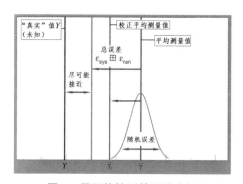

图6 尽可能接近的误差分析

这就需要用某种方法将系统的和随机的误差成分结合起来，以获得测量总误差的特征：

$$\varepsilon = \varepsilon_{sys} \boxplus \varepsilon_{ran} \qquad [4]$$

为了理解此公式的意思，我们必须了解误差分析的数学基础。误差分析基于频率论，其以相对发生频率定义概率。这意味着一种特定情况发生的概率取决于它在由所有可能事件组成的总体中的发生频率。这种概率虽然很少被知晓，原因在于这些可能事件几乎不能被彻底了解，但其可以被"客观"估计为在样本数据集中的相对发生频率。重要的是，在误差分析中，概率的估计是客观的，完全基于根据频率论范式进行的统计抽样。

随机误差的分析很符合频率论范式。然而，除了有限的情况，对系统误差的评估不存在。因为系统误差和随机误差在本质上是不同的，每一个都需要不同的处理。频率论范式中没有严格合理的方法可以将系统误差和随机误差结合起来，从而对测量总误差进行有统计意义的估计。

由于误差分析的概率基础，它最多可以提供测量总误差的上限。这种有界误差通常表示为与测量相关的偏差和标准差的某种线性组合：

$$\varepsilon_m = b_{ias} + 3\sigma \qquad [5]$$

这限制了测量值与"真实"值之间的最大差距。但是它没有指出这两个数值预期有多接近。换言之，它告诉了我们一个测量结果可能有的最差的情况，而没有告诉我们它可能有多好的判断标准。此外，有界误差的意义是模糊的，因为它并不能告诉我们测量值有多大可能性在被测量的"真实"值的规定范围内。假设一个测量值 γ，最好的误差分析提供的是对测量值与"真实"值之间最大差距的不完整的明确预估。这不能告诉我们它可归因于被测量的值。

含义的意义

有一个重要的认识论问题围绕着任何一个科学主张：科学命题是描述宇宙本身的物理状态，还是描述我们对这种物理状态的认知程度？如果是前者的话，这个命题针对的客体就是完全独立的外部现实。如果是后者的话，这个命题针对的客体就是依赖于信息的内部认知。许多人认为，如果科学命题是具有客观意义的，它们肯定会被归入第一种类别。其他人认为，不管科学命题的客观内容如何，它们都必然属于第二种类别，因为我们能真正知道的是我们的内部认知状态，而非一些独立的外部现实。

虽然看起来深奥，但这个被采纳的观点有着实际意义。它能改变的不只是科学观点的说明，还有对于哪些可以被研究的一种态度。所以它与科学的测量相伴而生。当获得测量结果时，它要被解释为关于被测量物理状态的说明吗？或者，它只是关于我们对被测量物理状态认知程度的表述吗？这个决定有哪些实际意义呢？

测量误差是测量的物理状态的一个方面。这与进行了误差分析的测量有关，旨在通过有界误差的测定传达其实际物理状态。如果准确估计被测量的实际值并不重要，有界误差可能会提供一个具有充分使用意义的结果。当被测量的"真实"值很重要时，这种意义可能是不充分的。如果可能的话，人们希望根据它如何映射到可能归因于被测量的那些值来理解测量值的含义。

测量不确定度

新的范式

测量不确定度通过从根本上重新定义解释测量的方法来弥补误差分析的不足，并提供一个定量指标，将测量值映射到那些可合理归因于被测量的值。在这个新的范式中，不确定度取代误差成为分析焦点。这不是一个单纯的语义问题。不确定度和误差是完全不同的概念。测量误差涉及被测量的真实物理状态，而测量不确定度与关于被测量的认知状态有关。

这并不意味着以前被理解为系统误差和随机误差的现象被忽略了。相反，它们完全被包含在不确定度的框架中。然而，它们所代表的东西已经被重新概念化，以克服频率论固有的局限。不确定度范式的核心是将概率作为一种置信度的变式贝叶斯概念。也就是说，概率是由一个人相信给定命题的强烈程度来定义的。这一构想允许考虑超出频率论认知的测量信息，为其分析提供了统计或非统计的共同基础。在不确定度范式中，正如在误差分析中一样，被测量的"真实"值是不可知的。但是，这不是由于不可减少误差的物理状态，而是由于我们不可能拥有关于被测量状态的完美知识。不确定度着重研究这个局限，它将测量结果解释为表征我们对被测量的值的认知状态的概率分布。然而测量误差这个物理状态和被测量的"真实"值一样是不可知的，在此状

法医生物学

态下将结果表征为概率分布允许一个结果的不确定度被严格限定。

当进行测量时,它总是在有关要进行的测量和被测量的现有信息的背景下进行。其中一些信息可能以统计数据的形式获得,有些可能基于其他来源,如有关行为的一般知识及相关材料、方法和仪器的性质。当进行测量时,已获得的离散值会被添加到整体的信息中,更新我们关于被测量的认知。因为我们的信息是不完整的,所以我们关于被测量的认知仍有模糊之处。基于所拥有的信息,所获得的离散值代表了关于测量值的一组离散数据,这些值被认为可归因于具有相对置信度的被测量(图7)。

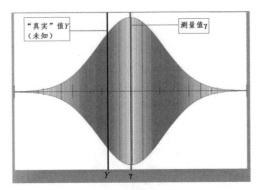

图 7　测量一组值

将概率识别为置信度,是将一组值转换成概率分布。在这种情况下,测量值的意义相当于概率分布,这个概率分布表征基于现有信息的总和,可归因于被测量的值的相对可能性(图8)。

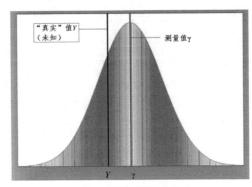

图 8　测量值的概率分布

这种分布详述了我们关于与被测量相一致的值的认知状态。此外，它以数学上严谨的方式描述了一个测量值怎样映射到被认为可归因于被测量的那些值。通过这样做，它还基于测量结果对被测量的值进行推论。

例如，给出一个测量值，分布情况决定了被测量的值在给定范围内的概率。在这种情况下，人们可以认为与分布情况相关的概率等同于曲线下的面积。被测量的值在特定范围内的概率是由曲线下横跨分布范围的面积与曲线下总面积的比值决定的（图9）。

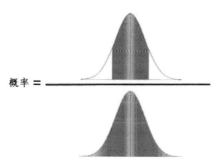

图9 概率＝曲线下面积的比值

给定一个测量值，哪些值可以合理归因于被测量这个问题涉及两个不同方面的考量。首先，我们希望排除那些极不可能的值。其次，我们需要包括足够的值，以便被测量的值实际上包含在被考虑的值当中。测量值的概率分布提供了一种在概念上简单明了的实现方法。简单地将概率分布的尾部分割开来，同时包含足够的中间区域，这样剩余区域的面积就代表了被测量的值位于其中的显著概率（图10）。

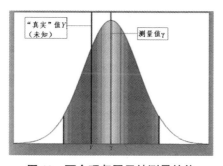

图10 可合理归因于被测量的值

由此，我们可以得到一个可合理归因于被测量的值的范围，及被测量的值位于其中的概率。这定义了不确定度。不确定度是测量值的离散程度的定量表征，基于所有有关测量的信息，人们认为这些值可合理归因于被测量。这个值的范围宽度的一半被称为结果的扩展不确定度（图11）。

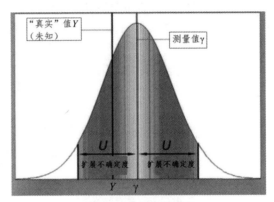

图 11　扩展不确定度

扩展不确定度定义了关于测量值的所谓包含区间。包含区间表达了可合理归因于被测量的一组值，以及被测量的"真实"值实际上在这个范围内的特定概率。这个概率被称为区间相关的置信水平。通常选择置信度在95%到99.7%之间的包含区间（图12）：

$$\gamma - U < Y_{99\%} < \gamma + U \qquad [6]$$

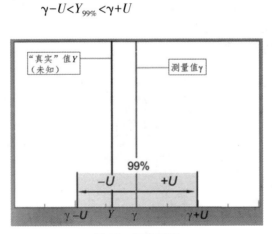

图 12　包含区间

包含区间与置信区间

包含区间和置信区间是不同的概念，不应混淆。包含区间是基于贝叶斯分析的计量概念。在此框架中，增益参数可以被视为随机变量，这样它们就可以成为概率报告的主题，而不会出现逻辑上的不一致。包含区间的置信水平指的是被测量的值位于此区间内的概率，也可理解为被测量的值位于此区间内的相信度。

置信区间是基于频率论方法的统计概念。在此框架中，调查的随机性质完全在于抽样过程，而非参数值。相应的，与置信区间相关的置信水平不会将概率与被测量的值联系起来。相反，它的对象是区间本身。如果进行多组测量并且生成每组的置信区间，置信水平会告诉你预计将包含或重叠被测量的值的区间的比例（图13）。

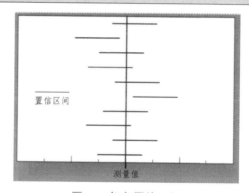

图 13　解释置信区间

不确定度有两种类型：A 型和 B 型。不像两种类型的误差，A 型和 B 型不确定度不因其来源的性质而不同。相反，它们是由确定的方式来定义的。A 型不确定度指的是由观测频率分布的统计（频率）方法决定的不确定度。B 型不确定度指的是由非统计方法决定的依赖于知识、经验和判断来创建基于信赖的先验分布的不确定度。

A 型不确定度评估通常被认为是客观的，B 型则被认为是主观的。然而，这并不意味着 B 型不确定度评估评估比 A 型更不真实或更无效。两种评估都依赖于公认的概率概念。一种方法也未必优于另一种方法。A 型或 B 型不确定度评估是否能产生更好的结果取决于环境。

不管采用的方法是什么，这个范式的一个基本立足点是，不确定度本身在本质上是没有不同的。一旦确定，所有的分布都以贝叶斯方式解释，代表我们根据信念度量化的知识状态模型。这就允许将 A 型和 B 型不确定度作为其基础分布的标准差进行平等对待，为使用传统分析方法将其组合成"合成不确定度"提供严格的理由。

这一点的重要性在于测量的不确定度通常由几个不同来源的不确定度组合而成。为了理解其意义，回想一下误差分析的不可能性，以严格合理的方式将系统误差和随机误差组合起来，以确定测量的总误差。为避免混淆，在不确定的情况下，系统误差被称为系统效应。出于教学目的，上述讨论中不包括系统效应。尽管如此，确定不确定度的前提是每个测量都已经过重大系统效应的纠正。

不确定度范式允许我们做的是，无论系统效应的性质如何或其如何量化，都将其视为概率分布。完成后，分布的期望值产生所需的系统校正（以下称为偏差），其标准差表征与偏差相关的不确定度。以这种方式处理，系统效应及其相关的不确定度被放置在与测量值及其相关不确定度相同的基础上，以致那些以前被理解为系统误差和随机误差的现象现在可以以逻辑一致和严格合理的方式组合。一般来说，由系统效应引起的不确定度评估可能是 A 型或 B 型。

回到上面的讨论，现在可以看出，不确定度范式自然地将系统效应融入被认为可归因于被测量的值的映射之中（图 14）。

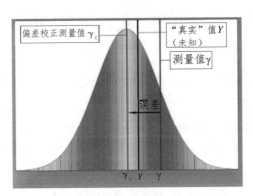

图 14 将测量值与"现实"进行映射

校正将概率分布的位置沿值的轴移动，而与校正相关的不确定度将改变分布的形状。正如预期的那样，这也将使包含区间向校正方向移动。

此时必须要考虑的是测量值的固有变化，将测量值确定在单次测量中是很少被接受的。良好的习惯做法要求获得多个测量值，以确定其平均值。被测量的"真实"值的最佳估计值由偏差校正平均测量值给出：

最佳估计值 = 偏差校正平均测量值

$$Y_b = \overline{\gamma}_c \qquad [7]$$

测量的一个基本原则是，当被测量的"真实"值很重要时，如果结果未经过偏差校正，并伴随着对其不确定度的定量陈述，则结果是不完整且不能被正确解释的。因此，完整的测量结果包括被测量的"真实"值的最佳估计值与其不确定度：

测量结果 = 最佳估计值 ± 不确定度

$$Y_{99\%} = Y_b + U \qquad [8]$$

包含区间

$$Y_b - U < Y_{99\%} < Y_b + U \qquad [9]$$

测量不确定度：一个法学实例

被测量的值对于确定某些刑事问题至关重要。例如，一些州通过个人的"真实"呼气酒精浓度（BrAC）定义了酒后驾驶罪。与任何其他科学测量一样，呼气酒精浓度的测量也伴随着不确定度。因此，呼气测试机器报告的数值本身不足以告诉我们一个人的"真实"呼气酒精浓度，以及他们是否真的犯了罪。假设在一个把呼气酒精浓度是 0.08 g/210 l 定义为酒后驾驶罪的州，两个人在不同的仪器进行了测试（图 15 和图 16）。

空白测试	. 000
内标	已证实的
受试者	. 084
空白测试	. 000
外标	. 082
空白测试	. 000
受试者	. 081
空白测试	. 000

图 15 相同的测量结果，不同的测量意义：呼气分析

空白测试	.000
内标	已证实的
受试者	.084
空白测试	.000
外标	.079
空白测试	.000
受试者	.081
空白测试	.000

图 16　呼气分析

　　每个测试都报告了相同的超过州法所定限制值的呼气酒精浓度，平均值为 0.0825 g/210 l。在没有其他信息的情况下，这些"呼气试验结果单"似乎清楚地表明，有问题的呼气酒精浓度超过了法定标准。此外，考虑到外标读数都是正确的，实际上没有办法区分这两个测试。

　　两个测试的不确定度仍然揭示了不同的事实。尽管测量值相同，但每个测量的不确定度（表示为包含区间）是不同的（图 17 和 18）。

　　显然，与测试 1 相关的不确定度大于与测试 2 相关的不确定度。此外，进一步的考察显示，在测试 1 和测试 2 中，每个人的呼气酒精浓度实际上小于 0.08 g/210 l 的可能性分别为近 20% 和 10%（图 19 和 20）。

　　因此，这些"相同的"测试没有相同的含义，而且每个测试都表明有相当大的可能性去怀疑测试的呼气酒精浓度并没有超过相关标准。对这些结果的正确解释显然需要知道它们的不确定度。

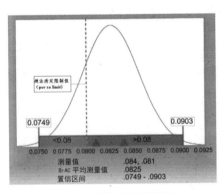

图 17　呼气酒精浓度测试 1

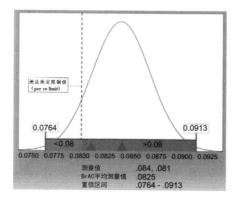

图 18　呼气酒精浓度测试 2

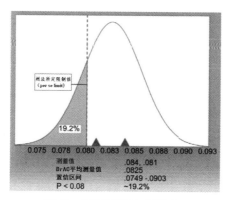

图 19　呼气酒精浓度测试 1

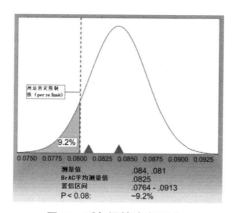

图 20　呼气酒精浓度测试 2

确定测量不确定度

确定测量不确定度有几种不同的方法。每个方法的第一步是确定和量化所有的系统效应并进行适当的校正。第二步通常是识别相关的不确定度的来源。记录这些的常见方法是因果关系图，其描绘了每个来源的不确定度及其彼此之间的关系和最终的结果（图21）。当测量值所依赖的所有量都可以同时变化时，可以直接使用统计方法确定结果的不确定度。然而，除了简单的测量之外，这种方法通常是不实际的。

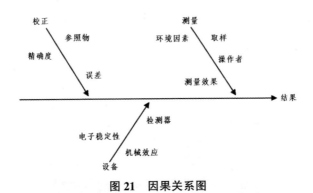

图21　因果关系图

一般来说，下一步是确定每个相关不确定度的大小。每个相关不确定度量化为标准差，称为标准不确定度。

标准不确定度

$$\mu \equiv \sigma \qquad [10]$$

相对标准不确定度是标准不确定度与被测量的值的最佳估计值之比。它在组合或比较单独测量的不确定度时会很有用。

相对标准不确定度

$$\mu_{r_\gamma} = \frac{\mu_\gamma}{|Y_b|} \qquad [11]$$

对于某些测量，每个不确定度的来源可能与测量整体相关联，并且独立地表现为对最终结果的直接影响。直接测量就是这种情况。在这些情况下，结果的合成不确定度可由标准不确定度的和的平方根得出。

$$\mu_c = \sqrt{\sum_{i=1}^{n} \mu_i^2} \qquad [12]$$

大多数测量本质上是间接的，通过与其他测量的关系来确定被测量的值。"测量不确定度的表达指南"（GUM）中讨论了最常见的确定这些情况下的不确定度的方法。该指南的应用需要将测量值建模为数学函数，称为测量函数。

测量函数
$$Y = f(X_1, X_2, \cdots, X_N) \qquad [13]$$

该函数描述了被测量的值与那些用来确定被测量的值的量之间的关系。例如，如果被测量是气缸的体积，则测量函数可能为：

$$V(r, h) = \pi r^2 h \qquad [14]$$

被测量的合成不确定度是通过用"不确定度传播"的方法"添加"个别标准不确定度来确定的：

$$\mu_c = \sqrt{\sum_{i=1}^{N}\left(\frac{\partial f}{\partial x_i} \cdot \mu_{x_i}\right)^2 + 2\sum_{i=1}^{N-1}\sum_{j=i+1}^{N}\frac{\partial f}{\partial x_l} \cdot \frac{\partial f}{\partial x_l} \cdot \mu_{x_i x_j}} \qquad [15]$$

如果每个输入量是独立的，那么表达式可简化为：

$$\mu_c = \sqrt{\sum_{i=1}^{N}\left(\frac{\partial f}{\partial x_i} \cdot \mu_{x_1}\right)^2} \qquad [16]$$

对于气缸的体积，合成不确定度将由下式给出：

$$\mu_{cv} = \sqrt{(2\pi rh\mu_r)^2 + (\pi r^2\mu_h)^2} \qquad [17]$$

不确定度传播：应用于具有独立输入量的测量函数

1. 测量函数：

$$Y = a \cdot X \tag{[18]}$$

$$Y_b = a \cdot x_b \tag{[19]}$$

$$\mu_\gamma = a \cdot \mu_x \tag{[20]}$$

2. 测量函数：

$$Y = X^n \tag{[21]}$$

$$Y_b = x_b^n \tag{[22]}$$

$$\mu_{r_\gamma} = \frac{\mu_\gamma}{|Y_b|} = |n| = \frac{\mu_x}{|x_b|} \tag{[23]}$$

3. 测量函数：

$$Y = X - W + \cdots + Z \tag{[24]}$$

$$Y_b = x_b - w_b + \cdots + z_b \tag{[25]}$$

$$\mu_\gamma = \sqrt{\mu_x^2 + \mu_w^2 + \cdots + \mu_z^2} \tag{[26]}$$

4. 测量函数：

$$Y = \frac{X \times \cdots \times W}{Z \times \cdots \times Q} \tag{[27]}$$

$$Y_b = \frac{x_b \times \cdots \times w_b}{z_b \times \cdots \times q_b} \tag{[28]}$$

$$\mu_{r_\gamma} = \frac{\mu_\gamma}{|Y_b|}$$

$$= \sqrt{\left(\frac{\mu_x}{x_b}\right)^2 + \left(\frac{\mu_w}{w_b}\right)^2 + \cdots + \left(\frac{\mu_z}{z_b}\right)^2 + \left(\frac{\mu_q}{q_b}\right)^2} \tag{[29]}$$

扩展不确定度是通过将合成不确定度乘以包含因子 k 得到的：

$$U = k\mu c \qquad [30]$$

包含因子决定了包含区间的置信度，它通常是基于 t-分布。当测量的自由度足够大时，由给定的包含因子赋予的置信度大致与高斯分布相关联（图 22）。

k	:	%
1	:	68.27
1.645	:	90
1.96	:	95
2	:	95.45
2.576	:	99
3	:	99.73

图 22 包含因子和置信度：高斯分布

通常选择可以产生 95% 或更高置信水平的包含因子。对于气缸的体积，能产生 99% 的置信度的扩展不确定度可由下式得出：

$$U = 2.576\sqrt{(2\pi rh\mu_r)^2 + (\pi r^2 \mu_h)^2} \qquad [31]$$

为了使"测量不确定度的表达指南"适用，表征最终结果的分布不能明显远离正态性。如果不是这种情况，或者测量函数是复杂或未知的，则用来确定不确定度的更普通的方法是以分布传播为基础的。与确定每个输入量的标准不确定度并将其组合不同，此方法将表征每个输入量的值的分布直接组合，以构建表征我们对被测量的值了解状态的分布（图 23）。

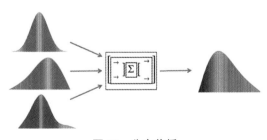

图 23 分布传播

最终分布的标准差产生结果的标准不确定度。应该注意的是，所得到的分布和其相应的不确定度（包含区间）不需要对平均值是对称的。蒙特卡罗（Monte Carlo）方法（一种基于计算机的迭代模拟过程）是这种方法的一个例子。

最后用来确定不确定度的方法是自上而下的方法，这么说是因为它侧重于整个测量过程，而不是详细分解为不确定度的不同来源。它使用基于测量试验的总体再现性估计作为与测量方法相关联的不确定度的直接估计。这种方法经常用于测量函数复杂或未知的情况。尽管每个方法都有其优点，但在某些情况下，如有可能，"测量不确定度的表达指南"和自上而下的方法可以一起使用，以确定测量不确定度。

不确定度的价值

科学测量为探究物理现象提供了强大的工具。不管测量多么好，我们永远不会知道我们感兴趣的被测量的"真实"值。误差分析侧重于被测量本身，旨在提供一个尽可能接近"真实"值的值。它实际提供的是测量总误差的不明确的上限，揭示了可能最差的测量值，而没有传达它实际上有多好。不确定度分析侧重于我们对被测量的认知状态，将测量值定量映射为那些被认为实际上和合理地归因于被测量的值。这样，通过严格定义和约束从中得出的推论来传达结果的意义。因此，在被测量的"真实"值很重要的情况下，如果结果未伴随着其不确定度的定量陈述，则结果将会不完整和不能被正确解释。

参见：

基础：证据的统计学解释；贝叶斯分析；法庭科学证据解释的频率论方法

法律：法庭科学的法律观

方法：化学计量学

毒理学：结果解释

毒理学/酒精：呼气酒精

扩展阅读

Ehrlich, C., Dybkaer, R., Wöger, W., 2007. Evolution of philosophy and description of measurement. *Accreditation and Quality Assurance* 12, 201-218.

Estler, W. T., 1999. Measurement as inference: fundamental ideas. *CIRP Annals* 48 (2),

611-631.

EURACHEM, 2000. Quantifying Uncertainty in Analytical Measurement. QUAM: 2000. 1.

EURACHEM, 2007. Measurement Uncertainty Arising from Sampling: A Guide to Methods and Approaches. ISO, 2004. Guidance for the Use of Repeatability, Reproducibility and Trueness Estimates in Measurement Uncertainty Estimation. ISO/TS 21748.

JCGM, 2008. Evaluation of Measurement Data - Guide to the Expression of Uncertainty in Measurement (GUM) . JCGM 100: 2008.

JCGM, 2008. Evaluation of Measurement Data-Supplement 1 to the "Guide to the Expression of Uncertainty in Measurement" -Propagation of Distributions Using a Monte Carlo method. JCGM 101: 2008.

JCGM, 2008. International Vocabulary of Metrology—Basic and General Concepts and Associated Terms (VIM). JCGM 200: 2008.

JCGM, 2009. Evaluation of Measurement Data—An Introduction to the "Guide to the Expression of Uncertainty in Measurement" and Related Documents. JCGM 104: 2009.

Kacker, R., Sommer, K., Kessel, R., 2007. Evolution of modern approaches to express uncertainty in measurement. *Metrologia* 44, 513-529.

Kirkup, L., Frenkel, B., 2006. *An Introduction to Uncertainty in Measurement*: *Using the GUM* (*Guide to the Expression of Uncertainty in Measurement*). Cambridge University Press, New York.

NIST, 1994. Guidelines for Evaluating and Expressing the Uncertainty of NIST Measurement Results. NIST 1297.

Vosk, T., 2010. Trial by numbers: uncertainty in the quest for truth and justice. *The NACDL Champion* 56, 48-56 [reprinted with permission in *The Voice for the Defense* 40 (3), 24-33 (2011)].

无罪计划

K. A. 芬德利, 美国, 威斯康星州, 麦迪逊, 威斯康星大学法学院

版权© 2013 爱思唯尔公司保留所有权利。

无罪计划和无罪联盟概述

无罪计划是一个无偿的法律服务组织, 隶属于纽约叶史瓦大学卡多佐法学院, 致力于利用定罪后的 DNA 检测来免除被错判的无辜者的罪责, 并改革刑事司法系统以尽量减少错判的风险。无罪计划实际上只是不断扩大的独立

无罪计划网络中的一个（第一个，也是最突出的一个），致力于通过令人信服的证明无罪的新证据免除被错误定罪的人的罪责。根据无罪计划的许可协议，许多组织名称中都有"无罪计划"，例如西北无罪计划（位于西雅图）、威斯康星无罪计划、新奥尔良无罪计划（仅举几个为例）。其他组织则使用别的名称，例如错误定罪中心（位于芝加哥）、密歇根无罪诊所和北卡罗来纳州实际无罪中心。

虽然所有组织都独立运作，但它们已经形成了一个被称为无罪联盟的关联组织。截至 2011 年 6 月，无罪联盟共有 66 个成员，其中 55 个在美国，11 个在加拿大、英国、澳大利亚、新西兰和荷兰。

其中一些组织遵循位于纽约的旗舰无罪计划的模式，只处理利用 DNA 证据可以证明无罪的案件。更多的组织现在接收其他证据类型的案件，这些证据也可以被发现或发展来证明无罪。最近，一些只处理后一类案件的组织已经形成——非基于 DNA 证据的要求。

各种无罪组织是独立的，并且是在不同的地点、不同的情况下创建的，所以它们不遵循任何一套既定的组织结构。许多组织隶属于法学院，作为诊所项目运作，在此项目中，法科学生在诊所教师（律师）的监督下进行调查和提起无罪诉讼。其他组织作为独立的非营利性组织，为一个地区内不同法学院的法科学生提供实习机会。还有一些组织没有法学院从属关系，而是作为独立的非营利性法律组织或作为无偿私人律师的集合体运作。然而，作为无罪联盟成员的要求是必须有专职人员，并且必须同意绝不向客户收取服务费。

并不是所有的无罪组织都向那些声称无罪的人提供直接法律代理服务。有些提供的是调查项目，本身并不向囚犯提供法律代理服务，例如本科刑事司法方案或调查性新闻项目。这些项目找出令人信服的新无罪证据后，通常将案件提交给无偿律师组织，或为被错判者安排法律代理人。还有一种新类型的项目为已从监狱释放的免罪者提供支持服务。

历史

新运动的开始

无罪计划于 1992 年在纽约正式启动，然而，其并不是第一个致力于证明被监禁的人无罪的组织。新泽西州普林斯顿的百夫长事工（Centurion Ministries）在 20 世纪 80 年代初就开始从事这项工作了，这可能是第一个无罪组织。百夫长事工是由詹姆斯·麦克洛斯基（James McCloskey）创建的。百夫长事工今天仍然活跃，但不是传统的法律服务组织，它没有法律人员，而是专注于深入的事实调查，以找到可证明无罪的证据。一旦找到足够的无罪证据，百夫长事工就会雇用或以其他方式安排法律顾问提出无罪的诉讼请求。

然而，无罪计划的出现标志着刑事司法系统对于错判问题的现实和严重程度的一个戏剧性的新觉醒。无罪计划开启了这个新时代——有"无罪运动""无罪革命""无罪时代"之类的各种形容，而这主要归功于 DNA 证据的力量。在刑事司法系统历史上，DNA 免责开始产生令人惊讶的大量且还在不断增加的案件，在这些案件中，基于科学分析，我们几乎肯定地知道刑事司法系统犯了错误。"对无辜者的错误定罪是不可能的"，持这一观点的人被 DNA 证据反驳得哑口无言。与此同时，DNA 免责案件毫无争议地证明了错误的现实，它将真实的人的姓名和面孔附加于错误判决；它产生了真实的人的故事，他们的生活被失败的刑事诉讼程序毁掉，这些故事强烈地震撼了公众、法院和政策制定者。

纽约律师巴里·谢克（Barry Scheck）和彼得·诺伊费尔德（Peter Neufeld）在法庭科学 DNA 分析的早期带头利用 DNA 证据使无辜者免责。借鉴一些检察官使用 DNA 证据的经验，谢克和诺伊费尔德也意识到了 DNA 证据证明无罪的潜力。1992 年，两人创建了无罪计划，当时在美国只有 5 个被错判者因 DNA 证据而免责（或其他任何地方，就此而言）。1993 年，一群志愿者组成保护被错判者协会，在加拿大发起了无罪运动。截至 2012 年 6 月，美国已知的 DNA 免责人员数量已经增长到 292 人，大部分是无罪组织工作的结果。至少 135 人已经通过无罪组织使用 DNA 以外的证据免除了罪责。无数的人已经由无罪联盟之外的律师通过非 DNA 证据免除了罪责。

新计划和无罪联盟的出现

在接下来的几年里，几个无罪组织在华盛顿州、伊利诺伊州、威斯康星州和加利福尼亚州形成。2000 年，谢克、诺伊费尔德与《纽约时报》作家吉姆·德怀尔（Jim Dwyer）一起出版了《实际无罪》（Actual Innocence），这本很有影响力的书讲述了许多 DNA 免责的故事，并且第一次试图以全面的方式分析这些 DNA 证据验证的错误定罪的错误来源。这本书将目击证人错误确定为错误定罪最常见的原因，其他原因包括虚假供认、监狱线人的伪证或"告密者"证词、有瑕疵的法庭科学证据、检察机关和警方的不当行为以及辩护不足。此外，谢克、诺伊费尔德和德怀尔为无罪运动的未来描绘了路线，即在全国建立无罪计划——"将在 DNA 和非 DNA 案件中代表客户"，以及创建一个无罪联盟。

2003 年，来自全国许多新兴无罪组织的领导人组成了一个指导委员会，致力于创建由谢克、诺伊费尔德和德怀尔设想的无罪联盟。2005 年，无罪联盟正式成立，其委员会由成员选举产生。截至 2011 年，66 个无罪组织加入该网络，大部分在美国，11 个分散在加拿大、英国、澳大利亚、新西兰和荷兰。无罪联盟英国，作为一个实体，是无罪联盟的成员，它本身是一个有 20 多个高校成员计划的联盟组织。2011 年春天，无罪联盟主办了第一次国际无罪会议，吸引了几乎全世界的参与者，并预见在说英语的普通法系国家之外可能会进一步扩展该运动。

教育使命

法律诊所教育

美国许多（虽然不是全部）无罪组织是作为以法学院为基础的诊所项目运作的。从 20 世纪 60 年代开始，诊所项目已经成为美国法律教育的重要组成部分。通过诊所项目，法科学生在真实案例中代表真实客户，在有执照的诊所教师的监督和指导下学习如何成为律师。

法律教育者很快认识到，无罪组织为教学提供了独特、丰富和富有挑战性的背景。与其他诊所项目相比，无罪组织更能使学生参与广泛的事实调查，它们提供的学习模式与注重上诉意见的传统法学院截然不同，后者的事实是给定的，甚至是微不足道的。同时，无罪案件提供了一个宝贵的机会，让参与者通过解构已经审判和上诉且刑事司法系统出现失败的案件，从后端审查刑事司法系统。此外，无罪案件的规模、复杂性和不可预测性对诊所教学提出了挑战，同时它们为学生提供了了解复杂刑事诉讼的机会。以这种方式，无罪组织与民事权利项目及其他在法学院临床环境中进行的大规模诉讼项目具有某些共同特点。

本科教育

正规教育任务已经拓展到了法学院之外。最早的无罪组织之一，西北大学的梅迪尔新闻学院无罪计划，是关于调查性新闻的新闻本科项目。最近创建的组织，例如布兰代斯大学舒斯特调查新闻学院的布兰代斯大法官无罪计划和匹兹堡波音特帕克大学的无罪学院。其他组织，如北亚利桑那正义计划和南伊利诺伊无罪计划，为其他教育项目中的学生提供了教育机会，如刑事司法、法律和政策研究。

政策使命

无罪案件的教训

无罪运动的核心目标是从错误定罪中汲取教训，进而启动改革，以尽量减少错误定罪的风险。DNA 免责案件揭示了刑事案件中事实错误的几个常见原因。

在造成错误定罪的重复出现的原因中，目击证人错误是目前为止最普遍的，占 250 例 DNA 免责案件的 76%。目击证人错误通常不涉及不诚实的证人，而是相当善意诚实的证人弄错了关于罪犯和犯罪的记忆。大量心理学研究已经表明目击证人的易错性并确定了造成目击证人错误的因素。目击证人的记忆容易受到暗示性警方识别程序或事后信息的污染和扭曲，并且最初可能被犯罪发生的条件削弱。

虚假供认在错误定罪的原因中也很突出，占 250 例 DNA 免责案件的 16%。虽然假设一个无辜的人承认一个他没有犯的罪行是违反直觉的，但 DNA 免责证明了虚假供认的存在。高压、对抗性的警察审讯手段，比如那些包含在里德（Reid）审讯术（美国大多数警察辖区以某种形式教授）中的手段，都被认为可以有效地使有罪者供认，也可以诱使无辜的人认罪。社会科学研究表明，在这种审讯手段下，虚假供认可能是理性选择的产物，

在 250 例 DNA 免责案件中，21% 的案件有监狱线人或"告密者"证据。这些监狱线人或"告密者"本身处于法律纠纷之中，其声称被告人向他们承认犯罪或做出有罪陈述。法院早就认识到这些证人非常不可靠，因为他们的犯罪背景表明他们可能不太注意真相。更重要的是他们有伪造证据的动机，希望从国家获得回报。

许多错误定罪部分取决于欺诈的或错误的法庭科学证据。在 250 例 DNA 免责案件中，超过 70% 的案件有法庭科学证据。根据布兰登·加勒特（Brandon Garrett）的调查，在这些有法庭科学证据的案件中，61% 的案件涉及不当或得不到科学支持的证据。

检察机关和警方的不当行为涉及各种情况下的越权。最常见的检察不当

行为是未能遵守宪法规定，即检察官必须向辩方披露其拥有的一切重要的免责证据。在某种程度上，检察官未能遵守这项规定，反映了对抗制对检察官提出的难以满足的要求。负责确认被告人有罪的检察官自然会鼓励自己以归责的观点看待证据。要求检察官同时从被告人的角度看待证据，并承认证据的免责价值，这样的期望太高了。

辩护不足是错误定罪的常见原因。法律援助服务长期资金不足，结果往往是被告人的调查取证不足以及在审判中对国家案件的平淡挑战。当辩护不足时，对抗制不能像所设计的那样消除错误指控或保护无辜者。

预防和纠正错误定罪

在刑事司法系统中提高对错误定罪问题的认识也导致人们对改革的兴趣增加，以减少这种错误的发生率。政策制定者开始对预防错误定罪的改革感兴趣，不仅因为每一个错误定罪案件都是对错判者的不公正，还因为他们认识到每当一个无辜的人被错判，真正的罪犯就逃脱了惩罚。一些司法辖区设立了多个官方委员会和决策机构，有时被称为"无罪委员会"，以审查错误定罪案件，并提出改革建议，尽量减少这种错误。

最小化目击证人错误

迄今为止，旨在尽量减少错判的改革已经在目击证人错误和虚假供认领域取得了很大进展。特别是，广泛的心理学研究已经产生了一系列完善的建议，以改善目击证人识别程序。美国各地的许多执法机构目前正在实施这些建议中的一些或全部，其中一些改革是执法机构自愿采纳的，在其他情况下，改革是由新的法规或法院裁决强制进行的。

一些更重要的目击证人识别改革包括确保证人被适当指示——罪犯可能不在任何给出的待辨认嫌疑人队列或照片阵列中，以使证人不会觉得被迫在每个案件中挑出一人；适当选择待辨认嫌疑人队列或照片阵列的"填充人"（非嫌疑人），以便嫌疑人不突出；在任何给出的待辨认嫌疑人队列或照片阵列中安排不超过一个嫌疑人；以"双盲"方式进行识别程序——证人和实施该程序的警察都不知道哪个人是嫌疑人，以使警察不能有意或无意提示证人选谁；依次而不是同时呈现照片或队列成员，使得证人必须依赖从记忆中得到的绝对判断，而不是基于将一个队列成员或照片与其他人相比较的相对判断。

防止虚假供认

旨在防止虚假供认的最重要的改革是要求所有羁押讯问都必须从头到尾进行电子记录。电子记录有多种用途，它阻止警察采用不当的强制手段或提供可能产生虚假供认的犯罪相关信息，它还清楚地记录了所说和所做的事情，以便律师、法官和陪审团能够更充分和准确地考虑审讯期间做出的任何陈述的可靠性，帮助事实调查人准确地确定嫌疑人自己所说的话，而不是警察对嫌疑人话语所做的解释。电子记录还可以保护警察免受对审讯室不当行为的虚假指控，并产生强有力的证据帮助证明有罪。当一段记录中嫌疑人自由且令人信服地承认自己有罪时，该记录可以向陪审团播放。

示范法规

在各种主题上，无罪计划还制定了示范法规，并与全国各地的立法机构合作，鼓励它们采用。示范法规处理以下事项：

- 要求各州在定罪后保存生物证据；
- 在对被告人有利的检测结果可能推翻定罪的案件中，创建定罪后 DNA 检测的权利；
- 改善目击证人识别程序；
- 对嫌疑人的羁押讯问强制要求电子记录；
- 为免罪者提供或提高赔偿；
- 创建法庭科学监督委员会。

联邦立法

在联邦层面，无罪组织积极推进 2004 年的《全民正义法案》公布。小布什于 2004 年 10 月 30 日签署此法案，使其成为法律。该法案包括"无辜者保护法案"，其赋予联邦囚犯向联邦法院请求 DNA 检测以支持无罪声明的权利，鼓励各州（通过国库的力量）采取措施保存证据，向寻求证明自己清白的囚犯提供定罪后 DNA 检测。《全民正义法案》的内容还包括协助保留死刑的州创建有效的系统，使合格的律师得到任命，以及更好地培训和监督控辩双方。

它为各州提供了大量资金，以便在新的刑事调查中增加对 DNA 检测的信赖，提高对被错误定罪的联邦囚犯的赔偿，并表达了国会的想法，即所有被错误定罪的人都应得到合理赔偿。

2009 年，美国国家科学院发表了一份关于美国法庭科学现状的开创性报告，认为美国的法庭科学系统混乱分散、管理不当且科学依据不足。其呼吁改革的核心是联邦政府建立一个国家法庭科学研究所，以鼓励研究、提供监督并建立美国法庭科学证据标准。无罪组织自那时以来一直积极参与实现这个建议和美国国家科学院的其他建议。

法庭之友简报

通过联盟之友和政策委员会，无罪联盟及其成员在州和联邦诉讼中就与错误定罪有关的问题制作法庭之友简报。许多无罪联盟和个人项目简报已提交美国联邦最高法院、许多联邦巡回上诉法院、各州最高法院和上诉法院。无罪联盟制作的简报经常被这些法院的裁决引用，并在许多法院裁决中具有影响力。

参见

生物学/ DNA：基本原理；法医遗传学：历史

法律：DNA 免责；法庭科学的法律接受史；法庭科学的法律观

专业：美国国家科学院

扩展阅读

Committee on Identifying the Needs of the Forensic Sciences Community, 2009.

Strengthening Forensic Science in the United States: A Path Forward. National Academy of Science, Washington, DC.

Doyle, J. M., 2010. Learning from error in American criminal justice. *The Journal of Criminal Law and Criminology* 100, 109-147.

Findley, K. A., 2006. The pedagogy of innocence: reflections on the role of innocence projects in clinical legal education. *Clinical Law Review* 13, 231-278.

Findley, K. A., 2008, Toward a new paradigm of criminal justice: how the innocence movement merges crime control and due process. *Texas Tech Law Review* 41, 133.

Garrett, B. L., 2008. Judging innocence. *Columbia Law Review* 108, 55-142.

Garrett, B. L. , 2011. *Convicting the Innocent*: *Where Criminal Prosecutions Go Wrong*. Harvard University Press, Cambridge, MA.

Gould, J. B. , 2009. *The Innocence Commission*: *Preventing Wrongful Convictions and Restoring the Criminal Justice System*. New York University Press, New York.

Gross, S. R. , et al. , 2005. Exonerations in the United States, 1989 through 2003. *The Journal of Criminal Law and Criminology* 95, 523–560.

Medwed, D. S. , 2003. Actual innocents: considerations in selecting cases for a new innocence project. *Nebraska Law Review* 81, 1097–1151.

Scheck, B. C. , Neufeld, P. J. , Dwyer, J. , 2000. *Actual Innocence*: *Five Days to Execution and Other Dispatches from the Wrongly Convicted*. Doubleday, New York.

Siegel, A. M. , 2005. Moving down the Wedge of injustice: a proposal for a third generation of wrongly convictions scholarship and advocacy. *American Criminal Law Review* 42, 1219.

Stiglitz, J. , Brooks, J. , Shulman, T. , 2002. The Hurricane meets the paper chase: innocence projects new emerging role in clinical legal education. *California Western Law Review* 38, 413 431.

Suni, E. Y. , 2002. Ethical issues for innocence projects: an initial primer. *University of Missouri-Kansas City Law Review* 70, 921–969.

Zalman, M. , 2011. An integrated justice model of wrongful convictions. *Albany Law Review* 74, 1465–1524.

相关网站

http://www.innocencenetwork.org: Innocence Network.
http://www.innocenceproject.org: Innocence Project.

DNA 免责

K. A. 芬德利, 美国威斯康星州, 麦迪逊, 威斯康星大学法学院
版权所有©爱思唯尔公司保留所有权利。

术语表
　ABO 血型　常用的基因分型试验, 使用抗体检测人血细胞表面的变化。个体具有 A、B、O 或 AB 血型。

> **CODIS** DNA 联合检索系统，由美国联邦调查局建立，由许多 DNA 图谱数据库组成，DNA 图谱来自未决犯罪的证据样本和已知被定罪的罪犯。
>
> **线粒体 DNA** 在身体的每个细胞中发现许多线粒体中都有 DNA。线粒体 DNA 可用于从没有细胞核的细胞（例如毛干中的细胞）或降解的样本中获得 DNA 图谱。线粒体 DNA 测序可以将来自共同女性祖先的个体联系起来。
>
> **聚合酶链式反应（PCR）** 在 DNA 鉴定试验中使用的方法，使用 DNA 聚合酶复制 DNA 的一个或多个特定小区域，产生足够的 DNA 用于分析。
>
> **限制性片段长度多态性分析** 主要在 20 世纪 80 年代末和 90 年代初用于 DNA 鉴定的方法，包括测量 DNA 特定区域的大小（片段长度）差异。
>
> **短串联重复序列（STR）** 包含短段重复碱基对的 DNA 的小区域。13 个 STR 已被选定用于 CODIS。

通过 DNA 检测发现错误定罪

20 世纪 90 年代初，在美国，人们普遍认为，刑事司法系统即使有过，也很少错误地将无罪的人定罪。表达这种观点最有名的是汉德法官，他在 1923 年写道："我们的程序总是被含冤者的鬼魂困扰着。这是一个虚幻的梦。"几年后，马萨诸塞州伍斯特县的一名检察官称："无罪的人从来不会被定罪。别担心这个了。这是一个物理上的不可能事件。"最近，美国司法部前部长埃德温·米斯（Edwin Meese）说："但事实是，没有多少嫌疑人是无罪的。这是矛盾的。如果一个人是无罪的，那么他就不是嫌疑人。"

DNA 改变了这种看法，并在这个过程中重塑了关于美国刑事司法系统的探讨。截至 2012 年 7 月，292 人通过 DNA 检测方式被证明没犯严重罪行（大多是强奸和谋杀），而这发生在他们被错误定罪判刑几年甚至几十年之后。通过建立对刑事司法系统易错性的认识，DNA 免责也使得数百人成功洗脱罪名，即使没有 DNA 证据。

此外，通过以科学确定性展示刑事司法系统中的错误现实，DNA 免责创造了一个学习机会——研究错误定罪并确定错误的来源以便将来能够避免。因此，DNA 免责导致了大量改革，这些改革旨在提高刑事司法系统核心职能的可靠性，将有罪和无罪分开。一些改革建议已在各个管辖区得到采用，它们通常侧重于目击证人识别程序、为减少虚假供认对审讯进行电子记录、提高法庭科学的可靠性并加强监督、限制不可靠的监狱线人的证词、改善辩护援助服务等。

DNA 作为法庭科学工具出现

1984 年，遗传学家亚力克·杰弗里斯博士在其位于英国莱斯特的实验室工作时，利用多点位探针和被称为限制性片段长度多态性分析的方法，开发出第一个法庭科学 DNA 分型技术。杰弗里斯把这种新的 DNA 技术称为 DNA 指纹。法庭科学 DNA 技术的时代到来了。

第一例 DNA 免责案件：皮奇福克案

杰弗里斯的新 DNA 技术的第一次法庭科学应用使得有罪之人得以定罪，并洗脱了无罪之人的嫌疑。1983 年 11 月，一名被强奸和勒死的 15 岁女孩的尸体被发现躺在距离莱斯特不远的英格兰纳尔伯勒村的一条小径旁。在这起犯罪发生时，法庭科学在这类案子中的应用方式是标准 ABO 血型分析或血清学检测。血清学检测确定，从女孩身体内提取的精液来自酶标记物 PGM1+ 的分泌者。这将可能的来源限制在成年男性人口的 10%。这就是警方所掌握的全部情况，他们没有嫌疑人，也没有线索。

1986 年，另一名 15 岁女孩的尸体（也是被强奸和勒死）在临近的恩德比村被发现，距离第一次强奸地点不到 1 英里。与第一起案件情况一样，血清学检测确定犯罪者是 PGM1+ 分泌者。这一次，警方有一个嫌疑人——在附近精神病院工作的一名 17 岁的厨房搬运工。这个男孩思维迟钝，承认第二次谋杀，但拒绝承认第一次。有一个问题：这个男孩不是 PGM1+ 分泌者。尽管与血清学证据不符，但男孩仍然是主要嫌疑人，仅血清学证据不足以压倒口供。

警方没有第一起案件的口供，但怀疑这两起案件都是这个男孩犯下的。警方寻求杰弗里斯博士分析第一起案件的陈旧精液样本，看它是否与被指控男孩的血液样本中的 DNA 匹配。使用单个位点探针，杰弗里斯排除了这个嫌疑人，然后警方将第一起案件的精液样本发给杰弗里斯，DNA 再次排除了此嫌疑人。此外，第二起案件中的 DNA 与第一起案件的匹配，这两起案件有一个明显的共同罪犯，但他不是被指控的那个男孩。最后，警方接受了男孩的无罪证据并释放了他，世界上有了第一例 DNA 免责案件。

然后，警方积极地使用新的 DNA 技术来破案，他们要求年龄在 17 岁至

34 岁之间的纳尔伯勒和恩德比的所有男性居民自愿供应血液和唾液样本进行分析。警方收集了近 5000 份样本，这些人中有 500 人不能通过常规血清学检测被排除，因此他们的样本要进行 DNA 分析。最初，没有人匹配，但警方很快知道，一个叫皮奇福克的面包师说服一个同事提供血液和唾液样本代替他自己的。面对这种欺骗性证据，皮奇福克坦白并认罪，随后因这两起犯罪被判处终身监禁。DNA 证据既使被错误指控的人洗脱了罪名，又使真正的罪犯被定罪。

DNA 免责的发展

20 世纪 80 年代后期，检察官开始广泛使用新技术，将犯罪现场证据与嫌疑人匹配。不久，辩方也开始意识到 DNA 证据证明无罪的潜力。

发现监狱里的无辜者

1989 年，在伊利诺伊州，加里·多森（Carry Dotson）成为第一个被错误定罪后由 DNA 证据免责的人。1977 年，一名年轻女子声称两名男子在她下班回家途中绑架了她，强迫她进入汽车后座并强奸了她。1979 年，多森被判犯有加重绑架罪和强奸罪，对他不利的证据包括受害者的目击证人辨认；血清学检测显示，强奸试剂盒的精液拭子包括 A 型血和 B 型血，受害者和多森都是 B 型血，因此嫌疑人包括多森（虽然这意味着多森应被排除作为精液的来源，因为他和受害者都不能提供 A 型血分泌物）；从受害者内衣上提取的一根不同于受害者毛发的阴毛，但类似于多森的。

1985 年，在多森被定罪 6 年后，受害者坦白她编造了强奸案，以掩盖与他男朋友双方同意的性交。伊利诺伊州法院和州长回绝了受害者的撤诉并拒绝撤销定罪（尽管州长减过刑）。1987 年，多森的律师请求杰弗里斯博士进行限制性片段长度多态性分析，但样本降解得太严重，以致无法产生决定性结果。然后多森的律师将样本发给加利福尼亚州里士满法医学联合公司的爱德华·布莱克（Edward Blake）博士，应用另一种更灵敏但区别不大的技术——PCR DQ-α 检测。这些检测表明，受害者内衣上的精液不可能来自多森，但可能来自受害者的男朋友。多森的定罪被推翻，指控被驳回。

第二例 DNA 免责发生在 1989 年底。另一例在一年后。1991 年又有两例。此后更多的免责案件迅速出现，并在接下来几年越来越多。

新技术

使检测越来越可行的新技术很快出现，即使是微量或降解的样本也可以检测。PCR，大致类似于 DNA 复制，与 STR 分析结合，取代限制性片段长度多态性分析作为主导技术，增强了 DNA 分析的灵敏度和鉴别力。例如，PCR/STR 检测允许分析人员从犯罪者仅触摸（通常称为"触摸 DNA"或"接触 DNA"）过的一些物体上获得 DNA 图谱。同时，线粒体 DNA 检测可以对无核细胞（例如毛干中的细胞）和降解样本进行 DNA 分析。Y 染色体 STR 允许仅分析混合物中的男性 DNA，这是鉴定阴道拭子中可能被女性 DNA 掩盖或淹没的少量男性 DNA 的重要步骤。其他新兴技术正在继续增强 DNA 检测的能力。

数据库

美国联邦调查局 DNA 图谱数据库的发展也提高了刑事司法系统确定有罪和豁免无辜的能力。美国联邦调查局的数据库——CODIS，由许多 DNA 图谱数据库组成，DNA 图谱来自未决犯罪的证据样本和已知被定罪的罪犯。CODIS 对于洗脱无辜人员罪名是至关重要的，尤其当不在场证据可能单独不足以证明无罪时。

例如，尚提·奥特（Chaunte Ott）被认定在威斯康星州密尔沃基市残忍杀害一名年轻女子，倘若数据库中没有发现匹配者，他不会被免责。奥特被判犯有谋杀罪而不是强奸罪，所以当受害者阴道拭子上的 DNA 产生了一个与奥特不匹配的男性 DNA 图谱时，不足以使奥特免责。州政府称精液与犯罪无关，它一定是来自双方事先同意的性接触。但是多年后，来自强奸试剂盒的 DNA 图谱产生了 CODIS 匹配，其与在密尔沃基市相同地区同一时间被杀害的两名女性的强奸试剂盒中的 DNA 匹配，显然 DNA 与此次犯罪并非无关。这一结论得到确认，后来 CODIS 匹配链接到一个总共强奸杀害 9 名女性的叫沃尔特·埃利斯（Walter Ellis）的人，他被称为密尔沃基臭名昭著的北侧扼杀者。链接到这个连环杀手后，奥特被释放，并获得了对他多年错误监禁的赔偿。

对系统的影响

到 1996 年，DNA 免责开始对执法和司法界产生影响。在那一年，美国司法部通过国家司法研究所和当时的司法部部长珍妮特·雷诺（Janet Reno）的指导，发表了一份研究报告，审查了 28 个被错误定罪个人的 DNA 免责申请。此次审查反映的现实就是，强奸倾向于产生来自攻击者的明显的生物学证据。

这 28 起案件均涉及性侵犯，其中 6 起案件的受害者也被杀害。在被 DNA 免责之前，28 名被告人共服刑 197 年，平均近 7 年。

为回应国家司法研究所的报告，时任司法部部长雷诺要求国家司法研究所建立一个关于 DNA 证据的国家委员会，以确定在刑事司法系统中最大限度发挥 DNA 价值的方法。1999 年 9 月，该委员会发表了一份题为"定罪后的 DNA 检测：处理请求的建议书"的报告。在报告中，该委员会鼓励检察官和辩护律师合作安排定罪后的 DNA 检测，这可能使被告人免责。

DNA 证据的保存和获取

DNA 作为免除错误定罪的工具的成功突出了评估这种证据的现有系统的一个问题：大多数州没有要求政府在定罪后保存生物证据，以便将来检测，并且大多数州没有规定获取此类证据进行定罪后 DNA 检测的权利或机制。伊利诺伊州和纽约州最早通过立法规定在 DNA 可能证明无罪时当事人申请定罪后 DNA 检测的权利。联邦政府和其他州很快跟进，许多州还需要在定罪后保存生物证据。今天，联邦政府和大多数州都要求保存生物证据，49 个州、联邦政府和哥伦比亚特区规定了获得证据进行定罪后 DNA 检测的法定权利，虽然有些仅限于特定罪行或时间段。只有俄克拉荷马州尚未有任何定罪后 DNA 检测法规。

在那些没有定罪后 DNA 检测法规，或者法规因某些原因不适当的司法辖区，被监禁的人通过其他途径获得检测：法院和宪法的正当程序条款。根据联邦民权法（42U. S. C. sec1983），囚犯起诉州，声称拒绝他们获得 DNA 证据侵犯了他们的正当程序权利。在这种情况下，一些法院给予救济，一些法院给予免责。

然而，2009 年，在第三司法区地区检察官办公室诉奥斯本（Osborne）案中［129S. Ct. 2308（2009）］，法院认为当事人没有获得检测的正当程序权利，因为州法律已经提供足够的机会保障检测。该案揭示，州法律确实可以创造正当程序自由利益，获取可证明无罪的 DNA 证据。一个仍然存在的问题是，法院如何评估州法律没有充分提供检测机会的主张。

今天的 DNA 免责

免责

截至 2012 年 7 月，已知因 DNA 而洗脱罪名的已决犯人数已上升到 292

人。随着美国无罪项目数量的逐年增长，先进技术和对错误定罪问题的认识也在提高；免责人数在 1992 年之后稳步增长，峰值是 2002 年的 25 人。尽管有人预测，定罪后的 DNA 免责率会降低，因为大多数老案子的 DNA 检测已经完成，但从那时起，每年的免责人数保持稳定，在 13 人（2004 年）和 23 人（2009 年）之间。每年的 DNA 免责人数如下表所示。

历年 DNA 免责情况统计

年份	DNA 免责人数
1989	2
1990	1
1991	2
1992	5
1993	4
1994	7
1995	8
1996	13
1997	9
1998	4
1999	11
2000	15
2001	19
2002	25
2003	18
2004	13
2005	19
2006	18
2007	19
2008	14
2009	23
2010	18
2011	15

加勒特教授分析了 250 例 DNA 免责案件后发现，这些无辜的男子和女子平均在监狱里待了 13 年，17 人被判死刑，80 人被判终身监禁。250 名无辜者中约有 98% 的人被判犯有强奸罪或强奸谋杀罪。这些案件中强奸和谋杀的过高比例反映出异常高的错误率，警方和检察机关迫于强大的公众压力，更容易相信嫌疑人有罪。DNA 免责涵盖几乎所有强奸案和强奸谋杀案的主要原因可能是性侵犯是最可能产生用于 DNA 分析的生物学证据的犯罪。这种解释表明，可能有无数的个人被认定有其他罪行，他们也是无罪的和被错误定罪的，但是不能通过 DNA 检测证明，因为这些案件缺乏可检测的生物证据。

在通过 DNA 免责的人中，70% 是少数族裔。在强奸案中，75% 的免责者是黑人或拉丁裔，而所有强奸案只有 30% 至 40% 是少数族裔犯下的。大多数强奸案是在某一种族群体内部犯下的，90% 是由与受害者同种族的人犯下的。然而，在所有错误定罪的强奸案中，近一半涉及黑人或拉丁裔犯罪者和白人受害者。

在许多这样的案件中，DNA 证据的作用不限于使无辜者洗脱罪名。在 45% 的 DNA 免责案件中，DNA 检测发现了真正的强奸犯或杀人犯，其中许多人已经逍遥法外多年，并继续犯下其他罪行，无辜的人却因他们的罪行而坐牢。

错误定罪的特点

研究 DNA 免责提供了对创造错误定罪的证据和错误类型的见解。

目击证人错误

在这些案件中最普遍的错误证据类型是目击证人错误，目击证人错误指认被告人的案件占 250 例免责案件的 76%。通常，这些目击证人误认一个无辜的人不是因为他们在说谎，而只是因为他们弄错了。相当多的研究已经证实目击证人的记忆容易出错，并认定警察的做法可能无意中污染了目击证人的记忆，导致错误指认。事实上，加勒特回顾了 250 例 DNA 免责案件，发现在 78% 的案件中，警方使用暗示性的方法误导了目击证人的指认，比如提供（无论有意还是无意）关于待辨认嫌疑人队列中的哪个成员是嫌疑人的线索，或者使待辨认嫌疑人队列中的嫌疑人明显与众不同。

提高目击证人准确性的改革开始于对目击证人错误问题的严重性的新认识，包括新泽西州、北卡罗来纳州、俄亥俄州和威斯康星州在内的许多州正在实施基于社会科学的警察实践，旨在减少目击证人错误。这些改革包括一些做法，比如在指认程序前，告诉目击证人真正的犯罪者可能在场，也可能不在场，因为证人不应被迫选择某人；确保待辨认嫌疑人队列或照片阵列中包含的每个人都符合对犯罪者的描述，以便没有人突出；盲排待辨认嫌疑人队列和照片阵列，这意味着执行测试的警察不知道哪个人是嫌疑人；将嫌疑人和填充人（在指认程序中已知无罪的人，用来填充待辨认嫌疑人队列或照片阵列）依次而不是同时呈现给目击证人，以便最小化面部比较和挑选最符合者的趋势，而不是只选择一个真的认为是犯罪者的人；每个指认程序只包括一个嫌疑人，任何嫌疑人都只向目击证人呈现一次，而不是重复呈现几次；在目击证人做出指认后立即准确记录其有信心陈述，即在目击证人接到关于其"选择"的任何确认或驳斥的反馈之前记录。

有缺陷的法庭科学证据

基于加勒特的研究，在 250 例 DNA 免责案件中第二普遍的证据类型是法庭科学证据。74%的 DNA 免责案件包括其他法庭科学证据。这些案件中的法庭科学证据包括血清学检测（如皮奇福克案和多森案，116 例）、显微毛发比较（75 例）、指纹对比（20 例）、咬痕比较（7 例）、足迹比较（6 例）和声纹比较（1 例）。加特勒和诺伊费尔德分析了 153 个 DNA 免责案件中法庭科学证词的副本，发现 61%的案件中的法庭科学证词无效：就证据的证明价值而言，要么滥用人口数据，要么得出不能由经验数据支持的结论。在其余案件中，科学可能是有效的，但与 DNA 更大的鉴别能力相比时，其效用有限。法庭科学证词几乎在所有类别的法庭科学案件中都是无效的，包括 58%的血清学证词、39%的显微毛发比较证词、71%的咬痕比较证词、17%的足迹比较证词和 5%的指纹对比证词。

这些技术中的一些，例如显微毛发分析，已不再广泛使用，但这些案件中出错的方法和证词类型继续出现在如今的各种法庭科学学科中。美国国家科学院的一项具有里程碑意义的研究仔细审视了法庭科学的现状并得出结论："除了核 DNA 分析外，没有法医学方法能够持续并高度确定地证明证据与特定个体或来源之间的联系。"事实上，美国国家科学院的结论是（再次排除DNA），"已经进行了（少许）严格的研究，以验证一些法庭科学学科的基本前提和技术"。

虚假供认

与直觉相反，DNA 免责证明无辜的人确实承认了犯严重的罪行，如强奸和谋杀，而他们实际并没有犯罪。在 250 例 DNA 免责案件中，16% 的案件涉及虚假供认。在谋杀案中，通常没有幸存的受害者，因此供词对警方更重要。大约 2/3 的 DNA 免责案件涉及虚假供认，这些虚假供认中几乎都有犯罪的重要细节，包括未公开的细节，警方通常声称其没有向嫌疑人披露这些细节，只有真正的犯罪者才知道。然而研究发现，实际上，虚假供认中的大多数都受到了警方污染，是在持续数小时甚至数天的长时间的审问中，使用高强度的审问策略，利用击溃心理防线来说服嫌疑人认罪。法院、立法机构和警察部门已经发现，处理虚假供认问题最重要的第一步是规定对嫌疑人的所有监管审讯都应有从头到尾不间断的电子记录，这种记录保护嫌疑人免受强制策略干扰，并在警察做得太过火时或当警察用所谓的秘密犯罪细节污染审问时进行记录。同时，电子记录保护警察免受对审讯室不当行为的虚假指控。自愿供述的记录还为检察官提供了有力的有罪证据。到目前为止，11 个州和哥伦比亚特区的警察要求或鼓励至少记录某些审讯，并且全国数百个司法辖区的警察已经开始自愿记录。

虚假线人证词

在 250 例 DNA 免责案件中，有 21% 的案件在一审时有线人证词，这些证词大多由监狱线人、共同被告人、秘密线人或合作证人提供。这些证人通常证明被告人向他们承认犯罪，并提供了他们如何犯罪的细节。刑事司法系统早就知道这种证词缺乏可信度，因为他们有动机伪造针对被告人的证据，但刑事司法系统同时批准信赖线人证词。潜在线人知道或希望向国家提供此类证据，以在自己的案件中得到宽大处理或其他利益。然而，该系统无助于防止这种虚假证词。DNA 免责证实了这种证词对审判时发现准确事实的威胁的严重性，并导致一些改革建议或对此类证据更严格的审查。

错误定罪的其他特点

由定罪后 DNA 检测暴露的错误定罪的其他常见特点包括，各种形式的警察和检察不当、不足，或辩护律师的无效辩护。此外，几乎每个案件都表现出一定程度的视野狭窄——固有认知偏差（例如确认偏差和结果偏差）和制度压力的结合，使调查人员倾向于关注嫌疑人，然后通过关于嫌疑人罪行的早期结论的有色眼镜，过滤案件中所有后续信息。

DNA 免责说明了上诉的失败。这些无辜被告人中很少有人在上诉审查期间获得救济。大多数法院都肯定了对这些无辜被告人的定罪，在大约一半的案件中，法院对有罪证据的价值做出评论，而在 10% 的案件中，上诉法院称证明罪行的证据是"压倒性的"。

参阅

人类学/齿科学：齿科学；基本原则；DNA 数据库；法医遗传学：历史；线粒体DNA；短串联重复序列

调查：指纹

法律：法庭科学的法律接受史；法庭科学的法律方面；无罪计划

方法：分析光学显微镜

形态证据：鞋印；工具

形态证据/历史：指纹学

专业：国家科学院

毒理学/酒精：血液

毒理学/药物滥用：血液

扩展阅读

Connors, E., Lundregan, T., Miller, N., McEwan, T., 1996. *Convicted by Juries, Exonerates by Science: Case Studies in the Use of DNA Evidence to Establish Innocence after Trial*. National Institute of Justice, Washington, DC.

Findley. K. A, 2009. Innocence protection in the appellate process. *Marquette Law Review* 93, 591-638.

Garrett, B. L., 2008. Judging Innocence. *Columbia Law Review* 108, 55-142.

Garrett, B. L., 2011. *Convicting the Innocent: Where Criminal Prosecutions Go wrong*. Harvard University Press, Cambridge, MA.

Garrett, B. L., Neufeld, P. J., 2009. Invalid forensic science testimony and wrongful convictions. *Virginia Law Review* 95, 1-97.

Gross, S. R., et al., 2005. Exonerations in the United States, 1989 through 2003. *Journal of Criminal Law and Criminology* 95, 523-560.

Kaye, D. H., 2010. *The Double Helix and the Law of Evidence*. Harvard University Press, Cambridge, MA.

National Research Council and National Academy of Sciences, 1992. *DNA Technology in Fo-*

rensic Science. National Academy Press, Washing, DC.

Scheck, B. C., Neufeld, P. J., Dwyer, J., 2001. *Actual Innocence*: *When Justice Goes wrong and How to Make it Right*. Signet, New York.

Thompson-Canino, J., Cotton, R., Torneo, E., 2009. *Picking Cotton*: *Our Memoir of Injustice and Redemption*. ST. Martin's Press, New York.

U. S. Department of Justice, Office of Justice Programs, National Institute of Justice, and National Commission on the Future of DNA Evidence, 1999. Postconviction DNA Testing: Recommendations for Handling Requests. U. S. Department of Justice, Office of Justice Programs, National Institute of Justice, National Commission on the Future of DNA Evidence, Washington, DC.

Relevant Websites 相关网站

www. innocencenetwork. org：Innocence Network.

www. innocenceproject. org：Innocence Project.

DNA 数据库

P. M. 施耐德, 德国, 科隆, 科隆大学,
版权© 2013 爱思维尔公司保留所有权利

术语表

偶然匹配　由于使用鉴别能力低的部分配置文件进行搜索而导致的模糊结果 (例如, 当随机匹配概率等于或小于数据库的大小时), 在这种情况下, 必须考虑与数据库中的记录相匹配的现象可能与犯罪无关。

CODIS　美国国家 DNA 索引系统 (NDIS) 在运行过程中所使用的软件系统, 这一系统包含美国所有州的 DNA 数据库的综合数据。

冷命中　通过犯罪污点档案在 DNA 数据库搜索中发现的一个人, 此人在本案中基于传统的警方调查而未被怀疑。

EDNAP　欧洲 DNA 分析小组, 于 1989 年由来自学术界和政府实验室的科学家主持成立, 开展协作实验, 旨在协调整个欧洲的法庭科学 DNA 分析方法。

ESS 基因座　用于数据库分型的欧洲标准 STR 基因座组。

家族搜索　一种数据库搜索策略, 旨在识别来自未知犯罪者的一级亲属。

NDNAD　英国 (英格兰、威尔士) 的 DNA 数据库。

引 言

尽管储存刑事犯罪者和未决刑事案件的 DNA 图谱的国家数据库的历史仍然相当短暂，但它是现代刑事调查策略中最伟大的成就，至少与指纹鉴定的引入相当。在欧洲，1995 年英国（英格兰、威尔士）成立了第一个国家 DNA 数据库。在美国，自 1989 年以来，联邦调查局逐步引入 CODIS，并在 1994 年正式创建 DNA 鉴定法，自 1998 年起在全国范围内实施。此后，欧洲大多数国家都从刑事案件中引进了 DNA 图谱。然而，必须指出的是，一些数据库仅存储未决刑事案件的数据，因为存储罪犯档案通常需要具体立法。由于刑事司法制度存在重大差异，国家 DNA 数据库是根据现在可以找到的各种国家规定所反映的特定法律史和文化背景而创建的。在仅收集犯罪现场样本的国家，数据库通常是根据现行法引入的，用于从常规案件中获取样本。

但是，进行数据库立法时，有几个重要的问题需要解决，这些问题包括将罪犯的 DNA 图谱添加到数据库中的标准，是否同样纳入未经法庭审判的嫌疑人（或被逮捕人，取决于法律规定）以及在数据库引入时被监禁的已定罪的罪犯，将个人档案存储在数据库中的时间段，已经被检测过的个人参考样本（即血液样本、口腔拭子和/或从血液或口腔细胞中提取的 DNA 样本）的处理（即保留或销毁它）。

在 DNA 数据库中纳入 DNA 图谱的标准

欧洲各国的法律制度存在多种差异，因此这些将作为实例指出在引入和运用犯罪 DNA 数据库方面的相关问题。在大多数立法中，从生物斑迹中获取的 DNA 图谱的具体存储标准取决于犯罪类型或犯罪严重程度。大多数 DNA 数据库通常包括死罪、暴力犯罪以及所有类型的性犯罪。一些国家根据各自的刑法典（例如法国和挪威）列出了刑事犯罪的详细清单，而在其他国家，则考虑被定罪的罪犯被关押的时间长短，这一时间段可能是 1 年至 5 年。此外，为了将 DNA 图谱存储在数据库中，需要法官或调查官的正式决定。在一些国家，没有具体的选择标准（例如奥地利和瑞士，见下文）。

有两组人被纳入数据库：（1）刑事调查中的嫌疑人和/或被逮捕人；（2）被定罪的罪犯。在奥地利、克罗地亚、斯洛文尼亚、瑞士、德国、芬兰、丹麦、荷兰和挪威，数据库都有可能纳入嫌疑人，但嫌疑人的选择标准相当多样。

奥地利、克罗地亚、斯洛文尼亚和瑞士已经实施了最严格的战略，其中"有任何罪行记录"的嫌疑人都有资格进入数据库。然而，被普遍采纳的进入标准是犯罪的类型（挪威）以及刑期的时间或类型，例如监禁1年以上（德国、芬兰）、1年半（丹麦）、4年（荷兰）甚至5年（匈牙利）。比利时、挪威和葡萄牙不允许纳入嫌疑人。

在调查的早期阶段纳入嫌疑人，可能会导致其DNA图谱进入数据库并与另一未决刑事案件的DNA图谱相匹配的情况发生。即使初步调查的指控已经被撤销，这种冷命中也可能导致新的调查。虽然如果一个人被无罪释放，大多数数据库都必须消除嫌疑人的记录，但是当然会进行与冷命中有关的新调查。显然，当这种数据库中的潜在罪犯的"人口"增长较多时，这种方法将会产生更多的冷命中。数据库的统计数据支持了这一假设，这里列举了几个国家的统计数据（见表1）。例如，在比利时，只有47%的数据库记录来自罪犯，因此，只有38%的数据库匹配是人—斑迹匹配。在超过70%的记录来自行为人的国家，至少有70%的数据库匹配是人—斑迹匹配。在英国（英格兰、威尔士），约有10%的人口已经在数据库中。超过90%的数据库记录来自行为人，超过85%的数据库匹配是人—斑迹匹配。还必须考虑到，与罪犯匹配的DNA图谱已经被删除，而罪犯的DNA将保留在数据库中。在数据库里的前科人员越多，物证命中率就越高。

表1　经过选择的欧洲国家的 DNA 数据库统计数据

国家	人口总数（百万）	数据库人（千）	数据库斑迹（千）	数据库中的人口（%）	人（%）	斑迹（%）	总命中数（千）	个人命中数（千）	个人命中率（%）	是否包括嫌疑人	最后更新日期
奥地利	8.1	145.5	44.8	1.8	76	24	19.9	13.9	70	是	2011年6月
比利时	10.4	21.8	24.6	0.21	47	53	4.5	1.7	38	否	2011年6月
丹麦	5.5	73.9	40.2	1.34	65	35	19.6			是	2011年9月

续表

国家	人口总数（百万）	数据库		数据库中的人口（%）	人（%）	斑迹（%）	总命中数（千）	个人命中数（千）	个人命中率（%）	是否包括嫌疑人	最后更新日期
		人（千）	斑迹（千）								
芬兰	5.4	111.9	12.4	2.07	90	10	15.6	14	90	是	2011年6月
法国	59.3	1698.1	103.7	2.86	94	6	52.4	45.7	87	是[a]	2011年6月
德国	82.4	746.9	201.9	0.91	79	21	126.9	100	79	是	2011年12月
荷兰	16.1	118.9	47.1	0.74	72	28	32	27.1	85	是[a]	2011年6月
挪威	4.5	22.1	6.2	0.49	78	22	2.8	2.1	75	否	2010年6月
瑞典	9	99.4	33.1	1.1	75	25	42.3	30	71	是	2011年6月
瑞士	7.8	126.6	33.1	1.62	79	21	36	29	81	是	2011年6月
英国（英格兰、威尔士）	53.7	5369	387.5	10	93	7	1659	1423	86	是	2011年6月
总计	300	8589		3.28			2056	1679	82		

a: 经过几年的运作，这项法律被修改，将嫌疑人包括在内。

对于被定罪的罪犯，所有将嫌疑人纳入数据库的国家的标准都是一样的。在挪威和比利时，需要法院裁决。在德国也是如此，必须对未来犯罪的风险做出判断。在瑞典，需要至少被判入狱2年，才能将被告人的DNA图谱纳入数据库。在荷兰，被定罪的罪犯可自愿提供数据库样本，即使刑期不到4年。这表明，一旦罪犯被释放并决定遵守法律，进入数据库将有助于保护其隐私。如果在DNA数据库中包含这样一个自愿样本，并添加了新的犯罪现场样本而没有匹配，则在未破案件中，该个体被自动排除在外。在法国，所有的性犯罪以及所有严重的罪行都有资格进入数据库。但是，罪犯必须自愿捐赠样本，因为他受法律保护，他的身体完整性不被胁迫。不过，大多数罪犯显然同意提供样本，否则他们会因拒绝提供样本而被罚款。这个困境的另一个解决方案是收集那些能承受罚款的罪犯的烟头、头发或刷子，因为对"废弃"样本的基因分析是不被法律禁止的。然而，这种做法似乎是有问题的，因为确认"废弃"样本的身份这一过程可能是令人生疑的，容易出错或被操纵。

在英国，即使是无罪释放的嫌疑人，数据库记录仍然没有受到限制。然而，这个规则的合法性受到两个人的质疑，他们要求删除其 DNA 样本和数据库记录。其中一名男性嫌疑人在被提取样本时仅 11 岁，最终被无罪释放。在涉及成年男子的第二起案件中，由于庭前和解而没有提出任何指控。这项要求最终被上议院否决，因此案件提交给欧洲人权法院。欧洲人权法院裁定赞成这一请求并指出，无限制地保留无罪释放者或无罪者的样本是侵犯《欧洲人权公约》规定的隐私权的行为。其后，英国政府提出修改法律，以适应欧洲人权法院的裁定。

那些无限制地保留数据库记录的国家已经有了消除这些记录的机制。在嫌疑人被纳入数据库的国家，这些记录必须在放弃指控后或嫌疑人在法庭上被无罪释放时予以消除。有趣的是，丹麦在这两种情况下有不同做法：当控方放弃指控时，立即消除记录（假设警方明确认定嫌疑人是无辜者），但是被宣告无罪者的记录仍要在数据库中保留 10 年（因为犯罪可能已经发生，只是缺乏证据）。被定罪的罪犯的记录将永远留在英国、奥地利、芬兰、挪威和克罗地亚的数据库中（即使在死亡之后的一段时间，因为当这些 DNA 图谱保留在数据库中时仍然可以解决一些旧案）。在其他国家，记录可能保留 10 年到 40 年。该决定还可能取决于罪犯的年龄、个人预后（如在德国）或犯罪的严重性（如在斯洛文尼亚）。

要考虑的第三个方面是收集和存储来自嫌疑人和罪犯的参考样本的程序。所有国家目前采用口腔拭子，因为可以在没有医生帮助的情况下收集。一些国家已经开发了条形码采样套件，这也使得程序简单且匿名。因此，DNA 图谱可以与个人信息分开存储。大多数国家的情况就是这样，除了德国——样本仅在分型实验室匿名，但与完整的个人信息一起存储在警察数据库中。关于经过分型的参考样本如何处理（保留或销毁）的规定存在重大差异。在英国、奥地利、芬兰、丹麦、匈牙利、斯洛文尼亚和克罗地亚，参考样本应保留，因此，当发生匹配时或在匹配报告被交给检察官之前，可以再次检测参考样本以确认数据。此外，如果数据库基因座的数量增加，参考样本将可用于重新分型。有人认为，在获得分型结果后，应销毁参考样本。销毁能有效防止对参考样本未经授权的使用，从而保护基因隐私。此外，销毁样本不会导致为储存足够的样本而产生额外的长期费用。在不保存参考样本的国家，当匹配报告表明该人可能涉及另一犯罪时，通常要求嫌疑人提供新样本，因此，调查不依赖于从数据库获取的信息，而是依赖于新样本。如有必要，该新样本可在法庭上用作证据。

为了确保分型结果尽可能准确地存储在数据库中，大多数国家都有对所有参考样本测试两次的机制。另外，为确定技术质量，也可以要求为国家DNA 数据库工作的实验室引入质量管理体系，定期参加能力测试工作，并按照国际标准如 ISO/IEC 17025 进行认证。在 2009 年欧盟理事会框架决定后，从 2013 年 11 月起对欧盟所有法庭科学 DNA 实验室进行强制认证。

基因分型系统

自 1995 年以来，科学界已经做出了重大努力，在基因分型系统方面实现了高水平的标准化。STR 基因座逐渐成为所有 DNA 数据库的核心。在欧洲，对于常见 STR 基因座已经达成协议，即包含 THO1、VWA、FGA、D21S11、D3S1358、D8S1179 和 D18S51 的 ESS 基因座。除了包括牙釉质蛋白基因座，国际刑警组织标准基因座与 ESS 基因座相同。国际刑警组织也引入了一个 DNA 数据交换国际平台。在美国，管理 CODIS 系统的联邦调查局实验室实施了一套共 13 个常见 STR 基因座，其中 7 个是 ESS 基因座，另外 6 个是 CSF1PO、TPOX、D5S818、D7S820、D13S317 和 D16S539。在德国，1998 年数据库操作开始时，已经包括了 STR 基因座 SE33（humACTBP2），因为其具有较大的鉴别能力。

2005 年，EDNAP 和欧洲法庭科学研究联盟的 DNA 工作组召集会议讨论 ESS 基因座的扩展。这是一个由政治进程引发的会议，旨在使欧盟成员国之间进行数据交换。2005 年，《普鲁姆条约》签署，旨在加强跨界合作，特别是打击恐怖主义、跨国犯罪和非法移民。在执行《普鲁姆条约》之后，国家数据库之间进行大规模的 DNA 图谱交换时，7 个 ESS 基因座没有足够的鉴别能力来避免偶然匹配。当所讨论的 DNA 图谱的鉴别能力不足时（例如，随机匹配概率等于或小于数据库中的人数），可能发生这些情况，因此必须认为匹配数据库记录可能与犯罪无关。

此外，由于 STR 分型试剂盒的灵敏度增加，越来越多 DNA 含量低或由于 DNA 降解而质量下降的犯罪斑迹样本被提交用于分析，这种样本的分型通常产生具有更低鉴别能力的部分图谱。在这种情况下，短扩增的稳定的 STR 系统是非常有用的，因为它们对于降解 DNA 样本的分型更有用。欧洲法庭科学研究所联盟和 EDNAP 的建议被采纳，5 个新的基因座 D1S1656、D2S441、D10S1248、D12S391 和 D22S1045 被添加到 ESS 基因座中，其中包括三个短扩增子 STR 基因座（D2、D10 和 D22）以及两个鉴别能力高的基因座（D1 和 D12）。此外，在多个法庭科学 DNA 实验室中常规分型使用的 3 个 STR 基因座 D2S1338、D16S539 和 D19S433 也用于 DNA 数据交换。至此，标记物的总数增加到 15 个 STR 基因座。美国联邦调查局 CODIS 核心基因座工作组在 2011 年提出建议，从 ESS 基因座或从法庭科学领域已经使用多年的分型试剂盒中挑选基因座，用于扩展 STR 标记集。选择标准是鉴别能力、与疾病缺乏关联以及低突变率等，以使确定失踪人员身份成为可能。

隐私权、伦理考量和新方向

DNA 数据库的引入伴随着一个激烈而有争议的辩论：保护隐私、应对 DNA 作为信息来源以及衍生的 DNA 图谱进行调查的程度。对刑事 DNA 数据库的伦理背景的审查已经恰当地表达了这样的观点："在 DNA 认定罪犯的神奇能力和其损害公民自由和人权的恐怖能力之间，存在一种横贯整个 DNA 话语领域的紧张关系。"一个主要的问题是收集一个人的基因样本，其中包含整个基因组。虽然 DNA 样本不构成"个人数据"，因此不被数据保护条款直接涵盖，但是使用适当的方法可以重建个体所有基因信息，例如使用新的下一代测序技术可以在几天内完成完整的人类基因组测序。因此，即使目前的立法将基因信息限制在数据库中的 STR 分型结果上，人们对无限存储的 DNA 样本在不公开揭露的情况下可能被"滥用"或者在不可预知的情况下发生政治制度巨变仍有着一种强烈的担忧。因此，如上所述，大多数国家已经决定销毁个人参考样本。在瑞士，最初决定在国家 DNA 数据库评估期间保留参考样本，但是，当最终通过立法时，出于保护隐私和节省安全储存样本所需的大额开支的目的，删除了这项规定。

必须指出，来自不明罪犯的犯罪斑迹不一定构成"私人"样本。它已被丢弃在犯罪现场，因此即使面对任何对个人信息隐私保护的呼吁，也不可能认为其是值得保护的。人们正在研究提取诸如预测生物地理学祖先（即人类具有遗传根源的地理区域）的附加信息。此外，科学家正在努力调查编码的DNA序列，希望根据外部可见特征（EVC，如头发、眼睛和皮肤颜色，身高或面部特征）获得认定罪犯的额外线索，这也被称为法庭科学DNA表型分析。在荷兰，2004年引入了DNA立法，明确允许这种类型的遗传调查。可以认为，编码的DNA序列的分析是公然侵犯隐私权的，并将为所有其他类型的有关遗传性状的刑事调查打开闸门。然而，除色素沉着标记之外的其他外部可见特征是非常复杂的遗传性状，即使整个基因组被测序也不会变得容易预测，因此，详细的"遗传模拟拼绘"画像将不可能成为现实。来自犯罪现场的外部可见特征的遗传预测必须基于在相当大的误差范围内的似然估计，因此仅在基于STR的DNA图谱在数据库中没有匹配的情况下才适用。那时它仅能帮助缩小嫌疑人的范围，并与目击者的陈述相比具有相同或较差的质量。一旦确定了特定嫌疑人或一组嫌疑人，将使用"常规"STR分型与犯罪现场样本进行认定或排除。因此，必须了解的是，将有关外部可见特征的遗传数据存储在DNA数据库中没有任何意义。这些信息只能用于为不明斑迹供体提供有限的情报，一旦通过STR分析鉴定出真正的罪犯，就会被丢弃。

在部分国家存在争议的另一个策略是根据现有DNA数据库中的STR档案进行遗传相关性搜索。这已经在美国的一些州以及英国施行，在那里，罪犯的DNA图谱已经事先录入数据库，家族搜索通过将犯罪现场情况与罪犯的一等亲属联系起来帮助识别不明罪犯。虽然这种做法在美国的许多州和英国都是允许的，但许多欧洲国家如德国和法国都不允许，因为它不但侵犯隐私，而且被认为非法使用来自STR分析的遗传信息。在法庭上，如果亲属被指控，证人可以拒绝作证。然而，通过进行家族搜索而被怀疑的数据库中的个人，例如不明罪犯的兄弟，则被用作他的亲属的一个"不情愿的告密者"。还应该考虑到，DNA数据库的STR基因座的数量通常足以进行直接比较，但可能不足以建立强大的证据来证明遗传相关性。显然，在全球范围内相当多元化的刑事司法体系框架下，运作DNA数据库时，DNA证据作为刑事调查中情报来源的前景和局限性仍有争议。

法医生物学

参见：

生物学/DNA：法医 DNA 分析的认可；祖先信息标记
法庭科学 DNA 咨询组：DAB、SWGDAM、ENFSI 和 BSAG
法庭科学 DNA 分型：外部可见特征的 DNA 检测；短串联重复序列

扩展阅读

Bieber, F. R., Brenner, C. H., Lazer, D., 2006. Human genetics. Finding criminals Through DNA of the irrelatives. *Science* 312, 1315-1316.

Butler, J. M., 2012. *DNA Databases: Uses and Issues. Advanced Topics in Forensic DNA Typing: Methodology.* Elsevier Academic Press, New York.

Gamero, J. J., Romero, J. L., Peralta, J. L., Corte-Real, F., Guillén, M., Anjos, M. J., 2008. A study of Spanish attitudes regarding the custody and use of forensic DNA databases. *Forensic Science International: Genetics* 2, 138-149.

Gill, P., Fereday, L., Morling, N., Schneider, P. M., 2006. The evolution of DNA databases-recommendations for new European STR loci. *Forensic Science International* 156, 242-244.

Hares, D. R., 2012. Expanding the CODIS core loci in the United States. *Forensic Science International: Genetics* 6, e52-e54.

Hindmarsh, R., Prainsack, B. (Eds.), 2010. *Genetic Suspects: Global Governance of Forensic DNA Profiling and Databasing.* Cambridge University Press, Cambridge.

Kayser, M., Schneider, P. M., 2009. DNA based prediction of human externally visible characteristics in forensics: motivations, scientific challenges, and ethical considerations. *Forensic Science International: Genetics* 3, 154-161.

Martin, P. D., Schmitter, H., Schneider, P. M., 2001. A brief history of the formation of DNA databases in forensic science within Europe. *Forensic Science International* 119, 225-231.

Myers, S. P., Timken, M. D., Piucci, M. L., et al., 2011. Searching for first-degree familial relationships in California's offender DNA database: Validation of a likelihood ratio based approach. *Forensic Science International: Genetics* 5, 493-500.

Storvik, G., Egeland, T., 2007. The DNA database search controversy revisited: bridging the Bayesian-frequentist gap. *Biometrics* 63, 922-925.

Williams, R., Johnson, P., 2004. "Wonderment and dread": representations of DNA in ethical disputes about forensic DNA databases. *New Genetics and Society* 23, 205-223.

相关网站

http://www.fbi.gov/about-us/lab/codis：Combined DNA Index System（USA）.

http://www.enfsi.eu/page.php? uid1/454：ENFSI DNA Working Group.

http://www.isfg.org/EDNAP：European DNA Profiling Group.

http://www.dnaresource.com/：Forensic DNA Database Policy.

http://www.npia.police.uk/en/8934.htm：National DNA Database in England and Wales.

http://www.nuffieldbioethics.org/bioinformation：Nuffield Council on Bioethics：The forensicuseofbioinformation.

全国失踪和身份不明人口系统（NamUs）

麦克斯·M. 霍克，美国，华盛顿特区，联合法医实验室

版权© 2013 爱思唯尔公司保留所有权利。

介 绍

据估计，约有 40 000 具身份不明的人类遗骸，或存放在法医和验尸官工作场所中，或在被确认身份之前被掩埋或火化。2007 年 6 月，司法统计局证实，一年中，法医和验尸官需要处理大约 4400 例不明身份的人类死亡案件，其中 1000 例在 1 年后仍未确定身份。司法统计局进一步确定了改进记录保留政策的必要性。截至 2004 年，超过一半（51%）的法医办公室没有保留身份不明人员的 X 光、DNA 或指纹记录的政策。然而，司法统计局还指出，超过 90% 的大型司法辖区的办事处确实有这样的政策。18 岁以下失踪人员的案件必须报告，成年失踪人员报告全凭自愿。只有少数几个州有法律要求执法机构编写成年失踪人员报告。总体而言，通过国家犯罪信息中心通报这些案件的比例很低。

NamUs 是集中存储失踪人员和身份不明死者记录的国家资源中心。NamUs 是一个免费的在线系统，（可由）全国各地的法医、验尸官、执法官员和公众检索，以期解决这些案件。

失踪人员数据库包含有关失踪人员的信息，任何人都可以输入；但是，

将这些信息加入 NamUs 数据库之前，必须对信息进行验证。NamUs 为用户提供各种资源，既能打印失踪人员的海报，又能获得免费的生物信息收集和测试方面的帮助。其他资源包括与国家信息交换所、法医和验尸官办公室、执法机构、受害者援助团体和相关立法的链接。

身份不明人员数据库包含法医和验尸官输入的信息。身份不明人员指的是已经死亡且身份尚未确定的人。任何人都可以使用性别、种族、不同的身体特征甚至牙科信息等来搜索此数据库。

新增的未认领人员数据库（UCP）包含已经通过姓名识别但未确定或未找到近亲属或家庭成员认领尸体而进行埋葬或其他处置的死者的信息。只有法医和验尸官可以在此数据库中输入案例。但是，公众可以使用失踪人员的姓名和出生年份来搜索此数据库。

当一个新的失踪人员或不明身份的死者案件被输入 NamUs 时，系统会自动执行数据库之间的交叉匹配，确定案例之间的匹配或相似性。NamUs 提供免费的 DNA 测试和其他法医服务，如人类学和牙科学援助。NamUs 失踪人员数据库和身份不明人员数据库现已提供西班牙语版本。

致谢

材料由司法项目办公室（OJP）提供，来源于 http：//www. namus. gov。

参见

生物学/DNA：DNA 数据库
调查：指纹
形态证据/指纹（指纹鉴定法）：鉴定和分析

扩展阅读

Ritter，N. ，2007. Missing persons and unidentified remains：the nation's silent mass disaster. *NIJ Journal* 256，2-7. http：//www. nij. gov.

关键词

ABO，认可，开释，亚力克·杰弗里斯，巴里·谢克，贝叶斯，偏差，诊所法律教育，CODIS，冷命中，科林·皮奇福克，置信区间，包含区间，数据库，辩护律师，置信水平，

DNA 概况，DNA，爱德华·布莱克，电子记录，数据交换，免责，豁免，外部可见特征，目击者辨认，虚假供认，家族搜索，指纹，法医牙科学，频率论，加里·多森，基因隐私，测量不确定度的表达指南，鉴定，线人，无罪网络，无罪计划，立法，测量，测量误差，失踪人员，线粒体 DNA，国家科学院，罪犯，教育学，彼得·诺伊费尔德，警察行为不当，政策，概率，概率分布，能力测试，分布传播，扩展不确定度，检察行为不当，质量保证，质量控制，随机误差，参考样本，限制片段长度多态性，血清学，告密者，法规，可疑，系统误差，普鲁姆条约，A 型不确定度，B 型不确定度，不确定度，错误定罪

检视问题

1. 拉姆齐和波顿提出的法医服务提供的模型是唯一可用的模型吗？还有哪些其他模型？

2. 什么是法庭科学策略？开发法庭科学策略有哪些问题？为什么法庭科学策略对于案件和实验室很重要？

3. 为什么法庭科学案件的整合"是法庭科学界面临的最大挑战"？

4. 法庭科学报告目前是什么？这些与其他科学报告有何不同？它们与同行评审期刊上发表的文章有何不同？法庭科学报告应该是什么？制作一张表，列出每个组件并进行比较。

5. 法庭科学报告的"受众"是谁？警方利用技术信息调查案件或其他必须审查技术信息的科学家？两者都是吗？这对法庭科学报告的内容有何影响？应该如此？

6. 法庭科学报告内容的法律要求在英国和美国之间有所不同？

7. 法庭科学报告可以独立存在（即没有专家的证词）吗？这决定了什么？

8. 法庭科报告的格式和内容是否附加有道德义务？如果是这样，它们是什么？

9. 什么是布莱迪材料？

10. 什么是健康与安全政策？这项政策应该表达什么？

11. ISO 17025 和 ISO 9001 有什么区别？它们是等价的吗？

12. 美国第一个提出进行 DNA 分析的刑事案件是什么？1989 年的纽约州诉卡斯特罗案的意义何在？

13. 为什么在法医实验室中，良好的内务管理很重要？

14. 什么是无罪计划？它在刑事司法系统中起什么作用？它为什么创建？

15. 为什么 DNA 在免除错误定罪中是如此强大的工具？在这些情况下，为什么其他法医方法的使用不如 DNA？

16. 为什么几乎所有的错误定罪都是性侵犯或谋杀案？

17. 与 DNA 数据库相关的隐私问题是什么？如果数据库有助于查找罪犯和定罪，为什么无辜公民的个人资料被输入数据库会受到关注？

18. 什么是测量不确定度？有哪些不确定度？它们与"错误"有什么不同？

19. 在不同国家进入 DNA 数据库的标准有哪些？这些差异对这些国家的刑事司法系统有何影响？

20. 什么是 NameUS？它在刑事司法系统中扮演什么角色？

讨论问题

1. 法庭科学检验和分析应该如何"整合"？通过实验室专业化，案件如何以综合方式通过实验室？这样做有什么好处，有什么问题？

2. 为什么法庭科学报告会以特定的方式存在？有没有更好的方式来呈现这些信息？它们是谁写的，它们应该为谁写？

3. 为什么警察和检察官不愿意考虑错误定罪？有什么专业或社会压力可以发挥作用？法医科学在这些案件中的作用是什么，特别是如果科学证据被用来起诉这个人的话？

4. 为什么测量不确定度在法庭科学中具有分析重要性？这在道德上重要吗？为什么或者为什么不？

5. 认证表明实验室遵循最低可接受标准；认可机构对实验室的外部评估是较大质量体系的一部分。列出除实验室保持质量的认证之外的一些方法。认证如何融入这些方法？如果实验室已经拥有卓越的质量体系，那么认证有什么意义？

附加阅读

Cole, S. A., 2014. History of forensic science in policing. *In Encyclopedia of Criminology and Criminal Justice. Springer*, New York, pp. 2153–2158.

de Keijser, J., Elffers, H., 2012. Understanding of forensic expert reports by judges, defense lawyers and forensic professionals. *Psychology, Crime & Law* 18 (2), 191–207.

Howes, L., Kirkbride, K., Kelty, S., Julian, R., Kemp, N., 2014. Forensic scientists' conclusion: how readable are they for non-scientist report-users? *Forensic Science International* 231 (1-3), 102–112.

Machado, H., Silva, S., 2014. " Would you accept having your DNA profile inserted in the National Forensic DNA database? Why?" Results of a questionnaire applied in Portugal. *Forensic Science International: Genetics* 8 (I), 132–136.

Roland, M. C., 2009. Quality and integrity in scientific writing: prerequisites for quality in science communication. *Journal of Science Communications* 8 (02), A04.

Siegel, J., King, M., Reed, W., 2013. The laboratory report project. *Forensic Science Policy & Management* 4 (3-4), I–Il.

第六部分

其他主题

　　"预测是非常困难的，尤其是对未来的预测。"著名的物理学家尼尔斯·玻尔（Niels Bohr）对预测的精辟名言再正确不过了——预测是很困难的。在接下来的十年中，哪种方法将主导 DNA 分析，是质谱，是下一代测序，还是快速 DNA 检测？这很难判断，但可以肯定的是，人类基因组之外的 DNA 应用范围在不断扩大。在虐待、走私、假冒甚至杀人等刑事案件中，动物、昆虫、植物和微生物都有自己的 DNA 应用潜力。寻找法医 DNA 的未来？非人类 DNA 可能是一个很好的起点。

未来的分析技术：DNA 质谱

W. 帕尔森，奥地利，因斯布鲁克，因斯布鲁克医科大学

S. 霍夫斯塔特，美国，加利福尼亚州，卡尔斯巴德，综合植物信息系统（Ibis）生物科学公司

版权© 2013 爱思唯尔公司保留所有权利

缩写

ESI	电喷雾电离
FTICR	傅立叶变换离子回旋共振质谱
HPLC	高效液相色谱法

ICEMS　离子对反相液相色谱电喷雾质谱法

m/z　质荷比

MALDI　基质辅助激光解吸/电离

miniSTR　短小片段短串联重复序列

MS　质谱法

SNP　单核苷酸多态性

STR　短串联重复序列

TOF　飞行时间

术语表

电喷雾电离　用于质谱的生物分子电离技术。

气相色谱法　挥发性化合物的气相分离方法。

高效液相色谱法　根据亲疏水相互作用的差异利用分离柱来分离分析物。

基质辅助激光解吸/电离　用于质谱的生物分子电离技术。

miniSTR　短小片段短串联重复序列。

限制性片段长度多态性　基于限制性酶识别位点的变异来鉴别 DNA 的方法。

短串联重复序列　用于区分 DNA 的可变数目重复单位。

单核苷酸多态性　DNA 序列相对于参考序列的单碱基变化。

固相萃取　通过去除干扰物质来制备样本以供后续分析的色谱技术。

可变数目的串联重复　用于区分 DNA 的可变数目重复单位。

背　景

　　法医遗传学中关注的核苷酸多态性主要为片段长度多态性。这适用于早期基于限制性片段长度多态性的方法，该方法可用平板凝胶分辨 20kbp 以下的多种串联重复序列等位基因；也适用于如今在变性后可分离 500bp 以下短串联重复序列（STR）基因座的方法。可分辨的长度片段数被用于对 STR 等位基因进行编号，并与其序列对应。计算这些 STR 分类等位基因频率，构成统计分析的基础。在 20 世纪 90 年代末，法医界见证了商品化 STR 复合扩增试剂盒的发展，该类试剂盒包含多达 10 个至 15 个 STR 基因座，应用这些试剂盒，法医开始报告超过十亿分之一的 STR 频率。国家 DNA 数据库的建立也促进了试剂盒的发展，数据库要求有高度的辨别力，以便更有把握地确定未知的犯罪现场样本和嫌疑人或罪犯之间的联系。

例如，一个从犯罪现场提取到的生物物证，显然无法预测其中 DNA 的数量和质量。它们通常会受到环境因素的影响而导致 DNA 降解。这导致案件检材只能获得部分有价值的 STR 位点分型，且这些位点都集中在小片段区。不完整的 STR 分型的个体识别能力不足，就会给工作人员带来很多问题，比如无法为案件提供有力的证据或者在 DNA 数据库中搜索到太多的无关对象。为提高识别能力，研究人员发明了 miniSTR，即把引物设计得更靠近重复区域以缩短扩增片段，这意味着等位基因的分子量更低。这样可以增加成功分型的基因座数目，补充 STR 分型结果（不同的 STR 复合扩增体系结果一致），使其具有足够的识别能力。然而，这种策略受到可用 DNA 数量的限制。在犯罪现场样本中，DNA 的质量和数量是有联系的，也就是说，DNA 的量少与一定程度的降解是相关的，这就是 miniSTR 分析并不能一直解决此类问题的原因。另一种方法是，选择更适合分析降解 DNA 的遗传标记，比如单核苷酸多态性（SNP）和插入/缺失多态性，但它们并未作为标准遗传标记被法医界广泛接受，主要原因是它们与国家 DNA 数据库现有的 STR 位点不兼容。

即使是在使用 STR 分型的初期，在非变性电泳条件下也可观察到变异等位基因。虽然这些变异等位基因的片段大小与正常等位基因相同，但它们会表现出略微不同的迁移模式。序列分析显示它们在一个或几个核苷酸位置上有变异，这显然会影响它们的电泳迁移率。这些变异体很少会被视为不同的等位基因，因为它们通常与相同类型的正常等位基因混淆在一起。对它们的研究表明，还有很多 STR 变异无法在变性电泳条件下发现。这些变异信息能否用其他检测手段来获取呢？如果是这样，额外的识别能力能否抵消降解 DNA 分型不完整所造成的信息缺失呢？这些问题引起了人们将质谱法用于法医 STR 分型研究的兴趣。与电泳分离只能估算片段大小不同，质谱法所获得的是被扩增 DNA 的分子质量，由此可换算得出碱基组成。这意味着对片段大小和核苷酸变异（替换）均可进行辨别，因此此法可用于鉴定长度相同但碱基组成不同的等位基因。

除了一些技术上的问题，例如此方法的总体成功率、质谱分析的整体性能以及自动化发展的潜力，人们肯定会感兴趣的一个问题是通过质谱分析可以检测到多少遗传变异。用于法医 STR 等位基因测序的桑格（Sanger）法理论上可以获取存在于样本中的所有可检测到的遗传变异，但此法对于常规样本来说无疑过于昂贵且费力（许多样本也不适用）。新一代测序方法仍旧无法证明其可靠性，尤其是在不易处理的样本上，然而可靠性却是法医鉴定所必需的。那么质谱法在性能上是否能与成熟的电泳法媲美呢？它们都有什么优点和局限呢？这些问题都将在下文解决，同时，法医学领域的 DNA 质谱分析的现状也将被呈现。

法医遗传学中的质谱法

早期应用

约翰·巴特勒和其同事的早期工作清楚地证明了基质辅助激光解吸/电离-飞行时间（MALDI-TOF）法可用于 STR 分析。当时有个未引人注意的公开报道：MALDI-FTICR（傅立叶变换离子回旋共振质谱）法可被用于分析与法医学相关的核酸遗传标记。实际上，聚合酶链式反应（PCR）扩增出的较大寡核苷酸离子会明显表现出更高的质荷比信号，但此时 FTICR 所检测出的信号是明显减弱的，这就阻碍了将 MALDI-FTICR 法应用于 STR 分析。此外，另一个重要因素是，相对于 MALDI-TOF，MALDI-FTICR 质量测量的时间长，且从离子形成到检测之间有固有延迟。FTICR 法需较长的时间段（100 ms—1000 ms），而 TOF 检测器所需时间则短得多（<100 us），这使离子经 MALDI 离子化过程被内在激活后有更长的时间来经历亚稳态衰减。即便在相对温和的 MALDI 条件下，长于 20 个核苷酸的寡核苷酸 MALDI-FTICR 谱通常也会显示出一定程度的亚稳态衰减，这通常表现为有 1 个或更多中性嘌呤碱基的缺失。然而，由于电喷雾电离（ESI）的温和特性，ESI-FTICR 技术在早期被用于分析常染色体 STR 和线粒体 DNA 的遗传标记。

ESI-FTICR 第一次分析 STR 标记（TH01 的 9.3 等位基因）是在 20 世纪 90 年代末的 4.7T 型 ESI-FTICR 设备上，并且该设备随后被用于准确区分 vWA 基因座上的亚型，这是传统的凝胶法无法做到的。这些研究还表明 FTICR 平台的高性能质量检测未必适用于 STR 片段的大质量扩增产物（30kDa—60kDa）。离子捕获室固有的空间电荷限制，价格高昂及"不干涉"高通量模式下操作 FTICR 平台的复杂性，都使 ESI-FTICR 设备无法成为一个可广泛应用的平台。商品化的台式 ESI-TOF 质谱仪灵敏度和准确性可媲美 FTICR 平台，其开创了用质谱法分析法医 DNA 遗传标记的新纪元，也为其在主流法医界的广泛运用奠定了基础。

ESI-TOF：当前的最新科技

约翰·本内特·费恩（John Bennett Fenn）因其对 ESI 的研究获得了 2002 年的诺贝尔化学奖。ESI 对大分子的离子化特别有用，如大的 DNA 片段，而用其他技术离子化则会导致片段断裂。近十年来，两种应用质谱来分析法医遗传标记的主要方法都是依靠 ESI-TOF-MS。这两种方法的主要不同在于以何种方式对扩增的 PCR 产物进行纯化并制备，使其适于 ESI-MS 分析（如下所示）。对 PCR 产物的纯化是质谱分析的关键前处理步骤，因为 PCR 的缓冲液中含有大量组分［如无机盐、脱氧核糖核苷三磷酸（dNTPs）、清洁剂等］，会对质谱分析的离子化过程产生影响，导致出现无法解析的图谱。对 DNA 数据的分析和解读基于对碱基构成的分析。根据质谱结果获得 DNA 片段的质量，既可与质量数据库中已知的序列或碱基组成比对，也可直接换算出碱基组成，与现有数据库中的碱基组成进行比对，或者建立一个新的数据库。一段双链 PCR 产物碱基序列的最终确定需要对正向和反向的单链 DNA 产物的碱基组分进行沃森-克里克（Watson-Crick）配对（一条链上的 A、G、C 和 T 的碱基数量必须等于相应互补链上 A、G、C 和 T 的碱基数量）。

离子对反相液相色谱电喷雾质谱法

离子对反相液相色谱电喷雾质谱法（ICEMS）是直接用 ESI-TOF 连接高效液相色谱（HPLC）和 ESI-TOF，这套体系诞生于 20 世纪 90 年代初。这项技术的原理是将 PCR 产物上样到 HPLC 柱中进行纯化和初步分离，随后直接注入质谱仪中。反相色谱已被证明对 PCR 产物的纯化和脱盐十分有效，这是获得背景干净的图谱和高灵敏度的重要先决条件。为使 ICEMS 发挥最大功效，研究人员在优化色谱技术方面投入了大量精力，比如在色谱柱中填充十八烷基二氧化硅颗粒、十八烷基聚苯乙烯/二乙烯苯颗粒或单聚苯乙烯/二乙烯苯，用 10 nM 至 25 nM 的丁基二甲基胺或环乙基二甲胺做溶剂，来提高性能。这种方法的重要优势是，HPLC 除了可对扩增产物进行纯化，还可按片段大小对其进行粗略分离，这使得对复合扩增产物混合物的分析更加容易。因斯布鲁克的一个团队已经证实这一技术能够自动分析法医样本一个复合扩增反应中的 14 重 STR 和 23 重线粒体 DNA 产物。

Ibis 方法

在 Ibis PLEX-ID 平台上，PCR 热循环后的质谱分析过程完全是自动化的。与上述基于 HPLC 的方法不同，这种方法利用完全自动化的阴离子交换来纯化扩增产物，除去其中的盐离子、过量的 dNTP、聚合物和 PCR 反应产生的其他成分。这些成分可以直接从 96 孔 PCR 板上形成加合物或添加到质谱的化学噪声背景中。将两个质量内标（酸性多肽）加入到最终的脱盐缓冲液中，其包含光谱中信息量最大的区域（质荷比约 726 至 1346），以帮助后期数据分析。结合采用新型的双电喷射源装置，这套设备对 1 个 PCR 反应进行全自动分析只需 30 秒。因此，"读出"一个 8 联排管的数据仅需 4 分钟。

质谱分析后，数据处理程序会被集成的运行时间控制器自动触发。数据处理采用定制软件，功能包括：（1）去除噪声；（2）采用内肽校准物的多同位素峰来校准原始图谱；（3）对原始图谱进行反褶积，使其简化为 X 轴代表质量，Y 轴代表信号强度的图谱。得到的反褶积质谱将被遍历，以确定质量峰值位置，并将最终的质量数形成报表，这些数据直接被导入数据库进行存储，且在分析样本时可进行检索。实验室分析获得的数据被编码成自动分析界面的配置参数。

提高质量标签的准确性

要想精确测出能够达到 130bp 的 PCR 产物的碱基序列，需要质量测定精度达到 25ppm。而且，要能识别正向和反向的邻近碱基（例如含有 SNP 的），它们质量非常相近。比如，碱基组成为 [A46 G20 C32 T39] 和 [A47 G19 C31 T40]，对应着 G→A+T→C 变化，每个正向和反向链的质量大约相差 1 Da，因为一个 G → A SNP 使质量减少 16 Da，而一个 T→ C SNP 使质量增加 15 Da。ESI-TOF-MS 方法正常情况下即可达到足够的质量准确度和精密度，上述情况通常可被区分开（尽管在同一光谱中同时出现时不能区分）。然而，生化反应中包含的噪声和峰形在分布上并不总是完美的，因此在这个层次上的模糊性是可能的。

在 G_{10} 法中，PCR 反应使用修饰过的混合物，通常的 dNTP 混合物被脱氧腺苷三磷酸（dATP）、脱氧胞苷三磷酸（dCTP）、脱氧胸苷三磷酸（dTTP）和被修饰的脱氧鸟苷三磷酸（dGTP）（G_{10}）代替，这种 dGTP 包含 10 个 ^{13}C 原子。这 10 个"重"碳原子让每个结合上的 GTP 重了 10 Da，因此在这种情况下，正反向链的 G→A 和 T→C SNP 突变相互抵消后，质量相差 11Da，而不再是 1 Da，这使得碱基组成的分布更加明确（如图 1）。使用同位素富集的核苷酸类似物尚未发现会对 PCR 效率和 GTP 结合造成影响。同样的，在 ICEMS 法中，用脱氧尿嘧啶核苷三磷酸（dUTP）来代替 dNTP 混合物中的 dTTP 也可改善等位基因的识别能力。尿嘧啶和胸腺嘧啶均与胞嘧啶互补，但脱氧尿苷的分子量比脱氧胸苷的分子量小约 15 Da，从而提高了等位基因的识别能力。

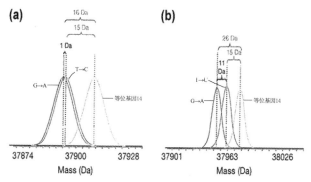

图 1　质谱法中运用富含 ^{13}C 的 dGTP 来鉴别 SNP 的效果。（a）图中 PCR 产物由一般的 dNTP 构成；扩增产物中 G→A 与 T→C 变体产生的扩增片段在质量上非常接近（约 1Da 的差距），不易区分，但与基本等位基因很容易区分。（b）图中扩增时用富含 ^{13}C 的 dGTP 代替 dGTP，等位基因 14 上 G→A 与 T→C 的变异，图谱显示差异达到 11Da，这使得每个 SNP 变异都可以清楚区分。要注意到，使用富含 ^{13}C 的 dGTP，清楚地检测到等位基因 14 产物中的 SNP，说明这种方法可以分辨出与 SNP 有关的碱基变化

基于质谱的基因型和单倍型有助于法医学分析

质谱 STR 分析

法医界一直致力于提升疑难检材 STR 检测的能力和灵敏度，其中一种方法被称为 miniSTR，即将引物设计得更接近重复序列区，以获得更短的扩增产物。该技术与质谱技术在方法论上是互补的，并可进行联用，减小扩增产物的大小可提高质谱法的分辨率。该方法主要有以下优势：（1）分析中可显示核苷酸多态性。（2）不需要原始的核苷酸多态性信息（无论是 PCR 产物中某个 SNP 之前的特性还是定位，都不需要原始核苷酸多态性信息，即可对其进行准确鉴定）。（3）分析时不需要等位基因分型标准品对照。（4）不需要标

记引物（直接分析产物质谱）。（5）不同位点的等位基因长度范围可以有交叉，且可对同样长度的等位基因碱基构成进行区分。这个特点值得关注，因为它表明基于质谱的 DNA 分析适用于几乎所有 miniSTR 模式中的 STR，然而在基于毛细管电泳（CE）的方法中，由于长度间距的限制，只允许检测一定比例的遗传标记。如果检测到一个以前没有见过的新的等位基因的长度，可直接推出其碱基组分，并对等位基因的结构做出一个非常合理的假设（尽管最终确认序列结构仍然需要测序）。

以 STR 标记 D3S1358 为例，该基因座广泛应用于法医遗传学，是美国 CODIS 体系和欧洲 ESS 体系推荐的位点之一。它的重复序列区由相对稳定的 TAGA 序列单元组成，等位基因重复序列单元从 8 个到 20 个，常见的是大片段范围（14—19 个重复序列）。即便是在小群体研究中，电泳法和质谱法所检测到的等位基因数也有显著差异。在少于 100 个样本的欧洲人群中，电泳法检测到 7 种等位基因（14—20），其中最常见的是等位基因 15 和 16，频率超过 20%。采用质谱法，可分辨出的 D3S1358 等位基因数增加了一倍，因为大多数长度相同的等位基因的碱基构成均有差异（如图 2）。

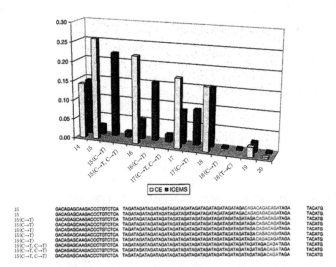

图 2 基于 **98** 个不相关的欧洲样本，将毛细管电泳法和 **ICEMS** 法检测到的 **D3S1358** 等位基因进行比较。毛细管电泳可识别出 **7** 个等位基因（**14—20**），而 **ICEMS** 捕获到了额外的变异等位基因（共 **14** 个）。等位基因 **15** 的变异序列如图中所示

在这里，仅在质谱法中观测到重复单元中 T→C 的变换这一额外变异型。桑格法测序确认了在 3' 端重复序列区存在重复单元 CAGA（而不是 TAGA）。这一简单的例子表明核苷酸序列潜在的变异可为法医鉴定提供更强的识别能力。这一观察结果直接引出两个问题：识别能力增加的具体值是多少？个体不同组织间等位基因或序列一致这一假设是否仍然有效？到目前为止，没有证据怀疑后一种说法，因为没有报道过体细胞突变、嵌合或嵌合体在核苷酸序列水平上的作用与它们在片段水平上的作用有任何不同。这意味着，当从片段大小转移到碱基组成分析时，我们不认为个体内差异（各组织间）会显著增加。然而，这个问题需要在系统验证研究的过程中进行确认。关于提高识别能力的问题相对容易解决，一旦经济上允许，即可对一定数量的人群进行遗传频率调查。无论如何，引起研究兴趣的原始数据已经形成。

基于质谱法的 STR 分型数据的一个重要细节是完全与现有的毛细管电泳法形成的数据兼容。这意味着现存的数据集，例如国家 DNA 数据库，可毫无限制地使用。重要的是，可与之前的 DNA 结果进行比对。其他任何新法医遗传标记［如 SNP、插入/缺失多态性（Indel）］的检测结果都存在无法使用之前的数据集进行比对的情况。

ICEMS STR 分析方法

从 21 个法医相关的遗传标记中挑选出 11 个进行检测，ICEMS 法在小群体（<100）中的识别能力明显强于毛细管电泳法，这表明核苷酸变异比我们预想的更为普遍（见表 1）。

表 1　毛细管电泳法和质谱法（采用 ICEMS 法）
对等位基因的识别能力对比

基因座	N	等位基因数量		PM			h		
		CE	MS	CE	MS	增加（%）	CE	MS	增加（%）
D5S818	98	6	15	0.141	0.032	341	0.704	0.867	23
D13S317	92	7	12	0.068	0.034	100	0.717	0.837	17
D3S1358	98	7	14	0.081	0.043	88	0.847	0.857	1
D21S11	98	11	17	0.048	0.029	66	0.857	0.929	8
D8S1179	96	9	15	0.061	0.038	61	0.865	0.906	5

基因座	N	等位基因数量		PM			h		
		CE	MS	CE	MS	增加（%）	CE	MS	增加（%）
vWA	99	7	16	0.069	0.048	44	0.788	0.848	8
D7S820	95	7	12	0.063	0.046	37	0.801	0.874	9
D2S1338	95	11	20	0.044	0.033	33	0.916	0.947	3
D2S441	98	7	11	0.114	0.088	30	0.806	0.837	4
D16S539	99	7	9	0.105	0.096	9	0.889	0.889	0
SE33	94	32	39	0.014	0.013	8	0.968	0.968	0

PM，匹配概率；h，杂合性。

数据来源：Pitterl, F., Schmidt, K., Huber, G., et al., 2010. Increasing the discrimination power of forensic STR testing by employing high-performance mass spectrometry, as illustrated in indigenous South African and Central Asian populations. *International Journal of Legal Medicine* 124, 551-558.

现已发现两种核苷酸变异来源：（1）HapMap 项目中的 SNP，它们位于重复单元间的序列；（2）引物设计导致发现新的等位基因变异，如 SE33 上 rs9362477 的 G→A，或者 D16S539 上 rs11642858 的 A→C。此外，ICEMS 检测到重复单元的"重构现象"，此现象被桑格法测序证实，例如，vWA 中 TCTA 和 TCTG 重复单元在个体中确实存在不同比例。这种影响在更复杂的 STR 基因座（如 D2S1338）中更为明显。在该基因座上，重复单元 TGCC、TTCC 和 TCCG 的数量不同所产生的等位基因数几乎两倍于仅由扩增片段长度不同所定义的等位基因数。

为了将不同基因座的信息组合在同一反应中，13 个常染色体 STR（vWA、D21S11、D3S1358、D16S539、D8S1179、D7S820、D13S317、D5S818、TPOX、CSF1PO、D2S441、D10S1248 和 D22S1045）和一个性别位点牙釉质蛋白基因被复合在同一个 PCR 反应中进行扩增（图 3），并应用于不同人群的分析和各种类型的法医样本。这些实验表明 14 位点的 STR 分型成功率与现有商品化的基于毛细管电泳法的 STR 复合扩增体系不相上下。

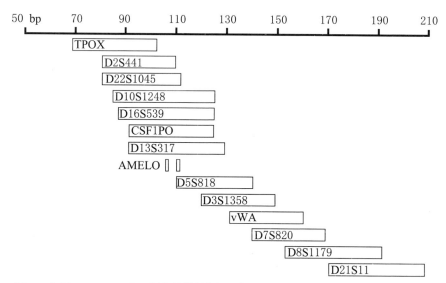

图3　在同一 PCR 反应中复合扩增检测 13 个常染色体 STR 位点和一个性别位点牙釉质蛋白基因，所有遗传标记均处于低分子量范围内（miniSTR），该范围仅可被质谱检测平台检测到，而传统的毛细管电泳法以现有的荧光染料技术无法区分这些标记

Ibis STR 分析方法

Ibis 已研发出一套基于 ESI-TOF 法的 STR 检测体系，其中包含 13 个 CODIS 位点和一个性别位点。为了研究 STR 基因座中的 SNP 在多大程度上拓展了标准 CODIS 体系的等位基因库（以及相关的分辨能力），研究人员搜集了超过 1000 个已被美国联邦调查局、军队 DNA 鉴定实验室、国家标准技术局、北德克萨斯大学卫生科学中心用电泳法分型的参考样本。在被分析的 13 个基因座中，有 11 个等位基因出现了上述多态性。其中有 9 个基因座出现了重复单元一致（即长度一致）但存在 SNP 的情况。这些等位基因在学术上被称为"等长杂合子"，因为用传统毛细管电泳法检测时，这些位点的分型表现为纯合子。事实上，基于这 1000 多个样本的分析发现，D3S1358、D13S317 和 D5S818 位点，长度一致但是为杂合子的比例分别约为 9.3%、9.2% 和 8.76%（图4）。该群体中的其他 4 个位点（D8S1179、D21S11、vWA 和 D7S820），长度相同但是为杂合子等位基因的比例也超过了 2.5%（表2）。

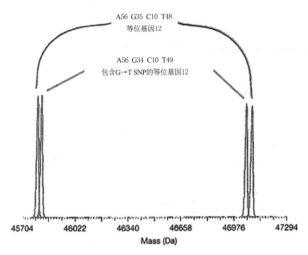

A56 G35 C10 T48
等位基因12

A56 G34 C10 T49
包含G→T SNP的等位基因12

图4　STR 中的 SNP。"等长杂合子"。D5S818 上所有分型为 12 的等位基因并不相同, 有的包含 G→T SNP, 这将它们与"正常的"12 分型区分开来。ESI-TOF 图谱显示同时存在一个正常等位基因 12 和一个包含 G→T SNP 的等位基因 12; 使用富含 [13]C 的 dGTP 核苷酸, 相同长度的等位基因之间的净质量差为 35Da。该样本经 Identifiler（ABI）分型, 基因型表现为纯合子 12

表2　1033 个样本的等位基因多态性频率调查[1]

基因座	具有 SNP 的等位基因数量	样本检测量	具有一个或多个 SNP 的等位基因百分比（%）	等长杂合子样本数	具有相同长度等位基因的杂合子样本百分比（%）
D3S1358	2140	1424	75.1	132	9.3
D8S1179	1893	1423	66.5	83	5.8
D13S317	875	1424	30.7	131	9.2
D21S11	789	1422	27.7	57	4.0
vWA	762	1424	26.8	72	5.1
D5S818	666	1424	23.4	122	8.6
D7S820	250	1424	8.8	40	2.8
FGA	41	1033	2.0	1	0.1

续表

基因座	具有 SNP 的等位基因数量	样本检测量	具有一个或多个 SNP 的等位基因百分比（%）	等长杂合子样本数	具有相同长度等位基因的杂合子样本百分比（%）
D18S51	36	1033	1.7	4	0.4
D16S539	5	1033	0.2	0	0.0
CSF1PO	2	1033	0.1	0	0.0
AMEL	0	1033	0.0	0	0.0
TH01	0	1033	0.0	0	0.0
TPOX	0	1033	0.0	0	0.0

[1] 采用 Ibis 高通量 ESI-TOF 质谱平台检测 1033 个样本的 13 个 CODIS 位点。检测了另外 391 个样本的 7 个多态性最高的 CODIS 位点。其中 6 个位点的等位基因包含 SNP 的频率大于 23%（大多数多态性标记的确认基于因斯布鲁克的小样本研究，见表 1）；3 个位点上的长度相同的等位基因，其中超过 8% 为等长杂合子。

质谱分析线粒体 DNA

Ibis 线粒体 DNA 控制区域拼接法

该方法在 96 孔板上的一列进行 8 个 3 重 PCR 反应（图 5、图 6），采用一套 24 重引物体系来扩增人类线粒体的高变区 1 和 2（HVS-Ⅰ 和 HVS-Ⅱ）。通过对照标准坐标，即修订版剑桥参考序列（rCRS），任何碱基组成均可直接与该体系检测出的其他信息或更大范围同区域的线粒体 DNA 序列进行比对。基于对核苷酸序列数据库（Gen Bank）中 1266 个人类线粒体 DNA 序列的分析，该方法可区分 94.2% 的单个或多个碱基差异。信息的部分丢失来自于相互作用的 SNP（例如 C→T+T→C），这些 SNP 的剂量足以包含在单个扩增区域中，如果它们是序列之间唯一的差异，则同一引物对会产生相同的碱基组成。与传统的法医实验室进行的 HVS-Ⅰ、HVS-Ⅱ 测序相比，该分析还覆盖了更大的坐标空间（16024-16365，73-340）。对于在坐标上完全不同的 1266 个序列，最小 HVS-Ⅰ 和 HVS-Ⅱ 区域的序列识别率仅为 90.2%。

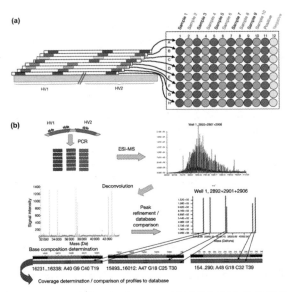

图 5　线粒体 DNA 三重拼接体系概述。（a）通过分组引物的线粒体 DNA 空间位置对引物进行分组（左侧），并按每板 12 个样本在 96 孔板上布局。（b）一个反应过程的原理图。8 个反应结果自动结合在一起得出碱基组分，每个通道相当于一个起始坐标到终止坐标之间为碱基组分。如此例所示，该个体碱基组成通过与 rCRS 坐标 154–290 对照，确定为 **A48 G18 C32 T39**（图右下角）

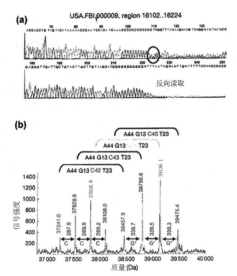

图 6　长度异质性对线粒体 DNA 测序和线粒体拼接实验的影响。长度不同的多重模板

对序列分析是一巨大挑战。(a) 内部唾液样本 CS0033 扩增后直接测序得出正向序列的电泳图谱。在 poly-C 区域之后，由于混合了不同长度的模板，序列图谱变得不可读。(b) 将引物对的质谱图解谱，其扩大坐标位于 16124—16201 区域，包含了 HVS-I 的 poly-C 延伸。在 poly-C 条带上有 4 个清晰可辨的不同于单个 C 残基的产物。* 在这些反应中均使用了富含 ^{13}C 的 dGTP，向每组 G 残基中添加了约 10 Da 的分子

图 6 显示了在异质化样本中，质谱法测序的一个关键优势。重要的是，长度异质性通常表现为同聚序列的碱基数量的变化（即 C-stretch）。在 HVS-I 中作为最常观察到的区域，同聚序列起始核苷酸为 nt16184。在 HVS-Ⅱ 中也存在一个类似的异质性区域，核苷酸位置为 nt303-nt315（更多长度异质性的内容，详见本书其他章节）。

在分析包含长度异质性的样本时直接采用桑格法测序有两个显著的局限：（1）在同聚序列过程中，由于 C 残基数目的不同，会产生多个重叠的不可读序列模式，这将导致产生一个无法解释的同聚物延伸后序列；（2）而且，同聚物图谱的种类有时无法进行有效的量化。这两个局限都可以通过 ESI-MS 分析法来克服。首先，质谱法非常适合描述含有混合物的样本，这是因为具有不同质荷比的离子可被单独检测到。因此，检测短同聚序列的能力独立于检测长同聚序列的能力。在质谱法中，没有类似于 "out of register" 的情况。如图 6 所示，在一个给定区域内代表多个基因型的多个片段将产生多个信号（假设基因型的分子量不同）。长度和碱基组成相似的片段有类似的电离迁移率，因此可以用相对信号强度来测量样本中这两种基因型的相对数量。

ICEMS 线粒体 DNA 单倍群筛选

ICEMS 的线粒体 DNA 分析技术是针对线粒体 DNA 编码区的 22 个 SNP 位点和线粒体 DNA 控制区的 16519 SNP 位点开发的，而这一技术既可以作为一个有效工具检测未知样本，也可进一步分析那些控制区还需要进行深入分析以建立单倍群的样本。此技术筛选到的扩增片段包括代表西方欧亚大陆发展史的线粒体 DNA 遗传系谱的单倍群诊断标志物。因此，对这种次大陆区域的较大人群数据采用这种方法获得群体遗传参数也是可行的，且此方法相对于桑格法测序来说更快速，成本更低。总之，此方法筛选的 627 个线粒体位点可用于进一步的个体识别，这些位点考虑到要检测除之前选取的 SNP 之外的其他变异，其识别能力达到 98%，远远超过了其他的 SNP 筛查策略（例如单

基因延伸)。通过进一步观察发现,23 重复合扩增体系可以成功获得高度降解样本不超过 131bp 的扩增片段的信息。

结论和未来发展方向

质谱法一直是许多法医实验室采用的核心方法,是分析非法药物及其代谢物、爆炸残留物、毒素、添加物以及其他违禁物品,获得大量证据的首选方法。许多法医质谱法早期是由新型实用的分离/纯化技术(气相色谱法、高效液相色谱法、固相萃取等)和高效的电离方法来推动其发展的。上述研究和许多其他已发表的研究均表明了质谱以作为分析以 DNA 为基础的法医遗传标记的核心平台是十分有效的。显然,这个平台的优势之一是,它本质上是一种"通用探测器",可以解析包含 SNP 位点、混合物、长度异质性的复杂结构,这对毛细管电泳法或测序法构成重大挑战。近年来商业质谱仪已进步了很多,台式 ESI-TOF 仪器现在可以作为常规仪器进行检测,而仅仅十年前最复杂的(最昂贵的)质谱仪都做不到这点。法医界现在才开始体会到质谱法在法医研究中所能提供的高识别能力和广泛适用性。目前质谱法分析 DNA标记的研究和开发重点主要集中在样本的前处理和自动化上,世界各地的许多实验室均在为此努力。可以预见,一体化微流控技术将使新一代自动化系统体积更小、成本更低,并且可直接与现有的实验室信息系统对接。

致谢

汤姆·霍尔(Tom Hall)、克里斯汀·马尔赞(Christine Marzan)、大卫·邓肯(David Duncan)和克里斯滕·博尔思(Kristen Boles)为本文做出了很大贡献。作者要感谢法医学会的工作人员,特别是加布里埃拉(Gabriela Huber)、哈罗德·尼德斯塔特(Harald Niederstatter)、赫伯特·奥伯拉克尔泽(Herbert Oberaclzer)和弗洛里安·皮特尔(Florian Pitterl)在 ICEMS 系统上所做的工作。

参见

生物学/ DNA:DNA 数据库;法医学中的实验室自动化和 LIMS;线粒体 DNA;短串联重复序列

生物学/ DNA /方法/分析技术:法医遗传学中的毛细管电泳

方法：毛细管电泳在法医生物学中的应用

拓展阅读

Hall, T. A., Budowle, B., Jiang, Y., et al., 2005. Base composition analysis of human mitochondrial DNA using electrospray ionization mass spectrometry: a novel tool for the identification and differentiation of humans. *Analytical Biochemistry* 344, 53-69.

Hall, T. A., Sannes-Lowery, K. A., McCurdy, L. D., et al., 2009. Base composition profiling of human mitochondrial DNA using polymerase chain reaction and direct automated electrospray ionization mass spectrometry. *Analytical Chemistry* 81, 7515-7526.

Hofstadler, S. A., Sampath, R., Blyn, L., et al., 2005. TIGER: the universal biosensor. *International Journal of Mass Spectrometry* 242 (1), 23-41。

Hofstadler, S. A., Sannes-Lowery, K. A., Hannis, J. C., 2005. Analysis of nucleic acids by FTICR MS. *Mass Spectrometry Reviews* 24, 265-285.

Jiang, Y., Hofstadler, S. A., 2003. A highly efficient and automated method of purifying and desalting PCR products for analysis by electrospray ionization mass spectrometry. *Analytical Biochemistry* 316, 50-57.

Oberacher, H., Niederstatter, H., Parson, W., 2007. Liquid chromatography electrospray ionization mass spectrometry for simultaneous detection of mtDNA length and nucleotide polymorphisms. *International Journal of Legal Medicine* 121, 57-67.

Oberacher, H., Niederstatter, H., Pitted, F., Parson, W., 2006. Profiling 627 mitochondrial nucleotides via the analysis of a 23-Alex polymerase chain reaction by liquid chromatography-electrosp ray ionization time-of-flight mass spectrometry. *Analytical Chemistry* 78, 7816-7827.

Oberacher, H., Pitterl, F., Huber, G., Niederstatter, H., Steinlechner, M., Parson, W., 2008. Increased forensic efficiency of DNA fingerprints through simultaneous resolution of length and nucleotide variability by high-performance mass spectrometry. *Human Mutation* 29, 427-432,

Pitted, F., Niederstatter, H., Huber, G., Zimmermann, B., Oberacher, H., Parson, W., 2008. The next generation of DNA profiling-STR typing by multiplexed PCR-ion-pair RP LC-ESI time-of-flight MS. *Electrophoresis* 29, 4739-4750.

Pitted, F., Schmidt, K., Huber, G., et al., 2010. Increasing the discrimination power of forensic STR testing by employing high-performance mass spectrometry, as illustrated in indigenous South African and Central Asian populations. *International Journal of Legal Medicine* 124, 551-558.

非人源 DNA 分型介绍

R. 拉邦特和 H. 米勒·科伊尔，美国，康涅狄格州，西黑文，纽黑文大学

版权© 2013 爱思唯尔公司保留所有权利

缩写

CODIS DNA 联合索引系统
PCR-RFLP 限制性片段长度多态性聚合酶链式反应
rRNA 核糖体 RNA
STR 短串联重复序列

术语

毛细管电泳 自动化 DNA 片段分离技术。
复合检测 多个 STR 位点的联合检测。
RAPD 随机扩增 DNA 多态性标记；生成可识别条形码的 DNA 片段。

在法医实验室，人类 DNA 分型常应用于生物物证鉴定，与之相比，非人源 DNA 分型较为特殊。从动物虐待案件到刑事案件，在众多法庭科学的应用案例中，非人源 DNA 分型可以充当重要的关联证据，将犯罪现场与嫌疑人联系起来，或者将一个人与另一个人联系起来。过去，应用于法医案件的非人源 DNA 分型包括动物 DNA 分型、土壤微生物的 DNA 分型和植物 DNA 分型。非人源 DNA 分型方法范围很广，因此，作为一篇介绍性的文章，这里重点讨论常见的动物和微生物系统。非人源 DNA 分型同时还包括野生动物、植物、花粉和昆虫等生物分型。这些技术有的已经应用于科学研究中，有的应用于法医案件中。目前，这些技术都在不断发展，并将可能对法庭科学产生重大影响。

动物 DNA 分型

美国宠物产品协会（APPA）在全国宠物主人调查（National Pet Owners Survey）报告中写道，在美国，约有62%的家庭拥有宠物，其中，约3900万

家庭拥有一只猫，超过 4600 万家庭拥有一条狗（http://www. americanpetpro-ducts. org）。由于猫和狗在美国家庭中地位突出，多年来，它们在法医学领域也意义重大。特别是，非人源血液、唾液、组织和毛发样本可用于获得动物核 DNA 和线粒体 DNA 分型，这些分型在各种刑事和民事案件中得以广泛应用。和人类一样，动物可以是受害者、"嫌疑人"或"证人"，这取决于案件的类型。在动物虐待案中，动物是受害者，其 DNA 分型有时可以作为确认一些特殊场景（如动物被打）的有效工具。在其他案件中，如果动物被偷或者丢失动物的遗体在其他地方被发现，就需要通过 DNA 鉴定来确定它的身份。在动物虐待案中，证据往往包括动物组织样本和血液样本。在宠物遗失案中，如果其父母样本或者该宠物的 DNA 样本（毛发、唾液等）可得，就可以构建一个参考 DNA 图谱，以确认可能的动物样本，获得方法和失踪人员案件中使用的方法一致。特别是犬科动物，在动物袭击人类或其他动物的案件中，以及在动物失控并对财产或个人造成损害的案件中，都可能成为"嫌疑人"。在这种案件中，就需要收集与嫌疑动物相关的生物检材。这些检材包括受害者的衣物和皮肤拭子，如果受害者是动物，有时可以从其皮毛中获取嫌疑动物的唾液样本，但要注意，收集检材时需避开含有受害动物血液的部分。这是为了防止受害动物的大量 DNA 掩盖攻击者微量的 DNA 信息。此外，应该检查嫌疑动物的口腔或爪中是否含有受害动物的毛发或其他检材。此外，动物也可以成为一个无声的"证人"，它们体液或毛发中的 DNA 可以将受害者与嫌疑人、犯罪现场联系起来。在这些案件中，毛发是最常见的检材，因为动物毛发在自然脱落到环境中时，很容易黏附到周边的物品上。目前，正在开展动物 DNA 检测的实验室包括奎斯特公司（QuestGen Forensics）和加州大学戴维斯分校兽医遗传学实验室。尽管很多刑事案件中用到人类 DNA 来协助调查，但很显然，在处理不少民事案件时，动物 DNA 也可以发挥重要作用。

犬类 DNA 分型

犬类 DNA 分型在很多案件中已得到广泛使用，并被法庭认可，包括犬作为沉默的"证人"、犬作为案件的"嫌疑人"或是犬作为虐待动物案的受害者等。丹佛地区检察院（http://www. denverda. org）和奎斯特公司（http://www. questgen. biz）官网上记录有大量的相关案件。其中，奎斯特公司官网上最早记录的一个案件是，一名男子和他的狗遭到谋杀，在嫌疑人的牛仔裤上发现了受害者的混合血样，而血样中的非人源部分刚好和狗相同。当然，也有一些案件同时使用 STR 分型和线粒体 DNA 分型技术对毛发和血液进行分析，体现了犬类 DNA 在法医调查领域的广泛应用。

犬类 DNA 样本的 STR 分型

为了更好地应用于法庭科学，多年来，人们针对犬类 STR 标记开展了大量的研究工作，并研发出一款试剂盒，从而帮助法医 DNA 分析人员进行物证鉴定。加利福尼亚州司法局、美国国家标准与技术研究所、美国国家卫生研究院、美国联邦调查局、MMI 基因组学公司和芬西墨斯（Finnzymes）公司集合一批科学家研发了这款可应用于法庭科学的犬类 STR 分型试剂盒。试剂盒（Finnzymes Canine 2.1 Multiplex STR Reagent Kit）采用荧光检测技术，能够保证犬类 DNA 样本 STR 分型的稳定性和可靠性。试剂盒选取的 18 个 STR 基因座互不连锁（它们分布在不同的染色体上），并且挑选这些位点使用的是与挑选人类 STR 基因座相同的标准。试剂盒同时包含了犬类性别识别基因和锌指基因。在法医案件中常见的狗、混血狗或者纯种狗，都能通过这个试剂盒进行区分和验证。试剂盒同时提供了一个标准化的 STR 分型流程，用于对涉案犬类样本进行法医 DNA 分析，其中包含的基因座具有高特异性，可以实现对狗的个体识别。当然，市面上也有用于犬类的其他商业化 STR 分型试剂盒，如 ABI 公司生产的犬类 STR 分型试剂盒（StockMarks）能够对美国养狗爱好者俱乐部（AKC）批准的 10 个 STR 基因座进行 PCR 扩增。犬类 DNA 的提取、定量、扩增、分离和检测方法都很容易应用于法医实验室，因为这些方法已经被用于人类 DNA 和其他非人源 DNA 分型。和其他机构一样，加州大学戴维斯分校兽医遗传学实验室使用类似于人类 STR CODIS 的犬类 CODIS，以帮助阻止斗狗犯罪，以及在犬类与饲养者之间建立联系。总之，犬类 STR 可以进行个体识别，不仅在处理犬类袭击案、动物虐待案中发挥作用，还可以通过犬类样本来协助建立嫌疑人与犯罪和犯罪场所之间的联系。在丹佛地区检察院官网就有一个这样的案例：犯罪嫌疑人在案发当天穿的鞋子上粘有粪便，从中提取到的 DNA 正好与犯罪现场狗的粪便中的 DNA 信息匹配，据此可以断定鞋子上的粪便和犯罪现场的粪便来自同一只狗。

犬类 DNA 样本中的线粒体 DNA 分型

与人类 DNA 分析一样，当狗的毛发成为一项证据的时候，往往没有足够多的发根组织来进行 STR 分析。这时，识别率低的线粒体 DNA 分型可以大显神通。尽管不能像核 DNA 分析那样有效地进行个体识别，但这种 DNA 分析方法可以通过检测线粒体 DNA 控制区域特别是高变区的序列差异性，成为案件中排除嫌疑的有效手段。一项特殊的研究表明，高变区 1 上的一段短片段具有较低的突变率且具有单核苷酸多态性，可用于处理一些可能降解的样本。当样本被降解时，为了获得更好的 DNA 图谱，线粒体 DNA 分析就成为最佳选择，这与人类个体识别中处理高度降解样本或骨骼遗骸的方法一致。据证实，这一区域的线粒体 DNA 具有物种特异性，且能够从多个样本中快速排查出潜在的嫌疑犬。需要注意的是，这项测试只针对犬类动物，因为在犯罪现场也经常发现猫毛，而人类正在处理这些样本，所以这种方法可能对人类、猫科动物和犬科动物（狼）不敏感。总之，这个区域变异性强、排除率高，非常适合犬类毛发样本的线粒体 DNA 分型。丹佛地区检察院官网上记录的一宗杀人案中，在捆绑受害人的绳索和胶带上发现了狗的毛发，提取到的线粒体 DNA 序列与嫌疑人家狗的线粒体 DNA 序列完全一致。在这里，线粒体 DNA 分型技术并没有用于个体识别，但仍可以用来指证嫌疑人，辅助整个调查过程。

猫类 DNA 分型

猫类 DNA 分型在法医领域的应用主要集中在动物虐待案或一些家猫的案件中，后者的猫类 DNA 分型经常作为无声的证人，建立人与人、人与现场的联系。第一个猫类 DNA 分型法医案件，可能也是迄今为止最著名的案件之一，涉及加拿大的一只名为雪球（Snowball）的猫。案情是这样的：一名女子在家里失踪了，在她家附近找到了沾有其血污的汽车和一个袋子，袋子里有一双血鞋和一件里衬沾有白色毛发的外套。经比对证实，鞋上的血来自受害女子，而白色毛发是猫毛。后期，通过 DNA 检验，猫毛的 DNA 分型与嫌疑人家猫的 DNA 分型匹配，从而确定了作案凶手。奎斯特是一家研究动物 STR 和线粒体 DNA 分型的公司，该公司官网上有 2013 年爱荷华州相关案件的清单，其中有一宗案件如下：在一名女子失踪后，警方在一个含有猫毛的编织袋中找到了她的尸体。对猫毛进行的线粒体 DNA 检验结果表明，被认为是编织袋来源的家庭，其家猫的线粒体单倍型不能被排除嫌疑。因此，编织袋上的猫毛很可能来自这里。基于这条证据，并结合一些其他证据，最终实现对主要嫌疑人进行定罪。在丹佛地区检察院官网上能找到关于动物虐待的一些案件，其中也用到了猫类 DNA 分型。这表明，在过去的法医调查中，猫类

DNA 分型就已经非常重要了，这类证据和检测方法也得到了法庭的认可，因此，猫类 DNA 分型将在未来的法医应用中发挥重要作用。

猫类 DNA 的 STR 分型

基于多年的相关研究，商业化猫类 STR 分型试剂盒应运而生，使猫类 DNA 分型更好地应用于法庭科学领域。美国国家癌症研究所的基因组多样性实验室、国家标准和技术研究所以及普洛麦格公司共同开发出了一款 STR 分型试剂盒（Meowplex），实现对多个基因座的复合扩增，其多态性基因座的核心序列均为四核苷酸重复，这与人类 STR 分型中用到的 13 个核心 CODIS 基因座特征一致。在筛选猫类 STR 基因座时，也沿用了与筛选人类 STR 基因座时相同的标准。这些基因座的核心序列不仅要求是四核苷酸重复，还要求具有高稳定性和可重现性，基因座之间不连锁、具有低突变率和高分辨能力。符合这些标准，并遵循孟德尔遗传定律的基因座才可以用于猫类 DNA 数据库的统计运算。试剂盒中的基因座是通过实验筛选获得的，研究人员对约 30 种共 200 只猫进行检测，从 22 个候选 STR 位点中筛选出现有的基因座。这 11 个位点均具有高度多态性和稳定性，可以较好地应用于法医实践。除了这些标记外，还添加了家猫 Y 染色体的性别标记，以便同时确定猫的性别。与人类 DNA 分型试剂盒相似，该试剂盒只需要少量的样本，就能通过染料标记和毛细管电泳区分片段大小相近的基因座。试剂盒检测的 PCR 条件也与人类 DNA 分型的相似。因此，在已开展人类 DNA 分型工作的法医实验室，都可以使用这个方法。过去，定量 PCR 检测技术得到了广泛研究和不断发展。如今，作为统计分析参考的猫类 STR 分型数据库的构建为研究发展创造了新的机遇。美国最大的登记处认可的家猫品种均被取样（口腔拭子或血液样本），并使用猫类复合扩增试剂盒中的多态性位点进行分型，以生成猫类 STR 分型的参考数据库。样本量在 1000 以上的品种中，只有不到 40 个品种，每个品种中各基因座的杂合度高低不等。随着数据库的构建，从猫身上采集 DNA 样本后，可通过试剂盒检测获得可靠的分型结果，然后利用种群统计获得的数据就可以在法庭上发挥重要价值。这个试剂盒只适用于猫类和一些近缘种，以及少数的其他哺乳动物，并不适用于人类 DNA。实时定量 PCR 的应用是猫类 STR 分型研究中的另一个重要进展，它可以在扩增样本前对样本 DNA 模板进行定量。这一技术方法与人类样本分析方法非常相似，但不是针对猫科动物有种属特异性。这并不是一个大的法律问题，因为在这类案件中会缺少预期的混合物。实时定量 PCR 技术快速、敏感度高，可以检出极低量的 DNA 样本（23 pg）。综上，我们可以对猫类 DNA 进行成功提取、定量、扩增、分离和检测，因此这一生物证据可以在很多法医案件中发挥重要的作用。

猫类线粒体 DNA 分型

当没有足够多的发根检材对猫类毛发进行 STR 分析时，可以使用猫类线粒体 DNA 分型的方法。猫类的毛发时常脱落，并吸附到它们生活的环境表面，但大部分这样的毛发不包含 STR 分型所需的组织检材，因此，线粒体 DNA 分型是唯一的选择。目前，猫类线粒体 DNA 基因组测序已经完成。最近的一项研究收集了美国四个不同地区随机繁育的猫，检测其线粒体单倍型的变异情况，结果表明，猫类线粒体 DNA 分型可以在法庭科学中发挥作用。虽然 STR 分型通常优先于线粒体 DNA 分型使用，但不可否认，后者已成功应用于一些法医案件，包括谋杀案等。在该研究中，从 174 个猫毛样本中检测获得 32 种线粒体单倍型，其中 4 种最常见的单倍型贯穿美国四个地区。结果表明，猫类的线粒体 DNA 序列拥有较高的变异性，可应用于法庭科学领域，而且应该可以获得法庭的认可。研究还推测，美国的猫类种群应该还会有更多的线粒体单倍型变异，从而能进一步增加猫类种群线粒体 DNA 的分辨能力，当然，这些还在进一步研究中。此外，也有研究关注了猫类线粒体 DNA 控制区域的非重复区域，探讨了其在法医物证数据库中的应用。针对猫类线粒体 DNA，现已开展了大量的研究，相信今后非人源 DNA 分型将有更大的进展，并更多地应用到法医调查中。

动物 DNA 分型在法医工作中的潜在意义

在未来，猫犬 DNA 分型将更广泛地应用于法庭科学中，成为协助法医调查的重要工具。相应的复合扩增试剂盒将可能添加额外的基因座，并进一步商业化。目前，只有少数几个专业的公共实验室和少数的私人实验室能够向执法人员、检察官或辩护律师提供这类测试服务。因此，为了让更多的实验室在常规的基础上开展这类检测工作，应该有计划地展开培训。猫犬 DNA 分型在法庭科学中的应用前景十分广阔。

植物 DNA 分型

植物 DNA 分型可用于法医调查，协助办案人员在嫌疑人与犯罪现场或其他与案件有关的人员之间建立联系。1992 年发生在亚利桑那州的假紫荆（Palo Verde）案，正是使用了种子的 DNA 分型将嫌疑人与凶杀案的犯罪现场联系起来的（http://www.denverda.org）。在该案中，在一个长有假紫荆的区域发现了受害人的尸体，现场一棵树的树皮曾在支撑一个物体时被擦伤。在嫌疑人的皮卡车上发现了两颗植物种子，后来通过随机扩增多态 DNA（RAPD）技术检测，发现正好与现场的那棵假紫荆树分型一致。在这个案件中，植物样本作为一个关联性证据，和其他实物证据一起帮助对嫌疑人定罪。近年来，植物样本 DNA 分型在法庭科学中的应用得到了广泛的研究，其中涉及许多不同的植物材料，包括罂粟，各种各样的草和树，以及其他植物种类。此外，有很多关于大麻 STR 及其相关样本数据库的应用研究。这些研究不仅关注大麻在毒品调查方面的应用，也关注大麻本身的纤维用途。正如先前所描述的动物样本那样，这些植物样本的分型也可以协助法医调查，在其中建立联系。

目前，应用于案件中的植物 DNA 分型技术有很多种。利用液氮和各种可用试剂盒，加上所需的试剂和材料，可以提取和纯化不同类型的植物样本，以恢复 DNA 并尝试去除 PCR 抑制剂。有一些商业化试剂盒（如凯杰公司的 DNeasy Plant Miniprep 试剂盒、DNeasy Plant Mini 试剂盒、DNeasy Plant Maxi 试剂盒和处理高通量植物样本的 DNeasy 96 Plant 试剂盒）和其他试剂盒（如 MasterPure™植物叶片 DNA 纯化试剂盒和 QuickExtract™植物 DNA 提取试剂盒，以及超洁净植物 DNA 提取试剂盒）。从植物的种子、叶片和其他材料中获得微卫星序列如 STR 或 SSR 分型后，可以用来确认犯罪现场证据是否来自已知的树木样本。同样地，这些标记要遵循孟德尔遗传定律，并且符合 DNA 分型标记筛选所必需的其他条件，如变异性、片段小、广泛性和可重复性。当在一些案件中遇到尚未测序且 STR 分型未知的植物物种时，可以使用扩增片段长度多态性（AFLP）快速分析方法。和人类或其他非人源 DNA 一样，在对植物样本 DNA 进行提取、纯化后，需要进行 PCR 扩增，以获得足够的 DNA 进行毛细管电泳、凝胶电泳或测序步骤。

昆虫 DNA 分型

在调查时，法医昆虫学家通过研究腐烂尸体上的昆虫来确定死亡时间和其他信息。腐烂尸体上常见的昆虫有很多种，但它们的形态非常相似，因此，可以借助 DNA 分型来区分这些昆虫种类。现已有大量的研究探讨了死亡调查中尸体上发现的昆虫种类是否可以通过 DNA 分析予以识别。此外，科学家们研究了不同的 DNA 分析方法，并将其应用于此类法医调查中，其中主要包括线粒体 DNA。一些 DNA 提取方法还可用于获得昆虫 DNA，做进一步分析。在昆虫 DNA 样本的提取和储存方面，快速分析卡技术已成功应用。当然，也有来自各种公司的核酸提取试剂盒（包括用于节肢动物的 Genomic DNA 提取试剂盒和 E. Z. N. A 昆虫 DNA 试剂盒）。

双翅目幼虫有法医昆虫学意义，但往往难以通过其形态区分，因此，已有研究来确定 DNA 分析是否能更精确地进行物种鉴定。目前，通过 PCR - RFLP，对昆虫核糖体 DNA（rDNA）基因重复中的内转录间隔区（Internal transcribed spacer，ITS）进行扩增和检测，已可区分多数双翅目昆虫，如丽蝇科、蝇科和麻蝇科。此外，不少学者针对双翅目丽蝇科昆虫线粒体 DNA 控制区的序列和长度变化，以及双翅目丽蝇科、麻蝇科和蚤蝇科昆虫细胞色素氧化酶（CO1、CO11）基因的亚基Ⅲ展法医昆虫学应用研究。常用于区分不同昆虫种类的核糖体 RNA（rRNA）区域，包括双翅目蝇科的 16S rRNA 区域、双翅目丽蝇科的 28S rRNA 基因以及各种双翅目物种的 18S-28S rRNA 基因。通常在腐烂尸体上可以发现蝇留下的空蛹壳和其他碎片，如果没有发生降解，它们也可用于 DNA 分析，以鉴别蝇的种类。尽管目前对人类遗骸上的昆虫种类进行了大量研究，而且有些种类可以通过 DNA 分析进行区分，但我们仍需要进行更多的研究和验证实验，保证昆虫 DNA 分析能够更广泛地应用于法医学领域。

土壤样本中的微生物 DNA 分型

与涉及动物、昆虫或植物的情况一样，各种土壤样本中的微生物 DNA 分型也可以用于法医调查。土壤有时是一个案件中的重要证据，它可以通过各种不同的方法来帮助建立人员或证据与特定现场之间的联系。除了通过观察土壤物理特性的差异来区别不同地点外，也可以通过土壤中的微生物特征来进行法医学分析。已有大量的研究关注来自同一位置的样本菌落的相似性、不同位置之间的细菌组成的差异和土壤样本中的菌落的变化，从而确定土壤样本的细菌 DNA 分型能否在法医调查中发挥作用。

土壤样本中微生物 DNA 的提取

为了能够进一步区分这些样本，需要裂解土壤中的微生物细胞来提取和回收 DNA。和人类 DNA 样本的提取方法一样，PCR 抑制剂有时可以与 DNA

一起被回收。此外，土壤样本经常含有化学污染物，这是分析土壤样本时存在的问题之一。一项关于细菌 DNA 的法医应用研究指出，一些土壤样本中含有一种典型的组分腐殖酸，而它是已知的 PCR 抑制剂。

尽管由于土壤来源的差异，没有提取土壤样本的通用方法，但现在已有法医用途的商业试剂盒。与处理人类样本一样，有时需要对土壤样本进行稀释，进一步纯化，或进行化学修饰来减少 PCR 抑制剂，从而避免 DNA 分型实验中出现问题。这些试剂盒中有一些组分可以协助分析人员解决潜在问题，并获取可用于 PCR 的 DNA。超洁净土壤 DNA 提取试剂盒（UItraClean Soil DNA Isolation Kit）就是一个可用于法医鉴定的试剂盒，其包含提取和纯化试剂，能够减少土壤样本中存在的 PCR 抑制剂（http://www.mobio.com）。该试剂盒使用硅珠悬浊液，通过加热、去污剂处理、离心，将 DNA 集中到一个硅过滤器上，然后通过一个洗脱步骤进行 DNA 回收，用于下一步研究。MO 生物技术公司同时生产了强力土壤 DNA 提取试剂盒（PowerSoil DNA Isolation Kit），可用于更复杂、更难分离的土壤样本。土壤大师 DNA 提取试剂盒（Soil-Master DNA Extraction Kit）运用核酸纯化柱、细胞裂解和色谱法，回收可用于 PCR 的 DNA（http://www.epibio.com）。每种试剂盒都会提供详细的说明、故障排除选项以及去除化学抑制剂的试剂，以最大限度地提高 DNA 质量。这些试剂盒操作简便、耗时少。也有其他用于法医分析的土壤 DNA 试剂盒，包括土壤 DNA 提取试剂盒（Soil DNA Isolation Kit）和 E.Z.N.A 土壤 DNA 试剂盒（E.Z.N.A. Soil DNA Kit）。

土壤样本中微生物 DNA 的扩增与分型

法医实验室经常使用 PCR 扩增仪和 DNA 自动测序仪来扩增和检测样本，因此，很多种 DNA 分析方法可以被使用。扩增片段长度多态性（AFLP）通过限制性酶酶切 DNA 序列，露出能被引物识别的位点，得到可用聚丙烯酰胺凝胶电泳或毛细管电泳检测的扩增产物。自动化核糖体间隔基因分析（A-RISA）可用于扩增大小核糖体亚基基因间的目的序列，扩增后产物可在银染凝胶上进行检测。扩增片段长度异质性 PCR（LH-PCR）可用于检测腐烂尸体周围土壤细菌组成的变化。末端限制性片段长度多态性（T-RFLP）是另一种研究土壤样本的分型方法。将 16S 核糖体基因或其他基因的末端片段进行扩增、酶切，加入荧光标记后进行电泳检测。这些方法可以检测出附近不同位置土壤样本之间的差异（抽样比较），但是否能检出同一土壤不同分层中微生物群落的差异（深度比较），还需要进一步研究。对于法医学应用而言，T-RFLP 的数据易于分析，灵敏度也有保证。

土壤样本中微生物 DNA 分型在法医应用中的潜在意义

现在的法医 DNA 实验室均已具备以上实验和分析方法所需要的仪器和设备，因此，通过适当培训可以很容易地在现有实验室进行土壤样本 DNA 分型。由于土壤样本中存在足够多的差异，这类样本的 DNA 分型在法医实验室有潜在的应用价值。然而对于法医而言，处理土壤样本中的细菌 DNA 分型证据仍具有很大的挑战。环境差异、变化及土壤分层会导致土壤样本中的细菌变化，且处理这类证据样本需要一些必要条件，这些都是法医们面临的挑战。此外，要想取得圆满成功，还必须做更多的验证性实验。

参见

生物学/ **DNA/植物学**：大麻 DNA 分型方法

生物学/ **DNA/昆虫学**：概述

生物学/ **DNA/野生动物学**：DNA 与濒危物种

拓展阅读

Baute, D. T. , Satkoski, J. A. , Spear, T. F. , et al. , 2008. Analysis of forensic SNPs in the canine mtDNA HV1 mutational hotspot region. *Journal of Forensic Science* 53（6）, 1325-1333.

Bellis, C. , Ashton, K. J. , Freney, L. , Blair, B. , Griffiths, L. R. , 2003. A molecular genetic approach for forensic animal species identification. *Forensic Science International* 134（2-3）, 99-108.

Coyle, H. M. （Ed. ）, 2008. *Nonhuman DNA Typing: Theory and casework Applications*. CRC Press, Boca Raton, FL.

Ferri, G. , Alu, M. , Corradini, B. , Beduschi, G. , 2009. Forensic botany: species identification of botanical trace evidence using a multigene barcoding approach. *International Journal of Legal Medicine* 123（5）. 395-401.

Fridez, F. , Rochat, S. , Coquoz, R. , 1 999. Individual identification of cats and dogs using mitochondrial DNA tandem repeats? *Science and Justice* 39（3）, 167-171.

Halverson, J. L. , Basten, C. , 2005. Forensic DNA identification of animal-derived trace evidence: tools for linking victims and suspects. *Croatian Medical Journal* 46（4）, 598-605.

Heath, L. E. , Saunders, V. A. , 2006. Assessing the potential of bacterial DNA profiling for forensic soil comparisons. *Journal of Forensic Sciences* 51, 1062 – 1068. http://dx. doi. org/ 10. 1111/j. 1 556-4029. 2006. 00208. x.

Kanthaswamy, S. , 2009. The Development and Validation of a Standardized Canine STR Panel for Use in Forensic casework (NIJ Grant No. 2004·DN-BX-K007 Final Report). National Institute of Justice (NIJ) National Criminal Justice Reference Service. http://www. ncjrs. gov/pdf-files1 /niVgrants/226639. pdf.

Macdonald, C. A. , Ang, R. , Cordiner, S. J. , Horswell, J. , 201 1. Discrimination of soils at regional and local levels using bacterial and fungal T-RFLP profiling. *Journal of Forensic Sciences* 56, 61-69. http://dx. doi. org/10. 1111/j. 1556-4029. 2010. 01542. x.

Menotti-Raymond, M. , David, V. A. , Stephens, J. C. , Lyons, L. A. , O'Brien, S. J. , 1997. Genetic individualization of domestic cats using feline STR loci for forensic applications. *Journal of Forensic Sciences* 42 (6) , 1039-1051.

Meyers, M. S. , Foran, D. R. , 2008. Spatial and temporal influences on bacterial profiling of forensic soil samples. *Journal of Forensic Sciences* 53, 652 – 660. http://dx. doi. org/1 0. 1111/ j. 1556-4029. 2008. 00728. x.

Miller Coyle, H. , Lee, C. L. , Lin, W. Y. , Lee, H. C. , Palmbach, T. M. , 2005. Forensic botany: using plant evidence to aid in forensic death investigation. *Croatian Medical Journal* 46 (4) , 606-612.

Preativatanyou, K. , Sirisup, N. , Payungporn, S. , 2010. Mitochondrial DNA-based identification of some forensically important blowflies in Thailand. *Forensic Science International* 202, 97-101.

Tarditi, C. R. , Grahn, R. A. , Evans, J. J. , Kurushima, J. D. , Lyons, L. A. , 2011. Mito-chondrial DNA sequencing of cat hair: an informative forensic tool. *Journal of Forensic Sciences* 56, 36-46. http://dx. doi. org/10. 1111/j. 1556-4029. 2010. 01592. x.

Wells, J. D. , Williams, D. W. , 2007. Validation of a DNA-based method for identifying Chrysomyinae (Diptera: Calliphoridae) used in a death investigation. *International Journal of Legal Medicine* 121 (1) , 1-8.

下一代测序技术

B. 索夫里诺，西班牙，圣地亚哥卫生研究所，圣地亚哥德孔波斯特拉大学异种医学小组

M. 布里诺，西班牙，圣地亚哥卫生研究所，心血管疾病和眼科疾病小组

版权©2013 爱思唯尔公司保留所有权利

术语表

　　下一代测序技术　高通量测序技术将测序过程并行化，以比传统桑格法测序低得多的单位成本一次产生数百万个序列。

　　靶向富集　富集基因组特定区域序列文库的方法。

引　言

　　最近几年里，高通量测序平台（被称为下一代测序技术，即 NGS）可以在几天内完成对一个人的全部基因组的测序。因此，它为 DNA 和 RNA 的研究提供了有效手段，进一步为全基因组和靶向基因测序、从头测序、基因的表达分析和表观遗传研究等应用提供了新的机遇。

　　在某些情况下，一般称这些技术为二代测序技术、三代测序技术，而不是应用专业术语 NGS。二代测序之前需要对目的片段进行克隆扩增，而第三代测序技术是基于单分子的测序方法（桑格法测序是第一代）。

　　目前市场上有很多商业化的二代测序平台，有一些还在开发中，目标是用 1000 美元的成本完成整个人类基因组的测序。据报道，生命技术（Life Technologies）公司的离子质子（Ion Proton）平台和因美纳（Illumina）公司的 HiSeq 2500 平台都能在几个小时内完成整个人类基因组的测序。

　　除了平台的技术特性外，考虑这些平台产生的数据量也是非常重要的，这使得生物信息学支持变得至关重要。

　　在法医学领域，一些学科可以立即从中获益，而其他学科需要更多的研究才能决定是否可以引入该技术。

NGS 技术

　　NGS 工作流程可以分为模板制备、测序和数据分析。

　　除了那些基于单分子测序的技术，NGS 基因组的模板制备主要有以下步骤：将 DNA 随机剪切成小片段、文库制备、捕获目标区域、克隆扩增。在捕获和文库制备的过程中，可以对样本进行编码处理，这使得每次测序可以运行多个混合样本，充分利用 NGS 平台的高通量特性。

　　所需的 DNA 量由文库类型、捕获方法和测序技术决定。由于每种方法都有优点和缺点，这些因素都需要考虑，目的是为每个应用找到最佳方法。

正如前面提到的，所谓的第二代和第三代平台之间的区别在于测序反应之前是否需要扩增。对 DNA 模板的扩增需要乳化液 PCR 或者在玻璃芯片上进行。454 罗氏（Roche）、SOLiD 和粒子流（Ion Torrent）等都采用第一种乳化液 PCR 扩增方式，而因美纳公司在玻璃芯片上用桥式 PCR 扩增小的 DNA 片段。在这种方法中，正向和反向 PCR 引物附着在固体表面，因此，来自任何单一模板分子的扩增产物保持固定并聚集在载玻片上某一特定的物理位置。

目前，有两种不同的测序策略，一种是基于 DNA 聚合酶的边合成边测序，另一种是基于 DNA 链接酶的连接法测序。除此之外，还有一些基于纳米技术的新的测序方法正在开发，但目前市场上还没有商品化的试剂盒。

尽管目前二代测序平台［如 454 罗氏、因美纳、粒子流、赫利克斯（Helicos）以及太平洋测序仪（Pacific BS）等］都是采用边合成边测序，但它们之间有着很大的区别。

454 罗氏是第一个商业化的二代测序平台，其采用焦磷酸测序法。在该方法中，通过 DNA 聚合酶核苷酸互补配对导致焦磷酸的释放，引发一系列下游反应，最终通过荧光素酶产生光。光可以与特定的核苷酸合并相联系，因为它们是按顺序添加的。这是一个可读取长达 1000 bp 序列的技术。

因美纳平台基于边合成边测序，将四个核苷酸连同聚合酶同时加入到流动槽，与桥式 PCR 后获得的寡核苷酸片段结合。不同于 454 罗氏，因美纳公司使用荧光标记的核苷酸终止剂，最大读取长度为 150bp。

PGM 测序仪（生命技术公司）是通过直接感知模板 DNA 与离子芯片上的核苷酸结合时释放的离子信号而获得测序数据。这种离子芯片上有数百万个小孔，其中包含离子敏感的、基于场效应晶体管的传感器，可以并行检测独立的测序反应。其他技术的通量由设备决定，Ion PGM 的通量是由用于测序的芯片决定的。目前有三种容量的芯片，从 10 MB 到 1 GB，测序平台的测序长度可达 200 bp。生命技术公司在 2012 年发布了一种新的离子质子测序仪，容量比普通 PGM 更高。用离子质子芯片 I，可以测序两个外显子序列，而用离子质子芯片 II，只需要几小时的时间就能完成整个人类基因组测序，成本只需要 1000 美元。

赫利克斯公司和太平洋公司的 NGS 平台基于单分子测序技术，直接对 DNA 进行测序。这种不需要任何扩增步骤的测序方式似乎非常有发展前景。

赫利克斯系统是第一个商业化的单分子测序仪。DNA 片段与引物杂交共价固定在流动槽的盖玻片的随机位置，引物、聚合酶和标记的核苷酸被添加到玻璃平台，通过分析发射的荧光信号确定合成链的碱基。与其他平台一样，有数以百万计的片段在同一时间被测序。

表 1　商业化 NGS 平台比较

技术	扩增方法	测序方法	设备	读取长度（bp）	产量（MB/run）	运行时间	网站
454罗氏	乳化液PCR	合成（焦磷酸测序）	454-GS Junior	400	50MB	10小时	http://www.roche.com
			454-FLX+	700	900MB	23小时	
因美纳	桥式PCR	合成	lllumina-MiSeq	150+150	>1GB	27小时	http://www.illumina.com
			lllumina-GAII	150+150	95GB	14天	
			lllumina-HiScanSQ	100+100	150GB	11天	
			lllumina-HiSeq1 000	100+100	300GB	11天	
			lllumina-HiSeq2000	100+100	600GB	11天	
SOLiD	乳化液PCR	连接	SOLiD-5500	75+35	90GB	7天	http://www.lifetechnologies.com
			SOLiD-5500xl	75+35	180GB	7天	
粒子流	乳化液PCR	合成（H^+检测）	Ion PGM -314 chip	200	>10MB	2小时	http://www.iontorrent.com/
			Ion PGM - 316 chip	200	>100MB	2小时	
			Ion PGM - 318 chip	200	>1GB	2小时	

　　太平洋测序仪是一个单分子实时测序系统，与其他技术的主要区别在于，单个聚合酶分子附着在固体载体上，并提供超长读取。

　　SOLiD 系统基于连接测序并使用双碱基编码探针。一个通用的测序引物与模板及在位置 1-5 包含 A、C、G 和 T 的所有可能组合的一池荧光标记的八聚体探针杂交，解码每个珠子上的未知模板序列。只有与模板前五个碱基同源的探针才能连接到通用测序引物上。长达 15 个周期的连接、检测和切割，记录每隔 5 个位置的颜色，最大读取长度为 75 bp。

靶向富集

当需要对基因组某个特定部分进行分析时，捕获目标区域的方法与全基因组测序相比大大降低了成本，提高了效率。

即使是不同的捕获方法，有针对性的靶向测序、基因组测序、外显子组测序中的捕获流程也非常相似。根据捕获目标区域的方法，捕获发生在创建文库之前或之后。一旦捕获文库创建完成，将在大规模扩增之后进行平行测序。

捕获方式大致可分为三大类（如表 2 所示）。

表 2　最常见的靶向富集方法

方法	方式	试剂盒[a]	NGS 兼容性[b]
	长 PCR	1	1, 2, 3, 4
	存取阵列系统［富鲁达公司（Fluidigm）］	1	1, 2, 3, 4
PCR	微滴 PCR 技术	1, 2	1, 2, 3, 4
	AmpliSeq 技术（生命技术公司）	1, 2	4
	TrueSeq 扩增试剂盒（因美纳公司）	1	2
环化	HaloPlex［环化基因公司（Halo Genomics）］	1	2
	Selector（环化基因公司）	1, 2	1, 2, 3, 4
溶液内杂交	SureSelect（安捷伦公司）	1, 3	2, 3
	SeqCap EZ	1, 3	1, 2, 3
	TrueSeq 浓缩试剂盒（因美纳公司）	1, 3	2
	TargetSeq（生命技术公司）	1, 3	3, 4

a：常规（1），特定基因组（例如癌症组）（2），外显子组（3）。

b：454 罗氏（1），因美纳（2），SOLiD（3），Ion PGM（4）。

PCR 扩增

　　PCR 主要用于对目标基因片段进行扩增，其主要优点在于只需要少量的 DNA 模板就可以获得大量的目标片段。在法医样本鉴定中，DNA 的量是一个主要限制因素，因此，PCR 技术非常适合用于法医分析。

　　如果要扩增的区域是一个含上千碱基的连续 DNA 片段，可以使用高保真 DNA 聚合酶进行长片段 PCR 扩增。

　　在过去的几年中已经开发出多种可同时扩增出数百个片段的 PCR 技术。美国富鲁达公司的系统（Access Array）使用一种带有纳米级腔室的微流控芯片，在 48 个样品中同时扩增 48 个不同的片段。通过将适配器序列整合到引物设计中，扩增产物可以直接进入克隆扩增。

　　由 RainDance 技术公司开发的微滴 PCR 技术，是在微流体装置中进行乳液滴式 PCR，在油溶液中形成引物滴。针对基因组不同区域的引物液滴群，与包含基因组 DNA 片段和 PCR 试剂的单独液滴融合。每个 PCR 反应都被封闭在一个单独的乳液滴内，可有效防止引物对间的相互作用。这些混合的液滴群在一个管内进行热循环反应，可以同时有效扩增多达 20 000 个目标序列。

　　因美纳公司和生命技术公司运用相似的捕获技术分别开发了 MiSeq 测序仪和 Ion PGM 测序仪。因美纳公司推出的试剂盒（TrueSeq Custom Amplicon Kit）可以复合扩增每个样本的 384 个位点。生命技术公司开发的一种多重 PCR 扩增技术（Ion AmpliSeq Cancer Panel）可以在单一体系内扩增多达 480 个位点，目前只应用于癌症检测领域。生命技术公司表示很快将开发出可以复合扩增 1536 个位点的新产品。

环化

　　DNA 片段环化富集的基础是使用由单链 DNA 寡核苷酸组成的探针，其末端包含两个序列，这两个序列与目标基因组片段的非连续延伸互补，但顺序是相反的。探针间特异性杂交和互补基因组 DNA 产生环状 DNA，技术滚转环状扩增。

　　环化基因公司开发了两种不同的环化方式：Selector 和 HaloPlex。Selector 靶向富集系统基于多重置换扩增。全基因组扩增反应产生环状 DNA。扩增产生的高分子量 DNA 可以与所有 NGS 文库制备兼容。为了达到这个目的，

DNA 样本首先使用限制性内切酶进行片段化。然后加入探针库，与目标片段杂交。每个探针都是一个连接核苷酸，被设计用来杂交目标 DNA 限制片段的两端，从而引导目标片段形成环状 DNA 分子。环状 DNA 分子经连接后封闭，然后扩增。

就 HaloPlex 技术而言，PCR 产物可以用于聚合和直接测序。捕获后不需要创建文库，因为探针还包含一个特定的序列基序，该序列在环化过程中已经整合。该序列允许在扩增过程中加入特定的文库适配序列和编码。目前，本产品仅针对因美纳平台进行优化。

杂交技术

杂交富集的基础是特定探针的杂交，这些探针在溶液中或是在固体支持物上与输入样本的目标区域互补。第一个杂交方法基于阵列捕获，但它目前更多地使用溶液内杂交。DNA 片段库在溶液中与生物素化的探针杂交，然后用链霉亲和素磁珠回收，在选择的平台上扩增和测序。

所有供应商都提供预先为特定应用（如外显子组测序、癌症等）设计的试剂盒，或由用户设计的定制面板。对于不同大小的目标区域，从小于 100 KB 到 60 MB，有各种不同的试剂盒。

NGS 在法医学中的应用

目前，由于很少有法医实验室进行这方面的测试，还不能确定二代测序技术近期内是否能够应用于法医学领域，以及其是否能够取代现有的技术。毋庸置疑，在一些法医学科当中，NGS 能够提供更多更强大的工具来解决一些疑难问题。重要的是，每一项技术，在应用于真实案例之前，评估其灵敏度、特异性、准确性都是很有必要的。

在法医遗传学中，STR 常被用于个人身份识别，现行的方法是基于 PCR 的片段分析及通过毛细管电泳检测每个基因座上的重复单元的数量。应用 NGS，不仅可以检测重复单元数量，还可以检测单一碱基对替换或是重复序列结构变异。由于法医学案例中使用的 STR 片段大小通常在 100 bp 至 500 bp，只有读取片段足够长的 NGS 技术才适用于这个领域。

NGS 技术可以作为一个快速、高通量且低成本的工具应用于线粒体 DNA 测序，而其在法医领域当中的应用则需要在算法分析上优化整个体系，以期获得符合法医标准的高质量数据。法医物证样本降解是很常见的，在这种情况下，NGS 技术可以读取短序列的特点使其更适用。

心源性猝死在法医病理学当中是个很有挑战性的问题，因为在许多案例当中死亡原因不能够通过尸体解剖查出。一些遗传性心脏病，例如心律失常和结构性心肌病，易导致猝死。针对这些方面的基因进行分析有助于疾病诊断，不仅能提高死因方面的查找能力，还能使家系风险方面的遗传咨询成为可能。由于遗传多样化，针对这些疾病做基因诊断并不容易，但是通过 NGS 技术是有可能完成以所有与遗传性心脏病相关的基因甚至全外显子组为目标的重测序的。

在微生物法医学领域，全基因组测序对微生物基因组特征分析而言是一个强有力的工具。病原体及其来源的识别，在针对生物恐怖主义袭击的刑事侦查及流行病学调查中是至关重要的，它在这个领域的应用已经在针对 2011 年 5 月爆发的德国肠出血性人肠杆菌 O104：H4 流行病的测序工作中得到验证。在这之前，已经通过 NGS 技术完成了其他微生物病原体诸如炭疽杆菌和鼠疫杆菌的表征化。早先的方法仅限于对少数菌株或单菌落进行桑格法测序，通过针对选取标签中出现的额外基因分型来找出潜在的等位基因，但是 NGS 可以实现短时间内低成本地对多个细菌基因组进行并行测序。

参见

人类学/牙科学：法医人类学中的个人识别

生物学/DNA：法医 DNA 表型分析：外部可见特征的 DNA 检测；微生物学和生物恐怖主义；线粒体 DNA；短串联重复序列；单核苷酸多态性

法医/死因：婴儿猝死综合征（SIDS）；自然猝死

方法：毛细管电泳：基本原理

拓展阅读

Berglund, E. G., Kiialainen, A., Syvanen, A. C., 2011. Next-generation technologies and applications for human genetic history and forensics. *Investigative Genetics* 2, 23.

Brion, M., Quintela, 1., Sobrino, B., et al., 2010. New technologies in the genetic approach to sudden cardiac death in the young. *Forensic Science International* 203 (1–3), 15–24.

Cummings, C. A., Bormann Chung, C. A., Fang, R., et al., 2010. Accurate, rapid and high-throughput detection of strain-specific polymorphisms in Bacillus anthracis and Yersinia pestis by next-generation sequencing. *Investigative Genetics* 1（1）. 5.

Fordyce, S. L. , Avila-Arcos, M. G. , Rockenbauer, E. , et al. , 2011. High-throughput sequencing of core STR loci tor forensic genetic investigations using the Roche Genome Sequencer FLX platform. *BioTechniques* 51（2）, 127-133.

Glenn, T. C. , 2011. Field guide to next-generation DNA sequencers. *Molecular Ecology Resources* 11（5）. 759-769.

Mellmann, A. , Hannsen, D. , Cummings, C. A. , et al. , 2011. Prospective genomic characterization of the Gennan enterohemorrhagic Escherichia coli 0104：H4 outbreak by rapid next generation sequencing technology. *PLoS One* 6（7）, e22751.

Mertes, F. , Elsharawy, A. , Sauer, S. , et al. , 2011. Targeted enrichment of genomic DNA regions for next-generation sequencing. *Briefings in Functional Genomics* 10（6）. 374-386.

Metzker, M. L. , 2010. Sequencing technologies-the next generation. *Nature Reviews Genetics* 11（1）, 31-46.

Shendure, J. , Ji, H. , 2008. Next-generation DNA sequencing. *Nature Biotechnology* 26（10）, 1135-1145.

关键术语

动物 DNA，DNA，DNA 提取方法，电喷雾电离，猫犬基因分型方法，昆虫 DNA，质谱，大规模平行测序，微生物分析，线粒体 DNA，下一代测序，STR，短串联重复序列，土壤 DNA 分析，物种鉴定，T-RFLP，靶向富集，飞行时间

复习题

1. 质谱法分析 DNA 与传统方法有什么不同？
2. 使用质谱法进行法医 DNA 分析有什么好处？缺点是什么？
3. 质谱法是否能提供比传统 DNA 分析更详细的信息？为什么能或者为什么不能？
4. 质谱法是否适用于线粒体 DNA？
5. 质谱法如何改善异质性分析？
6. 质谱法成为法医 DNA 分析中的主导方法是否可行？为什么可行或者为什么不可行？
7. 什么情况下非人源 DNA 分析可以提供帮助？
8. 非人源 DNA 分析与人类 DNA 分析有何不同（除了明显的)？应用程序和方法有何不同？
9. 动物如何成为目击者？

10. 非人类线粒体 DNA 有哪些局限? 优势是什么?

11. 植物 DNA 在刑事案件中的用途是什么? 为什么?

12. 下一代测序技术如何工作? 它与传统的法医 DNA 方法有何不同?

13. 下一代测序技术中的 PCR 有何不同?

14. 什么是环化? 它对下一代测序技术有什么作用?

15. 下一代测序技术对非人源 DNA 分析的潜在应用是什么? 除了法医学之外,如何将下一代测序技术应用到其他调查中?

问题讨论

1. 非人源 DNA 在调查中的作用是什么? 在刑事案件中识别某人的宠物会有什么作用?

2. 很少有法医实验室能够分析非人源 DNA。为什么是这样? 实验室处理非人源 DNA 案例面临的挑战是什么?

3. 想象一下,在一个地方发现了一具包裹在塑料袋里的尸体。动物毛、植物材料、昆虫幼虫和土壤都与袋子里的尸体有关。非人源 DNA 分析可以为调查人员提供什么答案? 除了受害者的身份,这对调查有什么帮助呢?

4. 下一代测序技术已成为现实,整个基因组可以 1000 美元进行分析。所谓的"快速 DNA"系统用几百美元在 75 分钟内提供法医样本的常规分析。哪个更好? 为什么? 每种方法的潜在问题是什么?

5. 法医 DNA 分析中采用新方法在科学性、合法性、操作上存在哪些局限? 它们为什么存在? 怎么能克服它们?

拓展阅读

Debeljak, M., Freed, D. N., Welch, J. A., Haley, L., Beier!, K., Iglehart. B. S., Pallavanala, P., Gocke, D., Leffel!, M., Lin, M. T., Pevsner, J., Wheelan, S., Eshleman, J. R., 2014. Haplotype counting by next-generation sequencing for ultrasensitive human DNA detection. *The Journal of Molecular Diagnostics* 16 (5), 495-503.

Iyengar, A., 2013. Forensic DNA analysis for animal protection and biodiversityconservation: a review. *Journal for Nature Conservation* 22 (3), 95-205. http://dx. doi. org/10. 1016/j. jnc. 2013. 12. 001.

Kidd, K. K., Paksbs, A. J., Speed, W. C., Lagace, R., Chang, J., Wootton, S., Haigh, E., Kidd, J. R., 2014. Current sequencing technology makes microhaplotypes a powerful new type of genetic marker for forensics. *Forensic Science Intemabonal: Genetics* 12, 215 - 224. http://dx. doi. org/1 0. 1 016/j. fsigen. 2014. 06. 014.

Kiesler, K. M. , Coble, M. D. , Hall, T. A. , Vallone, P. M. , 2014. Comparison of base composition analysis and Sanger sequencing of mitochondrial DNA for four US population groups. *Forensic Science International: Genetics* 8 (1) , 226-232.

Kitpipit, T. , Chotigeat, W. , Linacre, A. , Thanakiatkrai, P. , 2014. Forensic animal DNA analysis using economical two-step direct PCR. *Forensic Science, Medicine, and Pathology* 10 (1) , 29-38.

Mucci, N. , Mengoni, C. , Randi, E. , 2014. Wildlife ONA forensics against crime: resolution of a case of tortoise theft. *Forensic Science International: Genetics* 8 (1) , 20Q-202.